《普法战争》曹汀译本考

史春风　著

国家出版基金项目
NATIONAL PUBLICATION FOUNDATION

General Textual Research
on Dissemination of Editions of
Marxist Classical Works

马克思主义经典文献传播通考

杨金海　李惠斌　艾四林　主编

辽宁人民出版社

图书在版编目（CIP）数据

《普法战争》曹汀译本考 / 史春风著．—沈阳：辽宁人民出版社，2021.1
（马克思主义经典文献传播通考 / 杨金海，李惠斌，艾四林主编）
ISBN 978-7-205-10009-4

Ⅰ．①普…　Ⅱ．①史…　Ⅲ．①普法战争—恩格斯著作研究　Ⅳ．①A811.23

中国版本图书馆CIP数据核字（2020）第268689号

出版发行：辽宁人民出版社
地址：沈阳市和平区十一纬路25号　邮编：110003
电话：024-23284321（邮　购）　024-23284324（发行部）
传真：024-23284191（发行部）　024-23284304（办公室）
http://www.lnpph.com.cn
印　　刷：辽宁新华印务有限公司
幅面尺寸：160mm×230mm
印　　张：32.75
字　　数：400千字
出版时间：2021年1月第1版
印刷时间：2021年1月第1次印刷
责任编辑：王　增
装帧设计：晓笛设计工作室　舒刚卫
责任校对：耿　珺
书　　号：ISBN 978-7-205-10009-4

定　　价：148.00元

马克思主义经典文献传播通考

本丛书研究得到“教育部哲学社会科学研究‘庆祝中国共产党成立百年’重大专项”资助

总序

呈献给读者的这套“马克思主义经典文献传播通考”，旨在立足于21世纪中国和世界发展的历史高度，对我国1949年以前马克思、恩格斯、列宁等重要著作的中文版本进行收集整理，并作适当的版本、文本考证研究，供广大读者特别是致力于深入研究马克思主义经典作家原著的读者阅读使用。计划出版100种，4年内陆续完成编写和出版工作。

一、“马克思主义经典文献传播通考”概念界定

“马克思主义经典文献传播通考”在我国学术界是一个全新的概念。之所以这样说，是因为过去从未有人用过这一术语，甚至未曾有过这一理念。在我国学术界，对中国传统经典文献的考据乃至通考性的整理研究并不鲜见，包括对儒、释、道等经典的通考性整理研究成果十分丰富，但对近百年来中文版马克思主义经典文献的考据以及整理性研究只是近年来才逐渐为人们所认识，至于在此基础上的通考性整理研究还几乎没有进入人们的视野。所以，首先有必要对这里所说的“马克思主义经典文献传播通考”这一概念

的含义进行说明。

第一，这里所说的“马克思主义经典文献”，主要是指中文版的马克思、恩格斯、列宁的著作，斯大林的重要著作也适当列入。这些经典文献在中国的翻译传播，如果从1899年初马克思、恩格斯的名字和《共产党宣言》的片段文字传入中国算起，迄今已有120年时间，而且经典著作的翻译传播今天仍然在进行中。但为了工作方便，我们这里主要收集整理1949年以前的经典文献。原因是中华人民共和国成立后的经典著作翻译成果比较系统、完整，又使用比较标准的现代汉语，翻译术语也比较一致，在可见的时间内不需要进行深入的考证说明，同时我们人力有限，也无力做如此浩大的经典文献整理研究工作，只好留待后人去做。再则，这里所列入的主要是比较完整的经典著作文本，不包括片段译文文本，因为这些片段译文太过繁多复杂，我们也无力进行全面的整理研究。当然，个别十分重要的片段译文，也会在考据说明中论及，有的还会附上原文或部分原文。但总体说来，片段译文整理研究工作，也只能留待后人去作分门别类的整理研究了。

第二，这里所说的马克思主义经典文献“传播”，主要是指上述经典文本的翻译、出版，有时也会涉及学习、运用这些著作及其社会影响的情况。这些经典文献在我国的片段翻译传播从清末就开始了。其中，中国资产阶级改良派、革命派等都做过一些工作，但那时人们只是把马克思主义作为西方学术思潮之一来介绍，并没有自觉地把它当作指导中国社会发展的思想来研究运用。真正自觉把马克思主义作为指导中国革命的思想是十月革命之后的事。毛泽东曾经说过：“十月革命一声炮响，给我们送来了马克思列宁主义。”[①]正是从这个意义上说的，是完全正确的。也正是在这个意义上说，李大钊是马克思主义中国化的第一人。在李大钊的引领下，五四新文化运动期间，马克思主义经典文献在中国的翻译传播形成了高潮。在这一时代大潮的推动下，1920年8月，陈望道翻译的《共产党宣言》完整中文译本在上海出版，这是我国历史上第一本完整的中文版马克思主义经典著作，从此开始了大量翻译马克思主义经典著作的历程。特别是1921年中国共产党成立后，我们党更加自觉地有组织、有计划地翻译经典著作。在土地革命战争、抗日战争、解放战争期间，在十分困难的条件下，这一工作始终没有停止。特别是在延安时期，于1938年5月5日马克思诞辰纪念日，中共中央成立了“马列学院”，其主要任务之一就是翻译马列经典著作。以此为阵地，我们党所领导建立的马克思主义翻译和理论研究队伍做了大量工作，到1949年中华人民共和国成立前，主要的马克思主义经典著作中文文本基本上都出版了。同时，在国民党统治区和日伪军占领区，很多进步人士和出版机构特别是三联书店，为马克思主义经典著作的翻译出版作出了重要贡献。设在苏联的莫斯科外国文书籍出版局的中文部为翻译出版中文版马克思主义经典著作作出了特殊重要的贡献。我们这套丛书就是要系统地反映经典著作翻译传播的这一历史过程。同时，也适当反映学习、运用马克思主义理论的历史面貌。

第三，这里所说的马克思主义经典文献传播“通考”，主要是指对上述经典文本的考据性整理和研究。文献考据或考证研究是中国学者作

---

① 毛泽东：《论人民民主专政》，载《毛泽东选集》第四卷，人民出版社1991年版，第1471页。

学问的优秀传统，也是中国学术的一个显著特点。比如古代的经学研究，一定要作相关的文字学、训诂学、版本学、辨伪学、音韵学等的考证研究。没有这些考证工作，得出的结论就靠不住。我们力求继承这个传统，同时，借鉴现代文献学研究方法，来从事马克思主义经典文献传播研究。按照古今文献考据方法，我们将深入考证研究马克思主义经典著作等文献传入中国的各个方面、各个环节，包括文本考据、版本考据、术语考据、语义考据、语用考据、辨伪考据、人物事件考证等。(1) 文本考据是对经典著作文本的翻译以及文本内容进行考证研究。如对《共产党宣言》1949年前多个中文版本的翻译情况进行考证并进行各个文本内容的比较研究，考证前人对有关重要思想理解的变化。(2) 版本考据是对经典著作等文献的出版性质和版次的考证研究。如《共产党宣言》的某个中文译本是否一个独立译本、是第几次印刷等，都要考证清楚。(3) 术语考据主要是对经典著作中的重要概念、术语以及人名、地名的考证研究。如“社会主义”这个概念在历史上曾经有多种译法，这就需要考证清楚。(4) 语义考据是对概念含义变化的考证研究。如对“社会主义”的理解在历史上曾经多种多样，需要考证清楚。(5) 语用考据是对概念的运用和发展的考证研究。(6) 辨伪考据是对有关文献的真假进行考证研究。如有的文章不是马克思写的，而被误认为是马克思写的，后来收入了《马克思恩格斯全集》中文第一版中，这就需要澄清。(7) 人物事件考证是对翻译者、传播者以及相关事件等进行考证，以期弄清经典文献翻译出版的来龙去脉。进一步讲，每一类考据又有很多种具体研究工作。如文本考据，包括中外文的文本载体形式研究、文本内容类别研究、文本收集典藏研究、文本整理利用研究、经典作家手稿研究、翻译手稿比较研究、文本研究的历史发展概况研究等。一句话，要做到“辨章学术，考镜源流”。这样，我们的文献考证工作才能做扎实。

同时，还力求借鉴西方解释学的方法，对有关重要概念作更深入的考证研究。既要对某一概念作小语境的考证，即上下文考证，又要作大语境考证，即对当时人们普遍使用此类术语的情况以及当时的历史文化背景作考证研究。进行这些考据工作很有意义，但绝非易事，这就要求我们掌握马克思主义经典著作的翻译史、传播史以及当时整个社会的语言文字环境，还要掌握外文，能够进行外文和中文的比较研究、各个中文版本的比较研究以及相关版本的比较研究。只有这样，才能准确把握经典作家思想的含义，对有关文本、译者的工作等作出公正合理的评价。

在这里，“通考”工作的两个方面即文献整理与考证研究是不可分割的。一方面要把这些文本整理出来，另一方面要把这些文本以及相关的问题考证研究清楚。文献整理是前提和基础，没有前期的文献收集整理就不可能进行深入研究；但考证研究又能够反过来促进文献整理，帮助我们进一步弄清文献之间的关系以及发现新文献，比较完整地再现经典文献的历史风貌。

第四，“马克思主义经典文献传播通考”是一个跨学科、跨专业、综合性、基础性的概念。总体上说，它是马克思主义学科的范畴，但也是文献学、传播学、翻译学、语言学、历史学、文化学、思想史等学科的概念。所以，要深化考证研究工作，需要各个学科的学者共同努力。我们这里只能为各个学科的研究做一些基础性工作。

还需要说明的是，正如大家所知道的，对任何概念的界定都有其局限性，它只能大致说明事物的本质、内涵，而不可能囊括一切。“马克思主义经典文献传播通考”这个概念也是如此，因为它涉及问题、学科太多，不可能十分精确，故而只能作上述大致说明。对这项工作内涵的理解，大家还可以进一步探讨。我们的想法是，“行胜于言”，无论如何，先把这一工作开展起来，在以后的工作中再逐步完善。

二、马克思主义经典文献传播通考何以必要

开展马克思主义经典文献传播通考这项工作之所以必要，是因为事出有因，且势在必然。总体而言，这是中国改革开放40多年实践发展的必然，也是马克思主义理论界乃至整个社会思想文化界深入研究探讨一系列重大理论问题的逻辑必然。

“问题是时代的呼声。”20世纪80年代和90年代初，伴随着改革开放的推进，人们对以往所理解的马克思主义基本理论、基本观点等提出了不少质疑。特别是在“什么是马克思主义”“什么是社会主义”这些重大问题上，人们普遍感觉到过去没有弄清楚，需要重新加以理解。邓小平曾经说过：“不解放思想不行，甚至于包括什么叫社会主义这个问题也要解放思想。”[①]他后来又强调说：“什么叫社会主义，什么叫马克思主义？我们过去对这个问题的认识不是完全清醒的。”[②]于是，如何真正全面而准确地理解马克思主义、社会主义成为改革开放时代的大问题。围绕着这个重大时代课题展开了多方面讨论，形成了很多不同

① 《邓小平文选》第二卷，人民出版社1994年版，第312页。

② 《邓小平文选》第三卷，人民出版社1993年版，第63页。

观点。

为回答时代面临的课题，人们重新回到“经典文本”，力图把握马克思主义、科学社会主义最原初最本真的含义。这种情况反映到理论界，就提出了“回到马克思”的口号。由此很多学者发表了一系列文章、著作，讨论了各种解读马克思主义经典文本的方式，如“以马解马”即用马克思的话解读，“以恩解马”即以恩格斯的话解读，“以苏解马”即以苏联式马克思主义解读，“以中解马”即以中国化马克思主义解读，等等。这些讨论对人们从不同角度深化对马克思主义的认识发挥了积极作用，但是，问题依然没有被很好解决，因为对文本的理解各有不同，争论仍然不可避免。

随着探讨的深入，人们进一步追问起“文本翻译”问题。有人力图回到经典著作的外文文本即欧洲语言文本，认为中文版的“文本翻译”存在问题。例如，有人认为《共产党宣言》中的“消灭私有制”翻译错了，影响了对所有制改造的理解，这是我们在很长时期内追求“一大二公”社会主义所有制的根源所在，应当翻译为“扬弃私有制”，即对私有制既克服又保留。此种理解似乎可以为改革开放政策提供理论支撑，但也有对马克思主义经典著作的实用主义解读嫌疑，由此同样遭到了批评。

随着对经典文本翻译问题探讨的深入，“版本研究”被提上日程。人们发现在不同历史时期，翻译者对经典著作中重要术语的翻译是不同的，这表明中国人对马克思主义重要观点的理解是在不断变化、不断深入的。比如，在中华人民共和国成立之前，《共产党宣言》有6个完整而独立的中文译本，其中对“消灭私有制”的翻译均不完全相同。1920年陈望道译本是："所以共产党的理论，一言以蔽之，就是：废止私有财产。"1930年华岗译本是："所以共产党的理论可以用一句话来综结，就是：废止私有财产。"1938年成仿吾、徐冰译本是："在这个意义上，共产党人可以把自己的理论归纳在这一句话内：废除私有财产。"1943年8月博古译本是："在这个意义上，共产党人可以用一句话表示自己的理论：消灭私有财产。"1943年9月陈瘦石译本是："从这一意义上说，共产党的理论可用一句话概括：废除私产。"1949年莫斯科译本是："从这个意义上说，共产党人可以把自己的理论概括为一句话：消灭私有制。"可见，关于"消灭私有制"这一重要语句的译法有一个越来越准确的过程。原来译为"废止私有财产"等，只看到了这一观点的表象，只有译为"消灭私有制"才能抓住实质，即从经济制度上解决资本主义国家的社会问题。陈瘦石（当时生活在国民党统治下的知识分子）译为"废除私产"，很不准确，甚至有曲解，因为共产党人要废除的是私有财产制度，而不是简单废除包括私人生活资料在内的私产。由于人们在不同时期、不同社会条件下对《共产党宣言》理解不同，这就需要深入研究这部书的各个版本，并在此基础上进行历史性的文本比较研究。

经典著作"版本研究"深化的一个重要标志应当说是对《共产党宣言》版本的全面考证研究。1998年是《共产党宣言》发表150周年。为纪念这部不朽经典，也为更好理解马克思主义的本质要义，中央编译局和中央电视台联合制作了大型电视文献纪录片《共产党宣言》，笔者作为本片的主要撰稿人，和老专家胡永钦研究员一起对《共产党宣言》的中文版本第一次作了比较全面的梳理，发现这部书总共有12个独立而完整的中文译本，中华人民共和国成立前后分别有6个译本。[①]后来中国人民大学的高放教授又作了进一步研究，认为连同中国香港、台湾等地中文译本，《共产党宣言》共有23个中译本。[②]此后，学术界研究《德意志意识形态》《资本论》等经典著作版本的成果也越来越多。通过版本比较研究，人们对经典作家思想的理解越来越深。

对经典文本、翻译、版本研究的深入，又促使马克思主义"传播史"研究兴盛起来。人们发现，只孤立研究某一经典著作的文本、翻译、版本还不够，要深入把握中国人对马克思主义基本观点理解的变化，还需要研究马克思主义在中国传播的完整历史，包括马克思恩格斯列宁名字的翻译、经典著作的片段翻译、经典文本的完整翻译以及出版传播等。比如，关于马克思的名字翻译在历史上就有十几种，包括"马克司""马尔克斯""马陆科斯""马尔格士""麦喀氏""马儿克""马尔克""马克斯"等。通过研究传播史，才能把各个历史阶段的各种经典著作文本的关系弄清楚，通过对其中话语体系主要是概念体系的研究，从整体上弄清中国人100多年来对马克思主义、社会主义的重要概念、主要思想观点的理解。比如"社会主义"一词，在1899年2月发表的《大同学》一文中被译为"安民新学"，这是按照中国传统儒家思想对社会主义的理解；后来借用日文翻译术语，学术界广泛认同并接受了"社会主义"一词的译法，但对它的理解仍然很不相同。比如，孙中山理解

① 杨金海、胡永钦：《〈共产党宣言〉在中国的翻译、出版和传播》，载《科学社会主义》1998年"纪念《共产党宣言》发表一百五十周年"特刊；又见杨金海：《〈共产党宣言〉与中华民族的百年命运》，载《光明日报》2008年7月3日。

② 高放：《〈共产党宣言〉有23种中译本》，载《光明日报》2008年10月16日。

的社会主义和后来共产党人理解的社会主义就很不相同。实际上，直到今天我们学术界乃至整个思想界对社会主义的理解还在深化。传播史研究就是要研究这种变化发展的历史，从中发现规律性的东西，澄清人们在一些重大理论问题上的模糊认识，特别是要避免重复劳动。因为有很多现在争论的问题在历史上曾经出现过，有的早已解决，但由于人们不了解历史，常常旧话重提，造成重复劳动甚至新的思想混乱。传播史研究可以有效弥补这方面的不足。

中央编译局的学者们在马克思主义传播史研究方面做了大量工作。从20世纪50年代开始，由于翻译马克思主义经典著作的需要，编译局前辈学者就在不断研究梳理前人的翻译成果，并开展了马克思主义传播史方面的初步研究和宣传普及工作。1954年，中央编译局举办了“马列主义在中国的传播”展览，之后编辑了《马克思列宁主义著作在中国的传播》一书；1957年，为纪念十月革命胜利40周年，又与北京图书馆（即现在国家图书馆前身）合作主办展览；1963年，中央编译局专家丁守和、殷叙彝出版了《从五四启蒙运动到马克思主义的传播》一书；1983年，为纪念马克思逝世100周年，举办了“马克思恩格斯著作在中国”展览，之后编辑整理并由人民出版社出版了《马克思恩格斯著作在中国的传播》一书；1998年，举办了“《共产党宣言》发表一百五十周年”展览，并与中央电视台合作创作了两集文献纪录片《共产党宣言》，笔者为主笔；2011年，为庆祝中国共产党成立90周年，建立了我国第一个“马克思主义传播史展览馆”，创作了8集文献纪录片《思想的历程》，并由中央编译出版社出版《思想的历程——马克思主义在中国的百年传播》一书，笔者为总撰稿；2018年，为纪念马克思诞辰200周年，在国家博物馆举办“真理的力量——纪念马克思诞辰200周年”主题展览。2018年，根据中央机构改革方案，中共中央编译局与中共中央党史研究室、中共中央文献研究室合并成立了中共中央党史和文献研究院，但中央编译局的牌子仍然保留，以便继续用该名出版马列著作，有关专家学者仍然奋斗在马克思主义传播史研究的前沿阵地。由笔者牵头、一批中青年学者参加承担的国家社科基金重点项目“马克思主义传播史研究”正在进行，预计2019年下半年将出版《马克思主义传播史（中国卷）》两卷本。

我国各高校、科研机构以及有关学者在马克思主义传播史研究方面作出了重要贡献。1955年，苏联学者柯托夫的《马克思主义在俄国的传播》一书由于深翻译，在时代出版社出版；次年，苏联学者巴特里凯也夫的《俄国现代无产阶级的出现——马克思主义在俄国的传播》由孟世昌翻译，在上海人民出版社出版。受苏联专家的影响，中国学者也开始研究马克思主义传播问题。比如，北京大学的黄楠森教授等于20世纪50—60年代，就开始研究马克思主义哲学史，其中包括马克思主义传播史内容，70年代初编成油印本。改革开放后，他与施德福、宋一秀教授一起正式出版了三卷本的《马克思主义哲学史》；后来黄楠森又与庄福龄、林利一起主编了八卷本《马克思主义哲学史》，其中第四卷讲马克思主义哲学在俄国的传播与发展，第七卷讲马克思主义哲学在中国的传播和发展。北京大学的林代昭、潘国华于1983年编辑了《马克思主义在中国——从影响传入到传播》，作为“中国近代思想和文化史料集刊”出版。中国人民大学的林茂生于1984年出版了《马克思主义在中国的传播》一书。中国社会科学院近代史研究所的唐宝林于1997年出版了《马克思主义在中国100年》，后来又再版，影响很大。此外，还有其他学者发表了若干关于马克思主义传播史的著作和文章。如姜义华在1983年《近代史研究》第1期发表《马克思主义在中国的初期传播与近代中国的启蒙运动》一文；高军在1986年完成《五四运动前马克思主义在中国的介绍与传播》一书，由湖南人民出版社出版；王炯华于1988年出版《李达与马克思主义哲学在中国》；桂遵义于1992年出版《马克思主义史学在中国》等。

进入21世纪后，我国学者在马克思主义传播史方面的研究成果更多，视野更广阔，特别是深化了分门别类的研究。一是加强早期传播的研究。如王东等于2009年出版《马列著作在中国出版简史》；田子渝等于2012年出版《马克思主义在中国初期传播史（1918—1922）》；方红于2016年出版《马克思主义在中国的早期翻译与传播》等。二是加强分支学科传播史的研究，包括马克思主义哲学、经济学、法学、新闻学、文艺理论、党建理论、宗教理论等传播史研究。如谈敏于2008年出版《回溯历史——马克思主义经济学在中国的传播前史》；庄福龄于2015年出版《中国马克思主义哲学传播史论》；胡为雄于2015年出版《马克思主义哲学在中国传播与发展的百年历史》；文正邦于2014年出版《马克思主义法哲学在中国》；张小军于2016年出版《马克思主义法学理论在中国的传播与发展（1919—1966）》；丁国旗于2017年出版《马克思主义文艺理论在中国》等。三是加强地方传播史研究。如淮北市委党史研究室于2004年出版《中国共产党淮北地方史》第一卷，专门用一节讲述了“马克思主义在淮北的传播”；闫化川于2017年出版《马克思主义是怎样生根中国的——马克思主义在山东早期传播研究》；2017年，黄进华出版《马克思主义在哈尔滨传播的历史经验和现实启示》。四是加强对马克思主义翻译家和理论家的研究。如叶庆科于2006年出版《杨匏安：我国传播马克思主义的先驱》；郭刚于2010年出版《中国早期马克思主义的传播——梁启超与西学东渐》；笔者主编的《姜椿芳文集》《张仲实文集》分别于2011年、2015年问世，其中包括对姜椿芳、张仲实两位马克思主义翻译大家所作贡献的研究介绍；西南财经大学经济学院和马克思主义经济学研究院编《陈豹隐全集》于2013年之后陆续出版；湖南常德市赵必振研究会对我国马克思主义传播的早期学者赵必振的文献进行整理编纂，于2018年出版《赵必振文集》。五是加强对经典文本解读史、概念史的研究。如王刚于2011年出版《马克思主义中国化的起源语境研究——20世纪30年代前马克思主义在中国的传播及中国化》；尹德树于2013年出版《文化视域下马克思主义在中国的早期传播与发展》。近几年来，一些学者还发表了一系列关于马克思主义概念史的文章，深化了传播史研究。

随着马克思主义传播史研究的深化，系统性的马克思主义“文献编纂”乃至“马藏编纂”工作被提上日程。人们越来越发现，要完整把握马克思主义精髓，特别是要完整把握100多年来中国人对马克思主义理解的情况，需要系统整理马克思主义经典文献。在经典文献典藏方面，中央编译局做了较多工作。由于工作需要，这里的专家学者收集整理了国内最丰富、最齐全的马克思主义经典文献，其中包括中华人民共和国成立后所有中文版的马克思主义经典文献，以及各种外文版的马克思主义经典文献，也包括中华人民共和国成立前的不少经典著作文本文献。国家图书馆、上海图书馆等也拥有丰富的马克思主义经典文献典藏。但即使如此，也不能够满足马克思主义经典文本、版本以及传播史研究的需要，因为这些文献典藏总的来说具有零散性，特别是早期文献，分散珍藏在不同图书馆和有关机构的资料室，人们使用起来很不方便。为此，近些年来不少学者把文献考据研究与文献编纂工作紧密结合起来，推出不少成果。如吕延勤主编《马克思主义在中国早期传播史料长编（1917—1927）》（上、中、下卷），2016年由长江出版社出版；田子渝主编《马克思主义在中国早期传播著作选集（1920—1927）》三卷本，于2018年由湖北人民出版社出版。这些经典文献整理出版大大方便了马克思主义传播的考据研究。但目前的文献整理出版工作仍然有局限性，十月革命之前和大革命之后的经典文献整理出版较少。

于是，学者们提出应当编纂“马藏”。大家知道，中国历史上各个主要学派都有自己的典藏体系，儒家有“儒藏”，佛家有“佛藏”，道家有“道藏”。马克思主义作为在近现代中国影响最大的思想体系，也应当而且能够建立自己的典藏体系。顾海良教授是这方面的领军人物，他领导的北京大学《马藏》编纂工程于2015年3月启动，已经取得初步成果，于2017年5月4日发布出版第一批书共5卷，370万字。他认为，《马藏》编纂工作的任务是“把与马克思主义发展有关的文献集大成地编纂荟萃为一体”，这是很正确的。但这项工作太复杂庞大，需要众多学者一起来做才有可能最终完成。

最近几年，笔者根据中央编译局马克思主义文献典藏情况，围绕“马藏”体系建立也提出了一些想法。笔者认为，“马藏”体系应当包括三个层次：一是核心层，即马克思、恩格斯、列宁等经典作家的手稿以及最初发表的文献；二是基本层，即《马克思恩格斯全集》历史考证版即原文版（亦称MEGA版）、《列宁全集》俄文版等经典著作的外文版本，《马克思恩格斯全集》中文第一、二版，《列宁全集》中文第一、二版，中国化马克思主义经典著作；三是外围层，包括经典著作各种版本的选集、文集、专题读本、单行本，以及研究马克思主义经典的代表性著作。这些经典文献有上千卷，可以与中国历史上任何典藏系列（如儒藏、道藏、佛藏）相媲美。[①]顺便说一句，“马藏”体系的建立将意味着中国现代文化典藏基础的确立，它和中国传统文化典藏一起构成中华文化的典藏体系，其意义远远超出了马克思主义经典著作文本和传播史研究本身。根据这个想法，我们不同单位或部门的学者应当根据自己的工作实际开展工作。“马藏”体系的核心层、基本层实际上一直是由中央编译局在做的，也比较完善了。我们今天最需要做的就是“补短板”，即把外围层中的各种零散的历史性的经典文本文献收集整理起来，供大家作历史性研究之用。这些历史性的经典文献也很多，所以应当首先把中华人民共和国成立前比较完整的经典著作文本整理出来，以供马克思主义经典文本、版本、传播史考据等研究之用。

于是，我们的“马克思主义经典文献传播通考”丛书也就应运而生了。可见，开展这项工作，不是我们一时激动的产物，而是我国学术界马克思主义理论研究逐步深化的逻辑必然，做好这项工作也是当务之急。这项工作做好了，不仅有助于马克思主义经典著作翻译和文本、版本、传播史的研究，也能够为建立完整的“马藏”体系提供历史上的各种基础文本，还有助于整个中国现代思想文化的研究和建设。

---

① 杨金海：《马克思主义发展史学科群建设之思——马克思主义传播史研究视角》，载《北京行政学院学报》2018年第1期。

三、马克思主义经典文献传播通考何以可能

今天进行马克思主义经典文献传播通考是否可行？回答是肯定的。如果放在20年前，做这项工作几乎是不可能的。因为那时大家还没有对马克思主义理论进行深入的文本、版本、传播史、概念史、解读史等考据研究的概念，更没有建立“马藏”的想法，所以，也就不可能有此思想动力。这是从主观上讲的。从客观上看也是如此。当时的研究还很不够，也还没有今天这样发达的信息技术，所以要弄清中华人民共和国成立前究竟有多少经典著作文本已经翻译出来、藏在何处，是很困难的，就更不用说把各种经典著作的不同文本收集起来并整理出版了。

经过长期的积累，特别是近几十年的经典著作研究，今天我们已经具备了进行马克思主义经典文献传播通考的基本条件。

一是越来越多的人意识到经典文献考据研究的重要性，不仅把马克思主义作为意识形态来研究，而且进一步把马克思主义作为科学的学术体系乃至“新国学”之重要内容来研究。长期以来，在我国有一种不正确的认识，就是认为马克思主义是一种意识形态，没有学术性，甚至不是学问。实际上，意识形态也有科学与非科学之分。马克思主义是一种科学的意识形态，由此决定了它具有科学性，完全可以作为学术来研究。之所以有人认为它不具有学术性，一方面，是因为这些人不懂马克思主义；另一方面，是因为我们马克思主义学界在学术、文化层面研究马克思主义不够，有分量的学术成果不多。要克服这一缺陷，就要努力借鉴其他学科的研究方法，包括借鉴我国传统的学术文化研究方法，拿

出可以与其他学科相媲美的学术成果来。例如建立“马藏”体系就是很好的学术性工作。2014年在成中英先生八十大寿庆祝会上，笔者尝试性地提出“新国学”概念。所谓“新国学”，就是包括马克思主义学说在内的中华学术体系，是当代整个中华文化的基础。我们以往所说的“国学”实际上是“老国学”，即以儒、释、道为主的中国传统学术体系，今天这样讲还说得过去，但实际上已经不准确了，再过若干年就更不科学了，因为我们今天还有马克思主义学说。毫无疑问，自五四新文化运动以来，马克思主义在我国已经逐步成为中华学术体系的重要组成部分，可以与传统的儒、释、道等相媲美，因此不能把它排斥在国学之外。类似情况，在历史上是有过先例的。大家知道，佛学是西汉时传入中国的，是外来文化，但2000年后的今天，谁还能说它不是中国文化之一部分呢？马克思主义也是这样，况且它比佛学的作用要大得多，它传入中国才100多年，就深刻改变了中华民族的命运，也深刻改变了中国传统文化，已经成为当今中华文化的重要组成部分乃至核心部分。随着时间的推移，将来我们的国学体系一定会把“马学”加进来，形成“儒、释、道、马”并驾齐驱、以“马”为魂的繁荣发展局面。当然，“马学”作为“新国学”的重要组成部分并为人们所接受，还需要努力构建自己的学术体系。比如要借鉴中国传统学术文化研究的方法，像整理编纂《四库全书》那样，把马克思主义“经”“史”“子”“集”等都整理出来，形成蔚为壮观的经典体系、学术体系，供后人研究之用。此外，我们对马克思主义的各种研究也要具有深厚的学理性。这样，“马学”作为科学的学术体系才能够完善起来。“知难行易”，应当说经过这些年学界同仁的共同努力，已经有越来越多的人意识到马克思主义经典文本整理和考据工作的重要性。这就为顺利推进这项工作奠定了思想基础。

二是这些年有关马克思主义经典文本整理研究的成果越来越多，使得我们基本知道了有哪些经典文本、版本及其传播、珍藏等情况。特别是近几年来，这些研究成果每年都在成倍地增长。很多深藏密室的历史文献被挖掘出来，包括一些经典文本、马克思主义经典著作翻译家、出版家、教育家以及取经潮、取经路线、传播方式等，成为学界研究的热点。与之相伴随，马克思主义经典著作原文版、手稿的收集整理和深度研究成果也越来越多。中央编译局的学者在这方面的成果较多。笔者在经典文献研究方面也做了一些工作，如与冯雷共同主编了37卷“马克思主义研究资料”丛书；与李惠斌主编了40卷“马克思主义经典著作研究读本”丛书。王学东主编了64卷“国际共产主义运动历史文献”丛书。这三套丛书均由中央编译出版社出版。清华大学艾四林主编了20卷“马克思主义经典著作导读”丛书。北京大学聂锦芳主编了12卷“重读马克思——文本及其思想”丛书。其他单位学者在这方面的成果也越来越多。这些经典文献的收集整理和相关大型丛书的编辑出版，以及学术界同仁的大量相关研究成果的发表，为我们推进马克思主义经典文献考据工作提供了丰富资料。

三是马克思主义经典文本考据研究队伍日益壮大，经验日益丰富，方法不断更新。不仅马克思主义理论界很多学者在从事这方面工作，而且其他各界学者也参与进来，包括翻译界、历史学界、民族学界、宗教学界、文学艺术界等方面的学者近些年来都在积极挖掘整理、考据马克思主义的有关历史文献，使得马克思主义经典文本考据研究逐渐成为

“显学”。自2004年中央马克思主义理论研究和建设工程实施以来，培养了一支老、中、青结合的马克思主义学术队伍。各个大学马克思主义学院相继建立，各级社会科学院的马克思主义研究机构日益建立和完善，党和政府、军队研究机构里马克思主义理论研究队伍不断扩大，社会思想文化界对马克思主义理论的研究、宣传和普及工作在加强，这些都大大加速了马克思主义学术队伍培养和学科建设的步伐。特别是近年来，一批优秀的中青年马克思主义学者茁壮成长。他们思维敏捷，年富力强，外语水平很高，知识结构新颖，研究方法现代，不仅能够借鉴中国传统的考据方法，也能够借鉴西方解释学方法等进行研究，越来越具备了中外比较研究、历史比较研究的能力，由此，成为经典文本考据研究的中坚力量。

四是当今发达的信息技术为我们查找、收集、研究经典文本文献提供了快捷便利的条件。进行深入的经典文献考证，需要掌握大量国内外文献资料。比如要用到马克思手稿，而原始手稿的大约三分之二珍藏在荷兰皇家科学院国际社会历史研究所档案馆，三分之一珍藏在俄罗斯国家社会政治史档案馆；要考证经典文本的翻译，还会用到日文版经典著作文本，而这些大多珍藏在日本，个别文本分散珍藏在我国各地的图书馆。要大量使用这些资料在过去几乎是不可能的，但是在今天，通过网络信息技术，就可以比较好地解决这些问题。再者，随着我国现代化事业的推进，我们的经济实力越来越强，在马克思主义经典文本研究方面的投入越来越多。这些物质力量的增强为我们开展这样大规模的整理编纂工作提供了保障。

总体而言，经过马克思主义学界同仁的长期努力，中国已经成为当今世界最大的马克思主义经典著作翻译和研究国家。特别是近些年来，我国学者关于经典文本考据研究的理念越来越新、成果越来越多、队伍越来越强、保障条件越来越好。随着马克思主义学院的建立，马克思主义理论教学和科研工作越来越受到重视，学科体系建设越来越完善，我们的研究成果也越来越有用武之地。这些都为我们深入开展大规模的经典文献整理和研究提供了现实可能性。

四、"马克思主义经典文献传播通考"丛书编写的思路和原则

马克思主义经典著作是学习和研究马克思主义理论的基础文本，历来为人们所重视。在我国马克思主义传播史上，曾经翻译出版过很多种经典著作的中文本。比如，《共产党宣言》总共有至少12个完整的中文译本；《资本论》在1949年以前也有好几个中文译本。这样说来，光是1949年以前翻译出版的经典著作文本或专题文献文本就有上百种。这些不同的中文译本反映了中国人在不同历史时期对马克思主义经典著作理解的不同水平。

编辑这套丛书的直接目的，是要把1949年以前的主要经典著作文本原汁原味地编辑整理出来，并作适当的考证说明，供大家作深入的历史比较研究、国际比较研究之用；从更长远的目的看，是要为建构完整的中国马克思主义典藏体系、学术体系、话语体系乃至为建构现代中华文化体系做一些基础性工作；最终目的，则是要通过历史比较，总结经验，澄清是非，廓清思想，统一认识，破除对马克思主义错误的或教条

式的理解，全面而准确地把握马克思主义理论精髓，弘扬马克思主义精神，继承马克思主义理论，在此基础上深化对中国化马克思主义的理解和研究，为推进当代中国马克思主义、21世纪马克思主义，确保科学社会主义伟大事业长久发展提供科学的理论支撑。

本丛书体现如下特点，这也是丛书编写工作所力求遵循的原则：第一，体现历史性和系统性。本丛书主要收集1949年以前的经典著作中文译本，对1949年以后个别学者的译本也适当收入。中华人民共和国成立后由中央编译局翻译出版的经典著作，由于各大图书馆都可以查到，且各种译本变化不大，故不在收录范围。对所收集的历史文献力求系统、完整，尽可能收集齐全1949年以前经典著作的各种译本，按照历史顺序进行编排。对同一译本的不同版本，尽可能收集比较早且完整的版本。对特别重要的片段译文作为附录收入。第二，突出文献性和考证性。力求原汁原味地反映各种经典著作的历史风貌。为此，采取影印形式，将经典著作的文本完整地呈现给读者。同时，要对文本的情况进行适当的考证研究，包括对原著者、译者、该译本依据的原文本、译本翻译出版和传播的情况及其影响等作出科学说明。这些考证研究要有充分的史料根据，经得起历史检验。要力求充分反映国内外有关研究成果，特别是要充分反映我国改革开放以来在经典著作文本、版本研究方面所发现的新文献、取得的新成果。第三，力求权威性和准确性。一方面，所收集的经典著作文本力求具有权威性和准确性。力求收集在当时具有权威性的机构出版的、质量最高的经典译本，避免采用后人翻印的、文字错误较多的文本。另一方面，考证分析所依据的其他文献资料，也力求具有权威性和准确性。要选择国内外在该研究领域最具权威性的专家学者的最具代表性的观点和最有影响力的文章。再者，对文本有关问题的阐述，比如，对人名、地名、术语变化的说明，或对错字、漏字等印刷错误的说明等，要具有权威性和准确性。第四，力求做到史论结合、论从史出。本丛书的主要任务是对经典文本以及相关问题进行历史性的考证梳理，但考证不是目的，而是手段，根本目的还是要深化对马克思主义基本理论和基本观点的全面的、准确的理解，并最终用以指导实践。所以，在考证研究的同时，要始终牢记最终目标，以便从历史文献的分析研究中得出令人信服的科学结论。所以，在每一经典文本的考证说明中，都既要说明经典文本文献的来龙去脉以及考证梳理的情况，又要从中得出若干具有启发性的结论，以帮助读者正确认识经典著作中的有关重要思想，特别是要在统一认识、消除无谓争论上下功夫。这样，该丛书就不仅能够为读者提供原始的经典著作文本文献，还能够为读者进一步研究这些文本提供尽可能丰富的、具有权威性和准确性的相关文献资料，并提供尽可能中肯的观点和方法，从而能够使丛书成为马克思主义典藏的重要组成部分而流芳后世。

基于上述考虑，本丛书采取大致统一的编写框架。除导言外，各个读本均由四个部分组成。一是原著考证部分，其中包括对原著的作者、写作、文本主要内容、文本的出版与传播情况的考证性介绍；二是译本考证部分，包括对译本的译者、翻译过程、译本主要特点、译本的出版和传播情况的考证梳理；三是译文考订部分，包括对译文的质量进行总体评价，对有关重要术语进行比较说明，对错误译文、错误术语或错误印刷进行查考、辨析和校正性说明；四是原译文影印部分，主要收入完整的原著译本，同时作为附录适当收入前人关于该书的片段译文。

通过这样的考证研究，力求凸显这套丛书的编辑思路，即对经典著作的文本、版本有一个建立在考据研究基础上的总体性认识。每一本书都要能够回答这样一些问题：如这本书是什么，它在马克思主义发展史上的地位如何，它在世界上的传播情况怎样，它是什么时候传播到中国的；该中文本的译者是谁，译本的版本、传播、影响、收藏情况怎样；该译本中的重要概念是如何演化的，中国人对这些概念的理解过程怎样，对我们今天的理论研究和实践探索特别是对解决今天有关重大理论问题的争论有何启示，等等。这些问题回答好了，就能够帮助读者更深入地理解经典著作中的思想观点，并能够从文本的历史比较、国际比较中把握中国化马克思主义发展的思想历程，从而为进一步深化马克思主义理论研究提供深厚的思想资源和学理支撑。

“日月光华，旦复旦兮。”我们是怀着一种迎接中华民族伟大复兴的历史使命感、对马克思主义学术文化的深深敬畏之情来做这项工作的。一是敬畏经典。近百年来，为振兴中华民族，为推进中国思想文化的现代化，无数志士仁人历经千辛万苦把马克思主义真经取回来，并通过翻译研究形成了汗牛充栋的马克思主义经典文献，由此奠定了中国现代文化的典藏基础，为实现中华文化从传统形态向现代形态转化作出了巨大贡献。我们面前的这些文献，正是在马克思主义传播过程中形成的“马藏”中的重要经典文本。拂去历史尘埃，整理、考证和再现这些经典文献的历史原貌，发掘其中的深厚文化意蕴，敬畏之心油然而生。能够通过我们的工作使这些闪耀着历史光芒的典籍和伟大思想更好地传承下去，为中国现代文化体系的建设打下坚实的典藏基础，正是本丛书作者和编者的共同期愿所在。二是敬畏先驱。近百年来，一代又一代翻译家和理论家薪火相传，把马克思主义经典引进中国，特别是在民主革命时期，很多翻译工作是在十分困难和危险的条件下进行的，有不少先辈为此贡献了一生乃至宝贵生命。他们的事迹可歌可泣，他们的艰辛堪比大唐圣僧玄奘西天取经，他们的历史功绩和伟大精神将在历史的天空熠熠生辉！能够通过我们的这项工作，让一代代后人记住这些历史人物和历史故事并将先辈们的宝贵精神传承下去，我们将备感荣幸。三是敬畏责任。面对百年来形成的浩如烟海的马克思主义经典文献需要研究整理，面对百年来一批批可敬可爱的译介者需要研究介绍，面对百年来马克思主义中国化的伟大历程需要梳理继承，我们需要做的工作太多太多。由此，不论是作者还是编者，都不能不对自己所从事的这项工作产生出由衷的敬畏之情。唯有通过努力，精心整理好这些文献，为最终形成完整的中国特色马克思主义典藏体系作一点贡献，为马克思主义学说在中国乃至世界千秋万代薪火相传做一点铺路工作，才能告慰马克思主义经典作家，告慰这些理论先驱和翻译巨匠们！

2018年是马克思诞辰200周年，《共产党宣言》发表170周年；2019年是中国先进分子自觉选择马克思主义作为观察中国和世界命运之思想武器100周年；2020年是《共产党宣言》第一个完整的中文译本问世100周年；2021年是中国共产党成立100周年，这一个个光辉的历史节点展现出马克思主义在中国发展的强大生命力。在这个新时代的新时期，陆续出版大型丛书“马克思主义经典文献传播通考”，对推进马克思主义理论研究和建设工作，有着特殊重要的意义。

需要说明的是，对于经典文本的研究，往往会有仁者见仁、智者见智的情况。所以，尽管我们在组织编写工作中努力体现上述编写思路、原则和精神，书中的观点也不一定都很成熟，不可能与每一位读者的观点完全一致。加之每位作者研究角度不同，水平各异，每一本书的结构、篇章、内容、观点都不尽相同，其权威性也不尽一致，其中很可能有疏漏和错误之处，谨请读者批评指正。

该丛书在设计、编写和出版过程中，得到了各方面的大力支持。清华大学马克思主义学院将这项工作列入重要议事日程，作为该院马克思主义传播史研究中心重大项目，艾四林院长以及各位同事对此项工作给予大力支持。中共中央党史和文献研究院（中央编译局）十分重视对马克思主义传播史的研究，对此项研究给予各个方面的支持。国家出版基金将该丛书列入资助项目，辽宁省委宣传部将此项目列入文化精品扶持项目。辽宁出版集团和辽宁人民出版社在丛书的选题策划和编辑出版中做了大量工作。在编写过程中，中共中央党史和文献研究院（中央编译局）信息资料馆、国家图书馆、上海图书馆、清华大学图书馆、北京大学图书馆、国家博物馆等单位给予鼎力支持。本丛书中汲取了我国学者大量的研究成果。该项目顾问、我国马克思主义理论界德高望重的陈先达教授、赵家祥教授等专家对丛书的编写工作给予热情指导，编委会成员和各位作者为丛书的编写付出了辛勤劳动。

谨在此一并致以衷心的谢意！

杨金海

2019年5月5日于清华大学善斋

目录

CONTENTS

导言

普法战争是普鲁士王国与法兰西第二帝国之间的战争，这场战争于1870年7月19日开始，1871年5月10日结束。普法战争期间，恩格斯应马克思之邀，为《派尔-麦尔新闻》（The Pall Mall Gazette）撰写了大量关于这场战争的军事评论。这些文章以英文在《派尔-麦尔新闻》发表，包括59篇紧密联系的军事评论文章，其中40篇的标题是《战争短评》（Notes on the War）（每篇加编号），其余则用各种不同的标题。在这些文章中，恩格斯从历史唯物主义的立场对这场战争进行了深刻剖析。

恩格斯在世时，他对普法战争的评论没有翻印再版。奥地利社会民主党领导之一维· 阿德勒手中藏有的《派尔-麦尔新闻》的一些剪报，在剪下的每篇短评的右上角或左上角有恩格斯的亲笔签名，但是，许多年以来，这些资料都不为人所知。在阿德勒去世几年后的1923年，恩格斯的论文才由维也纳民众书局编辑佛里多利希·亚多罗（Friedrich Adler）将其编成以《战争短评》为总标题的英文单行本，在维也纳石印出版（内容包括恩格斯在《派尔-麦尔新闻》发表的以《战争短评》为题的40篇文章，还有以其他标题撰写的20篇文章，其最后一篇文章是发表于1871年3月16日《派尔-麦尔新闻》第1900号的《俄罗斯底形势》，该篇文章在曹汀1941年、1952年翻译出版的《普法战争》中仍保留，但在1961年曹汀参与编辑出版的《马克思恩格斯军事文选》第三卷中未收入，在各种语言版本的《马克思恩格斯全集》第十七卷中也未再收入“普法战争”部分，而是以《俄国状况》的题目作为单篇文章出现。中文版第十七卷卷末的注释中写道：“恩格斯写这篇文章的直接原因，是1871年3月俄国在英国证券交易所推销1200万英镑公债。这篇文章首次发表在1871年3月16日‘派尔-麦尔新闻’；1923年在维也纳石印出版的恩格斯‘战争短评’中收录了这篇文章，以后又和‘战争短评’一起再版。”[①]。1924年，该书在莫斯科被翻译成俄文本出版。但是，德国共产党人鲁多尔夫·郝思认为，这两个版本有诸多缺陷，特别是《派尔-麦尔新闻》主编格林伍德私自加入，但是与恩格斯的精神不一致的文字也被认为是恩格斯的思想被原封不动地登载。针对有人认为恩格斯在《派尔-麦尔新闻》上发表的有关军事评论文章数量可能更多的观点，郝思在彻底查阅大英博物馆所藏的《派尔-麦尔新闻》底本、核对了维·阿德勒遗留的签有恩格斯钢笔字签名的遗稿之后，确认恩格斯在该报上发表的有关普法战争的论文不超过60篇。1930年，郝思将维也纳民众书局的英文版译为德文。这也是1941年由曹汀翻译、何思敬校对的《一八七〇——七一年普法战争》的底本。

郝思从英文翻译的德文版《一八七〇——七一年普法战争》，其内容除了他考订的60篇恩格斯的军事评论作为第二部分外，还包括其他几个部分。第一部分是他个人撰写的长篇绪论，内容包括了一个马克思主义者对于战争应有的认识、恩格斯在军事方面的成就，以及本书在战史上的价值等问题。第三部分附录中收录了恩格斯为波尔克海姆所著《对于一八〇六——一八〇七年德意志铁血爱国者的回忆》一书的序文、恩

① 《马克思恩格斯全集》第十七卷，人民出版社1963年版，第755页，注释166。

格斯给韦德梅叶尔的一封信，还包括恩格斯的遗稿《新德意志建设之际的暴力与经济》一文。第四部分是8张附图。

在绪论的结尾部分，郝思专门谈及该书的编译方法和原则。他指出："翻译《论普法战争》需要语言学和军事学的专门知识。不同的军事用语底意义之转化常常引起杜撰的翻译底毛病。个别的军事用语（例如关于要塞战）在任何专门用语辞典中都查不出，所以深入的追索曾是必要的。许多不符原意的排印错误当然没有澈底更正。甚至从纯粹语言学的这点来说，原文是用前世纪英语写成的，这也要增加许多困难"①。（"当然没有澈底更正"这句话笔者认为文字翻译不太准确，表达有歧义，但因为未能找到郝思版原文，只能原文引用——编者注）郝思因此特别邀请凯特·顿克尔夫人为本书的德文本进行彻底校阅。作者还指出，自己在翻译本书时，"尽可能地忠实于恩格斯底原文，但是为了适当地译述恩格斯底词句，常常不免有重复之处。不管文字的忠实如何，我曾经努力以一种浅近的德文译述该书"②。另外，由于恩格斯的文章曾数次被格林伍德任意修改，因此，"我们希望所有这些场合都曾经发现出来。附注指示出：根据我们底判断，恩格斯写到那里而格林伍德从那里写起。但是，我们认为在任何场合都没有权利来抹杀原文一行"③。

---

①《恩格斯军事论文选集》第六分册《普法战争》，曹汀译，何思敬校，人民出版社1952年版，第59页。

②《恩格斯军事论文选集》第六分册《普法战争》，曹汀译，何思敬校，人民出版社1952年版，第59页。

③《恩格斯军事论文选集》第六分册《普法战争》，曹汀译，何思敬校，人民出版社1952年版，第58—59页。

郝思的这一译本是曹汀译本的底本。“1937年7月7日抗日战争爆发后，鉴于革命战争和形势的需要，中央和军委提出系统学习军事理论的号召，除组织干部学习克劳塞维茨的《战争论》外，并责成军委编译处介绍马恩的军事著作。当时在革命根据地，原版经典著作非常有限，只有一部苏联1936年出版的俄文本《恩格斯军事论文选集》（两卷本）和一本德文版的恩格斯著作《普法战争》（由何思敬同志带来）。”[①]这本德文版的《普法战争》即为郝思的译本。1941年9月，曹汀翻译的《一八七〇——七一年普法战争》，由延安八路军军政杂志社作为《抗日战争参考丛书》第十六种出版。曹汀在翻译该书时，将郝思译本第三部分附录中恩格斯的遗稿《新德意志建设之际的暴力与经济》一文作为单行本译出，1940年由延安八路军军政杂志社作为抗日战争丛书第十三种出版，新中国成立后1951年再版时题目改为《暴力在历史中的作用》。

新中国成立后，曹汀将其作为自己翻译编撰的《恩格斯军事论文选集》第六分册，由人民出版社1952年出版，再版时书名为《普法战争》，两个版本的区别仅在于文字上作了一些微小的修正。

延安时期，条件非常艰苦，“工具书既少，参考材料又缺”，曹汀后来曾经总结，认为翻译马列经典著作应该发挥集体的力量。恩格斯的军事著作，“有些是关于军事理论基本原理的论述，有些是关于军事学术史的专门论文，有些是对当时军事事件的评论”，“由一个人从事这些著作的翻译介绍工作，本来困难就是非常之大的，这不仅需要极大的精力

① 鲍世修：《马恩军事思想在我国的传播》，载《中国翻译》1983年第3期。

和很长的时间，而且需要很深的语文修养，丰富的知识，尤其是军事知识。这些都是我个人不完全具备的，加之延安当时的条件”，“虽然工作中曾得到领导的支持和同志们的帮助，尤其是何思敬同志（对德文）和曾涌泉同志（对俄文）的直接帮助，不仅解决了一些疑难问题，而且亲自校对了一部分译文。但总起来说，这一重大而艰巨的任务那时主要由我一个人担负。困难之多是可以想见的”[①]。这段回顾主要是针对六册本《恩格斯军事论文选集》的翻译工作，但同样也是延安时期《一八七〇——七一年普法战争》这部著作翻译时情况的写照。就是在这样艰难的情况下，《一八七〇——七一年普法战争》翻译完成并出版。

正如《马克思恩格斯全集》俄文版第十七卷前言中所指出的：“‘战争评论’是恩格斯杰出的军事作品之一，是历史唯物主义方法应用于军事研究的光辉典范。”“在‘战争评论’中，恩格斯对马克思主义关于战争、战争的阶级根源、目标和性质等学说作出了重大贡献。马克思恩格斯以普法战争为例，教导无产阶级区分民族解放战争，区分旨在击退外来入侵的防御性战争和掠夺性、征服性战争。恩格斯的一大功劳是提出和阐述了抵抗外敌入侵问题、人民战争问题、游击运动问题、动员人民力量抗击侵略者的形式和方法问题。”[②]曹汀翻译的《普法战争》，是恩格斯关于普法战争军事评论的第一个中译本，作为恩格斯的

① 中共中央马克思恩格斯列宁斯大林著作编译局马恩室：《马克思恩格斯著作在中国的传播》，人民出版社1983年版，第142—143页。

② К. МАРКС и Ф. ЭНГЕЛЬС，ТОМ17，ГОСУДАРСТВЕННОЕ ИЗДАТЕЛЬСТВО ПОЛИТИЧЕСКОЙ ЛИТЕРАТУРЫ Москва，1960，9-10、13.

经典军事著作，对于指导中国当时正在进行的革命意义重大。曹汀曾回忆，该书出版后，“叶剑英同志曾亲自找我谈话，指示研究马克思恩格斯军事思想的重要性，鼓励我全心全意把这一工作做好。这对于我是一次极大的鞭策”[①]。此后，曹汀就一直奋战在翻译马克思列宁主义军事著作的岗位上。这本书的出版，对于中国共产党人学习和运用马克思主义军事思想和理论，指导中国共产党领导当时正在进行的抗日战争及后来的解放战争，直至新中国成立至今的新时代军事国防建设，都有重大的指导意义。

① 中共中央马克思恩格斯列宁斯大林著作编译局马恩室：《马克思恩格斯著作在中国的传播》，人民出版社1983年版，第142页。

《普法战争》原版考释

一、写作及出版背景

恩格斯在《派尔-麦尔新闻》上发表有关普法战争的军事评论，与马克思的推荐直接相关。《派尔-麦尔新闻》是1865年至1923年在伦敦出版的日报，每日一次，为晚刊，编辑为弗·格林伍德、威·托·斯特德，在19世纪60—70年代采取保守派立场。1870年7月至1871年6月马克思和恩格斯同这家报纸有联系。这期间，报纸刊登了国际工人协会总委员会关于普法战争的第一篇宣言和第二篇宣言（摘要）和恩格斯的关于普法战争的一组文章《战争短评》。马克思认为："尽管《派尔-麦尔》有各种各样的缺点，但它有两个优点：(1) 在有威望的报纸当中，它是唯一对俄国采取某种反对立场的报纸。这在战争进程中会有重要的意义；(2) 作为一家贵族的报纸（从主要方面说），在所有俱乐部，特别是在军事俱乐部中起着主导作用；(3) 它是伦敦唯一没有被收买的报纸。"①巴黎公社失败后，鉴于该报对公社的攻击日益增多，马克思和恩格斯遂停止撰稿并与该报划清界限。

普法战争爆发后，《派尔-麦尔新闻》撰稿人塔朗约请马克思作为军事记者前往普鲁士大本营采访，马克思拒绝了这个建议，转而商请恩格斯考虑，同时建议恩格斯也可以为该报撰写军事评论："在这段喜

① 《马克思恩格斯全集》第三十三卷，人民出版社1973年版，第29页。

剧性的时期里，如果我愿意写点政治题材的文章，或者你愿意写点军事题材的文章，都会被采用，并且还可以得到稿酬。”[①]恩格斯认为，如果自己以军事记者身份去普鲁士，会有很多障碍，而且也会妨碍自己“用批判的眼光看待事物”[②]，但答应为《派尔-麦尔新闻》撰写军事评论。

《战争短评》是从1870年7月29日至1871年2月18日在《派尔-麦尔新闻》上发表的。前三篇文章，由恩格斯寄给马克思，再由马克思看后转寄给编辑部。以后恩格斯撰写的文章，为了加快刊出速度，增强时效性，就由恩格斯本人直接寄给《派尔-麦尔新闻》编辑部。恩格斯在开始写《战争短评》时原本计划每周撰写两篇文章，但是前三篇文章发表之后，引起了读者的很大兴趣和整个报界注意。伦敦大名鼎鼎的《泰晤士报》甚至整篇抄袭《战争短评》的第二篇和第三篇，迫使恩格斯不得不发表声明。马克思家的年轻一辈，他的女儿们则直接在《派尔-麦尔新闻》上“抗议了《泰晤士报》的抄袭行为”[③]。以后，《派尔-麦尔新闻》的编辑格林伍德便建议恩格斯不限数量地为该报寄稿。在战争最激烈的时期，恩格斯每周写三篇甚至四篇文章。这些文章除了前三篇署名“Z.”以外，其余各篇都没有署名，只有少数人知道这些文章的作者是恩格斯。

恩格斯的这些评论很快引起了巨大反响。1870年9月2日，马克思致信恩格斯：“《旁观者》一个星期前宣称，你的文章是英国报刊上唯

---

① 《马克思恩格斯全集》第三十三卷，人民出版社1973年版，第7页。
② 《马克思恩格斯全集》第三十三卷，人民出版社1973年版，第10页。
③ 《马克思恩格斯全集》第三十三卷，人民出版社1973年版，第29页。

一出色的文章。"但即便如此，马克思还是"对作者如此吝惜言词和事实表示遗憾"[①]。而恩格斯的这些文章被抄袭和剽窃一度成了常态，马克思在给恩格斯的信中曾写道："我家的女眷发现所有伦敦报纸都在剽窃你的文章，但从来不注明出处，她们对此都极为愤慨。"[②]从此，恩格斯在他的朋友中间就有了"将军"的绰号。

格林伍德曾不止一次地未经恩格斯的同意就修改他的文章。恩格斯在给马克思的信中曾指出，《战争短评（三）》中的不少地方曾被"作了各种各样荒谬的修改"，而这些修改证明格林伍德根本"不懂军事术语"。[③]恩格斯还很生气地指出："我在英国报界最凶恶的对手是格林伍德先生本人。这个傻瓜经常把我斥责他的竞争者的剽窃行为的话删去，更妙的是，他本人十分天真地在其评论中摘录我头一天的文章，却丝毫不提这是抄来的。这个家伙不想使自己失去对战争问题表示独特看法的乐趣，而其实他的看法纯粹是胡说八道"，"几天前，他在我的文章中添上了几行（纯粹是为了充塞篇幅）关于围攻斯特拉斯堡的毫无意义的话。一有适当机会，我将就这一点写一篇文章，提出完全相反的意见"。[④]

---

① 《马克思恩格斯全集》第三十三卷，人民出版社1973年版，第51页。
② 《马克思恩格斯全集》第三十三卷，人民出版社1973年版，第52页。
③ 《马克思恩格斯全集》第三十三卷，人民出版社1973年版，第25页。
④ 《马克思恩格斯全集》第三十三卷，人民出版社1973年版，第55页。

二、各版本说明

1.《派尔-麦尔新闻》

从1870年7月29日《派尔-麦尔新闻》第1703号发表恩格斯（署名为Z.）的《战争短评（一）》开始，到1871年2月18日《派尔-麦尔新闻》第1878号，恩格斯在《派尔-麦尔新闻》上发表了一共59篇以英文撰写的关于普法战争的军事评论文章。这些文章除了前三篇署名为Z.之外，其余都没有署名。其中40篇评论的题目为《战争短评》，每篇加编号，其余则用不同的标题。

2. 鲁多尔夫·郝思《一八七〇——七一年普法战争》德文版，1930年出版。出版社不详

3.《马克思恩格斯全集》俄文第一版第十三卷第二部，苏联马克思恩格斯研究院编，莫斯科和列宁格勒国家出版局出版

1924年5月，俄共（布）第十三次代表大会根据梁赞诺夫关于马克思和恩格斯遗著的新材料的报告，通过以下决议："代表大会委托中央委员会同共产国际执行委员会协商，采取一切办法来尽快地出版俄文版和其他文字版的马克思恩格斯全集。"俄文第一版确定的分类原则是

“分专题按照年代先后顺序排列”[①]。1940年，《马克思恩格斯全集》俄文第一版第十三卷第二部出版，收入了1870—1873年马克思和恩格斯的著作，标题为《论文、通讯及共产国际文件（1870—1873）》。该版关于恩格斯撰写的普法战争的文章不是以普法战争专题形式出现，而是按照1870年、1871年的年代顺序收录马克思恩格斯当年发表的文章。因此，恩格斯关于普法战争的文章是与马克思和恩格斯当年发表的其他类型的文章混合在一起发表的（第5—87、101—218、224—273页）。该版以《派尔-麦尔新闻》原版为底本，收录了恩格斯撰写的所有59篇有关普法战争的文章。而且，在本卷的编者说明里面，还介绍了当时恩格斯发表这些文献的历史背景、基本内容、主要理论贡献及历史地位。这些资料不仅反映出当时的研究水平，而且为读者提供了阅读的线索和思路。而每篇文章的简短脚注，卷末的人名索引、名目索引和其他索引等，都力图帮助读者解除阅读时遇到的具体困难。更为重要的是，这些在编写《全集》的准备过程中积累起来的资料通俗易懂，对于读者加深对科学共产主义理论、纲领和策略的领会，对于研究马克思主义基本问题，都提供了便利。

4.《马克思恩格斯全集》俄文第二版第十七卷，苏共马克思列宁主义研究院根据苏联共产党中央委员会决定编印，苏联国家政治出版社1960年出版

由于历史原因及苏联马克思恩格斯列宁研究院缺乏经验，《马克思恩格斯全集》俄文第一版存在着种种不足和缺陷，这就使得出版新的俄

① 《〈马克思恩格斯全集〉的编撰工作》，人民出版社1977年版，第15—16页。

文第二版变得极为必要。1954年，《马克思恩格斯全集》俄文第二版第一卷问世，直到1966年，《马克思恩格斯全集》俄文版39卷出齐。该版于1960年出版的第十七卷，收入了恩格斯在普法战争期间撰写的59篇文章（第7—267页）。与俄文第一版不同的是，该版关于普法战争的文章呈现按年代专题以《战争短评》为题目专题排列，不再与马克思和恩格斯同一时间段发表的其他文章混合编排。并注明原文是英文。并在每篇文章标题后面注明该文发表于《派尔-麦尔新闻》××号，出版年月日，前三篇注明署名为Z.，其后未署名。其在卷首前言中对涉及恩格斯普法战争时期发表的这些文章的历史背景、主要内容、主要理论贡献、历史地位等的说明，加深了读者的理解。

5.《马克思恩格斯全集》德文版第十七卷，民主德国统一社会党中央马列主义研究院编辑，柏林狄茨出版社1962年出版

《马克思恩格斯全集》德文版（MEW，因其封面为蓝色，国际通称“蓝皮本”），被认为是除《马克思恩格斯全集》历史考证版第二版（MEGA2）之外马克思和恩格斯的著作集中最权威和最接近经典著作原貌的版本。德文版《马克思恩格斯全集》由民主德国统一社会党中央马列主义研究院编辑，柏林狄茨出版社出版，正卷39卷按照《马克思恩格斯全集》俄文第二版划分卷次，同《马克思恩格斯全集》中文第一版一致。该版在第一卷序文中就指出：以“苏共中央委员会马克思列宁主义研究所的俄文第二版为基础翻译，仅作了微小改动。苏联版序言中描述的关于编辑、排列和范围的原则，也适用于德语版本”。该版还根据德国现存的原件或影印本做了校订。马克思和恩格斯所引用的引文，也尽

可能地利用原本，同样进行了校订[①]。其第十七卷于1962年出版，其编排与俄文版的第十七卷完全一致，收录了恩格斯在普法战争期间在《派尔-麦尔新闻》发表的有关普法战争的59篇文章（第9—264页）。该卷全文翻译了俄文版的卷首前言部分，还加上了民主德国统一社会党中央马列主义研究院撰写的关于该版编辑方针的简短序文。

6.《马克思恩格斯全集》中文版第十七卷，人民出版社1963年出版

1963年出版的《马克思恩格斯全集》第十七卷，收入了恩格斯关于普法战争的短评59篇。该版是根据《马克思恩格斯全集》俄文第二版第十七卷翻译或校订的。该版从第11页至第277页，按照文章写作时间，集中发表了恩格斯的关于普法战争的所有文章。与俄文、德文及其后出版的日文版不同的是，中文版《马克思恩格斯全集》不再包括前言部分，而是直接收录相关59篇文献。同时，中文版是在文章的末尾标明该文发表于《派尔-麦尔新闻》××号和出版年月日。

7.《马克思恩格斯全集》日文版第十七卷，东京大月书店1966年出版

1966年，由大内兵卫、细川嘉六监译的《马克思恩格斯全集》第十七卷由东京大月书店出版。该版以德文版（MEW）为底本原文翻译出版。恩格斯关于普法战争的59篇文章全文收录（第9—246页）。俄文、

① Karl Marx und Friedrich Engels (Band 1), Berlin: Dietz Verlag, 1957, 7、15.

德文版的前言部分也全部由冈崎次郎翻译编入。

8.《马克思恩格斯全集》历史考证版第二版第一部分第二十一卷（MEGA2），国际马克思恩格斯基金会阿姆斯特丹分会2009年出版

2009年，MEGA2柏林-勃兰登堡科学院编辑小组独立编辑完成的第一部分第二十一卷出版。该卷收录了马克思和恩格斯发表于1867年9月至1871年3月的著作、文章和草稿。该卷以专题形式收录了恩格斯在普法战争期间撰写的59篇关于战争评论的文章（第251—476页）。

三、内容简介

恩格斯是一位伟大的马克思主义者。他以历史唯物主义的观点看待战争、研究战争，他的有关普法战争的军事评论，对许多问题都有着深刻的分析和独到的见解。他对1870—1871年普法战争所作的这些分析，无论就鲜明性、深刻性和远见性来说都是马克思恩格斯军事思想的光辉范例。并未处于战争前线的恩格斯，只根据那些并不很完整准确的消息，就能够正确分析和揭示战争的起因、目的和特征，准确推断战争发展的主要进程，分析并预测了普法战争的战场事态发展，并及时制定了无产阶级在武装斗争的各个阶段对待战争的策略。通过对普法战争的研究，恩格斯还就一系列战略和战术问题进行了深入探讨，深刻把握了政治与军事的关系，全面比较了双方军事制度的异同，在作战指导方面提出了许多重要的理论，揭示了战争中各种事件的内在联系和本质。这些文章显示了恩格斯敏锐的战略判断能力，特别是分析战争进程的高超技艺，为马克思恩格斯军事思想的发展作出了巨大贡献，在马克思恩格斯军事思想史上具有里程碑式的意义。

其主要特征：

一是对战争性质的准确认识和把握。普法战争爆发后，随着战争进程的演进，恩格斯对这场战争的性质进行了准确的判断。战争初期，恩格斯认为，对法国皇帝路易·波拿巴而言，他主动发动的是一场侵略的非正义的战争，他的对手不仅是普鲁士国王威廉一世，而且还有保卫民族生存的普鲁士人民；对普鲁士来说，则是反侵略的防御性战争。但是，随着战争的进一步推进，情况发生了变化。普鲁士宰相俾斯麦口头上的“爱国主义”，其目标不单单是击败法国路易·波拿巴，而且还要打进法国，扩张领土。所以色当战役之后，路易·波拿巴被俘，法兰西宣布共和，按普鲁士最初的说法，如果它是和法国皇帝作战而不是和法国人民作战，那部队就没有理由再继续进攻。然而，战争仍在进行。恩格斯认为，此后战争的性质就发生了变化，普鲁士由反侵略转为侵略，法国人民则是为抵抗侵略、为保卫祖国而战了。

1870年7月19日，恩格斯发表题为《如何击败普军?》的文章，他说，“当德国最初仅仅为了抵御法国chauvinisme（沙文主义）而进行的战争看来正逐渐地但是确实地变为一种为了新的德国chauvinisme的利益而进行的战争的时候”，应该把原先考虑的“如何击败法军”的问题转换为“将来究竟是谁并且用什么方法击败普军”了。[①]恩格斯说：“一旦

① 《马克思恩格斯全集》第十七卷，人民出版社1963年版，第112页。

普军包围了巴黎并在周围地区实行横征暴敛的政策，一旦普军开始枪杀自由射手并焚烧援助过自由射手的村庄，一旦普鲁士拒绝了法国的媾和建议并声称他们要进行掠夺战争，这一切就立刻发生了变化。”[①]恩格斯对战争性质转化的这一认识，与第一国际两次宣言的精神完全相同，正确引导了德、法两国人民应如何坚持国际主义立场，如何正确认识和看待这场战争。

二是对政治与军事关系问题的深刻认识。恩格斯的战争评论最重要的一个特点是，他不是就军事而谈军事，将战争视为某个孤立事件，而是辩证地认识军事和政治的关系问题，将战争看作是交战双方政治关系的某种延续，他认为，政治不仅能够导致战争的爆发，而且还能够影响战争的一切方面，甚至是战争的结局。这是恩格斯考察一切战争必然遵循的首要原则，也正是马克思主义军事理论的高明之处。

普法战争前夕，欧洲许多人都寄希望于通过和平途径解决两国的外交争端，恩格斯却明确指出，不存在这种可能。1870年7月19日，法国对普鲁士宣战之后，针对一些资产阶级军事专家所纷纷断言的准备充分的法军将在战争中获胜的预测，恩格斯在第一篇战争评论中就指出，法皇的希望一定会破灭，普鲁士一定能击溃他的全部军队。“要了解这一点，只要概略地观察一下政治和军事形势就够了。”[②]恩格斯当时也认为法军有可能很快突入德国境内，但他同时也坚信，那样的话，第二帝国必将惨败和崩溃。他的这一预想，是以深刻分析德、法两国的国内政治形势和军队状况为根据的。对普鲁士来说，“尽管需要经过多次激战，

---

① 《马克思恩格斯全集》第十七卷，人民出版社1963年版，第210—211页。

② 《马克思恩格斯全集》第十七卷，人民出版社1963年版，第13页。

但也一定能够击溃波拿巴派来迎战的全部军队。据目前的情况判断，我认为战争对波拿巴不可能有美满的结局”[①]。

马克思和恩格斯曾经揭示了这样一条原则，一国的防御状况，其军队的战斗素质，依赖于该国的社会制度和政治制度。恩格斯经过科学分析，阐明了普法战争第一阶段普军获胜而法军失败的原因。他认为，这些胜利的取得，是因为普鲁士在1866年普奥战争失败以后改革并完善了普军的组织体制，并以新的技术兵器取代了旧的兵器。同时，恩格斯认为，普鲁士军队在精神因素方面还占有巨大优势，因为在战争开始阶段德国方面展现了某种程度的进步性。与此形成对比的是，法国方面战争准备不足，其军队没有适应战时状况的编制，加之反动腐朽的波拿巴制度，“第二帝国的军队在此以前已经由于第二帝国本身而遭受了失败”[②]。“一个高尚而勇敢的民族眼看着自己为了自卫而作的一切努力白费，这是因为20年来它听凭一群冒险家主宰它的命运，而这些冒险家已经把行政机关、政府、陆军、海军，实际上把整个法国都变成了他们牟取暴利的源泉。”[③]“整个制度都已腐朽透了；笼罩着第二帝国的贪污腐败的空气最后也侵袭到这个帝国的主要支柱——军队中来了。而在经受考验的时刻里，这支军队除了光荣的传统和兵士的天赋的勇敢就没有什么可以用来抵抗敌人，但是仅仅靠这一点是不足以保持欧洲第一流军队的地位的。”[④]恩格斯正是通过对政治和军事形势的全面考察，精辟概括

① 《马克思恩格斯全集》第三十三卷，人民出版社1973年版，第10页。
② 《马克思恩格斯全集》第十七卷，人民出版社1963年版，第26页。
③ 《马克思恩格斯全集》第十七卷，人民出版社1963年版，第83页。
④ 《马克思恩格斯全集》第十七卷，人民出版社1963年版，第107页。

出普法战争初期战争进程的阶段性特点，极富预见性地指出不同阶段战争的进程和可能发展，足见其认识论和方法论的科学性。

三是人民战争和游击战争的思想。普法战争期间，恩格斯在战争评论中还阐发了人民战争和游击战争在抵抗外敌侵略中的作用和影响。特别是随着法军正规军被击溃，第二帝国垮台，普法战争进入第二个阶段，德国方面的战争已经变成掠夺性侵略性战争，战争性质发生了重大变化之后，恩格斯通过分析，指出当时法国可以获胜的唯一出路，那就是组建抵抗入侵者的人民抵抗军，重编新的法国军队。恩格斯指出，只要人民的抵抗精神被激发出来，那么“如果每个城市和几乎每个村镇都变成要塞，每个农民和市民都变成战士，那末德军的命运将会怎样呢？那时，甚至各第四营的20万人都不足以征服这样的民族了”[①]。1870年12月17日，恩格斯在文章中指出：现在的战争进程中，造成普军伤亡的不再是大规模的会战，“而是一两个、三五个人被打死的小规模战斗中的伤亡”。这种“人民战争的浪潮不断消耗着敌人兵力，将把一支最大的军队逐渐地损坏和零敲碎打地摧毁”[②]。当然，恩格斯也并不是没有认识到法兰西存在的问题——“第二帝国这个梦魔使法国窒息的这20年，绝没有使它的民族性格受到锻炼。结果我们看到：说得多而做得少；表面的事做得多而组织工作几乎完全被忽视；真正的抵抗很少而对敌人的屈服很多；真正的兵士很少而自由射手很多”[③]。因此，人民战争能否取得胜利，背后依然是政治的强大影响。

① 《马克思恩格斯全集》第十七卷，人民出版社1963年版，第138—139页。
② 《马克思恩格斯全集》第十七卷，人民出版社1963年版，第224页。
③ 《马克思恩格斯全集》第十七卷，人民出版社1963年版，第139页。

恩格斯积极支持法国人民的自卫战争。在《法兰西国内的战斗》一文中，恩格斯严厉谴责了德国军队在法国烧杀抢掠的恶行，他说，从美国独立战争到南北战争止，在欧洲和美洲，“民众参加战斗已不是例外而成为常规了。凡是一个民族仅仅因其军队无力抵抗而屈服时，人们都普遍地把他们鄙视为懦弱的民族。凡是一个民族刚毅地进行这样的游击战时，入侵者很快就觉察到：奉行那种血和火的古老法典是不行了”[①]。直到1871年2月，法国在战场上遭到一系列失败，使恩格斯认识到，法兰西的抵抗精神也许已经被摧毁了，但是，他还是通过对双方目前战略态势的分析提出，如果法国政府能够充分利用时机，利用人民的反抗精神，如果战争再次爆发的话，“那末它必然是一场真正你死我活的战争，是一场同西班牙反抗拿破仑的战争相似的战争，是一场敌人以任何烧杀手段也不能摧毁人民的抵抗精神的战争”[②]。然而，“自甘屈辱到极点”，“由俾斯麦的俘虏所组成”，“角色下流之至”[③]的法国梯也尔国防政府，早早准备好了投降与卖国，把巴黎人民当作敌人，这场战争中法国的最终失败也就是势所必然。

此外，在这59篇军事评论中，恩格斯还就普法战争中双方军队所处地理环境对战争进程的影响、普鲁士的兵役制度与法国兵役制度的异同对战争态势的影响、双方军队战略战术的运用、基于军事技术进步的双方攻防技术的变化、在防御战中如何进行积极防御等问题进行了深入透彻的分析。

---

①《马克思恩格斯全集》第十七卷，人民出版社1963年版，第178页。

②《马克思恩格斯全集》第十七卷，人民出版社1963年版，第273页。

③《马克思恩格斯全集》第十七卷，人民出版社1963年版，第337页。

#《普法战争》曹汀译本考释

一、译介背景

曹汀翻译的《一八七〇——七一年普法战争》最早由延安八路军军政杂志社于1941年9月作为《抗日战争参考丛书》第十六种出版。这本书的出版与1937年中共中央到延安之后，重视马克思列宁主义著作的翻译出版，重视用马克思主义军事理论来指导抗日战争有非常大的关系。

中国共产党是以马克思列宁主义为指导的无产阶级政党。但是中国共产党从成立开始，就投入到艰苦卓绝的革命斗争中，加之马克思列宁主义传入中国的时间不长，相关翻译作品不多，能阅读原著的人更是少之又少。因此，中国共产党从建立初期就存在着思想上准备不足、马克思主义理论修养极其缺乏等问题。1937年年初，在中国革命遭受重大挫折和失误并克服了巨大困难之后，毛泽东等中央领导进驻延安，从此延安成为中共中央的所在地、抗日战争和解放战争的指挥中心和战略总后方。在相对稳定的环境之下，全党的重要任务之一，就是要认真学习马克思列宁主义，迅速提高全党的理论水平，总结经验教训，把马克思列宁主义的理论和中国革命的具体实践进一步结合起来，以便制定出正确的路线、方针和政策，指导抗日战争的胜利。1938年10月，在中国共产党扩大的六届六中全会上，毛泽东强调："我们党的马克思列宁主义的修养，现在已较过去有了一些进步，但是还很不普遍，很不深入。我们的任务，是领导一个几万万人口的大民族，进行空前的伟大的斗争。

所以，普遍地深入地研究马克思列宁主义的理论的任务，对于我们，是一个亟待解决并须着重地致力才能解决的大问题。”“一切有相当研究能力的共产党员，都要研究马克思、恩格斯、列宁、斯大林的理论，都要研究我们民族的历史，都要研究当前运动的情况和趋势；并经过他们去教育那些文化水准较低的党员。”[①]扩大的六届六中全会通过的决议案指出：“必须加紧认真地提高全党理论的水平，自上而下一致地努力学习马克思、恩格斯、列宁、斯大林的理论，学会灵活的把马克思列宁主义及国际经验应用到中国每一个实际斗争中来。”[②]

要提高全党的马克思列宁主义水平，翻译、出版马克思列宁主义著作、相关刊物和书籍就成为当务之急。1939年5月，中共中央书记处在关于宣传教育的指示中指出：要“坚持公开宣传马列主义，出版翻印各种关于马列主义刊物与书籍，组织各种社会科学的研究会与读书会等”[③]。1940年9月，中央关于文化运动的指示中提出“每一较大的根据地上应开办一个完全的印刷厂，已有印厂的要力求完善与扩充。要把一个印厂的建设看得比建设一万几万军队还重要”，“要把运输文化食粮看得比运输被服弹药还重要”。[④]

为加强党内对马克思列宁主义原著的学习，1938年5月5日，在纪念马克思诞辰120周年之际，中共中央在延安设立了第一个编译马列经典著作的专门机构——马列学院编译部，专门负责马列著作的编辑和翻

① 《毛泽东选集》第二卷，人民出版社1991年版，第533、532—533页。

② 《建党以来重要文献选编（1921—1949）》第十五册，中央文献出版社2011年版，第763页。

③ 《建党以来重要文献选编（1921—1949）》第十六册，中央文献出版社2011年版，第307页。

④ 《建党以来重要文献选编（1921—1949）》第十七册，中央文献出版社2011年版，第527页。

译工作。这是中共党史上第一个编译马列主义经典著作的专门机构。由负中共中央总的责任的张闻天亲自任院长并兼任马列主义经典著作编译部主任，足见党中央对经典编译工作的高度重视。先后在编译部工作的柯柏年、何锡麟、王石巍（王实味）、景林、赵飞克、王学文、张仲实、陈洁等，有不少是抗战前即从事翻译工作的名流专家。“当时不在编译部的成仿吾、艾思奇、徐冰（邢西萍）、吴理屏、王思华、何思敬、曾涌泉、曹汀（军委编译处）等同志，也都参与翻译马列主义经典著作。”①该编译部的成立，使中共的编译事业主要由个人力量翻译，逐步向发挥集体力量有组织地翻译过渡。

延安当时的“翻译条件很困难，主要是图书资料少，特别是工具书少。当时毛主席的图书馆也不大，我们要查《大英百科全书》等也找不到。当时只有一些历史书籍和类似年鉴之类的书。我只有一本商务印书馆出版的《综合英汉大词典》，搞德文的同志也仅有一本字典。即使有人能带到解放区来一两本字典，那也是很小的，当时每人要有一部顶用的字典就相当不错了，因此翻译中碰到难句子，有时一两天也搞不出来”②。即便在如此困难的条件下，编译部成立之后，还是翻译出版了不少马克思、恩格斯著作。据有关统计，“抗日战争年代，延安翻译出版的马克思、恩格斯的著作共有32种。翻译的内容也比以前广泛得多，除翻译出版有关哲学、政治经济学、科学社会主义三个方面的重要马恩

① 中共中央马克思恩格斯列宁斯大林著作编译局马恩室：《马克思恩格斯著作在中国的传播》，人民出版社1983年版，第128页。

② 中共中央马克思恩格斯列宁斯大林著作编译局马恩室：《马克思恩格斯著作在中国的传播》，人民出版社1983年版，第128页。

著作外，开始注意翻译和出版军事、文艺、工运等其他方面的马恩著作，并且开始按照革命需要编译出版专题论文集。所有这一切都充分说明了，在革命自卫战争中不仅革命力量获得了空前的发展，马列主义著作也得到了愈益广泛和深入的传播”[①]。

中共中央在高度重视马克思列宁主义著作翻译出版的同时，为总结土地革命战争经验和中国革命战争的规律，为迎接抗日战争高潮的到来，也极其重视马克思主义军事理论的翻译、出版、学习和研究。1938年，中央军委决定把马克思主义军事理论的学习作为军事干部的必修科目，并指示当时延安的编译部门翻译恩格斯的军事文章和其他马克思主义军事著作。叶剑英指出：“从理论上、技术上提高我们的战斗力，换一句话说，用马列主义的军事理论，用现代军队的技术知识，来教育我们的军队，是非常重要的工作。”“学习马列主义的军事，用这句话向着延安在职干部敲一声警钟。这一钟声，应该冲破数年来或多或少的‘偃武修文’的沉寂，把研究军事成为研究辩证唯物论继起的热潮，把辩证唯物论与军事理论和技术结合起来。”“我们一些军事工作人员热心研究马列主义的政治是必须的，之所以需要很好地学习马列主义政治，为的是能够更好地执行党的政策，更好地掌握部队，更好地训练部队，更好地指挥作战。换一句话，我们军事干部之所以需要学习政治，正是为了完成自己的军事任务”，“所以，我们今天必须更进一步地学习马列主义

① 中共中央马克思恩格斯列宁斯大林著作编译局马恩室：《马克思恩格斯著作在中国的传播》，人民出版社1983年版，第308页。

的政治，同时也要学习马列主义的军事”。[①]

为配合中国共产党对马克思列宁主义军事理论的学习，为了把马克思、恩格斯等人的军事著作及苏联的军事资料译成中文，中共中央还专门建立了由叶剑英指导，曾涌泉、何思敬、曹汀、焦敏之等人参加的军委编译处，这是第一个由中国共产党领导的专门翻译马列主义军事著作的机构（1942年马列学院编译部与军委编译处合并为中央编译局）。该编译处成立后，在叶剑英指导下，用八路军抗日战争研究会编译处名义，着手翻译出版马克思主义的军事著作。1939年，《八路军军政杂志》第2期至第6期上先后发表了焦敏之翻译的恩格斯的《冲锋》和《军队论》(《冲锋》发表于第2期，是恩格斯文章《攻击》中的一个段落，《军队论》在第3—6期连载，详细介绍了两军对峙并准备会战时采用的几种攻击方法)，这是军委编译处最早译出的恩格斯军事文献。在刊载《军队论》的《八路军军政杂志》第4期的首页，刊登了马达所做的恩格斯的木刻头像。下面的题词是：“恩格斯于一八二〇年十一月二十八日，生于德国莱茵省府巴门。他不但是科学社会主义底两大鼻祖之一，而且是一位杰出的渊博的军事理论家……他指示出正确的革命战略、战术和军队的编制等，对我目前抗战，有极大的裨益与帮助。”1939年底，焦敏之译、曾涌泉校的《恩格斯军事论文选集》由八路军军政杂志社作为“抗日战争参考丛书”第四种，在延安出版。这本选集收入了恩格斯的5篇军事著作：《军队》《步兵》《炮兵》《骑兵》和《欧洲军队》。它是我国翻译出版的第一本恩格斯的军事论文集。

① 叶剑英：《叶剑英军事文选》，解放军出版社1997年版，第125页。这篇文章为叶剑英在延安在职干部纪念马克思诞辰123周年学习会上的演讲，原载于1941年8月出版的《共产党人》第19期。

曹汀翻译的《一八七〇——七一年普法战争》就是在这种情况下出版的。1940年与1941年曹汀译、何思敬校的《新德意志帝国建设之际的暴力与经济》（即《暴力在历史中的作用》，本文是恩格斯在1887—1888年冬所写，但由于恩格斯忙于整理马克思遗稿，直至恩格斯与世长辞，终成恩格斯自己未完成的一篇遗稿。该文收录于郝思的《一八七〇——七一年普法战争》一书中，原题为《新德意志帝国建设之际的暴力与经济》，八路军军政杂志社将其作为单行本出版，题为《新德意志帝国建设之际的暴力与经济》，1951年人民出版社修订出版时改名为《暴力在历史中的作用》——编者注）与《一八七〇——七一年普法战争》作为"抗日战争参考丛书"第十三种和第十六种，先后在延安出版。

二、译者介绍

曹汀（1911—1998），原名曹大同，字子文，山西襄汾县人，著名翻译家。被誉为中国翻译界"三曹"之一（另两位是政治理论翻译家曹葆华、文学翻译家曹靖华）。曾任军事科学院外国军事研究部翻译处处长、外军部副部长，中国翻译工作者协会副会长，是新中国翻译恩格斯军事著作的奠基人。

曹汀1911年4月出生于山西省太平县（今临汾市襄汾县西南汾城镇）曹家庄。其祖父有"儒商"的雅号；其父亲曹瑞蓝，在曹汀18岁时患病早逝，家道已中落。曹汀的叔伯以及兄弟姐妹都受过高等教育，其伯父曹瑞芝为中国著名的水利专家；堂妹曹素月是中国人民解放军某医院的妇科专家；另一堂妹曹素宾为著名的水利专家，是中国第一位水利工程专业毕业的女工程师。在这样的家庭氛围熏陶下，曹汀不仅接受了中国传统文化教育，熟读中国古代文学，通晓诗词格律，苦练书法，在中学又接触到新式（西式）教育，开始学习英语。

20世纪20年代，曹汀在山西太原进山中学读书期间，就深受左翼进步思想影响。其后，先在汉阳兵专学习，后又赴山东济南求学，其后又转至国立北平大学工学院读书。在北京学习期间，曹汀受到了更多进步思想的影响。1936年，曹汀赴日本留学，谙习英语、德语。其间，曾参加得到郭沫若指导和帮助的革命青年团体“世界编译社”。该“编译社”的宗旨，原为学习研讨马克思列宁主义并翻译和编辑出版世界各种名著。而实际上，它更多的活动是研究国内和国际共产主义运动，研究国内革命群众活动以及抗日救亡运动的状况，并参与东京留日左翼学生的重大活动。此外，曹汀还参加了新兴自然科学者同盟。这个组织的重要活动有两方面：一方面是组织成员经常进行内部的关于马克思主义、列宁主义的理论学习，组织新兴自然科学理论学者参加东京左翼学生组织的政治学习以及革命理论的实践和抗日救亡运动的活动等；另一方面也编辑翻译一些报刊和书籍。在此期间，曹汀开始从事翻译工作。1938年7月，曹汀翻译的爱丁顿的《膨胀的宇宙》由商务印书馆出版。

归国后的曹汀先是在西安临时大学工学院学习，1938年初参加中华民族解放先锋队（“民先”）并担任分队长，受组织派遣，赴武汉“民先”总部负责宣传工作。1938年8月，曹汀秘密奔赴延安，进入抗日军政大学五大队学习。同年10月，加入中国共产党。中央军委编译处成立后，作为专职编译人员，曹汀与曾涌泉、何思敬、焦敏之等一起，负责编译出版马克思列宁主义军事论著以及苏军战斗勤务教科书。

曹汀这一时期的重要工作之一，是从德文翻译《一八七〇——七一年普法战争》一书。据曹汀回忆，在进行这项翻译工作的同时，他“就同时学习俄文，经初步掌握后，就继续根据1936年苏联出版的《恩格斯军事论文选集》（两卷集）翻译恩格斯的著作。当时由于初学俄文，水平很低，加之工具书也少，只有露和辞典一本，参考材料更缺，所以从事这一工作非常困难。虽有曾涌泉同志帮助校对，但翻译中的错误还是很多的。这一工作一直继续到1945年，只完成了俄文译本的大部分。后由于参加其他军事材料的翻译，这一工作就中断了”[①]。

延安时期，曹汀还参加了王稼祥主持的专门研究国际问题的日本研究会，研究会其他成员还有王子野、中央党校政治经济学教员王思华、抗大的杨宪吾、总政敌工科的刘型等，后由王子野负责，写作《两年来的敌军侵华之伤亡》《日本人民的反战活动》《战争高压下的日本人民现状》《日本的飞机与飞行员的恶劣》《日本眼中的中日战争与八路军》《欧战所给予日本经济的影响》等文章，发表于《八路军军政杂志》。除此之外，这一时期，曹汀还在《八路军军政杂志》《新中华报》等刊物上发表了《苏联元帅铁木辛柯》（译）、《意希战争初步研究》、《为世界和平而斗争的美国青年大会》、《南美原料资源与英美的投资》（译）、《为罗马尼亚石油而斗争》（译）等文章。

1944年，曹汀担任延安外国语学校俄文系教员。该校于1945年12月改名为华北联大附属外国语专修学校（北京外国语大学的前身），下

① 中共中央马克思恩格斯列宁斯大林著作编译局马恩室：《马克思恩格斯著作在中国的传播》，人民出版社1983年版，第140页。

设俄文、英文两系。1949年以后，即到外语学院俄文学院附设的编译室担任领导，其间曾组织翻译、校对过一部分苏联有关外交方面的书籍。新中国成立后，曹汀还曾担任中国翻译界第一个核心刊物《翻译通报》的常委编委。后调军委四局、出版总署、训练总监部军事科学和条令部等单位任职，1955年授衔上校。

曹汀回忆，自己1959年前主要的工作是“忙于苏军条令的翻译、校对、出版工作”，另外还“在业余时间补译《恩格斯军事论文选集》未完成的一部分文章，同时又从1956年苏联新出版的《恩格斯军事论文选集》（一卷集）选译了一些文章。主要是整理延安的旧稿。计划出版六卷集《恩格斯军事论文选集》。后来由人民出版社出版了五个分册，共约70余万字，第二分册由于其他原因没有完成”①。《恩格斯军事论文选集》计划出版6个分册，从1950—1957年共出版5个分册，第二分册未出版。据曹汀回忆，在当时的条件下，虽然这项工作得到了何思敬、曾涌泉等同志的帮助，“但总起来说，这一重大而艰巨的任务那时主要由我一个人担负。困难之多是可以想见的。因此，对原著的理解和研究就受了很大的限制。当然这里也有自己主观努力不够的地方。所以后来由人民出版社出版的《恩格斯军事论文选集》，其中有很多的错误。我及时通知该社停止再版，同时也由于时间和精力关系再没有补译第二分册。归根结底，这是翻译没有和研究很好结合所得的沉痛教训”②。由

① 中共中央马克思恩格斯列宁斯大林著作编译局马恩室：《马克思恩格斯著作在中国的传播》，人民出版社1983年版，第141页。

② 中共中央马克思恩格斯列宁斯大林著作编译局马恩室：《马克思恩格斯著作在中国的传播》，人民出版社1983年版，第143页。

于翻译水平和知识条件的影响，这部书确实存在着一些翻译错误，但是丝毫不影响曹汀和这部书在恩格斯军事著作翻译史上的奠基地位。曹汀选译的恩格斯的论文颇具代表性，对恩格斯军事理论的阐释非常深刻，是恩格斯比较经典的军事论文，而且其中很多论文都是在新中国成立后首次翻译出版，对中国翻译恩格斯的军事论文，研究和传播恩格斯的军事理论具有重大意义。

1959年，中央军委正式把编辑马克思列宁主义经典的军事著作的工作列为重点工作之一，这一任务由军事科学院承担，由院长兼政委叶剑英和副院长宋时轮亲自指导。曹汀从此开始参与从事选编、翻译、校对和出版马克思列宁主义经典的军事著作的工作。其参与的编撰工作包括：《列宁军事文选》（2卷本，约150万字，中国人民解放军总参谋部出版部1959年出版），《马克思恩格斯军事文选》（3卷本，150万字，中国人民解放军总参谋部出版部1961年出版），《列宁斯大林军事文选》（54万字，中国人民解放军总参谋部出版部1962年出版）；1972年起，参与《马克思恩格斯列宁斯大林军事文选》（55万字）精选本的编审工作，该书由中国人民解放军战士出版社1975年出版。1978年，参与指导军事科学院编辑《马克思恩格斯军事文集》（5卷本，由中国人民解放军战士出版社于1981—1982年出版）的工作。

其主要译作除前述几本外，还包括：《曼纳林防线之摧毁》，曹汀译，曾涌泉校，出版时间不详；《外交——摘自维辛斯基主编之外交大辞典》（合译），华中新华书店1949年版；鲁宾斯坦《一九二一——一九二二年由战争转向和平时期苏俄与资本主义国家关系》（合译），时代出版社1950年版；赫鲁斯托夫《战争》，人民出版社1954年版；普霍夫斯基等《军事科学　军事艺术》，人民出版社1954年版；卡尔加洛夫等《马克思列宁主义论战争、军队和军事科学》（合译），时代出版社1957年版。此外，还撰写有《关于翻译标准的几个问题》（商务印书馆1957年版）、《难句译法商榷》（商务印书馆1959年版）等。

三、编译过程及出版情况

1. 八路军军政杂志社1941年版

“1937年7月7日抗日战争爆发后，鉴于革命战争和形势的需要，中央和军委提出系统学习军事理论的号召，除组织干部学习克劳塞维茨的《战争论》外，并责成军委编译处介绍马恩的军事著作。当时在革命根据地，原版经典著作非常有限，只有一部苏联1936年出版的俄文本《恩格斯军事论文选集》（两卷本）和一本德文版的恩格斯著作《普法战争》（由何思敬同志带来）。”[①]何思敬带来的这本德文书，就是1941年由曹汀翻译、何思敬校对的《一八七〇——七一年普法战争》的底本。该译本出版时，封面上写有“《一八七〇——七一年普法战争》，八路军抗日战争研究会编译处编，抗日战争参考丛书16”的字样。扉页上写着：抗日参考丛书·第十六种　一八七〇至七一年普法战争，恩格斯著，曹汀译，何思敬校。下面印有出版社及出版时间：八路军军政杂志出版社出版1941。以中国传统竖排繁体形式刊印。该版书分为，第一

① 鲍世修：《马恩军事思想在我国的传播》，载《中国翻译》1983年第3期。

部：绪论，主要内容是郝思的序言。绪论后面的注解中写道：这是德意志共产党员庐多尔夫·郝思对于本书所写的序文，其中谈到一个马克思主义者对于战争应有的认识，恩格斯在军事方面的成就以及本书在战事上的价值等问题，对于了解本书，颇多益助（译者）。绪论分本书的内容、军事理论家的恩格斯、恩格斯底军事理论的考察对于现代有何意义、批判的战史、结语五个部分。第二部：正文，包括恩格斯在普法战争期间所写《战争短评》第一篇至第四十篇，该版译为《论战争》第一至第四十，此外还包括以其他题目撰写的20篇文章。第三部：附录，分两部分，一是恩格斯为波尔克海姆所著《对于一八〇六—— 一八〇七年德意志铁血爱国者的回忆》一书所写的序文，一是恩格斯给韦德梅叶尔的一封信。第四部：附图，是有关普法战争的8幅地图。

2.《恩格斯军事论文选集》第六分册《普法战争》，人民出版社1952年版

如前文所述，新中国成立后，曹汀在繁忙的工作之余，利用业余时间整理了延安时期的旧稿，并开始补译延安时期未完成的《恩格斯军事论文选集》的一部分文章，同时又从1956年苏联新出版的《恩格斯军事论文选集》（一卷集）选译了一些文章，计划出版六卷集《恩格斯军事论文选集》，因故只出版了5册（人民出版社1950—1957年出版）。这套论文选集的第六分册，即是在对延安时期出版的《一八七〇——七一年普法战争》重新校阅的基础上，于1952年由人民出版社出版的《恩格斯军事论文选集》第六分册《普法战争》。作者在再版前言中写到，这次再版时，因为当年延安时期作为底本的郝思的《一八七〇——七一年普法战争》已失，因此，“曾参照一九四〇年苏联共产党（布）中央委员会政治出版局出版的《马恩全集》第十三卷下册重新校阅一次（因原书已失），但由于德译本和俄译本在文字结构上以及分段上有很多地方不同，所以在校阅时只要内容无甚出入，即未完全照俄译本改正。至于序文部份，因未找到原文本或俄文译本，无从校订，只能就字面稍加修改”[①]。

与前一版相比，这一版次的改变主要是文字字面上的修改，但改动幅度并不是非常大。除此之外，最大的变化就是这一版中取消了附图部分，上一版的8幅地图没有再使用，而是在附录部分使用了2幅地图，一是1870—1871年普法战争战场图，二是1870—1871年巴黎及其附近图。

3.《马克思恩格斯军事文选》第三卷，中国人民解放军总参谋部出版社1961年版

在中国人民解放军总参谋部于1961年出版的《马克思恩格斯军事文选》第三卷中，《普法战争（1870—1871）》被编入其中。这一版是集体编辑的成果，署名为中国人民解放军军事科学院编译，曹汀是其中重要的参与者。据曹汀回忆，“当时我在该院某部翻译处作领导工作，就精选了一部分俄文修养较好的同志从事选编、翻译、校对和出版《马克思恩格斯军事文选》的工作”。编辑这部书的最大特点在于不是一个人单枪匹马，而是充分发挥了集体的力量，属于集体编辑出版。这一版的

① 《恩格斯军事论文选集》第六分册《普法战争》，曹汀译，何思敬校，人民出版社1952年版，“前言”。

底本也不再是郝思的德文本，而是增加了更加丰富的资源。“我们不仅有一支精干的俄文翻译队伍，具备了发挥集体力量的优越条件，而且除了俄文第二版《马恩全集》以外，还有几种苏联选编的恩格斯军事论文选集，至于工具书和参考材料那较前就丰富得多了。此外我们还有中央编译局翻译的部分《马恩全集》可供选用，而且在工作中也得到了他们很多帮助。我们翻阅了全部可能收集到的马克思和恩格斯，特别是恩格斯的军事著作，确定了选编的范围，把他们的文章分为军事理论（其中包括军事学术史和军事技术史等）、军事事件的评论和通信部分等三个部分。同时为了便于我军读者的需要，除俄文译本注释外，还加添了我们自己编辑的部分注释。”因此，“这个选本不仅在编辑上具有自己的特点，而且在翻译、校对、注释等方面更发挥了集体的力量，保证了应有的质量”。①

在这版中，之前译文的《论战争》一到四十全部被译为现在通行的译文《战争短评》一到四十，不再有绪论、附录和附图，内容包括恩格斯在普法战争期间所写的59篇文章，没有收入恩格斯写于1871年3月16日的《俄罗斯底形势》。这一版选用的文章与人民出版社1963年出版的《马克思恩格斯全集》中文版第十七卷中普法战争部分的文章完全一致。

① 中共中央马克思恩格斯列宁斯大林著作编译局马恩室：《马克思恩格斯著作在中国的传播》，人民出版社1983年版，第141、143—144页。

《普法战争》曹汀译本译文解析

一、术语考证

对于《普法战争》曹汀译本中术语的考察基本可遵循两类标准，一是曹汀译本使用术语与现代通行术语基本一致的情况，一是与现代通行术语含义有差异的情况。

《普法战争》一书由于主要着重于军事评论，其中包含大量军事术语，曹汀译本中大量的军事术语与现代通行术语完全一致。如“战时编制”“平时编制”“后备军”“预备部队”“会战”“驻屯”“要塞”“工事”“正规战”“战略”“战术”“积极防御”“消极防御”等。此外，其他术语如“沙文主义”“市民”“给养”等概念与现代通行术语也完全一致。其原因与近代以来的西学东渐进程关系密切。近代以来，随着中西方联系与交往日益密切，许多来自西方的新名词、新概念、新术语经过翻译出版传入中国，对中国传统文化产生了重大影响，产生了一系列新名词和新词汇。而与中国相邻的日本在明治维新后，更是不遗余力接受西方文化。日本人接受西方文化，没有中国那么多来自传统的抗拒，从西方传入许多新思想、新概念，日本人对这些新名词，不管是音译还是意译，多数用汉字书写，中国译者以此为基础做进一步的翻译。当然，在这一过程中，中国人也将一些来自西方的新概念用中国人自己创造的词汇来表示。新名词、新概念、新术语就在这样一个源源不断的进程中被传入中国，很快成为当时先进的中国人逐渐习以为常的通行术语，被纳入中国的学术体系，成为国人的通行词汇。按照王力的观点，“现代汉语新词的大量增加，使汉语大大地丰富了它的词汇，而且使它的词汇走向完善的境地。我们说丰富了是因为产生了大量新词以后，任何复杂的和高深的思想都可以用汉语来表达，我们说完善了，是因为词汇国际化，每一个新词都有了国际上的共同定义，这样就能使它的意义永远明确严密，而且非常巩固”①。

此外，曹汀译本中还有一部分术语与现代通行术语有差异，反映出那个时代的典型特征。这些词语有些也许会对现代读者理解原文产生一定的影响，但是，由于《普法战争》主要是军事评论，其中大部分军事术语随着时代的发展导致译文表述有所不同，总体而言影响并不大。

曹汀译本和现行译本主要术语对比一览表

曹汀译本	现行译本
干部制度	基干兵制度
退伍兵	归休兵
接战	冲突
分遗堡垒	独立堡垒
作战运动	机动
作战根据地	作战基地
轻骑兵	枪骑兵
来复枪	线膛炮

① 王力：《王力文集》第十一卷，山东教育出版社1990年版，第705页。

续表

曹汀译本	现行译本
后膛枪	后装步枪
现役军	基干军
国境守备队	海关警备队
矛骑兵	枪骑兵
退却线	退路
联军	同盟国军
禁卫军	近卫军
流动警备队	流动自卫军
堑壕阵地	营垒
特别兵团	特种部队
轻步兵	猎步兵
近接作业	掘壕作业
普遍兵役制	普遍义务兵役制
内阁战争	寡头统治集团战争
义勇兵	自由射手
野战营	作战部队
殿军战	后卫战
落伍者	掉队人员

此外，曹汀译本中出现的大量人名和地名与现代通行术语有出入，如“麦克马洪”译为“马克马洪”，“巴赞”译为“巴森”，“斯特拉斯

堡”译为“斯托拉斯堡”，“麦茨”译为“麦次”，等等，但是对于读者来说，这些术语对应哪些现代术语是非常明确的，基本不会影响对全文整体内容的阅读与理解。

二、观点疏正

恩格斯对《派尔-麦尔新闻》主编格林伍德未经他本人同意任意删改自己的文章非常不满，郝思在本书的序言中曾写到，他已经注意到了这个问题，在他的译本中，“我们希望所有这些场合都曾经发现出来。附注指示出：根据我们底判断，恩格斯写到那里而格林伍德从那里写起。但是，我们认为在任何场合都没有权利来抹杀原文一行”[①]。因此，在郝思的译本中，他采用附注的方式指出几处他认为是被格林伍德篡改的不符合恩格斯原意的地方。

第一，1870年8月20日发表于《派尔-麦尔新闻》第1723号的《战争底危机》。

在这篇文章的最后一段有这样一段话：“我们还不能估计这个悲惨的结局之政治的结果。我们只能够惊叹它底规模和突然性并且赞羡法兰西军队如何忍受它。他们经过四天几乎没有间断的战斗之后在最沮丧的条件之下于第五天抵抗一个非常大的兵力底攻击达九小时之久的这个事实，对于他们底勇气和他们底决心提供出想像的最好的证据。在他们最光荣的战役中，法兰西军队从没有得到比在他们不幸的麦次

① 《恩格斯军事论文选集》第六分册《普法战争》，曹汀译，何思敬校，人民出版社1952年版，第59页。以下凡引此书，仅在文中标注页码。

退却中所得的更真实的荣誉。”（第127页）这段文字之前，郝思写了一个注释，他认为这段文字不是恩格斯而是《派尔-麦尔新闻》的编辑写的。但是，在《马克思恩格斯全集》各个版本，包括MEGA2版中，这段文字都全文保留。

第二，1870年8月27日发表于《派尔-麦尔新闻》第1728号的《论战争——第十三》。

1870年9月4日，在给马克思的信中，恩格斯写道：“几天前，他在我的文章中添上了几行（纯粹是为了充塞篇幅）关于围攻斯特拉斯堡的毫无意义的话。一有适当机会，我将就这一点写一篇文章，提出完全相反的意见。”[①]

恩格斯所指的这篇为了充塞篇幅而随便加上格林伍德自己观点的文章，就是《派尔-麦尔新闻》1870年8月27日发表的第十三篇战争评论。文章的最后一段写道：“这个好像很可能的，即斯托拉斯堡底围攻不久将以要塞底投降而告终结。德军似乎完全认真地相信这个。一直到昨天早晨为止，从克尔的炮击已继续了三天三夜之久。同时，普军已经把他们底前哨部队推进到要塞前五百码到八百码以内。兵工厂已被轰击，并且一些刚刚列在阵地上的重炮也将要立刻向这个地方开火。”（第142—143页）对于这段话，曹汀译本中有郝思的注释“这段话与恩格斯底见解矛盾。恩格斯不会相信，由于从克尔的射击会使斯托拉斯堡立刻陷落”，因此，“这段话可能是帕尔·马尔新闻报编辑加上的”（第143页）。

① 《马克思恩格斯全集》第三十三卷，人民出版社1973年版，第55页。

《马克思恩格斯全集》第十七卷中，这一段落被全文删掉。在该卷的注释44中，译者指出删去这段话的原因——“恩格斯在1870年9月4日给马克思的信中指出，格林伍德为了填满篇幅，在本文中添加了‘几行关于围攻斯特拉斯堡的毫无意义的话。一有适当机会，我将就这一点写一篇文章，提出完全相反的意见’。恩格斯的这一意图在‘战争短评（十七）’一文中实现了”①。

在1870年9月9日撰写的第十七篇《战争短评》中，恩格斯指出：对于一个“守备军薄弱、欠训练、无纪律而指挥官又缺乏能力时，仅仅炮击也常常会使要塞投降”。但是，斯特拉斯堡的情况并不完全相同。该堡有坚固的城市和卫城，其守卫的将军乌里锡（Uhrich，今译乌里克）又是如此性格坚毅，“所以没有一个人想到，他会在攻击城市和卫城的一些炮弹下惊惶失措以致献出城市和卫城”。而这些残酷的炮击对城市的居民来说“不仅是罪恶而且是愚蠢”，会更让居民对德国人不满。（第165、167页）这样的观点很明显与第十三篇《战争短评》中最后一段（曹汀译本中保留的）不一致，它并非恩格斯的观点。

三、译文校释

1. 误译、错译情况

如前文所述，曹汀的译本初译于戎马倥偬的战争时期，资料缺乏，

① 《马克思恩格斯全集》第十七卷，人民出版社1963年版，第730页。

新中国成立之后虽进行了校订，但如曹汀本人回忆，由于以个人之力担负如此繁重的工作，错误之处在所难免，这也是原定出版6册的《恩格斯军事论文选集》仅仅出版了5册就中止的原因。因此，与全集版及MEGA2相比曹汀的译本中出现了一些误译、错译等情况。

（1）误译情况[①]

【曹汀译本】

他不知敌人兵力的这个事实，已被巴黎来的报告所指出，该报告称：二十五万普军曾经集中于沙尔路易士和诺因克尔新（Neunkircher）之间。（第80页）

【全集版】

关于敌军的兵力，他并不是不了解，这一点在来自巴黎的消息中可以看到一些迹象。这个消息指出，25万普军集中在萨尔鲁伊和诺伊恩基尔兴之间。[②]

【MEGA2】

That he is not unaware of the strength of his opponents is hinted at by the report from Paris that 250,000 Prussians

① 因为曹汀的译本来自德语，但是郝思的这本书没能找到，因此，译文校释这一部分主要是根据MEGA2版本，部分内容与《马克思恩格斯全集》德文版作比对。

②《马克思恩格斯全集》第十七卷，人民出版社1963年版，第27页。

are massed between Saarlouis and Neuenkirchen.[①]

根据MEGA2原文，这句话显然属于误译，应该是“他并不是不了解”而非“不知敌人兵力”。

【曹汀译本】

虽然我们不确切知道：他（麦克马洪——编者注）在那里停了好久并且什么时候他离开了那里。（第145页）

【全集版】

他（麦克马洪——编者注）在那里停留了多久以及什么时候离开，我们不确切知道。[②]

【MEGA2】

How long he continued there, and when he left it, we do not know for certain.[③]

显然，“how long”在这里译为“多久”是准确的。

---

① Marx-Engels-Gesamtausgabe（MEGA2），Band I/21，Berlin：Akademie Verlag，2009，267.

②《马克思恩格斯全集》第十七卷，人民出版社1963年版，第80页。

③ Marx-Engels-Gesamtausgabe（MEGA2），Band I/21，Berlin：Akademie Verlag，2009，311.

【曹汀译本】

这样一些或多或少的不坚决的观念也许已经使马克马洪（看来满像一个战略家）在自己曾一度陷入第一次错误的运动以后再造成第二次错误的运动。（第147页）

【全集版】

可能就是这样一些动摇不定的念头使麦克马洪（当然丝毫不像一个战略家）由于第一步走错而陷于困境之后又走错第二步。[①]

【MEGA2】

Some such more or less indefinite ideas may have induced MacMahon, who certainly does not seem to be anything of a strategist, to make a second false move after once having entangled himself in a first one.[②]

根据MEGA2 “who certainly does not seem to be anything of a strategist”，德文原文“der allerdings durchaus kein Stratege zu sein scheint”[③]，显然译为“当然丝毫不像一个战略家”在这里更符合原文

① 《马克思恩格斯全集》第十七卷，人民出版社1963年版，第82页。

② Marx-Engels-Gesamtausgabe (MEGA2), Band I/21, Berlin: Akademie Verlag, 2009, 313.

③ Karl Marx und Friedrich Engels (Band 17), Berlin: Dietz Verlag, 1962, 77.

含义。

【曹汀译本】

当路易拿破仑以农民底选票和他子弟兵底刺刀建立所谓“曾经带来和平”的帝国时，那时法兰西军队在欧洲占有显著的地位——也许只是由于传统。（第169页）

【全集版】

当路易-拿破仑依靠农民的选票和他们的子弟（兵士）的刺刀而建立“标志着和平”的帝国的时候，法国军队除了传统的地位以外，在欧洲并不占有特别卓越的地位。[①]

【MEGA2】

When Louis Napoleon founded the Empire “which was peace”, on the votes of the peasants and on the bayonets of their sons, the soldiers of the army, that army did not occupy a particularly prominent rank in Europe, except, perhaps, by tradition.[②]

曹汀译本将“that army did not occupy a particularly prominent

① 《马克思恩格斯全集》第十七卷，人民出版社1963年版，第103页。

② Marx-Engels-Gesamtausgabe（MEGA2），Band I/21，Berlin：Akademie Verlag，2009，328.

rank in Europe, except, perhaps, by tradition”译为“那时法兰西军队在欧洲占有显著的地位——也许只是由于传统”，与MEGA2版本相对照，与原文的意思相反。德文版原文为“keinen besonders hervorragenden”[①]（不是特别出色的），因此这段话属于误译。

（2）译文不够准确贴切的情况

曹汀译文中也有一部分译文不是特别准确，难以正确反映作者想表述的观点的情况。比如：

【曹汀译本】

他没有敢于隐蔽真相，因为他希望由一个以后的、胜利的会战之同时的报告来抹杀失败底影响。（第88页）

【全集版】

他不可能大胆地隐瞒真相而把希望寄托于以后会战获胜时一起发表消息来抵销失败的印象。[②]

【MEGA2】

He could not venture to conceal the truth in the prospect of being able to efface the effect of it by a contemporaneous

① Karl Marx und Friedrich Engels (Band 17), Berlin: Dietz Verlag, 1962, 96.

②《马克思恩格斯全集》第十七卷，人民出版社1963年版，第34页。

account of a later battle with a different result.[①]

根据MEGA2上下文的表述来看，显然全集版的翻译更加贴切，更能表达作者的想法。

【曹汀译本】

使可能发生这样一种错误的战略，对于在其最无望的时期内的奥军是有价值的。这个不使我们想到拿破仑，而使我们想到比留、马克、格幼来等人。（第92页）

【全集版】

导致这种错误的战略，真像奥地利人在完全束手无策时采用的战略。这种战略使我们联想到的不是拿破仑，而是博利约、马克和居莱之流。[②]

【MEGA2】

The strategy which rendered possible such blunders is worthy of the Austrians in their most helpless times. It is not Napoleon, it is Beaulieu, Mack, Gyulai, and the like of them.[③]

---

① Marx-Engels-Gesamtausgabe (MEGA2), Band I/21, Berlin: Akademie Verlag, 2009, 274—275.

②《马克思恩格斯全集》第十七卷，人民出版社1963年版，第37页。

③ Marx-Engels-Gesamtausgabe (MEGA2), Band I/21, Berlin: Akademie Verlag, 2009, 277.

通过MEGA2原文可以看出，曹汀译本基本属于直译，所以未能准确译出原作者的观点。

【曹汀译本】

没有一个人曾企图以一种不适合于我们国家和我们目下的情势的方法来欺骗世人。(第99页)

【全集版】

但愿谁也不要使用同我们国家和我们目前的局势不相称的手法来欺骗世人。①

【MEGA2】

and let nobody try to deceive the public in a manner unworthy of our country and of our present circumstances.②

比较MEGA2原文，显然全集版的翻译更流畅准确。

【曹汀译本】

如果巴森企图在这条道路上拯救他底败军，那末在最好的

① 《马克思恩格斯全集》第十七卷，人民出版社1963年版，第42页。

② Marx-Engels-Gesamtausgabe (MEGA2), Band I/21, Berlin: Akademie Verlag, 2009, 282.

场合，他一定也会使他们全体整个瓦解了。（第119页）

【全集版】

如果巴赞企图在这个方向上运动来挽救他的败军，那末他们至少会弄到全部瓦解的地步。①

【MEGA2】

Should Bazaine attempt to save his beaten troops in that direction he would, in the best of cases, have the whole of them reduced to utter dissolution.②

“in the best of cases”直译为“最好的场合”是没有错误的，但是根据上下文含义及汉语语言习惯，全集版的翻译更切合作者的想法。

【曹汀译本】

他在最好的场合只能够维持他曾热烈地希望离开的那些阵地。（第125页）

【全集版】

他所做到的最多不过是守住了自己的阵地，而他这时唯一

① 《马克思恩格斯全集》第十七卷，人民出版社1963年版，第59页。

② Marx-Engels-Gesamtausgabe (MEGA2), Band I/21, Berlin: Akademie Verlag, 2009, 295—296.

的希望却是离开这些阵地。[①]

【MEGA2】

he had at the most only maintained the position it was his one desire to leave behind him.[②]

从MEGA2版本来看，全集版表达显然更准确。

【曹汀译本】

这样的思想也许曾经在这老阿尔及利亚人（指麦克马洪。——译者）底头脑中盘旋过，因为这些思想完全符合于非洲人底作战方法，并且只有由于这些思想，像他所表现的这样一种战略才能被证实。但是甚至这个机会也可以从他那里取过来。（第153页）

【全集版】

这种念头可能在这个老阿尔及利亚人的脑子里出现过，因为这种思想符合于非洲的作战方法，而且看来也只有用这种思想才能解释他所采取的战略。但是，甚至他的这个机会也可能

① 《马克思恩格斯全集》第十七卷，人民出版社1963年版，第63页。

② Marx-Engels-Gesamtausgabe（MEGA2），Band I/21，Berlin：Akademie Verlag，2009，299.

被剥夺。[①]

【MEGA2】

Such ideas may have passed through the head of this old Algerian; they are in keeping with African warfare, and, indeed, they are almost the only ones by which such strategy as he has shown can be excused. But even that chance may be cut off from him.[②]

"cut off"在这里译为"被剥夺"比"取过来"表意更加准确。

【曹汀译本】

在这个期间，兵士底消费不仅和寻常不同，而且简直是不规则的；这种消费产生着各种疾病，因为病源增加，所以这些疾病也变得更严重了。封锁现在好像已经达到这个局面。（第222页）

【全集版】

兵士的食物最后变得不但不合他们的习惯，而且完全不符合标准，并引起了各种疾病；由于这些致病的原因的影响日益

① 《马克思恩格斯全集》第十七卷，人民出版社1963年版，第87页。

② Marx-Engels-Gesamtausgabe（MEGA2），Band I/21，Berlin：Akademie Verlag，2009，317.

加强，疾病也日益严重。[①]

【MEGA2】

The consequence is that the diet of the soldiers in the long-run becomes not only different from what they are accustomed to, but positively abnormal, and produces sickness of various kinds and of daily increasing severity, the causes of this sickness operating stronger and stronger every day. [②]

MEGA2版用“abnormal”这个词，根据上下文含义以及汉语语言习惯，译为“不符合标准”更贴切。

【曹汀译本】

不过这个游击队可能常常向卢森堡或者比利时逃跑而被缴械。不过它也许已经取得充分的代价。(第340页)

【全集版】

这支游动队随时都可以退到卢森堡或比利时并在那里放下武器；这是完全合算的。[③]

① 《马克思恩格斯全集》第十七卷，人民出版社1963年版，第145页。

② Marx-Engels-Gesamtausgabe (MEGA2), Band I/21, Berlin: Akademie Verlag, 2009, 366.

③ 《马克思恩格斯全集》第十七卷，人民出版社1963年版，第245页。

【MEGA2】

That column could always retire into Luxemburg or Belgium and lay down its arms; it would have amply repaid itself.①

根据MEGA2上下文的表述来看，译为“这是完全合算的”更符合原意。

【曹汀译本】

从凡勒里安（Valerien）最后的出击比较以前越过玛伦河的出击更缺少敏捷性；其中虽有许多可歌可泣的表演，但拼命的真正愤慨之气却很少。（第357页）

【全集版】

最后从瓦勒里安进行的一次出击，远不如前一次跨过马尔纳河的出击勇猛；在这次出击中，看来戏剧效果有余，而决死精神不足。②

【MEGA2】

The final sortie from 20 Valerien was carried out with far

① Marx-Engels-Gesamtausgabe（MEGA2），Band I/21，Berlin：Akademie Verlag，2009，450.

②《马克思恩格斯全集》第十七卷，人民出版社1963年版，第258页。

less dash than the previous one across the Marne; there appears a good deal of theatrical display in it—little of the rage of despair.①

MEGA2 用“theatrical display”，德文版的原文是“theatralische Aufmachung”②，显然，全集版的“戏剧效果有余”是准确的翻译，将其译为“可歌可泣的”不合适。

（3）表述比较模糊，不太符合现代语言习惯的情况

通过与中文版《马克思恩格斯全集》以及与MEGA2版相对照，曹汀译本不少文字采取直译的方式，导致一些文字的翻译不符合现代语言习惯。举例如下：

【曹汀译本】

由于距城墙四千至五千码的分遣堡垒（Detached Forts）新线底建立，那在旧的形式下经不起来复炮轰击的马因斯，现在似乎非常安全了。（第70页）

【全集版】

至于美因兹，过去它是抵御不了线膛炮的轰击的，但是在距垒墙4000—5000码处构筑了新的独立堡垒线以后，它的安全

① Marx-Engels-Gesamtausgabe (MEGA2), Band I/21, Berlin: Akademie Verlag, 2009, 461.

② Karl Marx und Friedrich Engels (Band 17), Berlin: Dietz Verlag, 1962, 247.

似乎已经得到充分的保证。[①]

【MEGA2】

As to Mayence, which in its old shape was open to bombardment by rifled artillery, the erection of a new line of detached forts, 4,000 to 5,000 yards from the ramparts of the town, seems to have made it pretty secure.[②]

这句话中有地名翻译的不同，曹汀译本的“马因斯”全集版译为“美因兹”，还有武器译文的不同，“rifled artillery”曹汀将其译为“来复炮”，全集版统一译为“线膛炮”，“detached forts”曹汀将其译为“分遣堡垒”，全集版译为“独立堡垒”，从整个翻译的顺畅和表达的清楚而言，全集版显然做得更好。

【曹汀译本】

法皇虽然已经离开军队，但他底劣迹仍然留在军队里，那种在焦急中促成了宣战而在宣战后又不能决定有所作为的劣迹。（第122页）

---

① 《马克思恩格斯全集》第十七卷，人民出版社1963年版，第19页。

② Marx-Engels-Gesamtausgabe（MEGA2），Band I/21，Berlin：Akademie Verlag，2009，260.

【全集版】

法皇离开了军队，但是他的那位灾星还留在军队里面，他就是在这位灾星的怂恿之下迫不及待地宣战的，但是宣战以后却做不出任何决定。[①]

【MEGA2】

The Emperor has left the army, but his evil genius has remained with it—that evil genius which hurried on, in hot impatience, the declaration of war and—that accomplished—was henceforth unable to make up its mind to anything.[②]

根据郝思的注释，英文原版用的就是“evil genius”，这里恩格斯所讲的“evil genius”，指的是莱茵军团的总司令巴森（今译为“巴赞”），从上下文的意思来看，全集版中将其译为“灾星”更符合作者的原意，也更符合汉语的语言习惯。

【曹汀译本】

纵然皇太子军一直前进到维特利—勒—法兰沙或者为了集中他那沿正面展开的军队另需要一天的工夫，但在全体上，一切仍是没有丝毫变化的；距离底相差对于他们有这样大的利

① 《马克思恩格斯全集》第十七卷，人民出版社1963年版，第61页。

② Marx-Engels-Gesamtausgabe（MEGA2），Band I/21，Berlin：Akademie Verlag，2009，297.

益。（第135页）

【全集版】

即使王储已经前进到维特里-勒-弗朗斯瓦，或者即使他需要多花一天的时间来集中在行军时沿正面伸展开来的军队，情况也不会有丝毫的改变，因为双方路程相差很远，而王储的路程要近得多。[①]

【MEGA2】

And all this would remain unaltered, even if the Crown Prince had advanced as far as Vitry-le-Francois, or required an extra day to concentrate his troops from their extended front of march; so great is the difference of distance in his favour.[②]

这段话由于采用直译的方式，从汉语语言习惯上来说全集版翻译更到位、更准确。

【曹汀译本】

奥地利军队曾喜欢他们底舒适，特殊的成就几乎是他们所

---

① 《马克思恩格斯全集》第十七卷，人民出版社1963年版，第74页。

② Marx-Engels-Gesamtausgabe（MEGA2），Band I/21，Berlin：Akademie Verlag，2009，306.

作不到的。他们虽然是气宇非凡似的，但是仅仅如此而已。（第171页）

【全集版】

奥地利军队行动松懈，很少能经得起特别的紧张；实际上他们除了人多以外再也没有别的。①

【MEGA2】

The Austrian army had rather easy-going ways; extraordinary efforts had seldom been its forte; in fact, it was respectable, and nothing more.②

根据MEGA2的原文，全集版翻译更准确。

【曹汀译本】

以积极鼓励敌人俘掳全部援军的那样的兵力和那样的道路之援救巴森的运动。（第241—242页）

【全集版】

援救巴赞所用的兵力和所沿的路线，简直是唆使敌人俘掳

① 《马克思恩格斯全集》第十七卷，人民出版社1963年版，第104页。

② Marx-Engels-Gesamtausgabe (MEGA2), Band I/21, Berlin: Akademie Verlag, 2009, 329.

全部援军。[①]

【MEGA2】

the march to the relief of Bazaine with forces and by a route which positively invited the enemy to take the whole of the relieving army prisoners.[②]

从MEGA2版本来看，曹汀的译本对这段话的翻译表述模糊，全集版显然更清晰准确。

【曹汀译本】

联络是军队部署中最弱的一部分。如果那无论在萨松或者在勒特尔都非常容易受到北方来的袭击的北部联络线，当保尔巴克开始在洛林南部行动之际，受到严重的威胁时，那末我们也许突然会在凡尔赛看到一个轩然的骚乱。（第343页）

【全集版】

交通线是军队部署中的要害；正当布尔巴基在洛林南部开始活动的时候，如果那条无论在苏瓦松或勒太耳附近都容易遭受来自北方的攻击的北部交通线受到严重威胁，我们就会看

① 《马克思恩格斯全集》第十七卷，人民出版社1963年版，第161页。

② Marx-Engels-Gesamtausgabe（MEGA2），Band I/21，Berlin：Akademie Verlag，2009，381.

到，凡尔赛将突然出现极其严重的混乱。[1]

【MEGA2】

The communications are the tenderest part of an army's position; and if the northern line, which lies so much exposed to an attack from the north both at Soissons and Rethel, should once be seriously menaced while Bourbaki is at work on the southern 35 edge of Lorraine, we might see all of a sudden a very pretty commotion in Versailles.[2]

将“communications”直译为“联络”，不如全集版中译为“交通线”更能准确表述其含义。

（4）与现代通行术语译法不一致的情况

【曹汀译本】

当一八五一年和奥地利的冲突逼使普鲁士进行动员时，一切都很悲惨地崩坏了，普鲁士也不得不穿过考丁的牛轭。（第172页）

【全集版】

当1850年同奥地利的冲突迫使普鲁士进行动员时，整个军

① 《马克思恩格斯全集》第十七卷，人民出版社1963年版，第247页。

② Marx-Engels-Gesamtausgabe（MEGA2），Band I/21，Berlin：Akademie Verlag，2009，452.

事制度便显出完全无能为力，而普鲁士则不得不通过“卡夫丁狭谷”。[1]

【MEGA2】

When the conflict of 1851 with Austria compelled a mobilization, the whole thing broke down miserably, and Prussia had to pass through the Caudine Forks.[2]

“卡夫丁狭谷”曹汀翻译成“考丁的牛轭”（kaudiniche-Joch），《马克思恩格斯全集》第十七卷将其译为现代通行的“卡夫丁峡谷”，并在本卷注释第60详细说明了“卡夫丁峡谷”的由来。“1850年普奥关系因争夺德国霸权而尖锐化，因此普鲁士军队进行了动员。由于这次动员所暴露出来的军事制度的严重缺点、普鲁士军队的落后的武器装备以及在德国的冲突中支持奥地利的俄国的坚决反对，普鲁士不得不放弃军事行动，向奥地利投降（1850年奥里缪茨协议）。”“恩格斯把普鲁士的这次外交失败讽刺为公元前321年第二次萨姆尼特战争中罗马人在卡夫丁城附近的卡夫丁峡谷的失败。萨姆尼特人战胜了罗马军团并强迫他们通过‘牛轭’，这被认为是战败军的奇耻大辱。‘通过卡夫丁峡谷’一语由此而来，即遭受极大侮辱的意思。”[3]“卡夫丁峡谷”，这是现代通行

① 《马克思恩格斯全集》第十七卷，人民出版社1963年版，第105页。

② Marx-Engels-Gesamtausgabe (MEGA2), Band I/21, Berlin: Akademie Verlag, 2009, 330.

③ 《马克思恩格斯全集》第十七卷，人民出版社1963年版，第733页。

译法。

（5）恩格斯原文表达有误，曹汀译本未能校正的情况

【曹汀译本】

今（星期日）晨，侦察队报告已发见普军前卫。（第112页）

【全集版】

今（星期日）晨，侦察部队没有报告发现普军前卫。[①]

【MEGA2】

This（Sunday）morning reconnoitring parties announced the presence of the Prussian vanguards.[②]

从MEGA2版以及德文版“Heute（Sonntag）morgen meldeten Patrouillen das Auftauchen der preußischen Vorhut”[③]来看，曹汀的翻译确实没有问题，原文确实写的是“已发见普军前卫”，但是紧接着，恩格斯在下文中专门指出这是法皇电报的原文，“法皇曾经特别说过：侦察队并没有报告过敌军底存在”（第112页）。所以根据整段文字的含义，

---

① 《马克思恩格斯全集》第十七卷，人民出版社1963年版，第53页。

② Marx-Engels-Gesamtausgabe（MEGA2），Band I/21，Berlin：Akademie Verlag，2009，291.

③ Karl Marx und Friedrich Engels（Band 17），Berlin：Dietz Verlag，1962，48.

应该是恩格斯表述失误，其原本要表达的意思应该是“没有发现”而非“已经发现”，因此，《马克思恩格斯全集》的中文译者根据上下文含义将其作了修改。

2. 对恩格斯军事论文精神内涵的准确把握

如前文所述，恩格斯关于普法战争的一系列军事评论，并非就军事而谈军事，他对于战争情势的研究，不仅考虑了战场形势，对交战双方国家的经济和政治情况、两国国内发生的所有社会生活的变化等问题都考虑在内，他的战争评论科学阐释了战争中许多带规律性的现象和原理。将曹汀译本与全集版相比，除了个别用词不同，这些思想在曹汀译本中，都得到了较为准确的体现。举例如下：

【曹汀译本】

野战军食粮底分配在八月一日才开始，军用水壶非常缺乏，饭食用具以及其他野营器具也是同样。肉类腐坏，而面包又常常是发霉的。我们可以说——我们害怕——第二帝国底军队也许为第二帝国本身所击败了。在用一切以前所规定的贿赂手段收买其支持者的这样一个制度之下，我们不能期望到：这个制度会在军队底兵站总监部内绝迹的。(第78页)

【全集版】

出征所必需的各种物资在8月1日才开始分配，部队缺少行军水壶、行军锅和其他行军装具，肉是腐烂的，而面包又常

> 常是发霉的。也许可以说，第二帝国的军队在此以前已经由于第二帝国本身而遭受了失败。在必须依靠久已形成的一整套贪污致富的办法向帝国的支持者慷慨行贿的制度下，不可能设想这种办法不风行于军需部门。[①]

恩格斯认为，战争不是孤立的事物，而一定与其周围的各种事物相互联系相互制约。而普法战争的进程与结局也一定是两国统治集团平时政治的产物。战争伊始，针对一些观察家所认为的可以通过和平途径解决两国的外交争端的观点，恩格斯就提出，不存在这种可能。宣战不久，资产阶级军事观察家们又纷纷推断，法军在战争中一定会获胜。他们认为，拥有强大基干军队的法国，早在普鲁士按战时体制动员其预备队和展开兵力之前，就可以突入普鲁士境内并取得胜利，拿破仑第三的战略计划，就是以此为据而制定的。恩格斯却提出完全不同的看法，虽然他当时也认为法军有可能很快突入普鲁士境内，但他同时坚信，那样的话，第二帝国必将惨败和崩溃。“我认为战争对波拿巴不可能有美满的结局”[②]，因为“路易拿破仑不是和威廉·亚历山大王（即普鲁士国王威廉第一。——译者）相对抗，而是和德意志民族相对抗。在这种情形之下，就是以十二万到十五万人，也休想越过莱茵河而大胆地向前突进”（第62页）。恩格斯的这些推断是以深刻分析普、法两国的国内政治经济形势和军队状况为根据的。1870年8月6日，在《战争短评（四）》中，恩格斯指出了法国失去了战争“在敌人国土内进行”的深

① 《马克思恩格斯全集》第十七卷，人民出版社1963年版，第26页。
② 《马克思恩格斯全集》第三十三卷，人民出版社1973年版，第10页。

层次原因，他指出，因为法国没有做好准备。他认为，在拿破仑第三统治下的帝国内部，阶级矛盾已经极其尖锐，以致帝国的毁灭也在所难免。第二帝国本身腐朽透顶，盗用公款、营私舞弊、假公济私等恶劣现象遍布全国一切行政部门，在这样的情形下，战争怎么可能取得胜利？1870年8月31日，针对麦克马洪在解救巴赞过程中出现的种种错误以及军队中存在的严重问题，恩格斯再一次痛切指出："一个高尚而勇敢的民族眼看着自己为了自卫而作的一切努力白费，这是因为20年来它听凭一群冒险家主宰它的命运，而这些冒险家已经把行政机关、政府、陆军、海军，实际上把整个法国都变成了他们牟取暴利的源泉。"①

【曹汀译本】

法兰西军队已失去一切的主动。他们底运动与其说是为军事的估计所指使，不如说是为政治的必要性所指使。在这里，三十万人几乎完全在敌人视野之内。如果他们底运动不根据战场上所发生的一切情形而根据巴黎所发生的或者可以发生的一切情形来规定时，他们已经半成被击败了。（第87页）

【全集版】

法军已丧失了一切主动权。它的行动与其说是决定于军事上的考虑，不如说是出于政治上的必要。一支30万人的军队几乎都在敌人的视野之内。如果不根据敌人营垒中所发生的情

① 《马克思恩格斯全集》第十七卷，人民出版社1963年版，第83页。

况，而根据巴黎所发生的或者可能发生的情况来决定自己的行动，那末它就已经失败一半了。[①]

恩格斯在关于普法战争的评论中，多次谈到法军在普法战争中屡战屡败，除了前线将领的庸碌无能之外，战争被政治所左右，巴黎政府对战场行动的无理干预也是重要原因。1870年8月4日和6日，法军在边境的几次会战接连失利。8月8日，恩格斯在《普军的胜利》一文中分析法军受挫的原因时就将其归结于政府对战场的错误干预。此后，在评价夏龙军团在色当的惨败时，恩格斯也指出："全部计划看来是这样轻率，以致只能解释为出自政治上的需要。这最像一种coup de désespoir（绝望的行为）。造成的印象是：在让巴黎能够完全了解局势的真相以前，必须冒一下险，做出点什么。这不是战略家的计划，而是习惯于同非正规部队作战的'阿尔及利亚人'的计划，这不是军人的计划，而是最近19年来在法国为所欲为的那些政治和军事冒险家的计划。这完全符合麦克马洪为了替这一决定辩解而说过的一句话：如果他不去援救巴赞，'人们会说什么呢'？是的，但是如果他使自己陷入比巴赞更坏的境地，'人们会说什么呢'？这就是第二帝国的全部丑态。"[②]军事行动如果完全屈从于政治上的考虑，那么战事形势一定会不可避免地恶化。在《战争短评（二十六）》《法皇的辩白》等评论中，恩格斯一再重申自己的观点。

---

①《马克思恩格斯全集》第十七卷，人民出版社1963年版，第33页。

②《马克思恩格斯全集》第十七卷，人民出版社1963年版，第75—76页。

【曹汀译本】

如果人民抵抗底精神一旦勃发时，即使二十万人的军队也不能够在敌人国土底占领中有所作为了……只要国内的人民奋起，就是一支战败的军队在敌人追击底前面也能够立刻找到一个安全地。这种情形现在可以在法兰西发生。如果在敌人所占领的区域内的居民奋起或者只是不断地截断他们底联络线，那末侵略军无力由此越过的境界便更缩小了。(第282—283页)

【全集版】

既然这种人民抵抗精神已经激发起来，那末即使一支20万人的军队在占领敌国时也不会得到许多东西……只要国内人民奋起抵抗，甚至一支溃败的军队，也会迅速找到摆脱敌人追击的安全地点，而正是这种抵抗目前可能在法国发生。如果敌占区的居民奋起抵抗，即使仅仅经常截断敌人的交通线，那末入侵的敌人也将更加临近无能为力的境地。①

恩格斯充分肯定人民战争，充分肯定战争中被侵略一方的正义抵抗。在《法兰西底军事形势》一文中，他对由于德军的野蛮暴行和侵略行为引起的法国人民的正义抵抗，表示了充分的理解和赞赏。他说："普军的野蛮和暴行不仅没有把人民的抵抗镇压下去，反而使这种抵抗加倍激烈起来。"②在1870年12月9日撰写的《普鲁士的自由射手》一文

①《马克思恩格斯全集》第十七卷，人民出版社1963年版，第196—197页。

②《马克思恩格斯全集》第十七卷，人民出版社1963年版，第196页。

中，他通过回溯拿破仑战争期间，德国人民对于法军的抵抗受到普王的肯定，因而形成《民军条例》的历史，指出目前法国这些自由射手的行为是正义的。《民军条例》规定："民军应当扰乱前进和退却中的敌人，使敌人经常惊恐不安，袭击敌人运输弹药和粮食的车辆，袭击他们的传令兵、新兵和医院，进行夜袭，消灭掉队的兵士和小股敌人，使敌人陷于瘫痪，并使他们对于一切运动都失去信心；另一方面，民军必须协助普军押送钱款、粮食、弹药和俘虏等。"恩格斯指出，这些条令正如当年适用于德国一样，"现在也适用于法国"[①]。

恩格斯强调人民战争的积极作用。1870年12月上旬，当法国的两个由非正规部队组建起来的军团解救巴黎的作战行动遭到失败后，欧洲舆论界的不少人对法国人能否继续进行有效抵抗提出了疑问，普遍认为，法国只有立即交出巴黎，并割让出一部分领土，才能尽早结束战争。恩格斯不同意他们这种不顾法兰西民族利益的错误主张。他认为法国的抵抗力潜藏于广大的人民群众之中，在于实行真正的战争，也就是人民战争。他说："问题在于，在人们的记忆中已经完全没有关于真正的战争的概念。克里木战争、意大利战争和普奥战争都只不过是遵循一定习俗的战争，是战争机器一经打碎或损坏就要媾和的政府之间的战争。好几代以来，我们在欧洲中部没有见到人民本身参加的真正的战争。"恩格斯指出，在普法战争第二阶段，"在法国正规军被逐出战场以后，3个月以来法国人仍然继续坚决地战斗；他们甚至做到了他们的正规军在这次战争中绝对不能做到的事情。他们取得了一次重大的胜利，

① 《马克思恩格斯全集》第十七卷，人民出版社1963年版，第217—218页。

而他们的一些单独的行动在许多场合也是成功的；他们从敌人手里夺取了火炮和辎重，抓到了俘虏”。“这种不可捉摸的、时而停止时而复发的、但经常给敌人造成阻碍的人民起义，对这些军队的运动起了多么巨大的影响。”[①]当然，恩格斯虽然也曾寄希望于人民战争对于作战结果的影响，但是，他也认识到，当法国的国家机器已经从根本上腐朽之后，“第二帝国的军队在此以前已经由于第二帝国本身而遭受了失败”[②]。

① 《马克思恩格斯全集》第十七卷，人民出版社1963年版，第209、211页。
② 《马克思恩格斯全集》第十七卷，人民出版社1963年版，第26页。

结语

恩格斯关于普法战争的59篇军事评论是马克思主义军事理论的经典著作，在马克思主义军事理论形成和发展史中占有重要地位。但是，恩格斯军事思想的价值长期以来被研究者所忽视。在德国柏林，1911年至1914年出版了《陆海军军事指南》一书，在附录中介绍了许多资产阶级的二流军事家，但书中连恩格斯的名字都没有提到。郝思在《一八七〇——七一年普法战争》的前言中也曾写到：即使是当年的德国社会民主党人也极其忽视恩格斯军事著作的价值，“战前社会民主党最大的罪过就是在于：它不仅不研究革命的反军国主义的著作，反而直接了当地严禁这些著作。军事和战史的问题大部分只是和议会问题有关时才使它感到兴趣。总而言之，它既没有使恩格斯底著作为广大的工人所接受，又没有使之和以后的战争相关联而继续下去”（第5页）。

不过，也有许多中外人士对于马克思主义军事理论尤其是恩格斯军事理论给予高度评价。苏联学者巴宾评价恩格斯说：“在军事历史和军事理论研究方面，恩格斯留下了特别深刻的痕迹……他是一位伟大的军事理论家和军事历史学家，也是军事科学和军事历史学的革新家。”《苏联军事百科全书》在“恩格斯”词条中写道：“恩格斯和马克思同是真正的科学军事历史的创始人。他在军事历史方面留下了巨大的创造性的遗产。”①

① 中国人民解放军军事科学院：《苏联军事百科全书》第七卷，解放军出版社1986年版，第519页。

中国共产党从成立伊始就把马克思主义作为行动的指南。中国革命的胜利，正是马克思主义同中国革命实践相结合的结果。抗日战争时期，在中共中央、中央军委直接关怀和指导下，在革命圣地延安首次翻译出版了包括曹汀的《一八七〇——七一年普法战争》在内的我国最早一批恩格斯的军事论文，尽管数量不多，但是，对于宣传马克思主义关于战争和军队的理论、军事辩证法思想以及指导战争，为中国共产党的抗战战略与方针政策的制定，提供了有力的理论武器，发挥了重要的作用。它们“不仅在战火燃烧、烽烟弥漫的抗日战争中，而且在红旗漫卷、捷报频传的解放战争中，都发挥了应有的威力”[①]。

更值得一提的是，曹汀的翻译工作并未就此止步，新中国成立后，《一八七〇——七一年普法战争》作为原计划6册本的《恩格斯军事论文选集》第六分册，由人民出版社出版；1959年，为加强全军干部的军事理论学习，中央军委指示，军事科学院组织编辑翻译马克思主义经典军事著作，曹汀参与编辑的《马克思恩格斯军事文选》《马克思恩格斯军事文集》等文集中，都选入了这59篇军事论文。此外，各种版本的《马克思恩格斯全集》，包括以提供文本资料完整、忠实原文、采用马克思和恩格斯原初语言为特征的MEGA2也都全文收录了这59篇文章。也正是因为曹汀在恩格斯军事著作翻译方面的巨大功绩，有研究者将其称为“新中国恩格斯军事著作翻译的奠基人”。

“人民军队之所以不断发展壮大，关键在于始终坚持先进军事理论的指导。”党的十八大以来，以习近平同志为核心的党中央为建设同我

① 中共中央马克思恩格斯列宁斯大林著作编译局马恩室：《马克思恩格斯著作在中国的传播》，人民出版社1983年版，第304页。

国国际地位相称、同国家安全和发展利益相适应的巩固国防和强大军队，作出了一系列顶层设计和战略部署。在这一过程中，习近平总书记一直强调先进军事理论的指导作用。"强军是具有很强开创性的事业，我们要不断适应新形势、应对新挑战、解决新问题，在实践上大胆探索，在理论上勇于突破，不断丰富和发展党在新时期的强军思想，让马克思主义军事理论在强军伟大实践中放射出更加灿烂的真理光芒。"[①]发展和创新的前提是必须能够认认真真读原著，学原理，如此才能真正"悟道"。尽管已经过去一百多年，但是，重温曹汀的译本，对指导新时代强军实践依然有其重大的现实意义。

① 习近平：《在庆祝中国人民解放军建军90周年大会上的讲话》（2017年8月1日），人民出版社2017年版，第14—15页。

参考文献

［1］马克思恩格斯全集：第17卷［M］．北京：人民出版社，1963.

［2］马克思恩格斯全集：第28卷［M］．北京：人民出版社，1972.

［3］马克思恩格斯全集：第29卷［M］．北京：人民出版社，1972.

［4］马克思恩格斯全集：第33卷［M］．北京：人民出版社，1973.

［5］北京图书馆马列著作研究室．马克思恩格斯著作中译文综录［M］．北京：书目文献出版社，1983.

［6］八路军抗日战争研究会编译处：一八七〇——七一年普法战争［M］．延安：八路军军政杂志社，1941.

［7］恩格斯军事论文选集：第六分册普法战争［M］．曹汀，译．何思敬，校．北京：人民出版社．1952.

［8］中国人民解放军军事科学院．马克思恩格斯军事文选：第3卷［M］．北京：人民出版社，1961.

［9］中国人民解放军军事科学院．马克思恩格斯军事文集：第5卷［M］．北京：人民出版社，1982.

［10］中共中央马克思恩格斯列宁斯大林著作编译局马恩室．马克思恩格斯著作在中国的传播［M］．北京：人民出版社，1983.

［11］张树德．恩格斯军事年谱［M］．北京：中国青年出版社，2000.

［12］鲍世修. 马克思恩格斯军事理论研究［M］. 北京：军事科学出版社，1999.

［13］张树德. 马克思恩格斯军事思想年谱［M］. 北京：军事科学出版社，2004.

［14］张树德. 马克思恩格斯军事思想史［M］. 北京：军事科学出版社，2014.

［15］［德］海因里希·格姆科夫，等. 恩格斯传［M］. 易延镇，侯焕良译. 北京：人民出版社，2000.

［16］［苏联］阿·伊·巴宾. 恩格斯军事理论观点的形成与发展［M］. 高效，沙方，译. 北京：解放军出版社，1988.

［17］张伊宁，等. 中外关于马克思、恩格斯、列宁、斯大林军事理论研究［M］. 重庆：重庆出版社，2007.

［18］赵玉兰. 从MEGA1到MEGA2的历程：《马克思恩格斯全集》历史考证版的诞生与发展［M］. 北京：中国社会科学出版社，2013.

［19］中共中央马克思恩格斯列宁斯大林著作编译局马恩室. 回忆恩格斯［M］. 北京：人民出版社，2005.

［20］常紫钟，林理明. 延安时代新文化出版史［M］. 西安：陕西人民出版社，2001.

［21］刘苏华. 延安时期中国共产党出版史研究（1937—1949）［M］. 长沙：湖南大学出版社，2012.

［22］人民出版社资料组.《马克思恩格斯全集》的编撰工作［M］. 北京：人民出版社，1977.

［23］К. МАРКС и Ф. ЭНГЕЛЬС，ТОМ17，ГОСУДАРСТВЕННОЕ

ИЗДАТЕЛЬСТВО ПОЛИТИЧЕСКОЙ ЛИТЕРАТУРЫ Москва，1960.

［24］ Karl Marx und Friedrich Engels（Band 17）［M］. Berlin：Dietz Verlag，1962.

［25］ドイツ社会主義統一党中央委員会付属マルクス=レーニン主義研究所編集、大内兵衛，細川嘉六監訳：『マルクス=エンゲルス全集』第17巻. 東京：大月書店，1966.

［26］ Marx-Engels-Gesamtausgabe（MEGA2），Band I/21［M］. Berlin：Akademie Verlag，2009.

原版书影印

说　明

《马克思主义经典文献传播通考》各册均附有原版书影印资料，即马克思主义经典著作中文译本。本丛书所称“译本”是指：1. 我国单行出版的马克思、恩格斯、列宁等原著，包括著作、书信选译和专题文集；2. 报纸、杂志连载马克思、恩格斯、列宁等著作的完整译文。鉴于中华人民共和国成立前，马克思主义经典著作的译本数量众多，版次与印次繁杂，本丛书所附译本均作专门说明。

本册所附《普法战争》曹汀译本为1952年8月人民出版社出版的《恩格斯军事论文选集》第六分册《普法战争》。

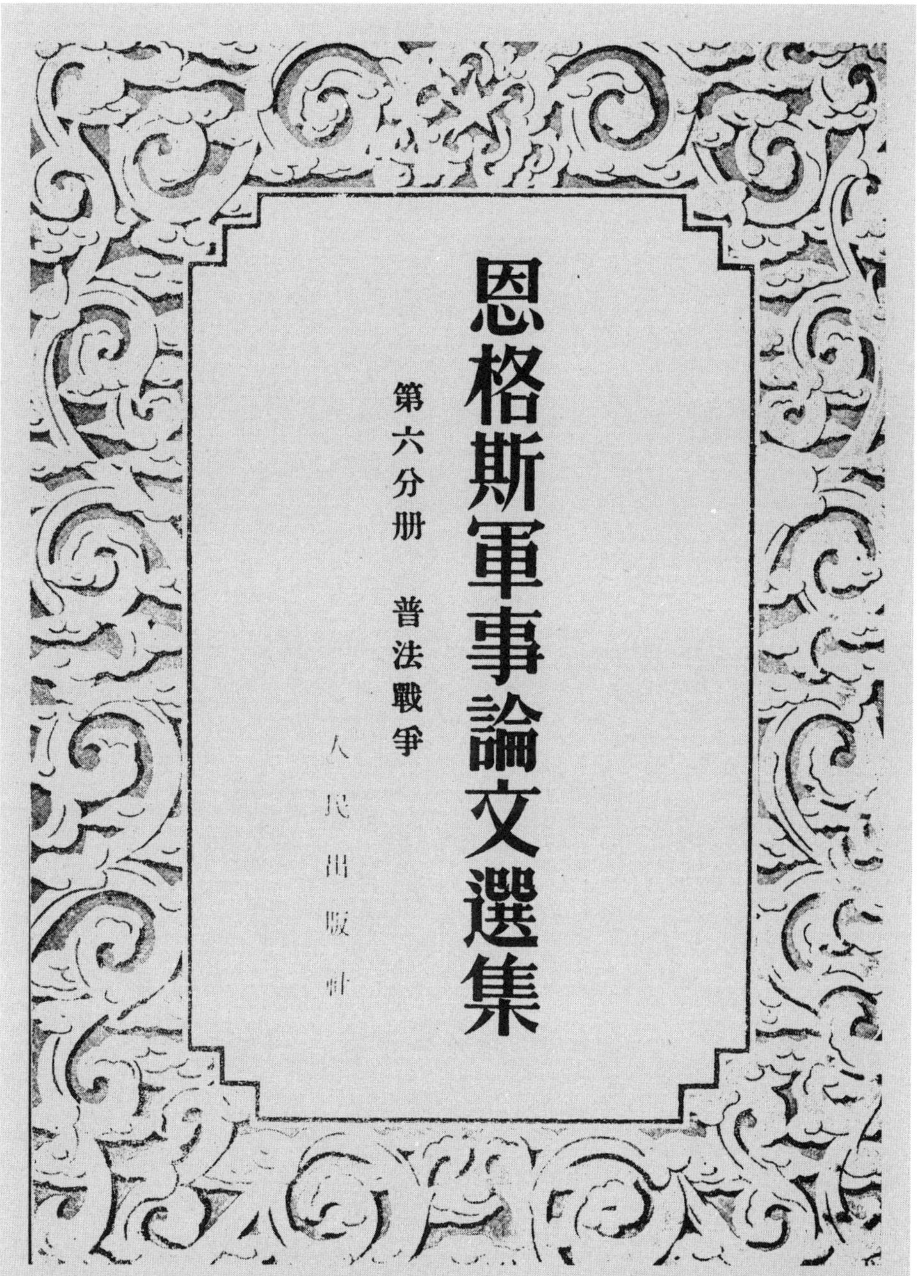
恩格斯軍事論文選集
第六分冊 普法戰爭
人民出版社

恩格斯軍事論文選集

第六分册　普法戰爭

人　民　出　版　社

一九五二年·北京

前言

本書係由德國共產黨員郝恩所譯一八七〇——一八七一年普法戰爭一書的德文版轉譯的。譯成後，由何思敬同志校正，曾於一九四一年在延安八路軍軍政雜誌社出版。現在計劃把恩格斯的全部軍事論文分爲幾個分冊出版，本書列爲第六分冊。這次再版時，曾參照一九四〇年蘇聯共產黨(布)中央委員會政治出版局出版的馬恩全集第十三卷下册重新校閱一次(因原書已失)，但由於德譯本和俄譯本在文字結構上以及分段上有很多地方不同，所以在校閱時祇要內容無甚出入，即未完全照俄譯本改正。至於序文部份，因未找到原文本或俄文譯本，無從校訂，只能就字面稍加修改。

譯者識　一九五一年五月

目録

普法戰爭（一八七〇——一八七一年）

附錄

普法戰爭

（一八七〇——一八七一年）

郝思序❶

一 本書的內容

「一八七〇——七一年普法戰爭」

本書是由恩格斯一八七〇年——七一年所寫的軍事論文合編而成的。這些論文當時是以英語在倫敦資產階級的日報帕爾・馬爾新聞（Pall Mall Gazette）上發表的。寫這些論文底動機是帕爾・馬爾新聞在法軍前綫的一個通訊記者要求馬克思担任對普軍前綫的通訊或者對於這個有所建議。馬克思答應寫一些政治的論文，而軍事的論文則由恩格斯（當時尚在曼徹斯特）來担任。恩格斯寫了六十篇論文，其中四十篇標題爲論普法戰爭(Notes on the War)，其餘二十篇各有不同

❶ 魯多爾夫・郝恩（Rudolf Haus）是德意志共產黨員。他給本書所作的這篇序文，原題爲「緒論」，談到一個馬克思主義者對於戰爭應有的認識，恩格斯在軍事方面的成就，以及本書在戰史上的價值等問題，對於了解本書頗多助益。（譯者）

的題目。根據這個論普法戰爭，所有這六十篇論文曾經採用同一標題。

這六十篇論文是佛里多利希・亞多羅（Friedrich Adler——維也納民衆書局底編輯）以英語重新出版的。它們在這裏第一次被翻譯爲德文。

本書底第三部分是恩格斯對於波爾克海姆（S. Borkheim）所著對於德意志鐵血愛國者的回憶（Zur Erinnerung für die deutschen Mordspatrioten——一八八八年霍廷根・族利希民衆書店出版）一書的序文。我們所以要在這裏採錄這篇文章，是因爲它和這些戰爭論文（論普法戰爭）緊相接連，而指示出普法戰爭之政治的結果。這篇文章把恩格斯關於一八七〇——七一年的戰爭論文和世界戰爭，因此和現代，連結起來。

想着要完整地考察一八七〇——七一年底戰爭及其教訓，除了恩格斯底這些論文以外，我們還必須要參考馬克思底法蘭西內戰。馬克思在這裏對於一八七〇——七一年戰爭時階級鬥爭底條件和無產階級革命之傑出的戰略及戰術的教訓有一個澈底的分析；此外，恩格斯對這次戰爭的論文也將由馬克思對巴黎公社的一種傑出的敘述得到完整的補充。我們不能够把法蘭西內戰中最重要的各章採錄於本書，所以正是爲了使本書完整化，我們更迫切地希望讀者研究它（指法蘭西內戰。——譯者）。

在本書中，主要的是討論普法戰爭之軍事的和戰史的方面。但是這決不是僅僅時代史的敘述和單純在歷史上有興趣的文件而已。恩格斯在這裏如此卓絕地以軍事及軍事藝術底馬克思主義的理論家研究那正是對於德意志無產階級重要的戰史資料，所以我們一定會驚訝：爲什麼這些論文（特別是論普法戰爭）沒有很早地普及於德意志無產階級。

戰前社會民主黨最大的罪過就是在於：它不僅不研究革命的反軍國主義的著作，反而直接了當地嚴禁這些著作。軍事和戰史的問題大部分祇是和議會問題有關時才使它（社會民主黨。——譯者）感到興趣。總而言之，它既沒有使恩格斯底著作爲廣大的工人所接受，又沒有使之和以後的戰爭相關聯而繼續下去。研究這些問題的唯一大的著作是法蘭茲·麥林（Franz Mehring）對於德爾布律克（Delbruck）所著軍事藝術史❶的批判（作爲一九〇八年新時代底專號）。即使專門研究過普法戰爭的社會民主主義的著作家（舒爾茲：一八七〇——七一年底戰爭，一九一四年柏林出版；約勒斯：普法戰爭，一九〇八年巴黎出版），不是完全沒有參考恩格斯底軍事論文，便是把它們忽略了。

我們在後面幾節裏還要討論馬克思主義的戰爭觀之巨大的意義。在這裏，我們祇指出：帝國主義戰爭缺乏像在恩格斯論文底每一行中所表現的那樣透澈的戰爭指揮和軍事政策；社會民主黨底政策是把戰爭指揮和軍事政策委於威廉第二陛下的專門家。甚至於革命的左翼分子也不能够在短促的期間補足數十年來整個運動在這方面所忽略的東西，總而言之，甚至他們那反對德意志帝

❶ 原名爲“Geschichte des Kriegswesens”，按其字義應譯爲軍事史，或軍政史，但根據俄文譯名爲政治史範圍內的軍事藝術史，故簡譯爲軍事藝術史。（譯者）

國主義和國際帝國主義之軍事政策的偉大的革命鬥爭，也苦於缺乏戰史及軍事的修養和經驗。

在今天，馬克思主義的理論和實踐要求以最有效的方法來研究戰爭、軍事政策及軍事藝術底一切問題——以一種像恩格斯所指示的那樣的澈底性來研究。恩格斯底戰史論文是馬克思主義對於這些問題的研究之最初的、最好的入門。

想要掌握軍事藝術底最簡單的原理，除了澈底研究一個戰爭——一個像普法戰爭的那樣戰爭——以外，恐怕再沒有更適當的方法了（甚至在今天），因爲這個戰爭雖然單純而且容易明瞭，但却指示出極其複雜的戰爭形式。

因此，本書不是奉獻於軍事專門家，而是奉獻於將要克服及推翻資本主義社會的革命工人。恩格斯底著作決不害怕資本主義世界底專門家底批判的！恩格斯比較這些專門家要優越幾萬倍！像我們在恩格斯那裏所發現的那樣完善地理解和評價事件及發展，在最近的歷史中是找不到前例的。同時，恩格斯帶給我們這樣多的、不要說在今天就是在最近將來也是重要的、軍事藝術底教訓，所以甚至史利芬❶底門徒❷也還可以學到很多。他們不這樣作，就和馬克馬洪（Mac Mahon）及巴森（Bazaine——二者都是普法戰爭中法軍底將領。——譯者）在一八七〇年認爲沒有什麼必要去評價帕爾·馬爾新聞報上所發表的那些有時在數日前便預先宣佈了拿破侖軍隊之最近的大敗（在地點及時日上都是正確的！）的通信一樣。格留納爾（Groener）、賽克特❸之輩所以不能這樣，是因爲他們在他們全部思維方法中、在他們全部「科學」中、在每一種藝術中以及在軍事藝術中都和帝國主義的資產階級血肉相關，爲帝國主義的資產階級所限制。

二 軍事理論家的恩格斯

佛里德利希·恩格斯，卡爾·馬克思之戰友和同志，是一位卓絕的軍事專門家。他底軍事政策的、軍事技術的以及戰史的著作是知識底寶庫，是仍然未爲廣大的工人羣衆所認識的珍寶。社會民主黨——自詡爲馬克思和恩格斯底遺產承繼者並且在法律上也是如此——有計劃地『遺忘』了馬克思主義底一切革命的因素。它不是侮辱及肢解社會主義先耆底著作——例如法蘭西階級鬥爭中恩格斯底序文——，便是把馬克思或恩格斯底重要的基本的著作漠然置之。

㊀ 史利芬(Schlieffen)係德國最著名之戰略家，曾在德國參謀部服務二十年，其中十五年曾爲參謀長(至一九一三年死爲止)。以研究卡內戰(即包圍殲滅戰)著名於世。第一次世界大戰以及最近第二次世界大戰德國所採取之進攻法國之戰略(即經過比利時而右翼迂迴法軍)即本其思想，法西斯『閃擊戰』亦即其『卡內戰』更進一步之發展。(譯者)

㊁ 德意志帝國底國防部長格留納爾(Groener)驕傲地自詡爲史利芬之門徒，他也是曾經以這個資格來從事著作。(郗思)

㊂ 賽克特(Haus von Seeckt)——一八六六—?。在第一次世界大戰時，曾歷任第十一軍參謀長、土軍司令官等職。一九二〇—二六年任軍隊編制長官，爲德意志國防軍之組織者。在我國國內戰爭時，曾爲國民黨軍隊之顧問。(譯者)

恩格斯——在親密的朋友們中被戲呼爲『將軍』——在馬克思和恩格斯間的經常分工中，担任了在軍事範圍內發展馬克思主義的觀點的任務。因此，恩格斯在一切軍事問題中是馬克思主義之卓越的代表者。

革命的熱心使恩格斯致力於戰爭底專門研究。恩格斯打算：他可以把他軍事的知識迫切地運用在革命和革命戰爭底風暴中。

在二十一歲時，年青的恩格斯以禁衛砲兵底一年志願兵來到柏林。他在這裏學得了軍事藝術底初步知識，這個他在以後那樣傑出地掌握了。但是在這一年中，恩格斯與其說是致力於銅製壕內的舊式短筒砲（Donnerbuchs），毋寧說是致力於他底黑格爾。

一八四八年，我們又發現恩格斯——和馬克思一起——作了最急進的德意志新聞新萊茵報底編輯。在該報被查封後，恩格斯便走到巴敦和萊茵選侯國❶，想着在那裏參加起義者底鬥爭。他在他所著德意志憲法鬥爭一文中描寫了在巴敦和沉醉的萊茵選侯國內的悲喜劇。他給了這個整個運動以特徵，認爲它是不堅决的小資產階級之陷入怯懦和愚昧底泥沼中的一種運動。南德意志經濟的落後曾經阻止了階級矛盾之尖銳的結晶化。無產階級的政黨尚未成立。

當這個運動一開始採取比較眞實的形式時，恩格斯便參加了它。他這樣寫道：

❶萊茵選侯國（Rheinpfalz）——即英文之"Palatinate"，即前神聖羅馬帝國時有登選爲皇帝之侯爵之封地。（譯者）

·8·

『普軍從霍姆堡（Homburg）進入……隨之，事情有了很有趣的變化，因爲我不想錯過住一段軍事學校的機會……，所以我自己也佩上了軍刀。……並且不久便在維里希（Willich）部下作了副官。』（德文版馬恩遺稿第三卷第三四三頁）

維里希是『萊茵選侯國—巴敦軍』少數認眞的軍事領袖之一。恩格斯英勇地參加了從格爾麥爾斯海姆（Germersheim）到瑞士國境的各種退却戰，以後這個『光榮的』巴敦革命軍在瑞士國境遭遇到了它不名譽的末路。

在德意志革命失敗以後，恩格斯走到英國，在那裏，他從前已經住過兩次了。當他一明白：直接回到德意志已不可能時，他立刻便以全力埋頭於軍事及戰史底研究。（關於這個，請參閱恩格斯一八五一年給韋得梅葉爾的信，我們把這封信附錄於後。）

馬克思主義和那種資產階級的和平主義沒有絲毫相同之點，因爲後者不從根本着手，而祇是和資本主義底『贅瘤』——也就是和戰爭——作鬥爭，或者聲稱和這些作鬥爭。每一種和平主義都是維持資產階級社會秩序的。它認爲：資本主義是應當改良的，應當『改善』的。但是這種烏托邦的企圖，在任何情形之下，都一定不可避免地要遭受到毀滅的。豈但如此，這種和平主義正是用以隱蔽資本主義列強底軍事政策——因此也正是用以支持這種政策的。

恩格斯以很大的興趣來研究五十及六十年代底民族戰爭（一八五三年底克里米亞戰爭，一八五九年底意大利戰爭，一八六一年底美國戰爭，一八六六年底普奧戰爭，一八七〇——七一年底普法戰爭），並且很成功地證明自己（多半用匿名）是軍事著作家。——這個時期底著作有：東方戰爭，波河與萊茵河，薩瓦亞、尼斯與萊茵。恩格斯沒有能够把他在帝國主義和軍事藝術範圍內的豐富的知識應用在無產階級革命底實踐中。但是他以理論家和批判的戰史家利用了這種知識，——因此這種知識在今天對於無產階級還是可以使用的。並且這更是需要的，因爲當社會民主黨愈資產階級化，它就愈無恥地以各種方法來僞造及歪曲馬克思和恩格斯底見解。

我們不想在這裏反駁社會民主黨所作的一切拙劣的僞造：利用恩格斯對戰爭問題及國防問題的態度來論証它在最近世界大戰中所持的政策、它現行的積極的國防政策，來準備新帝國主義大戰。關於國防問題，社會帝國主義者們爲了他們底僞造，寧願利用小冊子普魯士軍事問題與德意志工黨（一八六五年）和論文集歐洲是否可以撤銷軍備？（一八九三年）而不願利用這裏所出版的戰史的著作。

固然，恩格斯，在一八七〇——七一年戰爭底論文中，如同在普魯士軍隊制度底理論根據一篇論文中以及在如何擊敗普軍？的另外一篇論文中，曾經談到這些問題，但他却沒有再進一步地在理論及實踐方面敘述這些問題，如同他在他底軍事論文中衹一般地提出他政治的見解（關於戰爭底意義和形式、關於在拿破侖帝國崩潰後戰爭性質底變化❶），而沒有再進一步描寫和發展這

❶ 在拿破侖第三出降，色當投誠，並在巴黎宣佈共和國的時候……普魯士軍事當局已決定把戰爭變爲掠奪的戰爭了（法蘭西內戰第二九頁，一九四九年解放社版）。（譯者）

• 10 •

種見解一樣。當然也是因爲這不是論普法戰爭底任務；它——如同我們所着重指出的——主要地是處理軍事方面的問題。

我們必須常常想到：恩格斯是不能也不想作戰爭底專論和軍事藝術底叙述的；他底任務在於：以評價交戰雙方底力量和可能以及當時指揮者使用這些力量和可能的方法爲基礎，使帕爾·馬爾新聞底讀者對於戰爭底過程和預料的最近的事件有一種正確的判斷。

恩格斯把自己嚴格地限制在這個任務上。他底叙述表明：他曾經作了巨大的準備工作。它不是給與我們單純的素材——讀者可以用它來造成自己底思想——，而是指示給我們一種對戰爭問題的卓越的深通。恩格斯同時考察到各種因素（從國家底面積和人口底數目以至於將軍底性格或經歷以及拿破侖腐敗政治底作用）。因此，雖然他很少專門討論單純政治的因素，但政治的判斷常常是軍事檢討底基礎。

因此，從論普法戰爭中，我們正可以非常清楚地看出：恩格斯（他在一八七〇年九月以前住在曼徹斯特，以後才搬到倫敦）雖『從遠方』也沒有一次對這次戰爭底政治的性質發生懷疑，並且尤其以他底軍事的估計爲基礎，他不僅適時地認出同時也很早地預見了並適當地『偏袒』了事件底變化。這個偏袒決不是對普魯士的，也決不是對法蘭西的，即使當恩格斯在戰爭第一階段（到色當陷落爲止）中指出普魯士戰爭指揮底優越性（同時在政治上看到它底基礎），以及在第二階段（至停戰條約簽訂爲止）中說明法軍防禦國土以反抗普魯士侵略計劃之大的成功底可能性時，也是如此。

在第一階段中，事情是這樣（如同恩格斯在八月十五日給馬克思的一封信上所寫的那樣；參閱德文馬恩通信集第四卷第三一九頁）：

『德意志由巴登凱（Badinguet——拿破侖第三底綽號。——郝思）捲入一個爭取民族生存的戰爭中。如果它對巴登凱屈服時，那末拿破侖主義便要跋扈多年而德意志便得屈服多年，也許幾代。那時，那是再談不到獨立的德意志工人運動了。……如果德意志勝利了的話，那末法蘭西拿破侖主義無論如何都要毀滅，爲了建立德意志統一的長期的爭論便最後消除了，德意志工人便能够以一種和前此完全不同的民族的規模把自己組織起來，而法蘭西工人，不管政府有什麼變動，一定要比較在拿破侖主義之下自由得多。』

在同一通信中，恩格斯又在別的地方指出：『現在，俾斯麥已經作了我們工作底一部分，雖然以他自己底方法並且不想着這樣作，但是他還是作了這個工作。』他曾經幫助去消滅那個帝國並且統一德意志（即使是在排除奧地利之下）。這樣看來，是不是恩格斯贊成俾斯麥呢，是不是社會主義工人成爲愛國主義者而放棄階級鬥爭呢？絕對不是！問題祇是在於暴露戰爭底眞正意義；問題既不在於崇拜俾斯麥（如同在戰爭底開始時拉薩爾派的史外澤爾——Schweilzer——在普魯士所作的那樣），也不在於片面地誇張反俾斯麥的鬥爭，當俾斯麥完全拒絕解決民族問題的時候。

恩格斯和馬克思一樣，祇是注意於無產階級階級鬥爭底諸條件。如果我們讀到關於事件之進一步的發展的通信時，這個更是顯然的。恩格斯在八月二十日寫道：

『我相信，德意志—法蘭西人（即亞爾薩斯—洛林。——郝思）底合併現在是確定的問題。假使在上一星期，一個革命的政府成立了的話，那末還許有所作為。現在（即在那由於拿破侖第三及其寵臣們底致命的戰爭指揮結果所產生的托爾和格拉維魯特底大敗以後。——郝思），它（革命的政府。——譯者）便太遲了……這是一個大的不幸，但是在我看來，這似乎是不可避免的。』（德文馬恩通信集第四卷第三二四頁）

在九月七日（也就是在色當勝利後數日），恩格斯寫道：

『沙文主義由於意料之外的勝利，由於他們甚至不應得的勝利，使德意志俗物們高興得發狂了，這正是相反的事態發生的時候。』（同書，第三三一頁）

在九月十二日，恩格斯又寫道：

『如果德軍作為最後的戰爭行為不得不對於巴黎工人進行街市戰的話，那眞要糟糕，那一定會把我們退後五十年。……』（同書，第三三六頁）

事實上，在一八七一年五月，俾斯麥底軍隊不僅曾經掩護了並且曾經實際支持了梯亥爾❶政

❶ 梯亥爾（Louis Adolphe Thiers）——一七九七—一八七七年。法蘭西政治家。巴黎公社成立之時僞竊政權，爲政府執行委員長，與普軍媾和，以軍隊鎮壓公社。（譯者）

府反對巴黎公社的鬥爭；俾斯麥底政策由於讓渡武器以及釋放被俘擄了的政府派軍隊而幫助了對巴黎公社的鎮壓。

由於恩格斯一八七〇年九月之移居於倫敦，和馬克思以書信交換意見的繼續便沒有必要了。從馬克思和顧格曼的通信中，我們更可以看到馬克思對於反對『新德意志—普魯士帝國』——這個帝國仍然可能『受到一種意外的鞭笞』（一八七一年二月十四日底通信第八三頁）——鬥爭的巨大的興趣，看到他底觀點；這個和恩格斯在論普法戰爭中的觀點（參閱一八七一年二月八日由軍事觀點來看法蘭西底事變這篇論文）完全相符合。並且證明：恩格斯和馬克思常常是以最澈底的方法在對於國際情勢底一切因素的考慮之下來研究無產階級解放鬥爭底可能性，除了國際社會主義運動底觀點以外，其他一切對於他們完全不能成爲問題。

從這個觀點出發，我們也可以評價恩格斯在上述戰爭論文底已引用的兩章中關於國防問題的意見。

恩格斯在考察普魯士軍隊時澈底地揭穿了『全民武裝』這一詞句底眞相，因爲在這一詞句底背後，除了隱藏着對外以秘密外交、對內以反動爲目的而建立一個大的軍隊的這個事實以外，別無其他。武裝的人民對於俾斯麥一定不會是他用以實行他底政策的工具。

普魯士制度中的弱點正在這裏，它不得不使兩個不同的而最後矛盾的目標彼此相符合。一方面，它努力使每一個身體強壯的男子成爲兵士，即常備軍僅僅是訓練市民使用武器的學校。但是另一方面，這個同一軍隊又必須是一個所謂專制政府之武裝的援助和主要的支柱；爲了這個目的，這個軍事學校必須變成一個造成對長官的絕對服從和忠君的思想的學校；但是這個祇有經過長期的兵役年限才能達到。原來在普遍兵役義務底口號之下應當是一個爲了自衛而武裝起來的人民，現在成爲一個準備戰鬥的侵略軍，成爲秘密外交底一種工具。這便是『全民武裝』這一詞句底意義。

如果說普魯士軍隊遠超過法蘭西軍隊，那這祇有由拿破侖第三底最腐敗的制度來說明。隨着拿破侖統治底崩潰，法蘭西便開始能夠迅速地使那在表面上雖一致但在內部却缺乏統一的、瀕於瓦解的普魯士軍隊遭遇大的困難同時並予以打擊（參閱一八七〇年十二月二十四日關於德軍在法蘭西的地位的這篇論文）。和這個相關聯，我們還可以參閱一八七〇年十一月十一日底論文（法蘭西國內的戰鬥）和十二月九日底論文（普魯士義勇兵），在這篇論文中，恩格斯指出臨時編制的、與居民密切聯系的軍隊（志願軍、義勇兵——近代：游擊隊）對於在盲從中訓練出來的軍隊的優越性。法蘭西資產階級避免以一切力量利用實際的人民起義底長處，因爲它害怕由此而覺醒的革命力量！但是另一方面，它也沒有任何方法有力地去彌補有訓練的、可靠的指揮者底缺額，無論是軍官或者是士官都缺乏，但是沒有他們，臨時編制的軍隊是不能夠得到勝利的。自拿破侖第三失敗以後，法蘭西資產階級和俾斯麥一樣，處於同一進退維谷的困難中。武裝的人民也許會打倒俾斯麥——如果全部力量都動員了的話——，但是也會不服從梯亥爾底政策，資產階級底政策。資產階級底這種恐懼是正當的，一八七一年春底巴黎公社便證明了這個事實。

恩格斯在反杜林論底暴力論一章中所發展的見解，即隨着軍事技術之進一步的發展，既存的軍隊形式便不夠用了的這種見解便是立足於所有這些經驗之上的。階級統治不得不把全部可以使用武器的人民武裝起來，因此階級底軍隊便有了『從內部』爆發的可能性——這是無產階級必須認識並且必須了解如何加以正確利用的一個事實。

雖然恩格斯祇論及問題底軍事方面，但是他却對於這個時代：即當提到議事日程上的尚不是帝國主義戰爭而是民族戰爭、當無產階級尚未與獨佔資本對立而仍不得不和封建制度濃厚的殘餘作鬥爭的這個時代，闡明了問題之階級的內容。

恩格斯用以最嚴密地從那當時發生的形勢中發展他底見解的這種方法，正應該避免從歷史的關係中斷章取義地摘出某些意見而把它們簡單地搬到現代來，如同『左翼』社會民主黨人（列維在他底小冊子兵力與社會民主黨中或者法蘭茲在恩格斯所著軍事問題與普魯士工黨及歐洲是否可以撤銷軍備？底出版之際）所作的那樣，他們在帝國主義底時代中想着在民主共和國——這個已發展成爲法西斯主義——底基礎上實現『全民武裝』。好像『全民武裝』的這個口號，一切皆軍人的這個口號在今天除了是一個比較一八七〇年更壞的謊言以外還能有其他意義似的，好像保羅·邦庫爾(Paul Boncour)底『國民軍隊化』底軍事法也能夠實現一八七〇——七一年底革命的馬克思主義——巴黎公社表現了它底精神——似的；德意志帝國主義底國防部長，格留納爾（在一九二九年七月十五日底帝國議會會議上）認爲必須視爲珍寶的正是這個軍事法！社會帝國主義者頑强地相信馬克思和恩格斯可以『給予』他們對工人的敵視和他們對於帝國主義的國防及軍事政策的犯罪的要求以『論據』——總之，在這個範圍內他們還沒有宣佈馬克思和恩格斯已『落伍了』。因此，在他們看來，馬克思和恩格斯底國家學說，和他們關於階級鬥爭底尖銳化以及關於革命之必要性與不可避免性的學說一樣，和唯一可能積極地解決國防問題的無產階級武裝底要求一樣，是『落伍了』！因爲這個解決，無論對於恩格斯或者對於馬克思，都是唯一的可能的解決，即使他們在某一定的歷史形勢中爲了改善無產階級鬥爭底可能性贊成『解散常備軍、武裝全民』的要求。在這點來說，在當時（一直到該世紀末）是沒有任何異論的。但是在現在，公式地搬用『全民武裝』的口號却是錯誤的——因爲這個決不是一個戰鬥的要求而祇是幫助了國民軍隊化底帝國主義計劃，使工人羣衆中間容易產生混亂的一種伎倆；在帝國主義國家中，直接代之而起的是無產階級武裝底要求。

馬克思和恩格斯無條件地贊成無產階級武裝並且永遠是以這個觀點來觀察國防問題，另一方面他們也在資產階級革命中要求武裝的工人底一種個別的組織，這個祇要引用他們底幾段話，便可以證明。恩格斯在一八六八年寫給馬克思說：

『最初，由共產主義所組織及教育的一種社會，可以非常接近於民軍制度，並且這個也還是漸近纔的。』（德文馬恩通信集第四卷第一三頁）

馬克思一八五〇年三月在第二次致共產主義者聯盟的信中（在革命的鬥爭將要再行高漲的推測之下）寫道：

『……工人全體底武裝……必須立刻實現……舊時的市民軍，是反對勞動者的；勞動者一定要反對市民軍之復活。如果反對無效，工人們就一定要自己獨立組織起來，組成無產階級自衛軍，自己選出司令官，自己選出參謀部，並且不受政府當局指揮，而受工人所建立的革命的地方委員會指揮。』（德國的革命與反革命，第一六四頁，一九四九年解放社版）

在一八七〇——七一年底戰爭中，馬克思（在與顧格曼的一封信中）關於戰爭對於無產階級武裝的效果寫道：

『但是無論戰爭怎樣結束，它已經使法蘭西無產階級習用了武器，這是對於將來最好的保證。』

在這裏，馬克思無疑的是以革命的高漲底可能性為基礎的，並且這些可能性在巴黎公社中已成為事實。

三　恩格斯底軍事理論的考察對於現代有何意義？

對於戰爭的一切考察底基礎是馬克思主義底辯證法唯物論的方法。我們聽到：

『任何東西沒有像軍隊和艦隊那樣休戚相關地依附於經濟條件之上。武裝、編制、組織、戰術、戰略等等首先依存於各各時代的生產程度和交通狀況。在這裏起決定作用的不是天才指揮官底「理智之自由的創造」，而是更好的武器底發明和士兵成份底變更。』（見反杜林論，第二〇七頁，一九五〇年三聯書店版）

在世界大戰後十年來的專門文獻中，關於未來戰爭底技術的激烈的爭論停止了。極端矛盾的意見已經竭盡了。但是這些意見——雖然常常聽來是近代的——大部分都不是獨創的意見。這些爭論的理論家們實在曾應該請教於恩格斯。例如，恩格斯在反杜林論中批評過這種主張：說近代技術使海軍失去戰鬥能力，因此將引起海戰之技術的終結。我們最近數年來從軍事專門家底口中聽到這個同樣的主張（並且不僅僅是對於海軍兵器！）夠多麼頻繁！並且甚至在社會主義的、假共產主義的和無政府主義的集團中，我們也不斷地聽到：戰爭之技術的終結已經到來了。

讓我們來考察：恩格斯在海軍兵器底例子中怎樣反駁戰爭之技術的終結這種說法底不合理。

根據世界大戰底經驗，在今天我們不再懷疑：海軍在十九世紀下半葉已經達到一個不能再進步的發展水平。在官方的軍事理論家之非辯證法的思維中，這個不會再進一步了。關於這點，恩格斯已經在一八七八年指出：『在裝甲艦和大砲之間的競爭中，戰艦的製造達到技巧底最高峯，這個使戰艦製造費既浩大而又不適用於戰爭了。』（反杜林論第二一六頁）但是恩格斯並不以這個論據爲滿足，他更企圖解決這個循環論法。他指出：『大工業在海戰方面最近的成果之完整化，也就是自行前進的魚雷之完整化」（上書同頁註），提供出海戰底新的發展底可能性。設使魚雷能够根據母艦所指使的方向來行動，那末『最小的魚雷艇也許要超過威力最大的裝甲艦』（上書同頁註）。魚雷在這個期間——自恩格斯寫這個論文以來——已經能够根據人們所期望於它們的那樣行動了。恩格斯以他底論據先於官方的軍事界數十年便天才地指示出海戰之進一步的發展。但是世界大戰才把官方的軍事理論底塵埃給掃清了。

一般地來說，在今天重要的正是：這種小型船隻有了大的發展。在一九二七年，軍事專門報紙所登載的一個消息是最值得注意的，該消息稱：英國和美國艦隊正實驗有高速度的小型汽艇。僅乘載二、三人的這種小型汽艇備有一個正規的魚雷發射管，並且它們是成羣地向敵艦行駛。它們底目標很小，並且即使百分之五〇或者以上被擊沉了，其餘的小艇也能够給予敵艦以很大損害。德意志海軍也是以這樣形式的一種小艇在『電報艇』底名義下來建造的。

因此，在海軍方面又發生了瘋狂的造艦競爭（這個竟爲一九二二——二三年底華盛頓會議所袒護！）。海軍既沒有成爲過去，也沒有成爲不可能，而祇是它已經採取了新的危險形式。

我們已經在海軍底例子中指出了一種兵器之辯證法的發展過程。一切兵器以及全部軍事技術都要顯示出這個同樣的發展。（恩格斯底軍事技術論文仍待發表。它們底出版將指出：恩格斯不僅具有軍事的知識，同時更具有徹底的軍事技術的知識。）

對於近代的戰爭，飛機、毒氣和坦克已成爲最有力的兵器。然而，它們並不能代替或者省去砲兵或者步兵。一八七〇——七一年，近代砲兵好像幾乎使步兵無用了，在今天，飛機、毒氣和坦克也好像起着同樣的作用。但是，如果相信戰爭將僅僅由工程師、機械師和化學家這小部分精華來進行，那是一種錯誤的結論❶。認爲步兵是最後的決定的兵種、認爲步兵是實現勝利的這種恩格斯底命題，現在仍依舊存在着。如果沒有現代兵器（飛機、坦克、毒氣）底援助，步兵固然不能行動；但是如果沒有步兵，這些特殊兵種也同樣是不能夠得到勝利的。它們可能得到初步的成功，但是它們却不能保持既得的勝利。它們將再度失掉了所獲得的利益，——如果步兵不參與時。

恩格斯對於築城地區（要塞）之作用的分析、對於巴黎要塞在戰爭中的作用的分析，不僅僅對於一八七〇——七一年底戰爭而且對於以後的戰爭，無疑的也有着特別重大的意義。如果在一八七〇年以前，認爲要塞對於近代砲兵底效力也許成爲過去的這種意見已經屢次出現時，那末在一九一四年底時代就更可以這樣說了（列日和那慕爾——兩者皆係比利時著名要塞——譯者——

❶ 我們會得到『工程師底戰爭』這樣錯誤的見解，第一，如果我們片面地固執技術的發展（如喬治·族爾登——George Soldan——在他底人類與未來戰鬥一書中所作的那樣），或者第二，如果我們害怕無產階級革命的武裝起義（如庫爾特·海則——Kurt Hesse——在他底將軍底心理學中所作的那樣），或者第三，如果我們不去和這種罪惡底根源作鬥爭而希望阻止一切戰爭（所有的和平主義者都屬於這類，不管他們是否來自資產階級陣營，來自社會民主黨的陣營，或者來自無政府主義的陣營，那都是毫無關係的）。（郝思）

未經激烈的抵抗即告陷落的這個事實似乎證明要塞之無價值）。但是，戰爭再進一步的發展使指出另外一種不同的結果。作爲法蘭西防禦之主要支柱的凡爾登要塞起了怎樣重大的作用！它在一九一四年八月和九月中阻止了大批德意志部隊之再向前進，結果使他們不能够適時地參加瑪倫河（Maine——法國北部河流之一。——譯者）戰鬥。它在德軍企圖以一九一六年二三月間的攻勢突破法軍防綫時，在法爾肯海恩將軍❶底這個試驗中，證明它底偉大的抵抗力，使數萬德軍犧牲了性命。甚至從資產階級軍事觀點來看，這個試驗也要說是無意義的、有罪的——這個祇有從對於近代的築城地區底戰鬥價値之評價過低並且祇有從那認爲要塞戰、陣地戰及塹壕戰早已不成爲眞正戰爭、認爲在一切情形之下都應該是運動戰的這樣一種見解，才能了解。對要塞戰的這種完全錯誤的看法甚至還支配着那有近代頭腦的賽克特將軍，新德意志帝國主義之軍國主義底組織者（在他底一個兵士底思想一書中）。實在，整個的塹壕戰已顯著地變成要塞戰了。

近代的兵器——飛機、坦克、毒氣、遠射程砲、機械化部隊——恰恰不是說：築城的陣地被征服了，成爲無用了。相反，近代軍隊底大的運動性規定着：它能在一切具有戰爭重要性的任何目標的地區構造防禦工事。我們祇要想到重要的軍需工廠、交通要道、道路交义點的防空和防毒便够了。由於一切兵器之與日俱增的效能和軍隊之運動性，戰綫在縱深上增加了，戰區和後方底

❶ 法爾肯海恩（Erich von Falkenhayn）——一八六一——一九二二年。第一次歐洲大戰時，爲德軍參謀總長，因凡爾登攻擊底失敗，降爲第九軍司令官。（譯者）

區別部分地消滅了，隨着這個，築城底必要性也增加了。

恩格斯在他底軍事論文集中指出要塞和築城地區之重大的意義。北意大利底曼都阿(Mantua)和北德意志底但澤便是兩個築城地區，它們曾經兩次在拿破侖第一底勝利進軍中阻止了他；一八四九年在倫巴底的奧地利戰爭主要地便是以味羅納(Verona)要塞爲中心而展開的；克里米亞戰爭（一八五三年）主要地依靠於塞巴斯托堡要塞底命運（參閱一八七〇年九月七日論戰爭——第十六）。以後，恩格斯在築城的首都一文（一八七〇年十一月二十一日）中以巴黎底封鎖和圍攻之迄今所得的經驗爲基礎來確論：像巴黎（當時居民二百萬人）這樣規模的一個首都底築城之效用底問題被肯定地解決了。巴黎底防禦工事在軍事上曾經給法蘭西完成了巨大的任務。因此，要塞——在國境上以及在國內——底問題也視爲是解決了。它作爲游擊戰底抵抗中心也有特殊的意義。在西班牙戰爭（一八〇九年到一八一四年）中，人民抵抗主要地由於要塞使之成爲可能。一八七〇——七一年底戰爭中，缺乏這些在國內的要塞；巴黎一個要塞代替了許多要塞。在封鎖後兩個月內，巴黎不僅未被屈服，反而箝制了所有德軍底一半而因此使新的法軍之建立成爲可能。

恩格斯在多數論文中以格外確實的方法分析建築要塞地的效用，圍攻底進行以及防禦之最好的方法；特別在九月七日（論巴黎底築城）、九月九日及十五日（論斯托拉斯堡底圍攻）、十月二十二日（薩拉哥撒——巴黎）等論文中，在已引用的十一月二十一日底論文中以及以後詳細地在討論巴黎圍攻的幾乎所有的論文中（也就是在戰爭論文底第二部中）。馬克思特別稱讚其中的兩篇論文（即九月七日和九月九日底兩篇論文）。在九月十日底信中，他說：

『你對於巴黎防禦工事以及對於斯托拉斯堡砲擊的論文堪稱傑作。』（德文馬恩通信集第四卷第三三四頁）

恩格斯關於要塞地區價值的見解之特殊重要性在於：他要求以一種由內部所進行而爲外部在同一方向所援助的攻勢防禦來整個利用這個要塞地區。他看見這個已存的可能性：即如果巴黎防禦工事之內外行動能够正確地配合時，毛奇也許會被逼而暫時解除巴黎底封鎖；不但此也，整個的戰爭會發生一種決定的轉機。無論是巴黎軍團底指揮官特魯錫，或者是第二羅亞爾軍團底指揮官塔維爾，都沒有及時地認識了這個可能性，不然便是他們十分不充分地利用了這個可能性。無疑的，幾個將軍底態度有了政治的動機（這對於麥次軍團底司令官——巴森說是特別適當的，因爲他沒有作一種積極防禦底堅決企圖便把這個要塞獻予兵力薄弱的敵軍），因爲他們不同意拿破命底覆滅和共和國底建立；這個在某種程度上對特魯錫說也或者是適當的。在任何情形之下，人民底軍事力量都沒有被利用（豈祇如此，那時，巴黎底革命羣衆反被法蘭西資產階級和德意志絕對君主專制制度二者在德意志資產階級讚許之下有力地鎮壓下去）。

在這個觀察中，恩格斯決沒有從對於現有的力量及現存的可能性的模糊的臆測出發，而是以軍隊底聯絡，它底戰鬥力，指揮者底態度，其後備部隊、補充部隊以及可能的增援部隊之多寡，地形之利與不利等底精確的知識爲基礎的。

在詳細的檢討恩格斯在戰略上及戰術上的建議底重要性，這不是我們底任務（這個必須留給比較適當的人來作），總之這些建議不僅關聯於要塞底防禦，同時也關聯於戰爭底全部成果。我們在這裏祇稍微指出恩格斯和馬克思關於恩格斯底戰略見解之重要性所發表的言論便夠了，我們在下一節內與一八七〇——七一年底戰爭之簡單的敍述相關聯而討論一些值得注意的細目。

當恩格斯在七月三十一日寫好了關於普魯士進軍計劃的論文（第三篇）時，他請求馬克思說：

『信內附去普魯士的進軍計劃。我請求你立刻坐馬車把它送到帕爾．馬爾報館去，使它在星期一夕刊（八月一日。——郝思）上發表。這個將使帕爾．馬爾新聞報和我得到莫大的榮譽；事態可能在星期二便已經擴大，因而每一個人都可以正確地來解釋這個經過。……我對於這個經過頗爲自信，因爲要想推測這個計劃，確實不是容易的。決定的因素是下列的這個報道：即第七軍底前衛第七十七旅底連長宮伯爾特(Gumpert)底從兄弟，七月二十七日，由亞亨(Aachen)向特里葉(Trier)進軍。因此，我知道了全部的計劃。』（德文馬恩通信集第四卷第三〇三頁）

這篇論文在八月二日才發表。八月三日，恩格斯關於這個寫道：

『格林伍德這傢伙（帕爾．馬爾新聞報底主筆。——郝思）昨天晚上才把這篇文章登出來，而在這個時候，許多的確證已有了，眞是糟糕……但是已經有了作用。今天太晤士報發表了一篇社論，這個完全是從我底第二和第三篇論文中剽竊來的。』（同書第三〇七頁）

八月十五日，恩格斯（對於馬克思底夫人）很客氣地關於他底著作寫道：

『關於我底論文，我曾經有許多僥倖之處，就是，我在確定的時刻所作的一些小的預言仍然適時地在新聞上出現，以便在第二天早晨才由報道來證實。因此，這是純粹僥倖，僅使俗人們驚嘆不置罷了。』（同書第三二二頁）

可是，使他正確預言的恰不是純粹僥倖，而是恩格斯底淵博的專門知識和絕倫的聰明。因此，他不僅預言了法軍在八月初旬由於完全不可理解的按兵不動、由於在一八七〇年七月下旬也就是在毛奇底軍隊之集合與前進之前對進攻的放棄（由於正是對於進攻適合的一種情勢）而遭受的敗北，同時也預言了托爾和格拉維魯特底敗北（甚至預先指出了可能發生戰鬥的場所）。恩格斯在不幸的結局前八日所宣稱的色當敗北之預言曾哄動一時。此外，他還反駁了以欺騙爲目的的德方的揚言：即德軍『堅決地』向巴黎進軍，而他們實際（如恩格斯所正確把握的那樣）離開去巴黎的大道北上，進行了那以後著名的强行軍以便排擠及包圍馬克馬洪（當時他向麥次馳援），然後促成色當的勝利。恩格斯底『預言』在戰爭進一步的過程中也得到證實——如果法蘭西軍事統帥能夠從這些預言中學習，也許他們會避免許多錯誤，但是無論在拿破侖第三底時代，或者在共和國底時代，對於這個都缺乏政治的前提（拿破侖主義的體制和民主資產階級統治底體制都是把它們底統治利益看得高於一切——因此，它們不能開展眞正的民衆運動，不能利用這種運動，而這個在一個組織較好的敵人前面也在軍事上造成失敗）。

• 26 •

四　批判的戰史

自一八四八年由資產階級革命建立民族統一國家沒有成功以來，一連不斷的歐洲戰爭（『由上而下的革命』）便準備了大的民族國家底建立（如意大利、德意志）。因此，恩格斯便不能使他底軍事知識直接爲無產階級服務。但是，他的確曾可以成爲許多戰爭底歷史著作家。

在一九一七年出版的馬恩論文集中，我們可以看到俄土戰爭、克里米亞遠征和英國底軍隊已被詳細討論了。我們不想在這裏精細地鑽研這許多論文，因爲一切主要的都爲李亞查諾夫在這兩卷底序文中特別說到了。可惜，這個非常重要的文集止於一八六二年。這個論文集，根據它們底安排，並不包含恩格斯關於一八五九年、一八六四年、一八六六年及一八七〇——七一年等歐洲戰爭在各種日報上所寫的軍事論文。對於社會主義的歷史著述，還須要去評價這些對戰史的批判的論文。

在一八五九到一八六三年，恩格斯傾其注意於英國志願兵運動（英國來復槍義勇兵），這是一種暫時爲反動勢力所鈍化了的民軍組織。作者（郝思自謂。——譯者）希望在最近期間能够發表關於這個時期的著作。

被人遺忘了的恩格斯底論文之一便是他底論普法戰爭。這些論文在一八七〇——七一年登載於一個倫敦的夕刊——帕爾・馬爾新聞報上。

這個爲佛里多利希・亞多羅於一九二三年在維也納以英語重新出版的軍事論文，在這個當兒，翻譯爲俄文（莫斯科，一九二四年）。特里安多非洛夫(W. Triandofilow)底六十九個附註祇限於恩格斯所舉的許多材料底修改。但是他並沒有企圖客觀地來評價這些論文。因此，例如，顯然爲格林伍德所私自加入而與恩格斯的精神風馬牛不相及的這些部分，也不加思索地認爲是恩格斯底思想而登載出來。

有人認爲：恩格斯在普法戰爭時給帕爾・馬爾新聞報還寫過更多的軍事論文。作者關於這個曾經澈底地翻閱了當時的帕爾・馬爾新聞報——倫敦大英博物館存有該報底原本。這個倫敦的報紙（指帕爾・馬爾新聞報。——譯者）曾經向法蘭西戰場上派遣了自己底通信記者。除了這些通信記者底報告以外，它還登載有恩格斯底批判的論文。因爲無論通信記者底報告或者恩格斯底論文都沒有簽字（除開很少數的例外），所以想着在每個各別的場合斷定它底著者，那是不容易的。這個除了根據其內容以及根據文體底特徵來調查論文以外，別無他法。

因此，作者認爲：恩格斯對於帕爾・馬爾新聞報所寫的論文不會超過六十篇。在維克特・亞德羅底遺稿中所見的這些論文底整理完全載有在以後所附加的恩格斯底鋼筆簽字。因此，對於這六十篇論文，我們可以斷定它們是恩格斯所寫的。在我看來，至多有三篇底著者是可以置疑的。

但是這三篇論文決不含有決定的意義。因爲所有這些原因，本軍事論文底編輯者認爲祇能登載這六十篇論文。

在帕爾·馬爾新聞報上登載的第一篇論文便已經哄動一時。其他倫敦報紙對於這些軍事論文的剽竊還層出不窮。恩格斯還在八月初旬便寫給馬克思道：

『今天，太晤士報發表了一篇社論，這個完全是從我底第二和第三兩篇論文中剽竊來的。』（德文馬恩通信集第四卷第三〇七頁）

數日後，馬克思在給恩格斯的一封信中說道：

『家裏的婦女（指馬克思底夫人和他底女兒。——譯者）非常憤慨，因爲她們看到你底論文爲一切倫敦報紙所抄襲，但沒有一次被轉載。』（同書第三二七頁）

恩格斯向帕爾·馬爾新聞報作過多次聲明。這個曾經登載過幾次，在其他的場合，格林伍德先生把『我（恩格斯。——譯者）因爲剽竊而給他（格林伍德。——譯者）底同業者所寫的一切諷刺抹殺了。……』（同書第三二八頁）

倫敦報紙底這些方法祇是尊重恩格斯論文的一種同一的表現。甚至素來不肯輕易頌揚人的馬克思，關於這個軍事論文也極端推崇。因此，在一八七〇年八月三日，他在寫給恩格斯的信裏說道：『如果戰爭再稍微繼續一個時期，你將不久被認爲倫敦第一個軍事權威者。』（同書第三一〇頁）

戰爭繼續得相當長久。恩格斯底論文，特別在軍事專門家中間，被認爲是軍事的歷史著述和戰略的預測底傑作。它們引起非常的注意，這個決不是因爲帕爾·馬爾新聞報是『紳士底特殊報紙……流行於一切俱樂部中特別是軍人俱樂部中』（同書第三一〇頁）。

馬克思底預言很快地便實現了。還在八月末，他便寫給他底朋友（恩格斯。——譯者）道：

『觀察者（Spectator——倫敦底週刊雜誌。——譯者）——在八日前——宣稱：你底論文是英國刊物中唯一重要的論文，但是遺憾的是：作者使他底言詞和他底事實過於簡潔了。』（同書，第三二六頁）

這些批評——和繼續剽竊恩格斯軍事論文的這個事實一樣——充分地以文件證明了：當時的報章如何尊貴這些論文。我們在這裏想着研究一下：它們如何批判恩格斯的軍事論文，這部具有非常豐富材料的歷史著述。如果我們在這裏也同樣發現剽竊，那是毫不足怪的。

論普法戰爭一直到現在還沒有在馬恩全集底編纂中得到適合於它們的地位。同時，我們正是在這些論文中發現了在他活動之高潮時期的恩格斯。

由於對普法戰爭多年的研究，由於對這兩國社會及軍事的關係的多年最精密的潛修，恩格斯獨一無二地成爲這個戰爭底歷史著述家。

讓我們嘗試對於普法戰爭之政治及經濟的關係作一簡短的探討。

我們已經簡單地談到了一八七〇——七一年戰爭底政治方面。在色當以前，普魯士底目標是在於打擊及消滅拿破侖第三及其制度，同時在於招致德意志底統一（即使是在俾斯麥的普魯士底領導之下）；當時拿破侖第三底制度與俄羅斯底沙皇制度都是歐洲反動勢力底主要支柱。在色當以後，形勢根本變化了。法皇被打倒了；法蘭西人民在這個時候沒有任何兼併的目的。和約是應該締結的了。但是俾斯麥把戰爭作爲征服戰爭再繼續下去。因此，戰爭之軍事的條件也改變了。沒有任何熱忱來進行拿破侖戰爭的法蘭西底勞苦羣衆被逼而作積極的抵抗；對於拿破侖是無價值的流動警備隊，對於共和國有了最高的價值。但是，普軍及其他德軍底價值却以相等的程度減低了，因爲他們不願爲俾斯麥底秘密外交流血，不願爲俾斯麥底秘密外交而戰。

讓我們現在來觀察普法戰爭底軍事方面。

爭奪萊茵的戰爭是拿破侖第三底最後和最有力的一張王牌。但是這個戰爭——這個拿破侖的『向柏林的軍事散步』，是以一種對於一切軍事藝術底法則之空前的無視而計劃的。

繼續期待法蘭西戰爭是使許多德意志人和一八六六年所起的變革（舊德意志聯邦底瓦解、北德意志聯邦底建立）妥協的基本原因之一。雖然德意志爲一八六六年底戰爭（普奧戰爭。——譯者）所分裂，但它却强壯起來了。北德意志底軍事組織給與德意志安全的保證比較大而無能的舊德意志聯邦所給與的爲大。

新的普魯士底軍事組織是如此籌劃，以使在十一日內武裝約七十五萬人（現役及後備）。在此後十四日內，更差不多有二十萬人加入補充隊。

拿破侖在開戰時所能召集的最大的兵力不超過四十萬人。同時在這四十萬人中，於危急之際，到達國境的至多有二十五萬人，並且其中大部分還是未經充分裝備的。

在數量底不均衡（這個在最初幾個星期內，一定漸漸對於拿破侖不利）底條件之下，法皇唯一的可能便是出敵不意的攻擊。這個攻擊——對於它沒有任何具體製定的計劃——曾須要在德軍尚處於動員之際的這樣一個時候來進行。但是拿破侖使自己錯過了這個有利的機會。

剛剛在宣戰（一八七〇年七月十九日）以後，法軍底部署是很好的。各軍都配備於國境附近（由第登霍芬經比錫到斯托拉斯堡）。藉鐵路之助，這些軍隊在最短的期間可以集中來進行攻擊，以便或者在洛林渡過薩爾河，或者在亞爾薩斯渡過萊茵河，同時根據他們所要佔領的地區，或者向北進軍，或者向東進軍。

這些部署是爲攻擊而設的。對於防禦，它們是絕對無用的。在後一場合，前衛應該更靠前些，或者正面底長度應該縮短。

法軍底指揮部忽視了一切必要的措置。甚至以後當它知道了德軍距國境僅有數英里之遙的時候，它也不講求任何對策。

兩軍底前進——據我們今天所能觀察到的——已經說明了德軍之顯著的優勢。現在讓我來比較法德雙方底軍隊。

一八七〇年八月五日法蘭西野戰軍之戰鬥序列

總司令：拿破侖第三
陸軍參謀總長兼陸軍大臣：勒・部夫元帥
巴黎代理陸軍大臣：德疆上將

左翼軍	右翼軍
巴森元帥	德・馬克馬洪元帥
總參謀長：馬乃克上將	總參謀長：寇爾松上將

第二軍	甫魯沙爾上將	第一軍	德・馬克馬洪元帥
第三軍	巴森元帥	第五軍	多・法伊上將
第四軍	德・拉多米魯上將	第七軍	福利克斯・杜簫上將
		第二預備騎兵師	子爵德・邦納門上將

在法皇指揮之下

禁衛軍	保爾巴克上將
第六軍	堪羅伯爾元帥
第一預備騎兵師	杜・巴萊上將
第三預備騎兵師	德・福爾頓上將
砲兵主要預備隊	加紐上將

編制	步兵營	騎兵連	砲兵連	火砲
由元帥所指揮之各法蘭西軍之編制： (A)四個步兵師：兩個步兵旅❶、三個砲兵連 (B)一個騎兵師：三個騎兵旅 (C)一個砲兵預備隊：八個砲兵連	五二	二八	二〇	一二〇
由上將所指揮之各法蘭西軍之編制： (A)三個步兵師：兩個步兵旅、三個砲兵連 (B)一個騎兵師：兩個步兵旅 (C)一個砲兵預備隊：六個砲兵連	三九	一六	一五	九〇
預備騎兵師之編制： 兩個騎兵旅：兩個騎兵團		一六	二	一二
砲兵主要後備隊之編制： 兩個砲兵團：八個砲兵連			一六	九六
法蘭西野戰軍	三三二	二二〇	一五四	九二四❷

❶ 兩個步兵旅係指每師兩個步兵旅，三個砲兵連係指每師三個砲兵連，餘仿此。（譯者）

❷ 其中包含多管槍（機關槍之前身。——譯者）一四四挺。（郝思）

一八七〇年八月五日德意志野戰軍之戰鬥序列

總司令：威廉皇帝

陸軍參謀總長：豐・毛奇步兵上將

陸軍大臣：豐・魯恩步兵上將

第三軍團 普魯士皇太子菲力・威廉 總參謀長： 豐・布魯門塔爾中將	第二軍團 普魯士親王菲力・查理士 總參謀長： 豐・斯提勒少將	第一軍團 豐・斯坦麥茲步兵上將 總參謀長： 豐・斯柏爾林少將

第五軍	豐・克爾西巴哈中將	禁衛軍	符騰堡親王奧古斯都騎兵上將	第一軍	豐・曼脫非爾男爵騎兵上將
第六軍	豐・通浦林騎兵上將	第二軍	豐・福蘭澤克步兵上將	第七軍	豐・查斯特魯步兵上將
第十一軍	豐・波澤中將	第三軍	豐・亞爾芬斯勒本第二中將	第八軍	豐・哥本步兵上將
巴威略第一軍	豐・德爾・譚步兵上將	第四軍	豐・亞爾芬斯勒本第一步兵上將		
巴威略第二軍	里特爾・豐・哈爾特曼步兵上將	第九軍	豐・曼斯坦步兵上將		
符騰堡野戰師	豐・歐伯爾尼茲中將	第十軍	豐・弗伊克斯・勒茲步兵上將		

巴敦野戰師	豐·柏葉爾中將
第二騎兵師	斯托爾堡伯爵維爾尼格魯德中將
第四騎兵師	普魯士親王亞爾布勒希特騎兵上將

第十二軍（薩克森）	薩克森皇太子亞爾伯爾特步兵上將
第五騎兵師	巴隆·豐·萊因巴敦中將
第六騎兵師	梅格稜堡·斯維爾林公爵威廉
第三後備師	巴隆·舒勒爾·豐·森登少將

第一騎兵師	豐·哈爾特曼中將
第三騎兵師	伯爵豐·德爾·哥本中將

海防軍

海防總督：

佛格爾·豐·法爾肯斯坦步兵上將

第十七步兵師	豐·新墨爾曼中將
禁衛後備師	豐·盧恩中將
第一後備師	豐·特勒斯寇少將
第二後備師	豐·澤爾修夫少將

編制	步兵營	騎兵連	砲兵連	火砲
各德意志軍之編制：（A）兩個步兵師：兩個步兵旅 一個騎兵團 四個砲兵連（B）砲兵隊：六——七個砲兵連	二五	八	一四—一五	八四—九〇
騎兵師之編制：二——三個騎兵旅：二——三個騎兵團		一六—三六	一—二	六—一二
德意志野戰軍	四七四	三八二	二六四	一五八四

所以在未開始交戰之前，大勢便已經決定了。德軍以三個軍團前進，並且像槌子似的打擊了法軍。德軍知道：祇有由於大的數量上的優勢，他們才能夠得到勝利。他們也知道：他們必須以一切的代價來爭取開始的成功。

在沙爾布魯根，德軍第一及第二軍團以强大的兵力攻擊了尚未集中的法軍，把他們驅逐出有利的防禦陣地（斯比希林），同時把他們遠遠地擊退了。差不多同時，德意志第三軍團更在南方越過了國境。它在威森堡發生接觸而在伏爾特開始了戰鬥。在這裏，勝利——因為數量上的優勢——又歸於德軍之手。

兩聲雷鳴震遍了歐洲：斯比希林和伏爾特！（一八七〇年八月六日）法軍底組織節節粉碎；德軍增加了自信心和勇氣。全歐震驚。一般的同情已經開始轉向於這次戰爭之預料的勝利者——德軍。

法軍被分裂爲許多部分，而三個德意志軍團却更密切地結集在一起。法軍底中堅陷於大的混亂中，向麥次並且一部分一直向察倫斯潰退，德軍騎兵緊緊跟蹤追擊。八月六日，進行了斯比希林和伏爾特底會戰，八月十二日，第二及第一軍團已經到達摩塞爾河。敵軍底主力（在巴森指揮之下）已經撤退到麥次。巴森希望在這裏找到喘息的機會，以重新組織他底軍隊。他想着從這裏繼續向察倫斯進軍，以與馬克馬洪底軍隊相會合。但是法軍早已不能達到這個目的了。

德軍完全包圍了麥次。在不下於三次的大血戰（可侖伯—奴伊，維昂維爾—托爾及格拉維魯特—聖·普利瓦）中，認爲法軍在麥次如入捕鼠器中並且已經敗北了的這樣的聲浪已經使法軍變色了。

德軍（第一軍團及第二軍團底主要分遣隊）現在圍攻麥次。其餘的軍隊更向前突進。他們推想馬克馬洪所指揮的法蘭西第二軍團應在察倫斯。這個軍團，當接到巴黎政府底命令不得不向麥次進軍以援救巴森時，還沒有完全準備好。從軍事的觀點來看，這個進軍是決不能原諒的。它必然要引導到法軍底覆滅。甚至於眞正沒有軍事眼光的馬克馬洪也立刻看出：這個命令底執行便是說他底軍隊底覆滅。然而，他却企圖執行這個命令。不久，他便在側翼被包圍，像一隻野鹿似

• 38 •

的爲槍刺中而被追至比利時國境。被夾於國境和德意志第三及繆斯（Meuse——法蘭西北部河流名。——譯者）軍團（繆斯軍團——由第二軍團底一部分和新到着的部隊所編成——實際便是德意志第四軍團）之間，所以他祇有越進比利時領土而解除武裝，或者被德軍解除武裝。他不在兩者中選擇其一，而在色當找到了自己底滅亡。

和他一起，法皇拿破侖第三也被俘擄。普魯士國王威廉第一在這時頗難爲情，驚訝他曾經俘擄了他底『兄弟』。但是，俾斯麥的政策却不在乎爲一個國王所慢待的一個皇帝底那種半訴苦半自慰的情書和哀訴書。正在一個空前的流血戰爭中，拿破侖和威廉這樣寫道：『兄弟對兄弟』！巴黎人想到威廉第一以外的東西，他們宣佈了國防底共和國（一八七〇年九月四日）。新的共和政府面向着在最危急狀態中的祖國。敵人以四個軍團深入國土，而自己則失去每一個軍團，共和政府就這樣接受了第二帝國底遺產。

九月四日底共和政府沒有作堅決鬥爭的意志，它因爲那些曾經課於它的任務而破碎了。

一八七〇年九月十九日，有居民二百萬的要塞——巴黎爲德軍所包圍。這個包圍一直繼續到一八七一年一月二十八日。巴黎沒有爲普魯士底武器而爲飢餓所征服。並且普軍也沒有敢於佔領巴黎。（康拉第——Conrady——在他所著帝國建設與巴黎公社——前進社一九二〇年版——底新版中，非難馬克思和恩格斯，說他們關於普軍佔領巴黎作了一個故意錯誤的敘述。爲了反抗康拉第底攻擊，我們要積極地强調：普軍佔領了巴黎底極小一部分僅僅有三天之久。對於進一步的深入巴黎，德軍兵力是不够的。因此，巴黎便沒有被佔領。馬克思和恩格斯關於這個也用不着加以糾正。）巴黎底工人階級曾經引起德軍充分的尊敬，使他們停止在顧忌的距離以內。

在巴黎底圍攻期間，共和政府成功地像用魔法似的建立起新軍。這個軍隊曾經兩次——在巴黎底包圍以後——使凡爾賽底德軍參謀本部受到威脅。這個年青的軍隊曾經兩次使毛奇心驚胆寒。

第一次是羅亞爾軍團由奧爾良向巴黎包圍軍的突進。在庫爾米葉，法軍英勇地抵抗了德軍。法軍不再在十人的普魯士驃騎兵前面驚逃了。他們給與德軍以很大的損傷並且統治了戰場。但是，雖然法蘭西兵士如此英勇作戰，但戰略的指導是很壞的，因爲它分散了法軍而使德軍能够脫險。不僅如此：巴黎底法蘭西軍團幾乎沒有動作。他們曾經應該以大規模的出擊來援助羅亞爾軍團。

對於德軍的第二個危險是法蘭西東軍在柏爾福方面的進軍。這個進軍很厲害地威脅到巴黎包圍軍底聯絡綫。如果僅僅在數日內能够成功地截斷了這些聯絡綫和增援綫的話，那末巴黎外面的各軍團一定會陷入極端的威脅中。這個會怎樣改變全部戰局，那是難以逆料的。

但是，法軍底戰略在這裏又證明它是完全無能的。甚至於處在第戎附近的加里波的（見二八〇頁註❶——譯者）也不能對於這個無能有所變更。雖然他底軍隊在各各戰鬥中如此英勇作戰，但是由於加里波的在一切運動中的猶豫不決，使他們陷入後衛部隊底戰鬥中。拿破侖王黨派的保爾巴克（Bourbaki），皇帝禁衞軍底以前的司令官，指揮着東軍。他引導他們到第二個色當。和馬克馬洪同樣，他也使他自己爲德意志南軍逼至瑞士國境。但是他進入瑞士領土而在那裏被解除了武裝。戰役於此終結。這個差不多繼續了半年之久。

德方參加這次戰役的有軍官三萬三千一百零一人，士兵一百一十一萬三千二百五十四人。此外尚約有三十五萬人，不過他們衹是在本國服務。在戰場上的軍官和士兵中，戰死、負傷或失蹤的有軍官六千一百五十七人，士兵十二萬三千四百五十三人。因此，德方底損失約百分之一一。

至於法方在戰場上的兵士底數目，就是近似的概數也無從確定。在各種資料中供給的數字，約在二百萬到三百萬人之間。在死者及傷者方面的損失也不能確切斷定。一般地衹能說：在大多數戰鬥中，法軍底損失二倍於德軍底損失。但是我們也不能根據這個得出總數，因爲一切士兵不完全在前綫。

統一的德意志建立起來了。亞爾薩斯—洛林被合併於新德意志。這個成爲一九一四年兩條戰綫戰爭㊀底胚胎（馬克思和恩格斯正是以一八七〇——七一年戰爭底結果爲基礎而預言了這個）。因此，普法戰爭底終結便是意味着半絕對君主專制的普魯士政策之暫時的成功，同時也是意味着在將來的命運的轉變，在一九一四年出現的轉變。

㊀ 指一九一四年世界大戰時，德意志在東綫與俄國、在西綫與英法，同時作戰的這次戰爭。（譯者）

恩格斯底論普法戰爭，我們已經屢次着重指出，是在戰爭底期間寫成的。編輯者（郝思自謂。——譯者）曾經把他底叙述同原有的材料來比較。

在這裏，我們首先必須把恩格斯在他底論文中所叙述的事實、數字底資料等和實際來比較。

在一切重要的叙述中，沒有什麼須要改變的。這個給與恩格斯底精細與聰明以最好的證據。恩格斯曾經在一切重要的場合，從新聞底報道，從私人底書信，從可覺察的迷惑中，抓住了正確的中心。幾乎沒有一個迷惑，無論是從德方或者是從法方散佈出來的，使恩格斯陷入其中。例如，他曾經很快地看出在上萊茵❶（拉斯塔特——Rastatt——附近）虛設的德軍底眞相，——這是甚至使法軍底最高指揮部也立刻陷入其中的一種迷惑。恩格斯曾經如此淸楚地看出了德意志底進軍計劃，所以他知道：在這個地點是不會有德軍的。

在一切重要的事實中，恩格斯底敍述是和參謀本部報告書底敍述一致的。例如我們可以把這次戰爭底兵力全部人員等底敍述和我們從德意志參謀本部著作中所得來的上述數字來比較。

當然，恩格斯曾經在某些要點上發生錯誤。譬如說，他把德意志第一軍團估計得過多，而相反地把第二軍團估計得稍微少了一些。但是，雖然有這個不一致的地方，恩格斯在他底比較的數

❶ 上萊茵（Oberrhein）——係亞爾薩斯之一郡。（譯者）

· 42 ·

字中無論對於德軍或者對於法軍都是完全正確的。例如，關於被包圍的巴黎之法軍的敍述，其精確性實堪驚異。

許多事件必然是他所不知或者不完全知道的。其中他便不知道下述一事之發生：保爾巴克曾被包圍於麥次，但以後由於德軍底特許曾到倫敦去拜謁皇后，然後再返回到南部的法軍。同樣，在個別場合，關於軍團名稱的敍述也是不符合的。但是這是因爲法蘭西處於極混亂的狀態中。因此，我們可以說：在一切決定的點上，恩格斯底敍述具有極大的精確性。於是，我們在論普法戰爭底翻譯中完全沒有更改恩格斯底原文，而祇是在必要更正的場合加以附註而已。

在數字底敍述、場所底確定等修正以後，第二步工作便是必須去研究恩格斯關於軍事行動的戰略的與戰術的批判。

關於七十年代底戰爭（即一八七〇——七一年底普法戰爭。——譯者）的文獻非常之多，我們很難能遍閱它們。回憶錄、辯明書等堆積如山。在各歷史底著作中，普魯士參謀本部報告書證明是精確的、比較客觀的著作。這個著作題名爲：『一八七〇——七一年普法戰爭，總參謀部戰史調查部編纂』。一八七四年到一八七八年，柏林米特勒爾社出版。

這個報告書是在毛奇底監督之下寫成的。關於毛奇底軍事能力，恩格斯屢次以極大的敬意談到。我們只提一句話，八月十五日，他在給馬克思的信中說道：『毛奇底作戰堪稱楷模。』（德文馬恩通信集第四卷第三二一頁）

毛奇是十九世紀後半葉最好的實行家和戰略家，這是無可爭辯的。因此，以這樣的一個權威者來衡量恩格斯底軍事論文，是值得的。因爲在法蘭西方面，沒有像普魯士參謀本部報告書那樣精確的關於這次戰爭之一般的敘述，所以這是更值得的。當然，在各別的敘述中，法蘭西底資料也是不能拒絕的（特別是杜克魯、費德爾布、香澤等）。

當然，普魯士參謀本部報告書也不能成爲一種甚至不要任何批評的十全的規準。它那對於法軍的——明顯的——偏見和普魯士參謀本部軍官之君主主義的立場給與參謀本部報告書以重大的缺點。

讓我們更詳細地考察這部歷史著作。參謀本部報告書努力在一切場合把法軍底兵力說得比它實際所有的爲大。因此，在幾乎所有的、特別是最初的會戰中普軍常常是以遠佔優勢的人數得到勝利的這個簡單的事實便可以被抹殺了。甚至於在法軍還沒有集中他們底兵力的場合，參謀本部報告書也努力這樣來描寫當時的情形，就好像敵軍已經集結在一起似的。

和這個傾向相反的就是貫澈於全書的一種誇大的筆風。譬如舉一個次要的問題來講，在第一卷第四三五頁上誇大地宣稱：野戰電話起了非常大的作用。但是我們確信：事實不是如此的。（關於這個請參閱軍事週報各卷底特別論文）

而在這裏所說的祇是一個次要的問題。電話起了好的或者壞的作用，這對於戰役底判斷是沒有很大的關係的。當這種誇張贋造主要的事實時，那爲害便較甚了。例如關於諾斯維爾底「會戰』，該書便描寫爲一個奇妙的、與事實遠相背馳的史話。

在第二卷第一四八二頁，這樣寫道：

『八月三十一日法軍高級統率底命令及其軍隊底行動使我們確信：在敵人方面，至少在今天有突破德軍防綫的堅決的意志。』

根據我們關於巴森底行動所知道的一切，這個見解一定有很大爭論的地方。對於巴森重要的祇是去進行一種可以蒙蔽巴黎人耳目的模擬戰。甚至出擊（對摩塞爾河右岸，也就是德軍方面的出擊！）底計劃也不能使我們確切斷定：巴森想着眞正突破包圍圈。在摩塞爾河右岸突破德軍戰綫而經過第登霍芬轉向法蘭西的這種大胆的計劃，甚至對於毛奇也可能太過於大胆了，不用說對於謹愼的巴森，而況巴森率領着一支曾經四次大敗的軍隊！背後有德意志軍團——雖然受過攻擊——底餘部，側翼有包圍軍——尙未受攻擊——底大部，所以他也許決不敢突進到德意志第三軍團和繆斯軍團底中心。這個需要一種近於瘋狂的、拚命的胆量。但是巴森的確沒有具有這種胆量。

然而，參謀本部報告書把諾斯維爾底模擬戰描寫爲一種眞正的會戰。即使死傷達六萬到八萬人的決鬥也決不能使巴森底這個戰鬥成爲眞正的會戰。這個毋寧說是巴森底一種——由軍事觀點來看——全無目的的演習，他想在巴黎人面前玩些把戲。巴森重覆了他在八月十四日所已經作了的事情。（參閱論戰爭——第九）

這種誇張在參謀本部報告書中是數見不鮮的。例如，祇要參看下列各頁：第一卷——第四三五、九二三、九五八、一一四三、一二九七、一四二五、一四八二，第二卷——第一八三、五六五、五七四，第三卷——第一五八〇等頁，我們便可以明瞭。

和這種誇張隨之而來的是輕描淡寫抹殺事實的這個傾向。在斯坦麥茲底場合便是這樣。斯坦麥茲將軍是德意志第一軍團司令。他與其說是以戰略的遠見，不如說是以獨斷專行聞名於世。斯坦麥茲與毛奇和第二軍團司令——謹愼的、遲鈍的普魯士親王菲力·查理士不睦而被免職。在戰爭中間，他便從司令底地位降職至內帕麥瑞尼亞❶。關於這個，參謀本部報告書却一字未提。

確切地指出寓居於曼徹斯特的恩格斯洞察毛奇底進軍計劃甚至比德意志第一軍團司令還要早些的這一事實，不是沒有興趣的。在七月三十一日給馬克思的信中，他這樣說道：

『毛奇所演的這幕劇是非常勇敢的。根據我底估計，他不能在星期二或者星期三以前完成他底集中計劃。從亞亨到國境約二十德里，需要四日或五日的强行軍，特別是在暑熱中。因此，第七軍團在明天以前很難能全部到達沙爾河，並且今天可能已經發生主要的會戰。但是無論如何，這個安排得如此地好，所以二十四小時將或多或少使許多情形明瞭。眞正的會戰將在麥爾次希(Merzig)到沙爾布魯根之間的沙爾河上進行。』（德文馬恩通信集第四卷第三〇四頁）

❶ 內帕麥瑞尼亞(Hinter-Pamerania)——德意志波羅的海沿岸之一省。(譯者)

這樣看來，恩格斯詳盡地了解了毛奇底計劃。毛奇想着在沙爾布魯根附近，因此也就是在麥爾次希和沙爾布魯根之間，以包圍的形式進行會戰，這是無疑問的。第一軍團應作爲包圍的右翼在沙爾布魯根下方渡過沙爾河——也是如恩格斯所說在麥爾次希附近——並迂迴法軍底側翼。

這個沒有成功。菲力·查理士親王所指揮的第二軍團通過山岳地帶前進得不够迅速，斯坦麥茲不願意等待一直到第二軍團結成了他底左翼。因此，完全和毛奇底命令及意圖相反，他不在沙爾布魯根下方渡過沙爾河而自動地向沙爾布魯根前進。他把他底前衛派至沙爾布魯根，在那裏他們和第二軍團底前衛相遇。由於斯坦麥茲向南的這種移轉，第一和第二軍團在沙爾布魯根底橋頭堡匯合，阻止了通過，在渡河之際陷入不可救藥的混亂中，而祇是使兵士更遲緩了對法軍的作戰。如果法軍在其左翼會爲德意志第一軍團所包圍時，斯比希林戰鬥的確不會那樣殘酷。但是斯坦麥茲沒有能够從毛奇底指令裏讀出那居住遠方的恩格斯由簡單的暗示中所立刻推測出來的一切。

我們極明顯地可以從在第二軍團底參謀部參加戰爭的豐·克勒其曼（Von Kretschman）將軍底一篇論文中看出：斯坦麥茲底這個不了解帶來了怎樣的結果。在豐·普魯克—哈爾東博士（Dr. Von Pflugk-Hartung）所出版的回憶錄一八七〇——七一年底戰爭與勝利一書（柏林廈爾—格隆德公司出版，第一〇六頁）底從斯比希林到維昂維爾一文中，他（指克勒其曼。——譯者）寫道：

『對於發起斯比希林會戰的責任應由步兵第十四師（第一軍團第七軍。——郝思）師長豐·堪麥克（Von Kamecke）將軍來負。這個會戰既不是預定的，又不是爲司令部所同意的。』豐·伏克斯—勒茲將軍（一八七〇年第二軍團第三軍參謀長）在一封私人的書信中更辛辣地說道：

『會戰（斯比希林）底敍述還缺乏充分的批評的講評，特別是對豐·堪麥克將軍不可信賴的作戰指揮的批評——對沒有事前的集合與配備的攻擊、部隊底浪費、無意義的展開等的批評——一種完全不干涉與自由放任。我認爲至少是他對於攻擊的決心使之如此，但是這個決心底執行却是非常之糟的。』（同書第一〇六頁）

在這裏對於步兵第十四師師長所作的攻擊，自然，對於第一軍團司令斯坦麥茲將軍說也是完全適合的。豐·伏克斯—勒茲將軍底論述是在一八九三年中——也就是在參謀本部報告書作成後約二十年——所寫的。恩格斯關於斯比希林諸戰鬥的論述比較參謀本部底報告够多麼明瞭，够多麼正確！

並且，根據參謀本部底著作，關於斯比希林諸戰鬥的錯誤的敍述，傳於其他一切戰史的著作中（參閱史利芬伯爵、格留納爾、福萊塔克—魯林霍芬——Freytag-Loringhoven——等人底著作）。

恩格斯特別强調：毛奇派遣第一軍團至麥爾次希（沙爾布魯根下方），以便用包圍的形式進行攻擊。斯坦麥茲破壞了這個計劃，一時使整個進軍計劃發生了動搖。恩格斯在他底論文中可能更明白地指出這點。不過在這裏，和在其他許多地方一樣，所許與恩格斯的仄狹的篇幅不允許更詳盡的敍述。因此，我們不幸不得不同情於慨嘆恩格斯之論述過於簡單的觀察者雜誌。

參謀本部報告書在義勇兵問題上犯了最嚴重的怠慢之罪。在法蘭西軍隊敗北以後，法蘭西人民，特別是法蘭西農民和工人拿起武器並且對德軍底聯絡綫、偵察兵等進行了成功的游擊戰。大本營（指德軍大本營。——譯者）反對這種游擊戰，它宣佈這樣一種戰爭是不合法的，對於不着軍服而持武器的每一個法蘭西人都以槍殺來威脅。

從凡爾賽，因此也就是從毛奇底直接周圍，發出了一個狂吠，這個在各點上都可以和世界大戰中的戰爭宣傳並駕齊驅。我們想着從一八七〇年一個柏林的著名報紙中引用一段話作爲對法蘭西義勇兵所施行的虛僞的狂吠之示例：

『凡爾賽大本營十一月二十日發。十七日於多留所進行之戰鬥之第一批傷兵昨日到達此間。我軍兵士對流動警備隊之態度及其怯懦咸抱同一意見；當我矛騎兵之「鐵軍」接近時，此輩立即乞饒。在到達此間之法軍受傷者中有一流動警備隊軍官，彼於多留受傷，對於突然來襲之德軍搖以白巾，懇求饒恕。此惡漢稟性卑賤，此後從其馬上向我軍射擊，但無一人負傷。對於如此兇漢仍表示同情，將彼送至野戰病院而不依理按軍法將其槍決，此即德軍過分人道（！——郝恩）之證明。但義勇兵則被澈底肅清並樹以先例：即將此輩黨徒排成順列，而一一饗以彈丸。特別軍令絕對禁止執義勇兵爲俘虜，一發現即將彼等依軍法執行槍決。有鑑於特別在守備稍弱之佔領區內邀劫及暗殺我軍兵士之此等暴徒無恥之怯懦與强盜行爲，採取此等處置乃絕對必要。』（節錄自柏林波爾森·庫瑞爾報第五四七號一八七〇年十一月二十三日夕刊）

命令槍殺義勇兵的這個軍令底內容如何呢？在極小處亦忠實而精確的這個參謀本部報告書，當我們在該書內尋找這個命令時，對此事一字未提。在五千頁的厚帙中，找不到這個命令。它是被隱瞞了。普魯士參謀本部不敢在它底報告中登載這個命令。然而這個命令之存在是毫無問題的。普軍曾根據它來行動。因此，這樣一個命令是曾經存在過的。

恩格斯在他底普魯士義勇兵的論文中，譴責了普魯士軍部，因爲它在數十年前自己便宣佈了義勇兵戰，而現在把這種游擊戰高呼爲反對戰時法的最壞的罪行。

恩格斯指出：在一八一一年八月，格耐澤腦便已經籌劃出一種準備民衆抵抗的方案。根據這個方案，普魯士應組織一種民軍，他們不穿制服，僅帶軍帽（法文叫做凱皮❶），結黑白色的腰帶，或者穿軍用外套。總而言之：普魯士民軍所計劃的制服盡可能的和法蘭西義勇兵底制服相同。『如果敵人來勢很兇時，他們便藏起他們底武器、軍帽和皮帶而以當地底居民出現。』一直到一八一三年爲止，格耐澤腦還沒有感到厭倦去準備正規軍和民衆抵抗二者，使之成爲

❶ 凱皮（Kepi）——法蘭西底一種軍帽，頂部扁平而稍前傾。（譯者）

一種解脫法蘭西束縛的手段。當最後戰爭爆發時，人民底起義、農民底抵抗和義勇兵底戰鬥立刻隨之而起。

然而在一八七〇年，普軍把人民底這種行爲視爲一種必須以彈丸或者繩索來處罰的罪過。但是在參謀本部報告書中，這個全部事件被隱瞞了。

關於色當會戰，參謀本部報告書也作了一些奇妙的記述。它說道：馬克馬洪在色當所處的地形底條件，在戰術的觀點來看，曾是有利的。固然，約一百頁以後，在一個非常不明顯的地方，它又說道：一般的戰略條件（例如對比利時國境的接近）曾是非常不利的。但是，首先，這個使人看來好像法軍底條件曾是有利的，恰恰好像有利的戰術地位之所得可以補償非常的不利的戰略的全部狀態之所失！關於這點，請讀者翻閱一八七〇年八月二十三日恩格斯底論文，在那裏，他預言了色當會戰！在那裏，恩格斯怎樣清楚地描畫出法軍之戰略與戰術的地位！

參謀本部報告書，在一八七一年一月二十八日停戰底問題上，也犯了最嚴重的欺瞞之罪。一般的停戰不包括杜、汝拉、可特·竇爾❶三縣及柏爾福要塞在內。參謀本部報告書企圖以下列事實來辯白法蘭西這種罕見的、疏忽的交涉：即上述三縣和柏爾福之所以不包括在這個一般的停戰範圍以內是因爲『作戰現在仍在進行中，雙方都希望從這些作戰中得到一個幸運的結束』（報告

❶ 杜（Doubs）、汝拉（Jura）、可特·竇爾（Cote d'Or）——係法蘭西靠瑞士邊疆的三個縣，位於柏桑爽和第戎一帶。（譯者）

書第四卷第一一七八頁。着重點是我加的。——郝思）。

這純粹是一種大的謊言。甚至參謀本部報告書本身也不能維持的一種謊言。參謀本部報告書——在以後七十頁中——不得不承認：還在一月二十七日：

『法軍總司令祇能在突破歐松諾❶和退却到彭塔利葉❷二者間選擇其一。他自己採取了後面這條道路，在這時候，他指出：在軍隊疲憊與軍紀已經渙散之際，採取攻勢是不會有半點好處的。』（報告書第四卷第一二四八頁）

那末在一天以後，法軍司令就會希望他底作戰底一個幸運的結束嗎？這個是想不到的。我們試比較東軍在停戰成立之際所表現的那種不可遏制的喜悅。到處，敵意都消逝了，因爲法軍認爲這個一般的停戰在字義上看應該是一般的。例如，我們聽到：克蘭香（Clinchant）總司令（在這時，保爾巴克已被撤換）給在查佛亞（Chaffois）指揮作戰的師長脫恩頓（Thornton）寫道：

『三週之停戰已於二十七日簽字；予今晚接到正式消息。——因此須下令停止開火，並以適合於戰時之形式通知敵人：停戰已成立，而汝即奉令將此傳於彼知者。

一八七一年一月二十九日於彭塔利葉。』

這眞是如釋重担！而這時，參謀本部報告書胆敢主張：法軍自己也許還希望他們作戰底一個

❶ 歐松諾（Auxonne）——係可特・寶爾縣之一區，在第戎附近。（譯者）
❷ 彭塔利葉（Pontarlier）——係杜縣之一區，在柏桑爽附近。（譯者）

幸運的結束！這個是想着用這個大胆的主張來掩飾德軍之無顧慮的前進的。

恩格斯在他關於停戰的論文中，爲了這種前所未聞的條件，譴責德軍。但是，根據我們今天所有的文件，我們不得不說：佳爾·法佛爾曾經以一切的方法來遷就俾斯麥底願望。並且我們甚至不得不想像：法佛爾曾經故意不通知在這三縣的法軍。但是德軍將領得到通知，而由此立刻利用了法軍由於停止砲火所造成的這種無防禦的時機。

在一八七一年一月二十九日由波爾多（當時法政府即遷至此。——譯者）所發出的一個通電中，我們可以顯然地看出法佛爾與俾斯麥之共謀；在該通電中，我們可以以一切形式來說：一個一般的停戰已經締結。

在這個通電中這樣說：

『吾人今日與俾斯麥伯爵簽訂條約，三週之停戰已締結。望汝等將此消息傳知全法蘭西，並實行停戰。』（報告書第五卷第六六六——六六七頁）

這個電報也傳達到那三個被除外的縣份裏，根據這個電報，法蘭西軍隊不得不停止戰爭行爲。但是，德軍却沒有採取與此類似的任何行動。

我們可以假定：這個通電曾故意送至這三縣，以便使法蘭西軍隊更迅速地墮入德軍圈套之中。

恩格斯在他底論普法戰爭中並沒有指出這個事實。但是以現在所知道的材料爲根據，我們立刻可以附加上我們由此所推得的結論。

因此，普魯士參謀本部報告書表現出許多不正確和歪曲的地方。但是雖然如此，作爲一個完整的敍述來看，它還不失爲對於一八七〇——七一年戰爭批判的最重要的資料。

和這個關於普法戰爭最好的歷史著作來比較，論普法戰爭是遠爲傑出的。我們已經在德意志第一軍團司令斯坦麥茲將軍底例子上指出：恩格斯曾經怎樣在得到最少限度的情報這種最困難的條件之下，預料到德意志軍團底進軍計劃。因此，讓我們再舉一些例子來說明：戰略思想家的恩格斯是聳然超越於普魯士派的參謀之上的。這個對於毛奇說也是適當的。

共和國底、國防底法蘭西軍隊所缺少的便是戰略的遠見。在這裏，恩格斯代之而興。如果恩格斯是法蘭西底將帥，他一定會陷毛奇於最困難的境地。或者換句話說：如果恩格斯在他底論文中表現的思想曾經被實現時，戰爭在它最後的階段中也許會轉變方向。

但是，共和政府不僅因爲它缺乏戰略遠見而望塵莫及，並且因爲它那反動的政治立場而望塵莫及——而這是決定的原因。

恩格斯之所以能夠成爲毛奇底勁敵是因爲他那無產階級—革命的立場給於他底軍事政策的建議以成功的機會。但是，無論從半絕對君主專制的俾斯麥—毛奇的立場來看，或者從法蘭西當權者之資產階級—共和主義的立場來看，征服毛奇，也就是征服德意志軍隊都是不可能的。

在這裏便顯然指示出軍事關係對於政治關係的依存性，便說明：祇有在一定的政治前提之下軍事的成功才是可能的。這個關係在恩格斯認識得非常清楚。恩格斯之所以能够作出會使德意志戰略動搖的這些建議便是因爲他具有一個優越的政治立場。

共和國底當權者以很大的憂慮來注視那動員羣衆來反對外國的侵入。他們沒有敢於發動一個眞正的、普遍的人民起義。他們之所以不能够喚起全體人民是因爲他們害怕私有制受到威脅。同時當然德軍也不能够鎮壓一種有力發動的普遍的人民起義。（試觀巴黎之未被佔領！）

共和國底當權者玩弄民衆動員而不敢眞正進行民衆動員。他們怕社會革命底爆發。然而社會革命——巴黎公社——終於爆發了。資產階級大臣們在他們冒險的勾當裏已經走得太遠了。

無論是毛奇底軍事藝術或者是保爾巴克或杜克魯底軍事藝術，在這些一般的條件之下，都不會改變局勢的。祇有站在恩格斯底、也就是革命的無產階級底政治立場上，才能打擊了德意志軍隊對於法蘭西的侵略。

因此，我們是否必須視恩格斯遠在參謀官之上的這個問題便顯然解決了。恩格斯在普法戰爭中是一般軍事藝術登峯造極的、堪臻上乘的代表者。

但是，恩格斯底論普法戰爭底意義並不盡於此。恩格斯在這本書中同時指出軍事技術和軍隊組織——簡言之，軍事藝術——底變遷。普法戰爭是一九一四年前最後一次的大的歐洲戰爭。在一八七〇——七一年底戰爭中，世界大戰底因素已經表現出來。當然，想要像恩格斯那樣能够把握住未來底因素，是需要一種非凡的洞察力的。

恩格斯已經在大的輪廓上認識了軍隊制度和軍事技術底發展，並且是在官方的軍事藝術之前數十年。

對於恩格斯底論普法戰爭的研究，在世界大戰後十年❶的今天也還給與我們以特別有趣的興奮。因此，恩格斯底論普法戰爭是非常現實的。

但是不僅恩格斯歷史著作底卓越，在論普法戰爭與專門的資料比較之際表現出來。同時它毋寧指示出：普魯士參謀本部底全部著作看來好像直接取材於恩格斯軍事論文的。

這個可能性是有的。我們在開始便曾經指出：恩格斯底論普法戰爭在倫敦曾哄動一時。而在軍人俱樂部中，這些論文特別引起注意。在普魯士參謀本部報告書中，曾經提到：由倫敦或者經過倫敦，許多而且有啓示的報告曾經達到大本營。這樣看來，當時曾有普魯士軍官駐在倫敦。他們無疑地曾經注意地研究過恩格斯底論文並且把它們以抄本或原文供給於參謀本部底材料科。因此，恩格斯底論文便成爲著述參謀本部著作時所採用的材料。即使普魯士參謀本部人員不知道，但恩格斯底許多思想曾經經過這個途徑進入普魯士官方的著作中。

這裏尙有另外一個根據，使我們想像：恩格斯底論普法戰爭特別爲普魯士參謀本部所注意。在一八七〇——七一年，幾乎所有的英國報紙都是親普的（如太唔士、每日新聞等報）。祇有兩個

❶ 郝恩於一九三〇年翻譯此書，故在第一次世界大戰後約十年。（譯者）

倫敦報紙（標準報——Standard——和帕爾・馬爾新聞報）不與讚美普魯士的一般的報紙合流。它們（特別是帕爾・馬爾新聞報）有批判的精神。雖然親普的倫敦報紙總多多少少巧妙地解說來自大本營（普魯士底大本營。——譯者）的報告，但是它們（指標準報和帕爾・馬爾新聞報。——譯者）有它們自己底意見。

讓我們來看事實。

在參謀本部報告書（第一卷第四頁）中，關於戰爭底爆發，這樣說道：

『人們最後才知道以一種屢次企圖轉注對外的手段來對付各政黨在內部不斷的傾軋。』

在第一卷第四二頁上：『放棄國土至巴黎之半途而以此開戰，這使得對外政策、特別是對內政策底理由非常之危險。但是，人們之注意於輿論，在法蘭西也許比在其他任何國家為甚。這種情形戰勝了純粹軍事的顧慮，因此人們再轉而想到：在麥次底更東方來對抗德意志軍隊。』

這個幾乎在文字上都是從論戰爭——第九的那篇論文中採錄來的❶。祇是以後，參謀本部報告書便與之分歧，不再模寫恩格斯底論文而把可侖伯—奴伊底模擬戰稱讚為大會戰。如果改作、也就是抄寫這個地方的那個上述的軍官也採用了接續其後的論據時，也許在參謀本部報告書中會採納一個比較正確的、符合於眞情的敍述。而參謀本部底著作也許會在它底敍述中指示出更多的

❶ 論戰爭——第九一文內並無此類文句，不知是否有錯誤處。（譯者）

結果。尤其以後在諸斯維爾底諸戰鬥中更是完全如此的。

在第四五九頁，參謀本部報告書談到關於『拿破崙皇帝和許多無權的隨軍顧問』。這個地方也幾乎在文字上和九月十日論文底結論相一致。

在流動警備隊和國民軍底批判中，參謀本部報告書也非常接近於恩格斯底論普法戰爭。並且奇怪的是：由相當富裕的市民所組成的國民軍在普魯士參謀本部看來好像在軍事上比較工人成份佔大多數的流動警備隊價值爲低。

我們認爲這樣已經够了。以上指出我們對於下列這個問題的意見，即恩格斯底論普法戰爭是參謀本部關於普法戰爭的著作之著述底基礎。恩格斯論文底這個採用證明了：這些論文在軍事專家底眼裏有怎樣的價值。因爲這些軍事論文是匿名發表的，所以它們能够爲總參謀部底戰史調查部所客觀地批評和採用。

恩格斯之匿名的軍事著作在資產階級社會裏引起這樣的反響，這是毫不足怪的。

五 結 語

翻譯論普法戰爭需要語言學和軍事學的專門知識。不同的軍事用語底意義之轉化常常引起杜撰的翻譯底毛病。個別的軍事用語（例如關於要塞戰）在任何專門用語辭典中都查不出，所以深入的追索曾是必要的。許多不符原意的排印錯誤當然沒有澈底更正。甚至從純粹語言學的這點來說，原文是用前世紀英語寫成的，這也要增加許多困難。特別感謝凱特·頓克爾夫人，因爲她曾經懇切地給與論普法戰爭底德文本一個澈底的校閱。

論普法戰爭底翻譯曾經盡可能地忠實於恩格斯底原文，但是爲了適當地譯述恩格斯底詞句，常常不免有重複之處。不管文字的忠實如何，我曾經努力以一種淺近的德文譯述該書。

在另外一點上來說，恩格斯論文底訂正也還有許多困難。恩格斯曾經在通信中譴責過帕爾·馬爾新聞報底主筆格林伍德，因爲他曾任意修改他底論文。例如，他在一八七〇年九月四日給馬克思的信裏，寫道：

『數日前，他（格林伍德）祗是爲了增補篇幅，曾在我底論文裏加添了幾行關於斯托拉斯堡底圍攻毫無意義的詞句。』（德文馬恩通信集第四卷第三二八——三二九頁）

因此，格林伍德不僅曾經刪去過並且曾經加添過恩格斯底論文。我們希望所有這些場合都曾經發現出來。附註指示出：根據我們底判斷，恩格斯寫到那裏而格林伍德從那裏寫起。但是，我們認爲在任何場合都沒有權利來抹殺原文一行。

爲了使關於普法戰爭的論據明瞭起見，幾張附圖是有用的。它們將足以給與讀者一個地理的概觀。

一九三〇年八月於柏林

論戰爭——第一

——第一二卷——第一七〇三號❶

一八七〇年七月二十九日·星期五

雖然至今一發砲彈尚未發射，但戰爭底第一階段已成過去，它以對法皇的失望而告終結。一些關於政治及軍事形勢的考察將證明這點。

現在那是一點沒有疑問的：路易拿破侖曾經希望能够使北德意志聯邦和南德意志諸邦分離，同時，並希望能够利用那在新近合併了的普魯士各省人民中所存在的對普魯士之厭惡。向萊茵河迅速的突進——以盡可能集合的那樣多的軍隊——，在格麥爾斯海姆（Germersheim）和馬因斯（Mainz）間某處之渡過萊茵河，在法蘭克福（Flankfurt）和符次堡（Wurzburg）方向的前進——所有這一些似乎可能實現這個希望。法軍由此也許會控制南北間的聯絡而逼使普軍把全部

❶ 號指帕爾·馬爾新聞底號數，卷指該報全年底卷數。（郝恩）

可以使用的軍隊（不管他們是否完成行軍準備）倉皇地投入一個在美因河（die Main）上的戰役中。——普軍底全部動員過程會被擾亂，一切機會對於侵入的法軍可能是有利的，因爲他們或者有可能當普軍先後從本國各地調到這裏的時候而一一擊破他們。不僅政治的而且軍事的理由對於這樣一種計劃都是有利的。法蘭西底幹部制度使它能够比較普魯士底後備兵制度更迅速地集中十二萬到十五萬人。法蘭西軍隊底平時編制和戰時編制不同之點祇是在於退伍兵員之人數與留守部隊（這個在動員時才編成）之缺如。反之，普魯士軍隊底平時編制所包括的人員却不及戰時編制的三分之一。並且，不僅其餘三分之二的兵士，同時甚至軍官，在平時也祇是市民而已。這個龐大數目兵士底動員是需要時間的；此外，這還是一個複雜的過程，在敵軍突然襲擊之際，它一定會完全混亂。這就是法皇之所以突然發動這個戰爭的原因。如果拿破侖沒有預先籌劃這樣一種意外的進攻，那末格拉蒙❶公爵之强硬的言辭和倉卒的宣戰就會是不合理的。

但是德意志民族義憤之突然的、激烈的爆發摧毀了這樣一種計劃。路易拿破侖不是和威廉·亞歷山大王（即普魯士國王威廉第一。——譯者）相對抗，而是和德意志民族相對抗。在這種情形之下，就是以十二萬到十五萬人，也休想越過萊茵河而大胆地向前突進。這已經不是意外的襲擊而成爲必須以一切可用的兵力來進行的一種正規戰了。那些按原來計劃也許是充分的禁衛軍、

❶ 格拉蒙（Grament）——一八七〇年法蘭西之外交大臣。（郝思）

• 62 •

巴黎和里昂底各軍團以及察倫斯（Cholons）兵營底各軍，現在甚至不足以構成大侵入軍底一個簡單的核心了。因此，戰爭底第二階段——即對於持久戰的準備底階段——開始了。同時，從這一天起，法皇最後成功底機會也開始逆轉了。

現在讓我們來比較這個準備彼此毀滅的兵力吧。爲了使問題簡單化，我們想僅僅談到步兵。步兵是決定戰鬥的兵種。在騎兵和砲兵（包括多管槍以及其他奏奇效的兵器）力量中些微的差別，無論對於那一方面都不起很大的作用。

法蘭西在平時有三百七十六個步兵營（三十八個禁衛營，二十個輕步兵營，三百個現役營，九個志瓦夫㊀營，九個土爾寇㊁營等），每營八連。在戰時，三百個現役營中每一營留二連於後方以編成留守部隊，而僅以六連開赴前綫。現在，各現役團（每團三營）底六個留守連中四連決定由退伍兵及預備兵來補充，而完成第四營。其餘的兩個連似乎決定作爲留守部隊；並且以後可能編成第五營。但是，在這些第四營準備行軍以前，確實需要一些時日——至少六個星期。現在他們和流動警備隊㊂祇能算作守備軍。因此，對於第一次的決戰，法蘭西不會有比上述三百七十

㊀ 志瓦夫（Zuave）——係法國步兵之一種。於一八三一年建立於阿爾及利亞，初由土著及歐洲人組成，後僅由法國人組成。（譯者）

㊁ 土爾寇（Turco）——係由阿爾及利亞人所編成的一種法蘭西輕步兵。（譯者）

㊂ 流動警備隊（Mobilgarde）——一八六八年於法國創立，由青年組成，不包括於現役軍隊中，但需要時可應召入伍，頗類似一種志願兵。詳情見第六十九頁註三。（譯者）

六個營再多的兵力。

其中，萊茵軍團㊀，據我們所聽到的，包括第一至第六的六個軍和禁衛軍，共二百九十九個營。如果再加上被認爲作波羅的海遠征的第七軍（蒙托班〔Montauban〕將軍所統率），其總數將達三百四十營㊁之多。此外，一定還留有三十六個營，以警備阿爾及利亞、殖民地及法蘭西內地。因此，好像法蘭西已經把牠每一個可用的營都向德意志派遣，並且牠底兵力在九月初以前是不能由新的、熟習於野戰勤務的各營來補充的。

現在談另外一方面。北德意志軍團包括十三個軍，由三百六十八個步兵營編成，或者大概地說由每軍二十八個營編成㊂。每營在平時約五百四十人，而在戰時則爲一千人。接到動員令以後，在每一團（每團三營）中，許多軍官奉命編制第四營。預備兵立刻被召入伍。他們都是在團內曾經服務二年到三年的兵士，並且一直到二十七歲爲止隨時都必須準備再次應徵。他們充分足以補充三個野戰營，並構成由後備兵所編制的第四營底基幹部隊。因此，野戰營在數日內即可準備行軍，第四營也可以在以後四——五週內接踵而來。同時，每一現役團都設有一後備團（每團

㊀ 因該法蘭西軍團配置於國境故名。（郝思）

㊁ 第七軍也駐於國境，並且在柏爾福（Belfort）區。根據法軍底資料，萊茵軍團在八月一日計有三百二十五個營。（郝思）

㊂ 八月一日德意志在國境上有三百六十四個營。（郝思）

二營），這個由二十八到三十六歲的男子編成，當這個後備團一完成，第三後備營又開始編制。對於這一切（包括騎兵和砲兵底動員在內）所需要的時間恰恰爲十三日。因爲動員底第一日定爲十六日，所以在今天一切已經完成，或者至少應該完成。在此刻，北德意志在戰場上也許有三百五十八個現役營，在衞戍地有一百九十八個後備營。他們在八月下半月以前，的確不在這以後，將爲一百一十四個第四現役營和九十三個第三後備營所補充。在所有的這些軍隊中，幾乎沒有一個人沒有完成他在軍團中的正規勤務的。此外，我們在這個數目內還必須加上黑森·丹穆斯達(Hessen—Darmstadt)、巴敦(Baden)、符騰堡(Wurttemberg)和巴威略(Bayern)❶底軍隊，即全部爲一百零四個現役營。但是因爲這些小邦底後備兵制度還沒有時間得以充分發展，所以在那裏可以用以作戰的兵力不會多於七十或八十個營。

後備兵主要地用於衞戍任務。但是在一八六六年底戰爭（普奧戰爭。——譯者）中，後備兵大部分開到前綫作預備軍。這個無疑的將要再度發生。

在十三個北德意志軍中，有十個軍現在駐防萊茵，這個共有二百八十個營，此外還有南德意志軍約七十個營。這個共計三百五十個營。在沿海或者作爲預備隊的尙留有三個軍或者八十四個營。一個軍和後備兵將足以防禦沿海一帶。據我們所知道的，其餘的兩個軍也正在到萊茵的道

❶ 上述各地均係當時德意志小邦，現爲德意志南部底省份。（譯者）

上。這些軍隊在八月二十日以前可以至少爲一百個第四營和四十到五十個後備營所補充，並且這些兵士都是比較法蘭西那些大部分由幾乎沒有受過訓練的兵士所編成的第四營和流動警備隊優越的。這是事實：就是法蘭西可以利用的有訓練的兵士大約不出五十五萬人，然而僅僅北德意志便有九十五萬人以上。因此，這個對於德意志是一種利益，決戰愈延長下去，這個利益便愈大，並且將在九月末達到它底最高峯。

在這個形勢之下，我們用不着奇怪柏林方面傳出的這個消息：即德軍司令希望保衞德意志國土不受戰爭底痛苦。換句話說，就是如果他們不立刻遭受攻擊，那末他們自己便要進行攻擊。至於如果路易拿破侖不先發制人，德軍將怎樣進行這個攻擊，那是另外一個問題。

論戰爭——第二

——第一二卷——第一七〇五號

一八七〇年八月一日・星期一

在星期五，七月二十九日底早晨，法蘭西軍隊底前進運動業已開始。向那一個方向運動呢？對於地圖的一瞥將使我們明白這個。

萊茵河谿谷在左岸向西爲佛日山脈所圍繞，這個山脈自柏爾福起綿延至凱撒斯勞特恩（Kai-serslautern）。在凱撒斯勞特恩以北，山陵漸形平坦，一直到它漸漸沒於馬因斯平原。

摩塞爾河谿谷在萊茵普魯士形成一個深邃而曲折的山峽，這是由該河流穿過一高原而掘成的。這個在谿谷底南面隆起，形成一相當大的山脈，取名爲霍霍瓦爾特（Hochwald）。這個山脈愈接近萊茵河，山形愈帶有高原底性質，一直到最後的山峯與佛日山最外端的支脈相會合。

無論佛日山脈或者霍霍瓦爾特山脈，對於一個軍團都不是完全不能通過的。兩者都爲很多好的軍用道所橫穿，但兩個山脈中沒有一個是二十萬到三十萬大軍能夠在其中便利行動的地域。然而在這兩者間的隙地却形成一個寬二十五到三十英里的廣闊的出口。這是一丘陵起伏的山地，有無數道路通至各方，對於大軍底運動非常便利。兼之，從麥次（Metz）到馬因斯的道路通過這個山道，並且馬因斯是第一個重要的地點，法軍也許將要向這裏進軍。

因此，我們在這裏便有了一種爲自然所賜與的作戰綫。在德意志侵入法蘭西的場合——因爲兩軍已經準備好了——，最初的大接戰一定在洛林，也就是在摩塞爾河以東和從南錫（Nancy）到斯托拉斯堡（Strassburg）的鐵路以北發生。如果一個法蘭西軍團由他們上週所集中的地點前進，那末第一次重要的戰鬥大約將在這個出口，或者在出口那面馬因斯城下進行。

法蘭西軍團被配備如下：三個軍（第三、第四及第五）在第登霍芬（Diedenhofen）㊀、聖·亞佛爾（St. Avold）和比錫（Bitsch）的第一綫；兩個軍（第一及第二）在斯托拉斯堡和麥次的第二綫；禁衛軍在南錫和第六軍在察倫斯㊁作爲預備隊。在最近數日內，第二綫向第一綫底間隔推移；禁衛軍向麥次前進，斯托拉斯堡則委於流動警備隊㊂。因此，全部法軍兵力都集中在第登霍芬和比錫之間，也就是說在這兩個山脈間的山峽之入口底前面。從這個前提所得出的自然的結

㊀ 原文爲：第翁維爾（Thionville）。恩格斯多半使用法文名稱，而很少使用德文名稱。我們在我們底翻譯中常常採用德文名稱。同樣，恩格斯把查佛恩（Zavern）稱爲沙佛納（Saverne）。（以上郗恩註）。因此中文譯本也多半採用德文名稱。（以上譯者註）

㊁ 第七軍在柏爾福。（郗恩）

論就是：法軍企圖向那裏前進。

因此，侵入將以佔領沙爾河（Die Saar）和布里河（Die Blies）底渡口而開始。最近幾天或將佔領由索勒（Tholey）到霍姆堡（Homburg）的全綫，其次將佔領從比爾肯非爾德（Birkenfeld）到蘭德斯托爾（Landstuhl）之綫，或者從歐伯爾斯坦（Oberstein）到凱撒斯勞特恩之綫等；但一切都在這個假定之下：即這個戰役不爲德軍底前進所阻撓。無疑的，兩方底側翼軍將位於這些山陵中，他們也將要在這裏引起戰鬥；但是眞正的會戰將在上述的地點發生。

㊂ 禁衛隊（Garde），原係諸侯底親衛隊（Leibgarde）。以後，在幾乎所有的國家裏，都成爲以精選兵士組成的精銳部隊。在這個意義上來說，它底眞正的創始者是拿破侖第一，他由護衛隊（Garde du corps）第一次按法律規定建立了執政禁衛隊（Konsular-Garde），以後成爲皇帝禁衛隊。除了皇帝禁衛隊以外，在法蘭西尙有其他的軍隊集團取名爲禁衛隊的。例如，流動警備隊（Mobilgarde），它（一八四八年第一次在拉法耶特〔Lafayette〕底建議之下）爲了加强地域軍而建立起來的。所謂國民軍（Nationalgarde）是一七八九年在巴黎作爲一種民衆運動而產生的，一七九〇年適用於全法蘭西，他們規定祇是在國內服務。一八五二年，拿破命第三在政變後，解散了他們而給予他們另外一個組織，以便把敵視帝國的分子肅淸出去。他們祇有在徵募後才能武裝起來並且被置於一軍事長官指揮之下。一八六八年底國防法採用國民流動警備隊爲法蘭西之武裝力量。他們規定收羅所有二十到四十歲不服兵役的壯健男子。但是他們之組織爲地域軍，在一八七〇年戰爭底開始，還沒超出肇始之範圍。在拿破侖覆滅以後，臨時政府底流動國民軍（Die Mobile Nationalgarde）是如此組織的，即它應包括所有二十到四十歲可服兵役的男子，同時也可使用於野戰。此外，凡可以持武器的都被組織爲『常駐國民軍』（Garde Nationole Sedentaire）。（郝思）

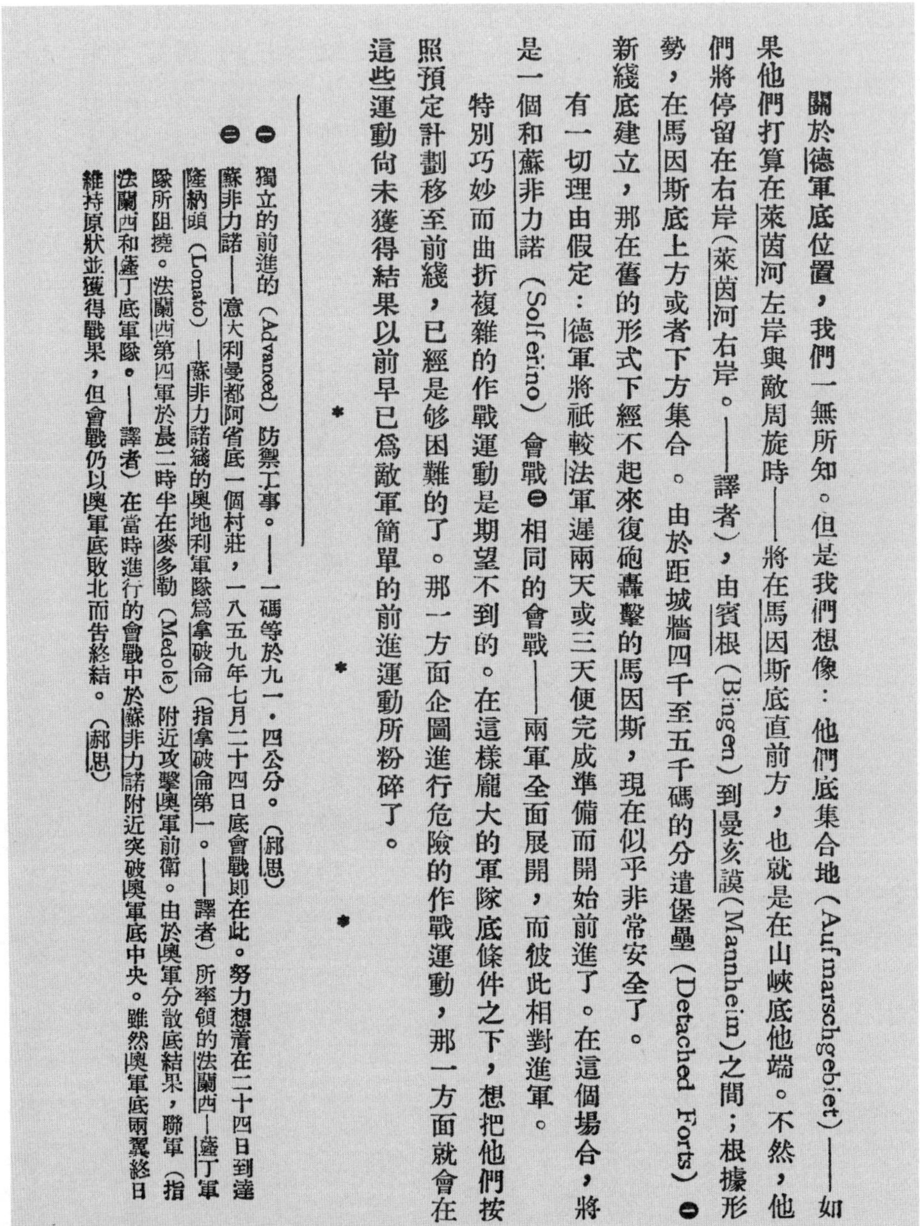

關於德軍底位置，我們一無所知。但是我們想像：他們底集合地（Aufmarschgebiet）——如果他們打算在萊茵河左岸與敵周旋時——將在馬因斯底直前方，也就是在山峽底他端。不然，他們將停留在右岸（萊茵河右岸。——譯者），由賓根（Bingen）到曼亥謨（Mannheim）之間；根據形勢，在馬因斯底上方或者下方集合。由於距城牆四千至五千碼的分遣堡壘（Detached Forts）❶新綫底建立，那在舊的形式下經不起來復砲轟擊的馬因斯，現在似乎非常安全了。

有一切理由假定：德軍將祇較法軍遲兩天或三天便完成準備而開始前進了。在這個場合，將是一個和蘇非力諾（Solferino）會戰❷相同的會戰——兩軍全面展開，而彼此相對進軍。

特別巧妙而曲折複雜的作戰運動是期望不到的。在這樣龐大的軍隊底條件之下，想把他們按照預定計劃移至前綫，已經是够困難的了。那一方面企圖進行危險的作戰運動，那一方面就會在這些運動尚未獲得結果以前早已爲敵軍簡單的前進運動所粉碎了。

* * *

❶ 獨立的前進的（Advanced）防禦工事。——一碼等於九一·四公分。（郝思）

❷ 蘇非力諾——意大利曼都阿省底一個村莊，一八五九年七月二十四日底會戰即在此。努力想着在二十四日到達隆納頭（Lonato）——蘇非力諾綫的奧地利軍隊爲拿破侖（指拿破侖第一。——譯者）所率領的法蘭西—薩丁軍隊所阻撓。法蘭西第四軍於晨二時半在麥多勒（Medole）附近攻擊奧軍前衛。由於奧軍分散底結果，聯軍（指法蘭西和薩丁底軍隊。——譯者）在當時進行的會戰中於蘇非力諾附近突破奧軍底中央。雖然奧軍底兩翼終日維持原狀並獲得戰果，但會戰仍以奧軍底敗北而告終結。（郝思）

· 70 ·

豐・維德恩（Von Widdern）先生關於萊茵要塞的一本軍事著作，現在正在柏林被多方討論着。著者說：萊茵河由巴塞爾（Basel）到穆爾格（Murg）河完全沒有要塞，南德意志和奧地利對於法軍攻擊的唯一的防禦便是烏爾穆（Ulm）要塞。這個要塞自一八六六年以來爲一由巴威略人和符騰堡人組成的軍隊所防守，約有兵力一萬人。守軍在戰時可以增至二萬五千人，此外更有二萬五千人可以駐屯於要塞壘壁內的塹壕陣地。拉斯塔特——人們希望它將成爲對於法軍前進的一個有力的阻撓——位於穆爾格河所流過的谿谷中。該城底防禦工事由瞰制其周圍地區並由壘壁相連結的三個大堡壘所構成。南面和西面的堡壘，『留帕爾特（Leopold）』和『佛勒多利希（Friedrish）』，位於穆爾格河底左岸；北面的堡壘，『路易(Ludwig)』，位於右岸。在這裏也有可以駐屯二萬五千人的塹壕陣地。拉斯塔特距萊茵河四英里，其中間地區爲森林所蔽，因此這個要塞不能夠阻止一個軍團在此渡河。其次的要塞是蘭道（Landau），這個從前由三個堡壘構成：一在南，一在東，一在西北，由庫愛希（Queich）小河兩岸底沼澤使之與城市隔離。南面和東面的堡壘最近已廢棄。現在仍留作防禦用的唯一的堡壘是西北的那個堡壘。在這個地區內最重要而且位置最好的要塞是萊茵河岸的格麥爾斯海姆。它瞰制該河兩岸相當大的面積，和馬因斯及科不林士（Koblenz）相同，實際上是敵人無法攻克的。因爲除已存的浮橋以外，在要塞（指格麥爾斯海姆。——譯者）砲兵掩護之下，可以再在該河上架設兩座或三座浮橋，所以格麥爾斯海姆非常容易使軍隊進入萊茵選侯國。它對配置於庫愛希河綫的軍隊之左翼也可以形成一個作戰根據地。最重要的萊茵要塞之一的馬因斯爲一些鄰近的山陵所控制。這個業已使增加城內的防禦工事成爲必要，因此那裏幾乎沒有容納大的守備軍的餘地。在馬因斯和賓根間的整個地區現在已建有堅固的工事，並且在這裏和美因河口（在萊茵河對岸）之間，有三個爲塹壕所掩護的大陣地。關於科不林士，豐・維德恩先生說：要想成功地圍攻這個地點，一定需要六倍於守軍的兵力。敵軍也許會從取名爲『庫可夫』(Kuhkopf)的山地(在這裏，他底軍隊會爲森林所掩護)上，向『亞歷山大』堡壘開火而開始攻擊。著者也討論到科侖（Koln）和威塞爾（Wesel）底防禦工事。但是關於大家所未曾知道的一切，他却一點沒有說到。

論戰爭——第三

——第一二卷——第一七〇六號

一八七〇年八月二日·星期二

籠罩普軍作戰計劃的黑幕終於揭開了。我們必須記住：雖然大批的軍隊運輸業已在萊茵河右岸（從東向西及西南）開始，但是在被威脅的國境底直接附近的集中，却很少聽到。各要塞從其相距最近的軍隊中得到大量的增援。在沙爾布魯根，步兵第四十營底五百人和輕騎兵第七營底三個連（兩者均屬於第八軍）與敵軍進行散兵戰。巴威略底獵兵和巴敦底驃騎兵延長前哨綫直至萊茵河。但是根據一切的徵兆來看，在這個由一些輕裝部隊所形成的掩護部隊後面並沒有集合大的兵團。在任何戰鬥中，都沒有提到砲兵。特里葉（Trier）完全沒有軍隊。反而我們曾經聽到：比利時國境有大批軍隊，科倫（萊茵河左岸整個地區，一直到亞亨區，有豐富的糧秣）附近有騎兵三萬，馬因斯前面有七萬人。這個完全是不可思議的；這個好像是一種幾乎不可容許的軍隊之分散，和距國境僅數小時行程的法軍之密集恰恰相反。一些情報突然從各方面出現了，它們似乎吹散了這團疑雲。

一直走到特里葉的時報（Temps）底通信記者在七月二十五日及二十六日曾目擊：一個包含各種兵種的大部隊通過該城，開赴沙爾綫。沙爾布魯根薄弱的守軍在同時間為大批援軍所增强，這個也許是從科不林士（第八軍底大本營）來的。通過特里葉而前進的軍隊一定曾經屬於其他的某一軍並且一定是從北面渡過愛非爾（Eifel）河來到這裏的。最後，我們從私人方面聽到：第七軍於二十七日由亞亭經特里葉向國境進軍。

因此，我們看到在這裏至少有三個軍或者約十萬人向沙爾綫輸送。其中兩個軍是第七和第八軍，兩者形成在斯坦麥茲（Steinmetz）將軍指揮下的北軍❶（第七、第八、第九及第十軍）之一部。我們可以十分確切地假定：這個整個軍團（北軍。——譯者）目下集中於沙爾堡（Saarburg）和沙爾布魯根之間。如果在科侖附近真正有三萬（也許多些，也許少些）騎兵的話，他們一定也渡過愛非爾河和摩塞爾河向沙爾河前進。所有這些部署說明：德軍底主力攻擊將以其右翼來進行並且要經過麥次和沙爾路易士（Saarlouis）向尼多（Nied）河上游挺進。如果騎兵預備隊真正採

❶ 北軍——德意志第一軍團。恩格斯把這個軍團估計得過多了。專門屬於它的有：第一、第七及第八軍。另外還有兩個騎兵師。如果恩格斯論文之俄文版編輯者主張：祇有兩個軍（第七及第八軍。——譯者）歸斯坦麥茲指揮，那末他便忽略了：第一軍還在斯比希林戰鬥之前便編入第一軍團。因此，第一軍團並不是像俄文編輯者所主張的那樣薄弱。（郝恩）

取這條道路，那末我們底推察便成為確實的。

這個計劃假設全部德意志軍隊在佛日山和摩塞爾河之間集中。中軍㊀（由菲力・查理士親王所率領，包括第二、第三、第四及十二軍）已經進入一個陣地，這個不是參加斯坦麥茲底左側，便是在他底背後作為預備隊。南軍㊁（由皇太子率領，包括第五軍、禁衛軍及南德意志軍）一定會在茲瓦伊布魯根（Zweibrucken）底某處形成左翼。至於這些軍隊應在什麼地方，並且他們應如何運至他們底陣地——關於這些，我們便一無所知了。我們祇知道：第三軍通過科侖，由火車在萊茵河左岸向南運送。但是我們可以假定：那曾經設計使十萬到十五萬人從遼遠的各個地方迅速集中於沙爾區的這一位能手，也將要設計使其餘的軍團同樣集中在這裏。

這個實在是一個大胆的計劃，並且也許能够證明它是深思熟慮的、是有效的。這個計劃預定着這樣一個會戰：在這個會戰裏，德軍左翼從茲瓦伊布魯根到沙爾路易士附近，進行一個純粹防禦的戰鬥，而為整個預備隊所支援的右翼，從沙爾路易士及其西方向前突進，用全力進襲敵軍，由全部騎兵預備隊底側面運動來截斷他們與麥次間的聯絡。如果這個計劃僥倖成功，而第一次大

㊀ 中軍——德意志第二軍團。被恩格斯誤加於第一軍團的那兩個軍（第九及第十軍）乃屬於第二軍團。（郝思）

㊁ 南軍——德意志第三軍團。第三軍團比較恩格斯所推算的稍多些。禁衛軍不屬於它而屬於第二軍團。但屬於第三軍團的有：第五、第六、第十一、巴威略第一、第二各軍以及符騰堡和巴袞野戰師各一。另外還有兩個騎兵師。（郝思）

會戰爲德軍所致勝，那末法軍不僅有被從其最近的根據地——麥次和摩塞爾河——截斷的危險，並且也有被驅逐到德軍可能位於它（法軍。——譯者）與巴黎之間的這樣一個陣地的危險。

德軍有和科不林士及科侖完全安全的聯絡，所以能够使自己干冒在這個陣地上敗北的危險，因爲這樣一個敗北的結局對於他們也許不像對於法軍那樣嚴重。然而這總算是一種大胆的計劃。要想把敗北的軍隊，特別是右翼，僥倖地通過摩塞爾河及其支流底隘道而撤退，也許是格外困難的。無疑的，許多兵士會被俘擄，大部分的砲兵會遭受損失。同時在萊茵要塞掩護之下軍隊之重新部署也一定需要很長的時間。如果毛奇將軍不完全確知：在他指揮下有差不多可操勝劵的那樣優勢的兵力，並且如果他不更進一步知道：法軍在他們還沒有從各方集合到那對第一次會戰所選擇的陣地之前不能够進襲他底軍隊，那末採用這樣一種計劃便會是愚蠢。情形是否眞正如此，我們不久——也許在明天——就會知道。

在這中間，我們應該常常回想：在這樣一些戰略計劃之下，我們決不能斷定：它們（戰略計劃。——譯者）是否會眞正實現我們對於它們所期待的一切。不斷地在這裏和那裏會發生一些阻礙。譬如，各軍沒有在需要它們的時刻到來，或者敵人作了意外的進軍，或者敵人已經有了意外的戒備。並且最後，激烈的頑强的戰鬥或者將軍之健全的智慧往往可以使敗北的軍隊解脫那些能够發生敗北的最壞的結局，也就是解脫與其根據地間聯絡之喪失。

論戰爭——第四

——第一二卷——第一七一〇號

一八七〇年八月六日・星期六

七月二十八日，法皇到達麥次；翌晨即任萊茵軍團底總指揮。根據拿破侖的傳統，這一天便應該是積極作戰底開始。但是一星期已經過去，我們還沒有聽到：萊茵軍團——全體——業已出動。三十日，沙爾布魯根底很小的一部分普軍曾經能够驅逐了法軍底偵察隊。八月二日，第二軍（甫魯沙爾〔Frossard〕將軍指揮）底第二師（巴太葉〔Bataille〕將軍指揮）佔領了沙爾布魯根南方的高地，並用砲火把德軍從城市裏驅逐出去，但法軍却沒有企圖渡河而襲擊在北岸上控制城市的那些高地。因此，沙爾綫沒有爲這個攻擊所突破。自此以後，便再沒有關於法軍進擊的消息，因此由八月二日底戰鬥所獲得的戰果便等於零了。

但是現在，這個幾乎沒有疑問：即當法皇離巴黎而去麥次的時候，他底本意在於立刻越過國境而前進。如果他這樣作了的話，他一定曾經能够眞正擾亂了敵方底進軍準備。七月二十九日和三十日，德意志軍隊尙遠未完成集中。南德意志軍仍竭力從各地用鐵路及徒步向萊茵河各橋樑前進。普魯士預備騎兵以不斷的行列經過科不林士和埃林布來斯坦（Ehrenbreitstein）向南進軍。第七軍在距所有鐵路綫很遠的亞亨和特里葉之間。第十軍正離開漢諾威（Hannover），禁衛軍也正乘火車離開柏林。在此刻，一個堅決的前進一定會使法軍直達馬因斯的外圍堡壘，並且使他們對撤退的德軍縱隊有很大的優勢。甚至他們也許有可能在萊茵河上架橋，而由右岸底橋頭堡來掩護這個橋樑。在一切情形之下，戰爭一定會在敵人國土內進行，這對法蘭西軍隊精神上的影響也一定會非常之大。

爲什麼這樣一種前進運動沒有發生呢？由於很簡單的理由：如果法軍兵士已有準備，那末兵站總監部便沒有準備。我們用不着相信從德意志方面來的任何謠傳，我們有賈怒魯（Jeannerod）上尉（前法蘭西軍官，現爲時報底從軍記者）底證據。他明顯地指出：野戰軍食糧底分配在八月一日才開始，軍用水壺非常缺乏，飯食用具以及其他野營器具也是同樣。肉類腐壞，而麵包又常常是發霉的。我們可以說——我們害怕——第二帝國底軍隊也許爲第二帝國本身所擊敗了。在用一切以前所規定的賄賂手段收買其支持者的這樣一個制度之下，我們不能期望到：這個制度會在軍隊底兵站總監部內絕跡的。根據盧謝（Rouher）先生底自白，這個戰爭是在很久以前便準備了的。食糧底供給，特別是軍需品底供給顯然是戰爭準備中最少注意的部分之一。然而，正是在這方面的混亂引起在戰爭最危急的時期內幾乎一個星期的行動遲緩。

現在，這一星期的拖延使德軍處於完全不同的地位。這個遲緩給與他們以時間，把他們底兵士運至前綫，使他們在對於他們所準備的陣地上集合。我們底讀者可以知道，我們曾經假定：全部德軍目下已集中於萊茵河左岸並且多多少少直接和法蘭西軍隊對峙着。我們自星期二以來所接到的一切官方及私人的報告都證實着我們底意見。（太晤士報關於這個問題所抱的一切意見都是我們曾經供給它的，但是今天早晨，它誓言這些意見是它自己底意見。）在斯坦麥茲、菲力·查理士親王和皇太子指揮之下的三個軍團代表十三個軍底總數，或者至少四十三到四十五萬人。和這個對抗的全部兵力充其量在基本上也不超過三十三到三十五萬有訓練的兵士❶。如果這個兵力較此為多，那末這個超額一定在於未經訓練而且是最近才編成的那些營。但是德軍底這些兵力還遠不能代表德意志底全部力量。僅在野戰軍方面，尚有三個軍（第一、第六及第十一軍）沒有包括在上述計算中。它們在那裏，我們不知道。但我們知道：它們已離開它們底駐屯地。我們曾經確認：第十一軍底各團在萊茵河左岸和巴威略選侯領。此外我們也確切知道：目前在漢諾威、不來梅（Bremen）及其附近，除後備兵外，已沒有其他任何軍隊。這個可以使我們得到結論：至少這三個軍底大部分也已經開到前綫。在這個情形之下，德軍在數量上的優勢約增加四萬到六萬

❶這個對比比恩格斯所推想的還要不利些。在德方有四百七十四個營，三百八十二個騎兵連和一千五百八十四門大砲。在法方僅三百三十二個營，二百二十個騎兵連和七百八十八門大砲。此外還有一百四十四挺多管槍（見八十二頁註一。——譯者）。（郝思）

人。即使有許多後備師運至沙爾區底前綫，那也沒有什麼使我們驚奇的。現在二十一萬後備兵都已完全準備就緒，同時第四現役營底十八萬人也幾乎準備進軍了。其中有一些能够備最初決戰之用。去想像這些軍隊祇是在紙面上存在，那也許是錯誤的。一八六六年（普奧戰爭。——譯者）底動員曾經證明：這個事情是可以實現的。目下動員也再度證明：比較所需要的爲多的有訓練的兵士已經完成了行軍底準備。這個數字看來雖是難以相信的，但這個還沒有窮盡了德意志底軍事力量。

因此，在這個星期末了，法皇和一個在數量上優越的兵力相周旋。如果他在上星期想前進而沒有能够前進，那末現在他既不想前進而也不能前進了。他不知敵人兵力的這個事實，已被巴黎來的報告所指出，該報告稱：二十五萬普軍曾經集中於沙爾路易士和諾因克爾新（Neunkirchen）之間。至於諾因克爾新和凱撒斯勞特恩之間有什麼，巴黎人却沒有說明。因此——一直到星期四爲止，法蘭西軍隊之缺乏活動，一部分基因於作戰計劃之變更，這是可能的。也許法軍不進行攻擊，而想着採取守勢，想着利用大的火力優勢，這是由於在塹壕陣地內待機攻擊的軍隊因後膛槍和來復砲而得來的。但是如果這個已被决定了，那末戰役底開始對於法軍將是失望的。不經過正式的會戰而犧牲洛林和亞爾薩斯底半壁山河——這對於法皇是一個重大的事件。並且我們懷疑：一個這樣大的軍隊是否可以找到比麥次更好的陣地。

如果法軍採取這樣一個運動，德軍也許會展開上述的計劃。他們也許企圖在達到麥次之前使他們底敵人陷入大的會戰中。德軍可能在沙爾路易士和麥次之間的地區內突進。他們也許要在一切情形之下，企圖側面迂迴法軍底塹壕陣地而截斷他們與後方的聯絡。

一個三十萬人的大軍需要很大數量的糧食，並且不能允許：它底供給綫被截斷甚至數日之久。它可能不得不放棄陣地而進行野戰。那樣，堅固陣地底利益便失掉了。但是無論如何，我們可以確信：不久一定有某種事件發生。七十五萬人是不能夠長久集中在五十平方英里的地域上的，供養這樣多的人的這種不可能性將逼使這一方或那一方開始行動。

最後，我們再重複一遍：我們是從法軍和德軍雙方都曾經把可使用的每一兵員輸送到前綫以參加最初的大會戰的這個假定出發的。在這個場合，我們的意見仍認爲：德軍有一個數量上的優勢，這個一定足以使他們得到勝利。當然我們得假定：在德軍方面將不犯大的錯誤。在這個假定中，我們正爲一切官方及私人的報告所證實。但是當然這一切並不是絕對確實的。我們從一些可能是欺騙的徵兆中得出我們底結論。當我們寫這篇文章的時候，我們不知道：怎樣的部署將要被採取。同時我們也不能逆料：雙方司令官會犯怎樣大的錯誤或者會發揮怎樣天才的手腕。

今天，我們最後的觀察是德軍對於亞爾薩斯底威森堡（Weissenburg）綫的襲擊。參加德方作戰的軍隊屬於普魯士第五及第十一軍和巴威略第二軍。因此，我們有對下列事實一個直接的確信：即不僅第十一軍而且皇太子軍底全部主力都在選侯領（指萊茵選侯領。——譯者）內。在報告中稱『皇帝禁衛團』（"Des Konigs Garde-Grenadiere"）的那個團是西普魯士第七或者第二禁衛團（Grenadier-Regiment），這個和第五十團相同，屬於第五軍。在另外一軍底部隊未到達以前，常常是以一軍底全力作戰，這是普魯士底規則。現在，在這裏有三個軍——普魯士的和巴威略的——底部隊被用於至多也許需要一個軍即可完成的這樣一個任務。因此威脅亞爾薩斯的這三個軍底存在看來就好像故意對法軍施行壓力。此外，溯萊茵河流域而上的一個攻擊會爲斯托拉斯堡所阻止。並且通過佛日山脈的一個側面前進也會發見爲經過比錫、法爾茲堡（Pfalzburg）和布其·皮葉爾（Petite Pierre）的隘路以及足以杜絕軍用道的一些小的要塞所封鎖。我們想像：當三個德意志軍底三個或四個旅進攻威森堡時，這些軍底主力將經過蘭道和皮爾馬森（Pirmasens）向茲瓦伊布魯根前進。如果前者成功時，馬克馬洪（Mac Mahon）底兩三個師將向反對方面——對於萊茵河——前進。因爲從萊茵選侯領的每一個侵入都會在平地上爲蘭道和格麥爾斯海姆所阻止，所以他們在那裏也許是十分安全的。

威森堡之戰顯然是以確實能取得成功的這樣數量上的優勢來進行的。它（指接戰。——譯者）在精神上的影響，作爲戰爭之最初的重大戰鬥來看，必然是很大的，特別是對於一個有堅固工事的陣地的襲擊常常被視爲困難的問題。德軍不顧來復槍、多管槍㊀和夏斯普槍㊁而用刺刀把法軍從設有堅固工事的陣地中擊退，這個對於兩軍都有影響。這個無疑的是刺刀對抗後膛槍成功的

㊀ 多管槍（Mitrailleuse），或者機關槍（Kugelspritze），是安置在一個移動的、輕便的槍座上的許多槍身之聯合體。這些槍管可以各別或者一齊發射。多管槍乃機關槍底初型。（郝思）

一種最初的實例，因此這種行動是值得記憶的。

因爲這個緣故，這個行動也將要攪亂拿破侖底計劃。如果不和其他方面勝利的情報一起，這個消息即使不加以大的粉飾，也是不能讓法蘭西軍隊知道的。然而關於威森堡接戰的消息至多不能祕密保持到十二小時以上。我們可以期望：法皇將因此出動他底縱隊以爭取這個成功。如果我們不立刻得到法軍勝利底消息，那便會是奇怪的。但是在同一時間，德軍也許要出動，並且我們將要看到：敵對雙方的縱隊底先頭部隊將在一個以上的場所接觸。今天，或者至遲明天，最初全面的會戰將要開始。

---

⑪ 夏斯普槍（Chassepotgewehr ——夏斯普係法人，乃此類槍底創造者。——譯者）（一八六六年火槍底模型）是仿效德意志火槍製造的，但較後者爲優。至一八七四年爲止，仍被使用。（郝思）

普軍底勝利

——第一二卷——第一七一一號

一八七〇年八月八日・星期一

德意志第三軍團迅速的行動使毛奇底計劃漸漸明朗化。該軍團在選侯領內的集中一定是藉曼亥謨和格麥爾斯海姆底橋樑之助來進行的。或者甚至得藉助於在這些據點間所架設的軍用浮橋。還在那些從蘭道和內斯塔特（Neustadt）向西渡過哈爾特（Hardt）河的大道上行進以前，那些集中於萊茵谿谷的軍隊曾經可用於對法軍右翼的攻擊。握優勢的兵力而且有蘭道在其直接後方的這樣一個攻擊一定會是十分安全的，同時也會得到大的成果。如果能夠成功地把法蘭西軍隊之相當大的部分與其主力部隊分離，誘至萊茵谿谷，擊敗他們，並且把他們溯谿谷而上驅逐到斯托拉斯堡以下，那末這部分兵力便無法參加主要會戰，而德意志第三軍團則因爲接近於法軍主力，所以它仍能夠參加這個主要會戰。無論如何，對於法軍右翼的一個攻擊會迷惑法軍。當然，我們假定：德軍底主要攻擊（不管許多軍事的以及非軍事的饒舌家持着怎樣反對的意見，我們仍然相信）將要加於法軍底左翼。

對於威森堡之突然的、成功的攻擊，說明德軍對於法軍底位置已獲有正確的情報。這些情報鼓舞他們去進行他們底作戰運動。法軍急於復仇，遂直落陷穽。馬克馬洪元帥現刻把他底軍集中於威森堡，並且據稱，他要兩天來完成這個作戰運動。但是皇太子却沒有給予他這個時間。他立刻利用他底好機會，於星期六晚在威森堡西南約十五英里的修勒(Saure)河畔的伏爾特（Worth)附近攻擊馬克馬洪。馬克馬洪底陣地據他自己說是堅固的。但是，他在午後五時左右便被擊退了，並且皇太子推想他在向比錫全面退却中。因此，他也許會挽救頹勢，不會被驅逐到斯托拉斯堡，而保持和該軍團主力的聯絡。然而根據以後法蘭西的電報，他實際上退到南錫(Nancy)，他底司令部現在在查佛恩。

爲了阻止德軍前進所派出的法蘭西兩個軍是由七個步兵師組成的。其中也許至少有五個師曾經參加戰鬥。法軍全力要逐漸參加這個會戰，這是可能的。但是他們和在馬金他(Magenta)❶底戰場上相繼出現的奧地利各旅一樣，是不能够恢復均勢的。無論如何，我們可以確切地認爲：法軍全力五分之一到四分之一在這裏會被擊敗。在對方的軍隊也許是第二巴威略軍、第五及第十一

---

❶ 一八五九年六月四日馬金他會戰是法奧戰爭中的一個大會戰。經過變化多端的許多戰鬥以後，法蘭西軍隊得到勝利，因爲拿破侖(拿破侖第一。——譯者)把他底四個軍和薩丁軍聯合運用在這個會戰中，而在奧地利方面，各別軍底先頭部隊在四日黃昏才到達戰場。(郗恩)

北德意志軍，他們底前衛部隊已佔領威森堡。其中，第五軍由兩個波森團、五個西里西亞團和一個威斯發立團組成；第十一軍由一個帕麥瑞尼亞團、四個黑森、加塞爾和納蘇團以及三個秋林根❶團組成。因此德國各地底軍隊都參戰了。

在這一次接觸中最使我們驚異的是兩軍底每一方在其中所起的戰略及戰術的作用。這個和根據傳統所預料的恰恰相反。德軍攻擊，法軍防禦。德軍勇猛地並以他們容易控制的大集團來行動。法軍不得不承認：他們底軍隊自兩週的集中後便在這樣一種分散的狀態中，使得他們集合兩個軍需要兩天。因此，他們被各個擊破。根據他們如何運動他們軍隊的方法來看，他們可以說是雷同於奧軍。我們怎樣說明這個呢？祇有從第二帝國必然的結果。威森堡底一擊曾經足以使整個巴黎震動，並且無疑的足以擾亂軍心。法軍不得不進行雪恥戰了。馬克馬洪立刻奉命率領兩個軍來實行這個。這個運動雖顯然是錯誤的，然而無論如何，這是必須要作而且已經作了——我們大家已經看到這個結果。如果馬克馬洪不能受到如此大的增援，使他能夠再與皇太子相周旋，那末皇太子就能夠由一個十五英里向南的進軍據有斯托拉斯堡——南錫鐵路綫而向南錫挺進，由這個運動，他可以迂迴法軍向麥次前進之際所能夠希望維持的每一防綫。使法軍不得不放棄沙爾區的，無疑的是因爲害怕這個運動。或者如果皇太子讓他底前衛部隊追擊馬克馬洪時，他便能夠

❶ 波森（Posen），西里西亞（Sshlesia），威斯發立（Westphalia），帕麥瑞尼亞（Pomerania），黑森（Hessen），加塞爾（Kassel），納蘇（Nassau）和秋林根（Thuringen）——均係當時德意志小邦底名稱。（譯者）

立刻向右通過山地向皮爾馬森和茲瓦伊布魯根前進，以與菲力・查理士親王底左翼取得正式的聯絡。後者在這個整個期間駐於馬因斯和沙爾布魯根之間，而法軍却硬在特里葉那裏搜索了他（查理士親王。——譯者）。至於那似乎由於普軍昨日向聖・亞佛爾的前進所引起的甫魯沙爾軍在佛爾巴哈（Forbach）❶的敗北將如何影響於他底進軍，那我們便不能夠斷定了。

如果第二帝國在威森堡之役以後無條件地想要爭取勝利，那末現在在伏爾特和佛爾巴哈之役以後便更使他需要勝利了。如果說威森堡之役已足以混亂對右翼作戰所預定的一切計劃，那末星期六底會戰必然要覆滅那對於全軍所作的一切部署。法蘭西軍隊已失去一切的主動。他們底運動與其說是為軍事的估計所指使，不如說是為政治的必要性所指使。在這裏，三十萬人幾乎完全在敵人視野之內。如果他們底運動不根據戰場上所發生的一切情形而根據巴黎所發生的或者可以發生的一切情形來規定時，他們已經半成被擊敗了。當然誰也不能夠確切地預料現在逼在眼前——雖未在進行中——的這個主要會戰底結果。但是我們可以說：如拿破侖第三自星期四以來所實行的那種戰略祇要多一個星期便足以使世界上最好而且最大的軍隊覆滅而有餘了。

根據普魯士關於這些會戰的報告所得的印象更由拿破侖皇帝底電報使之加深。星期六中夜，他報告了赤裸裸的事實：『馬克馬洪元帥敗戰。甫魯沙爾將軍不得已退却。』三小時後，又來電

❶ 斯比希林會戰在法蘭西參謀本部報告書中稱『佛爾巴哈會戰』。（郝恩）

稱：他和馬克馬洪元帥的聯絡被截斷了。星期日晨六時，甫魯沙爾將軍敗北之嚴重的意義已實際爲下列自白所承認：在沙爾布魯根以西，即在佛爾巴哈，我軍已敗北。立刻阻止普軍前進之不可能，更爲分散之軍隊已集中於麥次的這個消息所證實。下列的電文是難以解釋的：即『退却井然不紊』。是誰底退却呢？不是馬克馬洪將軍底退却，因爲和他的聯絡仍被截斷着。不是甫魯沙爾將軍底退却，因爲法皇繼續報告：『關於甫魯沙爾將軍無任何消息。』並且如果在早晨八時二十五分，法皇能够以未來語氣說他不知其陣地之所在的那個軍隊底退却時，那末他在八小時以前拍出的、以現在語氣來說的『退却井然不紊』的這個電報，有什麼價值呢？所有這些以後的電報都再次發出那在『一切可以恢復』的這個最初的電報中所宣稱的聲調。普軍底勝利太重大了，以致不容許法皇採取他自然高興選擇的那種戰術。他沒有敢於隱蔽眞相，因爲他希望由一個以後的、勝利的會戰之同時的報告來抹殺失敗底影響。想着在法蘭西人民面前掩飾兩個軍團戰敗的事實而藉此保持他們底驕傲，那是不可能的。因此，所留的唯一的出路祗有熱烈希望挽回過去遇有同樣的災難時在法蘭西人心中所產生的那種東西。私人的電報無疑的給皇后和她底大臣定出一個方向：他們底正式言論必須在這個方向裏來活動。或者更有可能的是：他們與此相關的宣告之實際的本文是由麥次供給他們的。從這兩個事實，我們結論說：不管法蘭西人民底情緒如何，在政府中的各官員，自皇帝起，都完全喪氣了，而這個——就其本身來說——已够嚴重的了。巴黎已宣佈戒嚴。這是說明普軍能够繼續勝利的一種確實的徵兆。並且內閣底佈告結語稱：『吾人應以全力作戰，國家將因此而得救。』得救？法蘭西人也許會自問：從什麼中得救？從普軍爲了避免法軍之侵入德意志而進行的一種侵入中？如果普軍被擊敗，而一個同樣的號召從柏林發出時，這個意義便會變得明顯了。法蘭西軍隊底每一個新的勝利也許就是說法蘭西對於德意志領土之新的兼併。但是如果普魯士政府非常明敏的話，那末法蘭西底失敗也祇是說：拿破侖第三想着阻止普魯士在德意志範圍內實行它底政策的企圖失敗了。我們幾乎不能相信：法蘭西大臣們表面上所說的民衆起義，將會是重新發動一個進攻戰的有效的方法。

論戰爭——第五

——第一二卷——第一七一二號
一八七〇年八月九日・星期二

星期六，八月六日，是這次戰役第一階段底危急的一日。德軍最初的電報，由於其過分的謹慎，與其說是强調這一天所獲得的戰果底意義，毋寧說是隱蔽着它們。祇是由於以後的、比較詳細的敍述和法軍報告中某些間接的承認，我們才能够判斷在星期六所發生的軍事形勢底全部變化。

當馬克馬洪在佛日山底東方坡地上被擊敗時，甫魯沙爾底三個師和至少巴森軍底一個團（第六十九團），即全部四十二個營爲第七（威斯發立）軍底堪麥克（Kameck）師及第八（萊茵）軍底巴爾乃寇（Barnekow）和斯提普納格爾（Stulpnagel）兩個師❶，即全部三十七個營，從沙爾布魯根以南的高地一直驅逐到佛爾巴哈以外。因爲德軍各營在數量上比較法軍各營爲多，所以交戰的

❶ 斯提普納格爾師屬於第三軍。（郝思）

軍隊似乎曾經是勢均力敵的；但是法軍却具有陣地之利。甫魯沙爾之左有巴森和拉多米魯（Ladmirault）底七個步兵師，在其後又有禁衛軍底兩個師。但是除上述的一個團以外，在所有這些軍隊中沒有一兵一卒來援助不幸的甫魯沙爾。他不得不在慘敗之後退却，現在和巴森、拉多米魯和禁衛軍一樣正在向麥次總退却中。德軍追擊他們，星期日到達了聖·亞佛爾。於是整個洛林一直到麥次爲止，現在敞開地擺在他們前面。

馬克馬洪、多·法伊（De Failly）和堪羅伯爾（Canrobelt）同時向南錫退却，不向比錫退却，如同我們以前所說。馬克馬洪底司令部星期日曾在查佛恩。因此，這三個軍不僅被擊敗，而且被驅逐到和其他軍隊底退却綫不同的方向去了。於是，皇太子軍由於其攻擊所獲得而爲我們昨天所闡明的戰略上的利益似乎至少已部分地獲得了。當法皇正向西退却時，馬克馬洪一直向南走，並且很難在其他四個軍在麥次掩護之下集中以前到達魯乃維爾（Luneville）。但是從沙爾格明特（Saargemund——原文爲“Saarreguenmines”。——郝思）到魯乃維爾僅較從查佛恩到魯乃維爾遠數英里。很難期待：當斯坦麥茲追擊法皇而皇太子企圖困馬克馬洪於佛日山底隘道時，菲力·查理士親王（他於星期日在布利斯加斯特爾〔Bliescastel〕，而他底前衛部隊在沙爾格明特附近）將要安閑地坐視着。全部北洛林是漂亮的騎兵作戰地區，魯乃維爾在平時便常常是在其近郊駐屯的大部分法蘭西騎兵底司令部。在騎兵大的優勢，無論在質量上或者數量上，都落於德軍方面的這個條件之下，我們難以想像：他們不立刻把這一兵種底大部派至魯乃維爾，以便截斷馬克馬洪與法皇之間底聯絡並破壞斯托拉斯堡——南錫綫上的鐵路橋樑和（如果可能時）穆爾特（Meurthe）底橋樑。他們甚至可能成功地把一部分步兵挺入法蘭西軍隊底兩個分散的部隊之間，而逼使馬克馬洪不得不更向東退却，並且不得不作一個更大的迂迴，以取得他和其他軍隊間底聯絡。從法皇承認星期六他和馬克馬洪底聯絡已被截斷的這個事實，我們可以明白這類的事件業已發生了。對於更嚴重結果的恐懼已經在關於法軍司令部擬定向察倫斯移動的消息中不祥地表現出來了。

這樣看來，法蘭西軍隊底八個軍中的四個軍已多多少少被擊敗了，並且常常是被各個擊破了。而其中之一即第七軍（非利克斯·多衛〔Felix Douay〕所率領）底下落却完全不明。使可能發生這樣一種錯誤的戰略，對於在其最無望的時期內的奧軍是有價值的。這個不使我們想到拿破侖，而使我們想到比留㊀、馬克㊁、格幼來㊂等人。試想甫魯沙爾，他整日在佛爾巴哈作戰，而在其左側和距沙爾綫不及十英里的地方，七個師却作壁上觀！如果我們不認爲：如此多的德意志

㊀ 比留（Jean Pierre Beaulieu）——一七二五—一八一九年。奧地利將軍。一七九六年以後，曾爲意大利軍司令官，在德奧之役中，爲拿破侖第一所敗，遂卸職歸隱。（譯者）

㊁ 馬克（Karl Mack）——一七五二—一八二八年。奧地利將軍。一七九七年，在拿波里王之下佔領羅馬，但遇拿波里之亂爲法軍所執，一八〇〇年由巴黎逃遁。一八〇五年在烏爾穆之役中，大敗，率兵三萬投降拿破侖第一。（譯者）

㊂ 格幼來（Franz Gyulai）——一七九八—一八六八年。奧冈將軍。一八四九—五〇年，爲陸軍大臣，一八五七年爲意大利軍司令官兼米蘭第五軍軍長。一八五九年爲倫巴底軍司令官兼總督，在馬金他之役中戰敗後，被撤職。（譯者）

軍隊和他們相周旋，以致阻止他們既不能去援助甫魯沙爾又不能去作一獨立的攻擊來解救他，那末這個便無法辯解了。但是我們已經說過：祇有當德軍之致命的攻擊曾擬定以其極右翼來進行時，這個唯一的辯護才是可以容認的。向麥次倉卒的退却更證實了這個見解。這個退却看來好像是從其聯絡已與麥次斷絕的這樣一個地位撤退的一種適時的企圖。我們雖然不知道：那一個德意志部隊從正面堵截拉多米魯和巴森，而那一個德意志部隊從側翼迂迴他們，但是我們不可忘記：在斯坦麥茲底七個或者七個以上的師中僅有三個師曾經參加戰鬥。

在這中間，更出現了一個北德意志軍：第六或者上西里西亞軍。它於上星期四通過了科命，現在將在斯坦麥茲或者菲力・查理士底指揮之下；太晤士報說他（查理士。——譯者）絕對在極右翼——在特里葉——，但該報底同一期登載了一個電報，說他已離霍姆堡向布利斯加斯特爾前進。德軍在數量上、軍紀上以及戰略地位上的優勢現在一定達到這樣的地步，以致他們目下能够幾乎暢懷地為所欲為。如果法皇企圖把他底四個軍停止在麥次底塹壕陣地裏——並且他祇有在這個退却和一個向巴黎不斷的退却之間選擇其一——，那末這個便不能阻止德軍底前進，就和本乃待克❶想着在歐爾繆茲（Olmutz）掩護之下集中他底軍隊的企圖在一八六六年不能阻止普軍向維

❶ 本乃待克（Ludwig August Von Benedeck）——一八〇四—一八八一年。奧地利將軍。一八四八年戰於意大利。一八四九年為拉第克軍參謀長。一八五九年，曾在蘇非力諾作戰。一八六〇年陞為參謀總長。一八六六年在普奧戰爭時，受皇帝命不得已作北軍司令，敗於克尼希格勒茲，被撤職查辦，但受皇帝恩寵得免。（譯者）

也納的前進一樣。本乃待克！和馬金他及蘇非力諸底勝利者（指普軍。——譯者）是怎樣一個對比！但是這個對比比其他任何一個都更恰當些。和本乃待克一樣，法皇把他底軍隊集中在可以向任何方向運動的一個地位，並且在敵人尚未集中以前，他整整有十四天。和本乃待克一樣，路易拿破侖讓一個軍挨一個軍地爲優勢的兵力或者爲優秀的將略所擊敗。但是，我們恐怕，這個類似也止於此。本乃待克在每日敗北底一星期以後，仍然有充分的兵力，並且他們曾在薩多瓦戰鬥中盡了極大的努力。但是根據一切象徵來看，拿破侖在兩日的戰鬥後已經幾乎絕望地把他底軍隊分散了，而甚至不能企圖進行一次大的會戰。

我們認爲：所擬定向波羅的海的遠征現在可以終止了，雖然這個曾不僅僅是一個牽制運動。每一個營將被用於東部國境。在法蘭西軍隊底三百七十六個營中有三百個營屬於六個現役軍和一個禁衛軍（這個衆所週知是在麥次和斯托拉斯堡之間）。計有四十營以上兵力的第七現役軍（多衛所率領）可能曾經派遣到波羅的海，或派遣以與主力會合。其餘的三十六個營對於阿爾及利亞和其他各種國內的勤務也許幾乎是不够用的。法皇還有什麼來源，以取得增援部隊呢？現在正在編制中的一百個第四營和流動警備隊。但是這二者——前者底大部分，後者底全部——完全由沒有受過訓練的新兵編成。至於第四營將在什麼時候完成出征準備，我們雖不得而知；但是無論完成與否，他們將不得不出征。我們上星期已經在察倫斯底兵營看到：流動警備隊目下是什麼。兩者雖無疑地都是造成兵士的好的成份，但還不是兵士；首先確實不是能够抵抗那些慣於使用多管槍㈠的兵士之突擊的軍隊。另一方面，德軍約在十日內將握有十九萬到二十萬人的第四營等——他們軍隊底核心。除此以外，至少還有一個同樣數目的後備軍，他們完全適合於野戰勤務。

㈠在恩格斯原文中，他常用多管槍手（Mitrailleu）而不用多管槍（Mitra'lleuer）。這無疑是指多管槍而言，我們認爲應把它改成這樣。（郝思）

論戰爭——第六

——第一二卷——第一七一四號

一八七〇年八月十一日・星期四

幾乎沒有一個戰爭曾以像拿破侖的『到柏林的軍事散步』這樣一種對普通謹愼法則的極端忽視來進行的，對於這個，現在是用不着再疑惑了。萊茵的爭奪戰是拿破侖最後而且最有效的一張牌。但是同時，這一戰爭底失敗也就是說第二帝國底崩潰。這個在德意志是了解得很淸楚的。長期期待對法戰爭，曾是使很多德意志人甘心於一八六六年底改變❶的主要原因之一。如果德意志在一方面說是被分割了，那末在其他方面却被加强了。北德意志軍事組織所提供的安全保障比較龐大而萎靡不振的舊聯邦爲大。這個新的軍事組織曾是如此計劃，以使它能够在十一日內把現役兵五十五萬二千人和後備兵二十萬五千人武裝成爲有組織的步兵營、騎兵連和砲兵連。並且在以

❶ 一八六六年普奧戰爭結束後，根據布拉格條約，奧地利與德意志脫離，由普魯士爲首另組北德意志聯邦，另外奧地利與匈牙利合併成立奧匈帝國。（譯者）

後兩星期或者三星期內，又可以有十八萬七千人的預備部隊完全適合於野戰勤務。這個並不是秘密。這些軍隊之區分爲各軍的全部計劃以及每一營等應被募集的地區底臚列是常常發表的。不但此也，一八六六年底動員證明了：這個組織絕不是僅僅在紙上存在的。應徵的每一個男子被精確登記了，並且大家也都很淸楚，在後備軍底每一地區司令官底司令部裏，對於每一個男子的召集令已準備好而祇是日期待塡而已。然而對於法皇，這個巨大的兵團却祇是在紙面上存在的。他召集來以開始戰役的全部兵力至多是萊茵軍團底三十六萬人和波羅的海遠征的三萬到四萬人，即全部四十萬人。在這樣一種兵數底劣勢之下並且在法蘭西新的編制（第四營）可用於野戰以前所需要的長時間的這種條件之下，他底唯一成功的希望，便是在德軍還在動員中的這個期間以內進行突然的攻擊。我們已經看到：這個機會怎樣被錯過了；甚至向萊茵突進的第二個機會怎樣被忽視了。並且我們現在將要指出一個另外的錯誤。

法軍底部署在宣戰底當時曾是很好的。它似乎曾是一個深思熟慮的戰役計劃之一部分。三個軍在第登霍芬、聖·亞佛爾和比錫，在直接位於國境以後的第一綫；兩個軍在麥次和斯托拉斯堡，在第二綫；兩個軍作爲預備隊在南錫附近，第八軍在柏爾福。藉鐵路之助，這些軍隊能够在數日內集中起來，以便或者從洛林渡過沙爾河或者從亞爾薩斯渡過萊茵河進攻，並且根據需要或者向北或者向東挺進。但是這個部署祇適用於攻擊。對於防禦，它是絕對不適合的。一個軍隊防禦部署之首要的條件是：把前進部隊置於主力部隊前這樣一個距離內以便能够適時地得到關於敵人攻擊的情報，能够在敵人到達以前把自己底軍隊集中起來。設使集合側翼於中央需要一日的行軍，那末前衛至少必須與中央保持一日行軍的距離。現在，拉多米魯、甫魯沙爾和多·法伊底三個軍以及其後甚至馬克馬洪軍隊底一部分都展開在國境底直接附近並超過了從威森堡到宅爾克（Sierck）一綫——這個至少是九十英里。集合側翼於中央，也許需要整整兩天的行軍。甚至以後，當顯知德軍相距僅數英里之遙時，任何步驟都未採取，以便或者縮短戰綫底長度，或者把前衛向前推進至能够適時得到行將攻擊之消息的距離。因此，幾個軍被各個擊破，這還有什麼奇怪的呢？

於是，把馬克馬洪底一個師配備於佛日山以東、威森堡附近、配備於招致了德軍以優勢兵力的攻擊的一個位置的這種錯誤便發生了。多衛底失敗使馬克馬洪進一步犯了下列的錯誤：即他曾企圖挽回佛日山以東的戰鬥，因此更使右翼遠離了中央，而把他和中央底聯絡綫暴露出來。當右翼（馬克馬洪軍和至少法伊及堪羅伯爾軍❶之一部）在伏爾特附近被擊潰時，中央（甫魯沙爾軍和巴森軍底兩個師，如現在所證明）在沙爾布魯根之前遭到了慘敗。其餘的軍隊相距太遠了，以致不能馳來增援。拉多米魯仍在保崧維爾（Bouzonville）附近，巴森軍隊底餘部和禁衛軍在保雷（Boulay）附近，堪羅伯爾軍隊底主力向南錫轉移。多·法伊軍隊底一部已完全不知去向，非利克

❶ 堪羅伯爾未在伏爾特參戰（郝思）

斯·多衛，如我們現在所知，八月一日曾在亞爾特克爾希（Altkirch），亞爾薩斯底最南端，距伏爾特戰場幾乎有一百二十英里。並且很可能，他祇有不充分的鐵路運輸工具。這個全部配置除了證明踟躕、不決定和動搖以外，別無其他。並且這個還是在戰役底決定的瞬刻發生的。

人們使兵士對於他們底敵人抱什麼觀點呢？固然，法皇在最後的瞬間曾向他底兵士說：他們必須要和『歐洲最好的軍隊之一』來周旋。但是，經過數年來曾使他們接受的輕視普軍的教育之後，這些話又能有什麼意義呢？我們可以由時報底賈諾魯（Jeaunerod）上尉底證言很好地指出這個。我們在以前曾提過賈諾魯，他在三年前才脫離了軍隊。他在『砲火洗禮』之際爲普軍所俘擄，在他們中間過了兩天，在這個期間，他看過了八個普魯士軍底大部分。他曾驚奇地發現在他對於普軍的想像和實際之間有這樣大的區別。在他們把他帶到德軍營地以後，他底第一個印象便是：

『在森林中，是一個整個的變化。哨兵站在樹下。各營沿大道駐紮。沒有一個人曾企圖以一種不適合於我們國家和我們目下的情勢的方法來欺騙世人。從第一步起，我便看出一個優秀的軍隊和一個堅强地爲戰爭而武裝起來的民族所表現的顯著的特徵。這些特徵是些什麼呢？是一切。兵士底舉動，甚至在最小的動作中對於爲一種比較我們更爲嚴格的紀律所保護的上級的服從，一些人底活潑，另外一些人底最認眞和最堅決的面容，他們中間大多數所表現的愛國心，軍官的有能力的和持久的勤勉以及首先使我們嫉羨的下級軍官之道德的品格，——所有這一切立刻使我銘感於心。自從我在這個軍隊中間和在相隔一定距離即樹有指示後備軍地方各營之番號的標記的這個國家裏度過了兩天以來，我永遠沒有把這個印象從我底意識中消逝了，這些標記使我想到：這個國家在危險和野心底這一瞬間能夠努力到怎樣的程度。』

在德軍方面，就和法軍完全不同了。他們確實相當重視法軍底戰鬥素質。德意志軍隊底集中進行得迅速，但是謹慎。每一個可服兵役的男子被派遣到前綫。現在，當北德意志第一軍在沙爾布魯根與菲力·查理士親王底軍團合併以後，這支五十五萬人軍隊底每一個人、每一匹馬和每一門大砲無疑都被運至前綫，以便在那裏和南德意志軍隊相會合。這個巨大的數量上的優勢底效果更爲優秀的將略所增强。

論戰爭——第七

——第一二卷——第一七一六號

一八七〇年八月十三日・星期六

在這個整個星期內，人們曾經期待着在麥次前面的會戰，一個法蘭西底日事報告指出了這個會戰將逼在眼前。我們底軍事批評家沒有一個人曾經想到要說明：這個逼在眼前的會戰無非是那個用來戲弄無拘無束的鯨魚（指巴黎底民衆。——郝思）的浴桶❶而已。麥次前面的會戰！爲什麼法軍希望它呢？他們是在這個要塞掩護之下曾集中有四個軍，他們企圖把堪羅伯爾四個師中的某幾個師召集到這裏來。他們期待不久獲得情報：說明馬克馬洪、多・法伊和多衛底三個軍底殘部業已在南錫到達摩塞爾河並且在它底後面得到掩護。爲什麼他們企圖在他們底全軍未再會合以前，在麥次底堡壘尚保障着他們不受攻擊的時候，進行一個正規的會戰呢？並且爲什麼德軍想着

❶ 恩格斯原文爲：“The tub throun out to that unruly whale”，這是一種古語的轉訛，相當於現代語從兒童所要的玩具的一種轉訛。（郝思）。此處係指玩弄巴黎民衆的一種圈套而言。（譯者）

在一個對於這些堡壘的無準備的進攻之際粉碎自己底頭顱呢？祇有當全部法蘭西軍隊在麥次底壘壁下會合以後，我們才能够期待到：法軍由摩塞爾河向東出擊並且在他們底堡壘前面進行會戰；但是不會在這以前。不過這個還沒有發生，並且我們懷疑：這個是否終於會發生。

在上星期日，馬克馬洪曾被逼放棄查佛恩，這個在同一夜爲德軍所佔領。他在手下只有他自己那一軍底殘部和多衛軍底一個師（康塞伊—杜麥尼爾〔Conseil-Dumesnil〕所率領）以及另外曾掩護他退却的多·法伊底一個師。在同夕，德意志第一和第二軍團向佛爾巴哈進軍並幾乎進到聖·亞佛爾附近。這兩個地方比較查佛恩接近於南錫；它們又比較查佛恩更接近於彭·他·穆松（Pont-a-Mousson）和杜爾阿爾（Dieulouard）（兩者都是在南錫與麥次之間的摩塞爾河上的地方）。現在，如果德軍盡可能迅速地在這個河上確保或者建築一個渡口並且在麥次底上方（由於各種非常明顯的理由）確保或建築這一渡口，如果他們能够比較馬克馬洪更接近於該河並且能够由急行軍阻礙他與巴森之再次會合，如果他們有充分的軍隊，那末他們將嘗試某種與此相類的事件，這不是非常明顯的嗎？如我們所曾經預言的，他們底騎兵恰恰橫掃過整個北洛林，並且也許已經和馬克馬洪底右翼相接觸。他們在星期三業已通過格魯·唐康（Gros-Tenguin），這個距查佛恩和南錫間底直接通路僅約二十五英里。因此德軍將確切知道：他在什麼地方並且他們將如何按步就班地動作，同時我們不久將知道：他們業已在南錫（更正確地說，甫魯阿爾〔Frouard〕）和麥次之間底那一地點到達摩塞爾河。

這個就是爲什麼我們自上星期日以來關於戰鬥沒有聽到任何消息的原因。兵士底兩腿現在正在作着全部工作。這是馬克馬洪與菲力·查理士之間底競賽，看他們中間誰先渡過摩塞爾河。如果菲力·查理士取得了這個競賽底勝利，法軍將不得不從麥次走出，不是爲了在麥次底壘壁前面進行會戰，而是爲了防守通過摩塞爾河的渡口。這個確實可以由對於右岸或者左岸的攻擊來達到。那兩列在佛爾巴哈所俘獲的浮橋很快地將要進行工作。

關於多·法伊，我們沒有聽到任何肯定的消息。在一個麥次底日事報告中說道：他也許已經再度和軍隊會合。但是和誰底軍隊呢？和巴森底，還是和馬克馬洪底？如果在這個整個報告中終於有某些眞實的地方可信，那末這個顯然是和後者底軍隊相會合，因爲自從他失踪以來，德意志縱隊底先頭部隊便位於巴森和他之間。多衛所殘餘的兩個師——他在八月四日仍在巴塞爾附近的瑞士國境——現在必然由於德軍向斯托拉斯堡的前進使之與其餘的軍隊失掉聯絡。他們衹有在維蘇爾（Vesoul）附近才能再和其餘的軍隊相會合。在跳羅伯爾底軍隊中，突然發現至少有一個師（馬爾唐普勒〔Martirnprey〕所率領）在巴黎，在那裏它不是和德軍而是和共和黨相對抗。該師底第二十五、第二十六及第二十八團在星期二曾參加保護立法會議的軍隊中曾被提出過。其餘的也許現在在麥次，因此在那裏的軍隊計有十五個師（步兵）；然而其中三個已由於在斯比希林的敗北所完全粉碎了。

至於斯比希林，說法軍在這個戰鬥中爲數量上佔優勢的兵力所擊敗，那是錯誤的。我們現在有斯坦麥茲和亞爾芬斯勒本（Alvensleben）將軍底一個很詳細的報告，這個報告非常明顯地指出·在德軍方面，那些軍隊曾參加戰鬥。攻擊由第十四師進行，爲我們底老朋友，第四十團所支援——全部十五個營。僅僅他們，因此也就是僅僅步兵，和甫魯沙爾陸續派來的三個師或者三十九個營作戰六小時之久。當他們幾乎被擊潰，但仍然佔領着他們在戰鬥之初所奪取的斯比希林底高地時，第三或者勃蘭登堡（Brandenburg）軍底第五師來了。並且它底四個團中至少有三個團加入了戰鬥——全部計有二十四或者二十七個德意志營。他們把法軍從他們底陣地中驅逐出去。剛剛當法軍底退却已經開始的時候，曾經由羅塞爾（Rossel）河底谿谷迂迴法軍右翼的第十三師底先頭部隊到達了戰場，急襲佛爾巴哈，使有秩序的退却變成了潰退，而由此他們截斷了到麥次的直接通路。在會戰結束時，德軍更有另外一個師（第六師）準備參戰，並且事實上也有一小部分參加了戰鬥。但是同時，兩個法蘭西師（蒙陶班〔Montauban〕和加斯塔尼〔Castagny〕底兩個師，均屬於巴森軍）來了，並且屬於後一師的第六十九團遭受了嚴重的損失。因此，縱然法軍在威森堡和伏爾特爲優勢的軍隊所擊敗，但他們在斯比希林却是爲數量較少的兵力所戰勝了。至於談到他們其餘的報告：說他們在數量上被超過了，那末我們不可以忘記：各別的士兵在會戰中是不可能判斷兵力的，並且這個是一切敗軍之普通的辯解。此外也不要忘記：德意志軍隊高尙的素質現在才得到了應有的承認。我們業已從法軍大本營正式地證實了：德軍底砲火在持久性及準確性上曾遠超過法軍，並且馬克馬洪着重指出：如果法軍在森林內與德軍作戰，法軍是無機可乘的，因爲德軍知道如何很好地利用遮蔽物。關於騎兵，賈諾魯在星期六底時報上說道：「他們底騎兵遠較我們底騎兵為優越。他們普通的士兵所騎的馬比較我們軍隊中許多軍官所騎的馬要好得多，並且他們也騎得好些……我曾經看到他們胸甲騎兵團之一，那是非常漂亮的……此外，他們底馬比較我們底馬載的要輕得多。我所曾看到的胸甲騎兵在他們高大的馬匹上所載的重量，遠較我們在我們矮小的亞拉伯或者南法蘭西馬上所載的為少。』他也羨慕德軍軍官不僅對於他們本國底地形而且對於法蘭西底地形所具有的那種廣博的知識。但是這是無足怪的。每一個中尉都有法蘭西參謀部地圖底漂亮的翻印本，而法蘭西軍官却祇有戰場底一個可笑的地圖。此外等等。如果在戰前，祇有僅僅一個這樣誠實的新聞通訊員曾被派到德意志，那對於法蘭西軍隊也許曾是有益的。

論戰爭——第八

——第一二卷——第一七一七號
一八七〇年八月十五日・星期一

馬克馬洪在什麼地方呢？德意志騎兵隊在他們一直勇敢地衝到魯乃維爾和南錫底城門之際，似乎沒有遇到他。不然，我們一定會聽到關於戰鬥的消息。另一方面，如果他曾經確實來到南錫並因此而曾經恢復他和麥次底軍隊間的聯絡，那末這樣一個安心的事實一定立刻會爲法軍司令部所報道。我們從這個絕對的緘默中對於他所能得出的唯一的結論就是：他曾經認爲採取從查佛恩到魯乃維爾和南錫的直接的道路過於危險了。因此，我們可以假定：他爲了不使他底右翼暴露於敵人，曾更向南作了一個大的迂迴，以在巴佛恩(Boyon)或者甚至更在上游渡過摩塞爾河。如果這個假定是正確的話，那末他也許很少有希望曾經到達麥次的。在這個場合，法皇或者麥次之臨時的指揮官一定曾提出這個問題：即軍隊立刻向察倫斯——和馬克馬洪的聯絡可能被實現的最近的地點——撤退是否是更好些。因此，我們業已準備接到關於法軍戰綫在這一方面的一個總退却的報告。

在這中間，我們聽到關於法蘭西軍隊之大量的增援。新任陸軍大臣向國會担保：在四天內，兩個軍，每軍三萬五千人，將可以運到前綫。這些兵士在什麼地方呢？我們知道：萊茵軍團底八個軍和曾被決定作波羅的海遠征的軍隊以及阿爾及利亞底守備軍造成法蘭西軍隊(包括水兵在內)底所有的營。我們知道：堪羅伯爾軍和波羅的海遠征軍底四萬人在巴黎。我們從德洋(Dejean)將軍在國會的講演中知道：尚遠未完成的各第四營必須補充，並且這個得由從流動警備隊中抽調人員來完成。那末這七萬人將從那裏得來呢？特別是蒙陶班·多·巴里寇(Montauban de Palikao)盡可能避免地不使這四萬人離開巴黎的時候——這是很可能的。但是如果他所說的終於有某種意義時，那末這兩個軍祇是指在巴黎的軍隊和那一直到現在常認爲是萊茵軍團之一部的堪羅伯爾軍而言。在這個場合，也就是當唯一有效的增援是巴黎底守備軍時，在戰場上的兵力至多將由二十五個師增至二十八個師，其中至少有七個師曾遭受嚴重的損失！

以後我們聽到：特魯錫(Trochu)將軍被任命爲在巴黎編成的第十二軍底軍長而文德(Vendes)將軍(？)被任命爲在里昂編成的第十三軍底軍長。萊茵軍團一直到現在是由禁衛軍和第一至第七的各軍組成的。關於第八、第九、第十及第十一軍，我們迄今一無所聞。現在在我們面前又突然出現了第十二和第十三軍。我們業已知道：沒有任何軍隊，可以從他們編成這些軍，除開第七軍，如果這是指巴黎底守備軍而言。這個好像是由於在紙面上建立想像的軍隊來加强社會人士底信任的一種可憐的詭計。不然，對於其中四個迄今尙未存在的五個軍底這種稱號的編制，也很難能有其他的說明。

無疑，想着組織一個新軍的企圖是有的；但是對於這個有什麽資源呢？首先是憲兵，從他們可以編制一團騎兵和一團步兵；這雖是很好的軍隊，但他們將不超過三千人並且必須得從法蘭西各地來召集。關於國境守備隊也是同樣，從他們可以期待編成二十四個營的人員。但是我們懷疑：他們是否將完成這個數目底一半。其次是一八五八年到一八六三年底老兵，在他們中，未婚者已經爲特別法令所徵募。這個可以形成一個二十萬人的分遣隊，將是軍隊之最有價値的增援。第四營可以由這個軍隊底少一半來補充，其餘的將用以編成新的營。但是這裏又來了困難——軍官來自何處呢？他們將不得不從戰鬥的部隊中來抽調；雖然這個能够由許多班長升爲少尉來達到，但是這個一定要削弱被抽去班長的各軍。總共合計起來，這三部分至多可以增加二十二萬到二十三萬人，並且甚至當其中僅僅一部分準備參加實際作戰部隊以前，在有利的情形下面，也至少得經過十四天到二十天。但是不幸得很，情形對於這個是不利的。現在必須承認：不僅兵站總監部而且全部法蘭西軍隊行政管理充其量都不能够僅僅供給甚至國境的軍隊底食糧。那末，對於這個沒有一個人曾經想到會被使用在前綫的預備隊的服裝和器材底情形如何呢？這個確實是堪疑的：就是除開第四營以外，在一兩個月以前，是否還有其他新的編制可以完成。此外，我們不可忘記：這些兵士中沒有一個人曾使用過後膛槍，並且他們完全不知道這個兵器所需要的新戰術。

如果目下法軍底現役部隊，如現在他們自己所承認的，經常地、盲目地開火而浪費他們底子彈，那末這些新編的營在其射擊時的沉着性與準確性似乎很少爲戰鬥底喧鬧所影響的敵人底前面將如何呢？

剩下的還有流動警備隊、三十歲以內的一切未婚男子底募集和常駐國民軍。至於流動警備隊，那末他們所曾有的這一點外表的組織，一當派遣到窣倫斯，便會消失了。紀律沒有，其中大多數完全不能勝任的這些軍官，似乎業已一天一天漸漸喪失了威信。兵士甚至沒有兵器，現在這個全部組織好像在整個的瓦解中。德洋將軍由於流動警備隊補充諸第四營的這個建議間接地承認了這個。並且，如果表面上爲全國徵兵底最有組織的一部分的這些軍隊完全不可運用，那末其餘的將怎樣呢？縱然軍官、服裝和兵器對於他們是現成的，使他們成爲兵士還需要多久呢？然而對於這個事件是沒有任何準備的。對於他們底職務適宜的每一個軍官都已經參戰了。法軍沒有像德軍在他們『一年志願兵』中所有的那樣幾乎用之不盡的預備軍官。每年其中約有七千人服役於德意志軍隊，並且這些完成了他們兵役年限的每一個一年志願兵，都完全適合於担任一個軍官底職務。不僅軍官，而且服裝和兵器都似乎完全不曾是現成的。據說，甚至舊式的燧發槍也將從兵庫中拿出來了。在這個情況之下，這二十萬人❶對法蘭西有什麼價值呢？如果法蘭西人想起國民會

❶ 原文爲「二百萬人」。（編者）

議㊀，想起加爾諾㊁和他從無有中所建立起來的軍隊等等，固然是很好的。但是，當我們遠不主張法蘭西已最後被擊敗時，我們並不想忘記：聯軍在國民會議底成功中也佔有大的作用。當時，進攻法蘭西的軍隊平均每路計有四萬人。他們有三路或者四路，其中每路都在其他各路所能達到的距離以外來行動，一路在雪爾德（Schelde）河，另外一路在摩塞爾河，第三路又在亞爾薩斯等。國民會議曾使或多或少未受訓練的徵兵底大的集團和這些小的軍隊底每一路相對抗，他們由於在敵人側翼及後方的活動逼使後者——當時他們完全依靠於他們底軍需倉庫——緊接地扼守在國境。在五年的戰爭中，法蘭西軍隊鍛鍊成了眞正的兵士，而最後成功地把聯軍驅逐到萊茵河之北。但是人們能夠片刻相信：同一的戰術能夠制勝雖分兵三路但常常知道如何維持其間聯絡的現在的這支大侵入軍嗎？或者這個軍隊會給與法軍以時間，去發展他那未覺醒的力量嗎？並且這個

㊀ 國民會議（Konvent）——法蘭西大革命時的立法會議（一七九二年九月二十一日到一七九五年十月二十六日）。（郝思）

㊁ 加爾諾（Lazare Nichlaus Marguerite Carnot）——一七五三—一八二三年。法蘭西革命時代政治及軍事活動家。甲可賓派。後爲北軍在國民會議之代表。一七九三年爲治安委員會委員，握有軍隊組織領導權。其時歐洲第一次反法大同盟成立，組織聯軍侵法。在危急之際，彼即確立強迫徵兵制，動員七十五萬人，抵抗聯軍，終於戰勝之。一七九五年，執政府成立後，爲該政府閣員。一七九七年，疑與保皇黨的陰謀有關，被放逐，但潛逃至德意志。霧月十八日（十一月九日——拿破侖第一政變日）後被召回，四月中爲陸軍大臣。後即引退。著有各種數學及軍事學等書籍。（譯者）

力量祇有當法蘭西人準備作他們現在尚未作的一切，也就是說把巴黎和它底守軍委於它們自己底命運而以羅亞爾綫爲作戰根據地來繼續戰鬥時，在某種程度上才是可能的。這個或者不會到來，但是如果法蘭西不準備考慮這個，那最好不要談全國徵兵。

論戰爭——第九

——第一二卷——第一七二〇號
一八七〇年八月十八日·星期四

『法軍開始渡至摩塞爾河左岸。今（星期日）晨，偵察隊報告已發見普軍前衛。當法軍已渡過該河時，普軍以大批兵力來攻，經過繼續四小時之戰鬥後，普軍在嚴重損失之下被擊退。』如路透社星期一晚所載，這是法皇電報底原文。但是它包含着一個重要的錯誤。法皇曾經特別說過：偵察隊並沒有報告過敵軍底存在，雖然後者已在直接附近。但是除此以外，好像不能有任何東西更比這個公報確實和正確的了。我們有全部事實明擺在我們底眼前：法軍曾急迫地忙碌於渡河的這個冒險的動作。常常知道如何能够在一種不備的狀態中猝然襲擊敵人的狡猾的普軍，一當法軍一半業已到達彼岸時，便立刻襲擊他們。於是，法軍漂亮的防禦戰遂繼之而起，最後在超人的努力之後，以嚴重的損失擊退了敵人而勝利前進。這個是完全如聲如繪的，祇是缺乏一點——所有這一切曾經發生的那個地點底名稱。

從這個報告中，我們衹能結論說：這個渡河和阻止這個渡河（這個被如此成功地擊退了）的企圖，曾在平地上發生。但是，如果法軍控制了麥次範圍以內所有渡河的橋樑——對於每一個敵方的襲擊是完全安全的橋樑——，如果此外還有充分的地點足以在爲麥次周圍堡壘所掩護的距河流五六英里的這些同樣安全的地點架設更多的浮橋，那末這個怎樣能夠發生呢？法蘭西參謀部不是還不願意告訴我們：它輕率地忽視了這些所有的利益，把軍隊從麥次引出來，在平地上架設他們底橋樑並在敵人視野和可到達的距離內渡河，祇是爲了造成全週以來所曾約許於我們的那個『麥次會戰』嗎？

但是如果摩塞爾河的强渡曾在麥次工事範圍以內進行，那末祇要法軍（他們也許可能做到這個）曾把自己保持在分遣堡壘綫以內，普軍怎樣還能夠在右岸上攻擊法軍呢？這些堡壘底砲兵也許會立刻使這個地方的攻擊的軍隊無法立足。

全部事態似乎是不可能的。法軍參謀部好像應當指出許多必要的地名以使我們能夠在地圖上尋索這個勝利的戰鬥之各個階段。但是它却沒有提出這些名稱。對於我們幸運的是普軍並不如此諱祕；他們報告：在盤治（Pange）❶附近的戰鬥曾在通往麥次的道路上發生。我們現在一看地圖，全部事態明瞭了。盤治不位於摩塞爾河上，而位於距此八英里的尼多河上，該河在麥次底分

❶ 八月十六日。（郝思）

遺堡壘外約四英里。如果法軍曾正在渡摩塞爾河並且他們軍隊底一半已經渡過，那末在軍事上，他們便不會有任何理由把比較大的部隊停止在盤治或者盤治底附近。但是如果他們走到了那裏，那末就不是出於軍事的理由了。

如果拿破侖一旦被逼放棄麥次和摩塞爾河綫，他不能夠不經過戰鬥並且——可能時——經過一個眞正的或者表面的勝利而安然地開始一個至少必須一直繼續到察倫斯的退却。機會曾是良好的。當他軍隊底一半渡過了河的時候，另外一半曾能夠在麥次東部堡壘之間突然衝出，把普軍前衛擊退了。這一半軍隊曾能够企圖進行一次大的會戰，以吸引敵人到堡壘大砲底射程以內，然後以全綫雄偉的進攻把他們驅逐到對堡壘安全的距離。這樣一個計劃不會是完全失敗的；它一定可以得到像勝利那樣的某種結果。這個也許會恢復在軍隊中的威信，或者甚至恢復在巴黎的威信，而使向察倫斯的退却帶有較少的屈辱。

如果人們曾如此考慮事情，那末這個便說明表面上簡單而實際上不合理的一種從麥次來的報告。這個報告底每一個字在某種意義上說雖是正確的，但乍然看起來，全文好像有意地企圖引起一種完全虛僞的印象。這個也說明爲什麼雙方能够爭言勝利是他自己的。普軍把法軍一直驅逐到了他們堡壘底掩護之下，但是前進得過於接近這些堡壘，曾不得不再行撤退。關於有名的『麥次會戰』便是這樣，它可以說是等於沒有作，因爲它對於戰役過程的影響等於零。我們可以看到：巴里寇伯爵在國會底講演中是遠爲謹愼的。他說：『這不是正規的會戰而是些局部的戰鬥，在這些戰鬥中，有軍事知識的每個人一定可以看出：普軍曾遭受了失敗而不得不放鬆法蘭西軍隊底退卻綫。』元帥底最後的斷言好像祗有一瞬間是眞實的，因爲撤退的法蘭西軍隊確實在托爾和格拉維魯特❶曾爲普軍所嚴重地威脅。

事實上，這是拿破侖和他底軍隊離開麥次的絕好的時機。當他們在摩塞爾河上躊躇時，德意志騎兵在康麥爾錫（Kommercy）通過了繆斯河，破壞了從那裏到巴爾·勒·杜克（Bar-le-Duc）的鐵路。他們也在維奴爾（Vigneulles）出現了，威脅了從麥次向凡爾登（Verdun）撤退的縱隊底側翼。我們從一個騎兵連如何開入了南錫，如何徵收了五萬法郎並且如何迫使該城居民破壞鐵路的這個情形中，看出這個騎兵隊曾大胆地作了些什麽。法蘭西騎兵在什麽地方呢？屬於八個軍的那四十三個團和算作集團軍之一部的騎兵預備隊底十二個團又在什麽地方呢？

現在，在德軍道路上唯一的阻礙便是托爾要塞，並且如果它不曾控制着鐵路時，那它也許沒有什麽重要性。德軍確實需要鐵路，因此無疑地將採取最迅速的手段以奪取托爾。托爾是一個沒有分遣堡壘的舊式的要塞，因此對於砲擊是完全沒有遮禦的。我們也許不久將要聽到：在它被砲擊了十二小時或者也許比這還要短的時間以後，它便投降了。

如果關於馬克馬洪自離開了他底軍隊以後在伏爾特會戰之後兩天即在南錫的這些法蘭西底新

❶ 八月十六日。（譯者）

聞報道是眞的，那末我們可以確信：他底軍隊已完全瓦解，同時多·法伊底軍隊也爲他們所影響。德軍現在向瑪倫河進軍並且甚至幾乎在和那爲他們所側翼迂迴的兩個法蘭西軍團的同一的戰綫上。巴森底進軍綫從麥次經凡爾登和聖·麥奴霍德（St. Menehould）到察倫斯，——德軍底進軍綫從南錫經康麥爾錫和巴爾·勒·杜克到維特利（Vitry）。馬克馬洪軍隊（因爲縱然元帥自己業已在察倫斯與法皇相會，但這一定是沒有帶他底軍隊的）底進軍綫在某處向南，但無疑地也是在維特利底方向。因此，兩個法蘭西軍團底會合一天一天更成問題了。如果多衛底軍隊不適時地奉命由柏爾福（Belfort）經維蘇爾和說蒙（Chaumont）開至維特利，那末這些軍隊將不得不經過特羅業（Troyes）和巴黎來再相會合，因爲維特利現在不久對於法蘭西軍隊將不可通過。

論戰爭——第十

——第一二卷——第一七二一號

一八七〇年八月十九日・星期五

無疑，雖然毛奇將軍是一個老人，但是他底各種計劃却充滿着青年底全部精力。他已經一度把他底大軍挺入於法軍底一翼和其餘軍隊之間，但並不以此爲滿足，現在他又重複同一的機動並且顯然得到同樣的成功。如果他祗是繼續他那向瑪倫河的直接的進軍並且曾經擾亂了法軍在他們向同一目標平行進軍中的右翼和後方，那末根據大多數軍事批評家底意見，他已經作得很够多了。但是，要想他會要求他底士兵底兩腿盡這樣大的努力如像他現在似乎曾經作到的那樣，那幾乎是期望不到的。我們以前認爲是各別的軍對那從麥次向凡爾登運動的這個長的行軍縱隊底暴露翼側及後方所施行的簡單的攻擊的，現在似乎變成僅僅是以大兵力對這一縱隊施行攻擊以前的一種偵察動作而已。三、四個德意志軍以一個半圓形自麥次底南方前進；他們底先頭部隊在星期二底早晨到達了法軍底進軍綫，並且突然地襲擊了他們。法蘭西軍隊在星期日由麥次開始了他們底退却，在盤治和伯爾克羅阿（Bellecroix）堡壘間的戰鬥也許在同一天底黃昏曾經遲延了這個運動，但是這個運動在星期一仍然在繼續着，並且在星期二還沒有停止。這個運動至少曾由兩個獨立縱隊來進行，它們採取了在格拉維魯特——麥次西五英里——分開的兩條道路。這兩條道路底北面的一條通過頓庫爾（Doncourt）和埃潭（Etain），南面的一條通過維昂維爾（Vionville）、托爾和佛勒諾（Freine），它們又再會於凡爾登。在托爾附近，德軍進行了攻擊；戰鬥繼續了一整天，並且根據德軍底報告，這個是以法軍底失敗而告終結，他們損失了兩面軍旗、七門大砲，被俘二千人，被驅逐到麥次。但另一方面，巴森也爭說他自己得到勝利。他說：他底軍隊擊退了德軍，在被佔領的陣地上度過了夜晚。但是在他那星期三黃昏底電報中，曾有兩個不祥的記述。他在這個電報中說：他星期二曾在頓庫爾和維昂維爾之間作戰一整天，這就是說，他曾以一個面向西的、從頓庫爾展至維昂維爾的戰綫作戰，而這時德軍却在兩條大道上截斷了通往凡爾登的道路。不管他怎樣自言勝利，他却沒有說：他曾經肅清了那些道路，或者僅僅其中的一條。如果他曾經作到這個，那末在夜裏盡可能迅速地繼續他底退却，一定顯然是他底任務，因爲德軍必然要在早晨增援。但是他按軍不動，『在被佔領的陣地上』度過了夜晚，好像無事的樣子。並不以此爲滿足，他又在那裏停留到星期三下午四時並且以後他使我們知道的，不是他再行進軍的某種意向，而是爲了大批增加他底彈藥而遲延幾個鐘頭的一種行軍底整備。因此，我們可以確信：星期四的前一夜也在同一地點度過了，並且因爲他從那裏能够補充他底彈藥的唯一地點是麥次，所以我們有根

• 118 •

據來結論說：「被佔領的陣地」是後方陣地，向凡爾登的退却曾被並現在仍被截斷着，巴森元帥在這時或者已退回麥次，或者企圖經過一條更北的道路逃走。

如果這個分析是正確的——並且人們如何能够另外判斷這個形勢呢——，那末這就是說，法蘭西軍隊底一部又被從其餘的軍隊截斷了。我們不知道：在德軍未到來以前，那一個軍隊在星期一和在星期二早晨曾向凡爾登進軍。但是被追回到麥次的這部分軍隊顯然是相當多的。不管這個兵力有多少——但企圖再在察倫斯集中的這個大部隊將要減少這麼多。但是對於巴森仍有一條可以逃走的出路。緊接着比利時國境，從第登霍芬經隆格昂(Longuyon)、蒙麥第(Montmedy)和麥澤爾(Mezieres)有一條鐵路，在麥澤爾與理姆斯(Reims)和察倫斯纔相交。但是利用這個國境綫或者僅僅向那裏進軍的軍隊能够爲追擊的敵人驅逐到國境並被逼而投降或者越過國境，然後在那裏爲比軍解除武裝。此外，在這個遼遠的鐵路綫上，也沒有充分的車輛，足以輸送一個較大的部隊，並且最後我們接到由凡爾登來的報告，說普軍，在他們顯然已經在麥次與第登霍芬之間渡過摩塞爾河以後，星期三已在布利葉(Brieye)，在由麥次到這個鐵路底可以使用的部分的直接通路上。如果巴森企圖在這條道路上拯救他底敗軍，那末在最好的場合，他一定也會使他們全體整個瓦解了。當敵人控制着敗軍底直接的聯絡綫時，一個長距離的退却是一個非常絕望的行爲。馬克馬洪底軍隊，便是明證，在這個軍隊中，祇有一少部分曾經乘火車到達察倫斯。在十二日，五千人來到這裏；世紀(Siecle)曾經報道他們在什麼狀態中來到這裏：他們是由一切種類的武器和團組成的，沒有武器，沒有彈藥，沒有背囊。騎兵沒有馬，砲兵沒有砲。五花八門的、漫無組織的、士氣沮喪的一羣！在這個軍隊再編成步兵營、騎兵連和砲兵連以前，將需要幾個星期。從新聞記者們由於怕洩露可以爲敵人所利用的消息而避免敍述在察倫斯現役部隊底狀況的這個事實來看，這個說得已够多了。

曾決定在察倫斯集中的這個大軍，決不會在那裏聚集了。當堪羅伯爾底軍隊一部分被撤到巴黎一部分被撤到麥次以後，所剩的祇有流動警備隊底十八個營，而他們在這樣一個戰爭中是不值得一提的。自此以後，海軍陸戰隊由巴黎被派至察倫斯。多衛底兩個殘餘的師在這個時候將要來到，如果在巴森底部署中還存在有某種常識的話。也許還有一些第四營，固然不多。在不久以前由憲兵和國境守備隊所編成的諸團中，也許有一些在這幾天底過程中會來到。義勇兵底一些小的部隊也可能到達；如果我們不把沒有受過訓練的人員底這個募集計算在內，那末在德軍到來之前能够集中在那裏的那個大軍底主要部分，在一切情形之下，是由從麥次撤退的軍隊組成的。我們仍然將要聽到：在星期二❶底戰鬥後，這個軍隊將變成怎樣。

在特羅錫將軍之被任命爲『在巴黎編成』的第十二軍軍長之後如此短的期間內，他又被任命爲決定防衛巴黎的軍團底總司令，這證明：把現在在巴黎的軍隊底大部分派至前綫，是並未加以

❶ 八月十六日。（郝恩）

考慮的。巴黎是必須被鎮壓的。但是，如果關於上星期二底會戰的眞相被明瞭了，誰還能够鎮壓巴黎底人民呢？

戰爭底危機

——第一二卷——第一七二二號

一八七〇年八月二十日・星期六

法皇雖然已經離開軍隊，但他底劣跡仍然留在軍隊裏❶，那種在焦急中促成了宣戰而在宣戰後又不能決定有所作爲的劣跡。軍隊至遲曾應該在七月二十日以前完成了行軍準備。七月二十日來了，但是什麼事都沒有作。二十九日，拿破侖第三在麥次就總司令職；這個對於一個幾乎沒有阻礙的一直向萊茵的進攻仍然有着時間。但是軍隊沒有動。猶豫不決似乎曾如此之大，以致法皇甚至不能決定：應進攻還是應採取守勢。

德軍縱隊底先頭已從各方面向萊茵選侯領滙合，並且每一天都能够期待到他們底攻擊。然而法軍仍然停留在他們國境的陣地上。這些陣地原是爲了攻擊（這個一直沒有進行過）所設，完全

❶ 八月十二日，巴森被任命爲萊茵軍團底總司令。（郝思）

不適合於防禦（這個不久便成了他們唯一的出路）。從七月二十九日一直繼續到八月五日的這種猶豫不決，是全部戰役底特徵。法蘭西軍隊被密集地配備在國境上，而沒有在主力部隊正面前適當的距離內安置前衛。這祇有兩個方法來糾正這個錯誤，就是：或者把前衛推進到敵人領土以內，或者讓他們停留在他們所佔領的國境的陣地上而將主力部隊再向後退一日的行程，比較密接地集合起來。但是第一個計劃一定會引起在超過法皇控制的形勢之下與敵軍的接觸。反之，第二個計劃自身却包含着在最初會戰之前即行退却的一種在政治上不允許的情況。因此，猶豫不決繼續着，任何事情都完全沒有作，就好像期待敵人也沾染了同一病症，也放棄進攻似的！但是敵人却前進了。還在他們軍隊底主力未到達國境以前的那一天，在八月四日，法軍之錯誤的部署便被決心利用了。威森堡之戰使馬克馬洪和多·法伊底全軍脫離了法軍配備地底中央。當八月六日德軍完全準備就緒時，他們底第三軍團在伏爾特擊敗了馬克馬洪底六個師，把他們和多·法伊殘餘的兩個師經過查佛恩驅逐到魯乃維爾。在這個時候，第一和第二軍團底前進部隊在斯比希林擊敗了甫魯沙爾底軍隊和巴森軍隊底一部。因此，法軍底全部中軍和左翼被打回麥次。於是，全部洛林擺在兩個撤退的法蘭西軍隊之間，同時德意志騎兵和跟在他們後面的步兵向這個寬的破口中雲湧而來，以便盡可能地擴張已得的戰果。皇太子曾因為他沒有追擊馬克馬洪底敗軍到查佛恩以及查佛恩以外而被譴責㊀。但是，在伏爾特會戰以後，追擊便以極巧妙的方法進行了。一當敗軍被向南驅逐到那樣遠，以致他們祇有經過遼遠的迂迴才能够再和其餘的法蘭西軍隊相會時，追擊軍便立刻一直向南錫進軍並且使自己常常居於兩軍之間。這種追擊法（和拿破侖第一在耶納會戰後的追擊相同）至少和在敗逃者背後的一種直接進軍有同樣的效果的這個事實，現在已經在結果中證明了。在這八個師中所殘餘的不是從主力部隊被截斷，便是業已在一種完全瓦解的狀態中和他們相會合。

戰役開始時所特具的那種猶豫不決之結果便是這樣。人們也許確實能够期望到：這個錯誤不會再犯。法皇把指揮權交給巴森元帥，巴森元帥必然曾經很清楚地知道：不管他作什麼，敵人總是不會讓他喘息的。佛爾巴哈和麥次之間底距離不滿五十英里。大多數的軍走不到三十英里。在三日內，他們的確會到達麥次底掩護之下，而在第四日，向凡爾登和察倫斯的退却便可以開始，因為對於這個退却底必要性不能再存有任何懷疑了。馬克馬洪底八個師和多衞將軍所殘餘的兩個師——比較一個軍團底三分之一為多——不可能在一個比較察倫斯為近的地點與巴森相會。巴森會有十二個師，包括法皇底禁衞軍，因此甚至和堪羅伯爾底三個師會合以後，連騎兵和砲兵在內，他也不能够有十八萬人以上，這個兵力是完全不足以在戰場上與敵人周旋的。因此，如果他不想着把整個法蘭西讓與侵入的敵人，讓自己封鎖在飢餓不久會逼使他們投降的一個地方或者在為敵人所指使的那樣的情況下作戰的話——，那末他就不可以有一瞬間的遲延。然而他沒有動。

❶ 德意志騎兵失掉與敵軍的接觸。（郝恩）

八月十一日，德意志騎兵在魯乃維爾出現了。仍然沒有任何出動底象徵。八月十二日，德軍渡過了摩塞爾河。他們在南錫實行徵發。他們拆毀了麥次和甫魯阿爾間底鐵軌，他們在彭·他·穆松出現。八月十三日，他們底步兵佔領了彭·他·穆松，並且他們由此控制了摩塞爾河底兩岸。最後在星期日，八月十四日，巴森開始讓他底軍隊渡到該河底左岸。這個展開了盤治底戰鬥，由此退却顯然又被遲延了，並且我們可以想像：星期一，眞正向窣倫斯的退却由笨重的輜重和砲兵之遣發而開始。但是在這一天，德意志騎兵已經在康麥爾錫渡過繆斯河而在距法軍在維奴爾的退却緩十英里的距離以內。雖然我們不能够說：有多少軍隊在星期一和星期二早晨開出，但是當德意志第三軍和騎兵預備隊於星期二，八月十六日，晨九時在托爾附近攻擊法軍底行軍縱隊時，主力部隊仍在後方，這却似乎是確實的。結果明瞭了：巴森底退却被阻止了。八月十七日，他自己底電報指出：他在最好的場合祇能够維持他曾熱烈地希望離開的那些陣地。

在星期三，八月十八日㊀，兩軍似乎業已得到一個暫時的休息。但是在星期四，巴森對於他底退却之成功的每一個希望都被粉碎了。普軍在那天早晨攻擊了他，並且在九小時的戰鬥㊁後，『法蘭西軍隊完全被擊敗，他們與巴黎的聯絡被截斷而他們自己被驅逐到麥次。』在那天黃昏或者在第二天，萊茵軍團一定曾經再進入它在這星期開始時所離去的要塞。如果它一旦被包圍，那

㊀ 正確的是：星期三，八月十三日。（郝思）
㊁ 在格拉維魯特的戰鬥。（郝思）

末德軍是很容易截斷它所有的供給的。何況這個地方已經爲軍隊之長期駐在所搜括一空，而包圍軍當然爲了他們自己底使用得徵發所有能够得到的一切。因此，飢餓必然立刻要逼使巴森運動，但是向那一個方向運動，就很難說了。向西的運動將確實要和一個大的優勢兵力相對抗，向北的運動是格外危險的。向東南的突破也許可能部分地成功，但也許得不到任何即刻的結果。縱然巴森以一個瓦解的軍隊達到了柏爾福或者柏桑爽（Bezancon），但他對於這個戰役底命運也不會有任何值得一談的影響。這個就是在戰役底第二階段中猶豫不決使法蘭西軍隊所處的形勢。無疑，這是巴黎底政府所確切知道的。『流動警備隊』由察倫斯向巴黎之召還證明了這個。從巴森底主力被截斷的那一瞬間起，察倫斯底地位業已失去一切重要性，它祇是一個集合地而已。現在對於一切兵力的最近的集合地是巴黎。而一切軍隊現在必然要向那裏運動。現在沒有任何法蘭西兵力能够在戰場上抵抗那可能向首都進軍的德意志第三軍團。不久，法軍將能够由一個實際的試驗確知：巴黎底防禦工事是否值得它們底費用。

雖然這個悲慘的結局數日來已逼近，但是那還是很難想像：這個實際上已經到來。現實排除着每一個期待。兩週以前，英國人還想到法蘭西軍隊最初大的勝利之可能的結果。他們特別害怕拿破侖第三底這樣一個最初的成功會造成以比利時爲代價而迅速媾和的機會的這種危險。在這點上，他們很快地便放心了。伏爾特和佛爾巴哈底會戰證明了：法蘭西軍隊是期望不到任何冠冕堂皇的勝利的。德意志已無所懼於法蘭西的這個事實似乎預示出戰爭之迅速的終結。人們曾想到：

這樣的時候不久一定會到來，在這個時候，法蘭西人也許要承認：想着對於德意志在普魯士領導之下的統一施以決定的影響的這種企圖是失敗了。因此，法蘭西人再沒有能够爲它而戰的任何東西了，而德意志人在已爭得他們所要求的承認以後也許不會再繼續進行一種無把握的戰爭。這一星期底最初五天全部局勢重新改變了。法蘭西底軍事力量，根據一切象徵來看，已經完全被擊破了，在目下，德意志底野心，除了他們穩健之可疑的界限以外，好像沒有任何限制了❶。我們還不能估計這個悲慘的結局之政治的結果。我們祗能够驚歎它底規模和突然性並且讚羨法蘭西軍隊如何忍受它。他們經過四天幾乎沒有間斷的戰鬥之後在最沮喪的條件之下於第五天抵抗一個非常大的兵力底攻擊達九小時之久的這個事實，對於他們底勇氣和他們底決心提供出想像的最好的證據。在他們最光榮的戰役中，法蘭西軍隊從沒有得到比在他們不幸的麥次退却中所得的更眞實的榮譽。

❶ 根據我底意見，下面的各句不是恩格斯而是帕爾·馬爾新聞底編輯寫的。請參閱本書緒論。（郗思）

論戰爭——第十一

——第一二卷——第一七二五號

一八七〇年八月二十四日・星期三

雖然還沒有接到前週在麥次周圍所進行的三次激戰底詳細的報告，但我們關於這些會戰已聽得够多，能够使我們清晰地明瞭實際所發生的事情。

星期日，八月十四日，所發生的會戰是由德軍在遲延法軍向凡爾登退却的意圖中開始的。甫魯沙爾軍底餘部在星期日下午據稱是在隆格維爾方面渡過摩塞爾河的。開始移動的徵兆在麥次東宿營的部隊中間也可以看到。第一（東普魯士）和第七（威斯發立—漢諾威）軍已奉命攻擊。它們驅逐了在它們前面的法軍，一直到他們到達堡壘底射程以內。但是，預料到這樣一種運動的法軍，業已把大的部隊配備在摩塞爾河谿谷和一個仄狹的峽谷（經過它，有一個在麥次北與主流匯合的溪流由西向東流過）底掩蔽陣地內。這些軍隊突然襲擊那已經爲堡壘底砲火所苦的德軍底右翼，並且據說曾經使他們四散潰逃。自此以後，法軍必然曾經再行退却，因爲德軍仍然控制位於堡壘射程以外的那一部分戰場，並且他們黃昏後纔退回他們以前的宿營地。我們從曾經參加會戰的兵士底私信中以及從在星期一底曼徹斯特衞報（Manchester Guardian）所刊登的一個麥次通信員底通信中知道了這個，這位通信員曾經在星期一早晨參觀戰場而發現該戰場仍爲普軍所佔領，他們曾看護仍被遺留在那裏的法軍傷兵。雙方在某種意義上都可以說業已達到了曾經因此而戰的目的。法軍把德軍引誘到陷穽中而使他們遭受了嚴重的損失。而德軍則阻止了法軍底退却，一直到菲力·查理士親王能够到達這個退却曾應採取的那一綫爲止。在德軍方面，參加戰鬥的有兩個軍或者四個師。在法軍方面，有德沙恩（Desaen）和拉多米魯軍及禁衞軍底一部，即七個師以上。因此，法軍在這個會戰中佔了大的數量上的優勢。他們底陣地據說也爲散兵壕和交通壕所格外加强，從這些戰壕中，他們比較尋常更冷靜地進行射擊。

萊茵軍團向凡爾登的退却不會在星期二，八月十六日以前用全力來開始。在這個時候，菲力·查理士親王軍隊——第三軍（勃蘭登堡軍）——底先頭恰恰到達了托爾底周圍。他們立刻進行攻擊，扼制了法蘭西軍隊六小時之久。以後，他們爲第十軍（漢諾威和威斯發立）和第八軍（萊茵蘭）❶及第九軍（石勒蘇益格—霍爾斯坦和梅格稜堡［Mecklenburg］）底一部所增援，他們不僅維持了他們底陣地，並且擊退了敵人，獲軍旗兩面、大砲七門並俘擄二千多人。和他們對

❶ 萊茵蘭(Rheinland)——即萊茵省。（譯者）

抗的兵力由德沙恩、拉多米魯與甫魯沙爾各軍和至少堪羅伯爾軍底一部（它們從察倫斯到達麥次，因爲在最後這一日中經過甫魯阿爾的鐵路綫仍然通行）以及禁衛軍所組成，這個共計有十四到十五個師。因此，這八個德意志師又和一個優勢兵力相對抗，即使巴森底全部軍隊不參加戰鬥（這是可能的）。我們應當記住這個，因爲法軍報告仍然由德軍經常在數量上佔優勢這點來說明一切的失敗。法軍眞正在他們退却運動中被阻止了，這個可以由下列事實看清楚，即他們自己談到八月十七日在格拉維魯特附近所發生的後衛戰鬥。但是，格拉維魯特位於他們八月十六日底陣地後五英里以上。同時，祇有四個德意志師能够在星期二派遣到這裏來的這個事實證明他們所獲得的成功是不完全的。八月十七日從布利葉來到康福蘭（Conflans）的賈諾魯上尉在那裏發現了法蘭西禁衛軍底兩個騎兵團，它們曾是非常混亂的，並且在『普軍來了』這樣一個簡單的喊聲之下便逃走了。這個證明：雖然埃覃底大道在八月十六日底黃昏仍然實際上沒有爲德軍所佔領，但德軍已經如此接近，所以沒有另外的會戰，退却是不可能的❶。但是巴森似乎業已放棄了退却底一切念頭，因爲他在格拉維魯特附近底一個非常堅固的陣地裏設壕堅守而在那裏等待着德軍底攻擊，這個攻擊在八月十八日發生。

從托爾經格拉維魯特到麥次的大道所通過的高原爲許多深邃的峽谷所截斷，這些峽谷是由一

❶ 德軍相距約三公里。（郝恩）

些由北向南流入摩塞爾河的溪流所形成的。這些峽谷中之一直接位於格拉維魯特底對面(以西)。其他的兩個平行地在第一個峽谷之後通過。其中每一個都形成一個堅固的防禦陣地，這些陣地爲堡壘和位於戰術上要點的農家庭園和村落底防寨和槍眼底建築所加强。在這個堅固的塹壕陣地內靜待敵人，使他們在這裏碰釘子，最後由一個有力的反攻擊退他們而由此解放去凡爾登的大道，這顯然曾是留給巴森的唯一的希望。但是攻擊曾以如此多的兵力和這樣一種威力來進行，以致陣地一一被陷而萊茵軍團被驅逐到逼近麥次大砲底下面。實際上，十二個德意志師和十四個或者十五個法蘭西師作戰，而另外以四個師爲預備隊。參加雙方作戰的軍隊在數量上可以說是相差並不太甚。就全體來說，也許德軍稍佔優勢，因爲他們六個軍中的四個軍幾乎完全沒有受到損失。但是這個些許的數量上的優勢，無疑地，爲法軍陣地底强度所抵消。

法蘭西底輿論對說明巴森和他底軍隊所處的形勢，仍然遲疑不決。這個形勢可以視爲與邦那帕特（Bonaparte——拿破侖第一。——譯者）將軍在一七九六年於曼都阿附近驅逐佛爾穆塞爾（Wurmser）和在一八〇五年於烏爾穆附近驅逐馬克[1]的情形相彷彿。輝煌的萊茵軍團，法蘭西底希望與力量，在十四天底戰役後被置於這樣一個選擇之前，即：或者企圖在悲慘的狀況之下强行通過敵軍，或者投降——這是法軍所不能承認的。他們尋求一切可能的解釋。一個意見是：巴森爲了給馬克馬洪和巴黎爭取時間而犧牲自己。當巴森把三個德意志軍團中的兩個吸引到麥次前面的時候，巴黎曾可能組織它底防禦並且馬克馬洪將會得到時間去建立新軍。因此，巴森留在麥次，絕不是因爲他不能夠作別的，而祇是因爲他留在那裏是符合於法蘭西底利益。但是我們可以問問馬克馬洪新軍底組成部分在什麼地方呢？有的是：他自己底那一軍，這個至多有一萬五千人。爲一個長距離、採取迂迴道路的退却所瓦解及潰散了的多·法伊底殘餘部隊——據說他只帶了七千到八千人來到維特利—勒—法蘭沙（Vitry-le-Français）；另外也許還有堪羅伯爾底一個師和似乎無人知其下落的非利克斯·多衛底兩個師。合計約四萬人。在這個數目中，也包括曾被計劃過的波羅的海遠征底水兵。這四萬人包含了在麥次以外的舊的軍隊中所留於法蘭西的每一個營和每一個連。此外還要加上第四營。它們似乎相當大數量地到達巴黎，但是大部分是由新兵補充的。這些軍隊底全數可能在十三萬到十五萬之間。但是，在質量上來說，這個新軍是不能和舊的萊茵軍團相比較的。其中舊的團一定曾經非常苦惱於軍紀之渙散。新的營在倉卒中編成，包括許多新兵而不能具有像舊軍那樣好的軍官。砲兵和騎兵底比重一定是很小的。騎兵底大部在麥次，並且對於新的砲兵連之裝備所需要的各種器材，如馬具等在某種程度上來說似乎祇是在紙上存在

❶ 一七九六年，奧地利軍隊在佛爾穆席爾指揮之下爲了解救曼都阿（意大利北部地名。——譯者）向那裏進軍。拿破侖一一擊破了奧地利分散前進的各軍。經過更多的戰鬥以後，佛氏被迫至曼都阿而在那裏投降。一八〇五年，拿破侖迂迴了馬克底右翼而把他底軍挺進到馬克底軍隊與接近的俄軍之間，雖然馬克仍然能夠走到的羅爾——（Tyrol——意大利北部州名。——譯者），但他却集中他底軍隊在烏爾穆，在那裏，他完全被包圍，經過殘酷的戰鬥後投降。（郝思）

的。賈諾魯在時報底星期日刊上關於這個曾引用了一個例子。至於談到流動警備隊，那末自它由寮倫斯被派回到巴黎附近的聖・穆爾（St. Maur）以後，它似乎業已由於糧食底缺乏而全部瓦解了。並且爲了爭取時間組成這樣的軍隊，法蘭西竟要犧牲它那最好的軍隊。如果這支最好的軍隊被包圍於麥次是眞實的，那末它便確實被犧牲了。如果巴森曾經把他底軍隊故意陷於他目下所處的形勢中，那末他業已犯了一切從前的戰爭無與比擬的錯誤。至於標準報（英國報紙。——譯者）昨天所載的巴森由麥次退却以及他與馬克馬洪在蒙麥第會合的這一謠傳，那末今天早晨在該報底軍事評論中已有了充分的駁斥。縱然巴森兵力底某些部隊在托爾周圍底最近的戰鬥中或者戰鬥後向北逃走，但他底軍隊底主力仍然被包圍在麥次。

論戰爭——第十二

——第一二卷——第一七二七號

一八七〇年八月二十六日・星期五

這是戰爭中兩個最近的事實：皇太子軍越過察倫斯向前推進，和馬克馬洪把他底全部軍隊由理姆斯撤去；至於向那裏撤，那就不確切知道了。根據法軍底報告馬克馬洪發見：戰爭進展得太慢了；爲了加速它底解決，據說他現在由理姆斯進發以援救巴森。但這個實際上一定會使事態加速地發展成爲一個幾乎是最後的危機。

在我們星期三底論文中，我們估計馬克馬洪底軍隊爲十三萬到十五萬人。我們假定：由巴黎來的全部軍隊已經和他會合。我們是正確的，當我們假定：他在察倫斯有過他自己部隊底餘部和多·法伊軍隊底餘部，多衛底兩個師曾在察倫斯，這兩個師，如我們現在才知道的是經過巴黎的一條迂迴的道路乘火車來到這裏的；此外，海軍陸戰隊和波羅的海遠征軍底其他部分也曾在察倫斯。但是我們現在知道：仍然有現役部隊留在巴黎周圍底堡壘裏，馬克馬洪和甫魯沙爾軍隊底一部分，特別是騎兵被撤回巴黎以便在那裏再行整頓，馬克馬洪在兵營裏僅有八萬正規軍。因此，我們可以把他們底估算整個減少二萬五千人而以十一萬到十二萬人作爲馬克馬洪兵力底最大限度，其中三分之一也許是由未經訓練的兵士所組成的。並且據說他率領着這個軍隊出發到麥次去解救巴森！

現在馬克馬洪最接近而且直接的敵人是皇太子底軍團。它在八月二十四日以它底前哨部隊佔領了察倫斯舊日的兵營，這是從巴爾·勒·杜克給我們打來的電報。由此，我們可以結論說：當時法軍司令部曾在該城。馬克馬洪去麥次最近的道路要經過凡爾登。從理姆斯到凡爾登是一條幾乎成直綫的大道，全部長七十英里。經過聖·麥奴霍德的軍用路在八十英里以上。並且後面這條道路經過察倫斯底兵營，也就是經過德軍底戰綫。從巴爾·勒·杜克到凡爾登的距離不及四十英里。

於是，如果馬克馬洪採取上述向凡爾登去的道路中之一，那末皇太子底軍隊不僅能够在他底行軍中於側翼來襲擊他，並且德意志軍隊也能够到繆斯河背後而與在凡爾登及麥次之間的其餘的兩個德意志軍團相會合，並且在馬克馬洪能够從凡爾登挺進到繆斯河右岸以前很久便可以作到這個。並且縱然皇太子軍一直前進到維特利—勒—法蘭沙或者爲了集中他那沿正面展開的軍隊另需要一天的工夫，但在全體上，一切仍是沒有絲毫變化的；距離底相差對於他們有這樣大的利益。

在這個情勢之下，我們會懷疑，是否馬克馬洪將採取這些上述的道路中之一，或者是否他不立刻從皇太子軍底直接活動範圍內撤退。也許他將選擇從理姆斯經過佛澤爾（Vouziers）、格蘭·布勒（Grond-Pre）和瓦林諾（Varenne）到凡爾登的道路，或者經佛澤爾到斯台內（Stenay）的道路，在那裏他渡過麥斯河，然後向東南對麥次進發。但是，這祇給予他暫時的利益，反而更使最後的敗北確實了。這兩條道路是更較迂迴的道路，會給皇太子軍更多的時間以便把他底兵力和麥次前面的兵力相會合，而因此以壓倒的數量上的優勢與馬克馬洪和巴森兩軍相對抗。

因此，無論馬克馬洪選擇那一條道路以到達麥次，他都不能擺脫皇太子軍，但皇太子軍卻能够獨力或者和德意志其他軍隊聯合來和他作戰。於是很明顯，祇要馬克馬洪不擺脫皇太子軍，他爲了援救巴森的行軍一定會是一個大的錯誤。想着到達麥次，他底最迅速的、最捷近的而且最安全的道路是要經過德意志第三軍團底中間。如果他一直向第三軍團前進，在遇到它的地方攻擊它，打敗它，並在數日內把它驅逐到東南方面，以便因此把他乘勝的軍隊像楔子似的插在它和德意志其他兩個軍團之間，就如同皇太子指示他如何作的那樣，那末那個時候——並且祇有那個時候——他才能有機會到達麥次並解救巴森。但是如果他感到自己對於這個有充分的力量時，我們可確信：他一定會立刻這樣作的。因此，理姆斯底退却具有另外一種性質。這個退却與其說是從斯坦麥茲和菲力·查理士親王解救巴森的一種運動，毋寧說是使馬克馬洪解脫皇太子的一種運動。並且從這個觀點來看，這是所能作的一切中的最壞的。這種退却把和巴黎的一切直接的聯絡完全委於敵人之手。這個退却把法蘭西最後可用的軍隊從圓心遠引至周界，把他們故意地配備在距圓心比較敵人還要遠的地方。這樣一種運動，如果是以一個遠佔優勢的兵力來進行的話，那是有道理的。但是現在這個運動是以非常薄弱的兵力和在幾乎是確實的失敗底前面進行的。這個失敗將帶來什麼呢？不管這個失敗在那裏發生，它將要把敗軍底殘部從巴黎驅逐到北部國境，在那裏他們會被驅逐到中立國，或者被逼投降。如果馬克馬洪曾眞正進行了上述的運動，那末他將自願地把他底軍隊置於這樣一個地位，恰恰和一八〇六年拿破侖繞過秋林根森林底南端的側面進軍使在耶納附近的普魯士軍隊所處的那種地位相同。對於一個數量較少而士氣低落的軍隊，現在有意地造成了這樣一個形勢，在這種形勢之下，一朝敗北，其唯一的退却綫將是那經過通至中立國或者大海的一個仄狹地帶。拿破侖曾因爲在普軍之前到達斯德丁❶而逼使普軍投降。現在，馬克馬洪底軍隊將不得不在法蘭西那個於麥澤爾和查爾蒙——格威（Charlemont——Givet）間凸入於比利時的狹長地帶投降。在最好的情形下，他們也許祇能向北部的要塞——瓦林森諾（Valenciennes）、里爾（Lille）等——逃匿，在那裏無論如何將是無害的。不過那時候，法蘭西將任侵入軍宰割了。

全部計劃似乎是如此混亂，以致祇能從政治的必要性來說明它。這個極像是一種絕望的行爲。這使人得到一種印象，好像在人們尙未使巴黎明瞭實際情形以前，企圖冒險去作某件事情。

---

❶ 斯德丁（Stittin）——德意志中北部的一個城市。（譯者）

這個不是戰略家底計劃，而是慣於和非正規軍作戰的『阿爾及利亞人』底計劃。這個不是軍人底計劃，而是在過去十九年間在法蘭西橫行的那樣一種政治的和軍事的冒險家底計劃。馬克馬洪爲了證實這個決心，所說的話是完全和這個相符合的。如果他不去馳援巴森，『人們將說什麼呢？』是的，但是如果他使他自己陷入一種比較巴森更壞的地位時，『人們將說什麼呢？』這便是第二帝國底末路！保持面子，掩飾失敗，這是最要緊的！拿破侖孤注一擲——但是失敗了。現在馬克馬洪當勝利的機會對於他是十比一的時候又想着賭贏。法蘭西從這些人手中解放得愈早愈好。這是它底唯一的希望！

論戰爭——第十三

——第一二卷——第一七二八號
一八七〇年八月二十七日・星期六

昨天，一個消息由電報拍來，這個在我們報界同人中引起大的興奮。這個消息來自柏林，據稱：國王（普魯士國王。——譯者）底大本營移至巴爾・勒・杜克，德意志第一軍團和第二軍團底各軍留在後面以對付巴森底軍隊，而同時德意志其餘的兵力已經『堅决地開始了向巴黎的進軍』。德意志軍隊底運動在它們實施之際從來都是秘而不宣的。當運動完了以後，當攻擊已經施行以後，那時我們才知道軍隊曾經採取那一條道路。但是，現在却很奇怪，這個制度竟被取消，而像緘口金人似的毛奇沒有任何顯然的理由便突然向世界宣稱：他要向巴黎進軍，並且還要『堅决地』這樣作。

同時，我們聽到：皇太子底先頭部隊漸漸接近巴黎，並且他底騎兵漸漸向南展開。甚至夏頭・齊阿利（Chateau-Thierry）——差不多在察倫斯與巴黎底中途——，據說已經可以看到可怕的矛騎兵❶。

普魯士國王底意圖恰恰在現在來宣佈並且德意志騎兵也恰巧同時加倍了他們底活動，這個是不是沒有特殊的理由呢，這種理由是不是乍然看起來是不完全明瞭的呢？

我們想着比較一些時日：在星期一，八月二十二日，黃昏，馬克馬洪開始了他那經過理姆斯走上去勒特爾（Rethel）的大道的行軍，縱隊陸續通過理姆斯城達十四小時以上。到了星期三黃昏——縱然不在這以前——，這個行軍底消息可能已經到達德軍大本營。對於這個祗有一個解釋：就是把巴森從他所陷入的重圍中解救出來的這個意圖。馬克馬洪在他所採取的方向前進得愈遠，他一定愈使他與巴黎的聯絡和他底退却纔受到威脅，也就是他愈陷入德意志軍隊和比利時國境之間。如果一旦他走到繆斯河對岸（據說他將在斯台內對面的拉·奴維爾〔La Neuville〕渡過該河），那末他底退却便很容易被截斷。但是除了這個消息，即在他馳援巴森之際，德軍曾僅僅留下他們兵力底比較少的一部分在麥次前面而以他們軍隊底主力『堅決地』向巴黎進軍以外，現在還有什麼再能鼓勵馬克馬洪去堅持他那冒險的計劃呢？因此，在星期三晚上，這個同一消息由電報從彭·他·穆松拍到柏林，從柏林拍到倫敦，從倫敦拍到巴黎和理姆斯，在那裏馬克馬洪無疑地已經立刻知道了這個情報。當他再向斯台內、隆格昂和布利葉前進時，皇太子底軍團一定會在那裏

❶ 矛騎兵（Ulan）——持有戈矛或長槍的一種輕騎兵。（譯者）

在無人與它爲敵的戰場上留一個或兩個軍，而把其餘的部隊調至聖·米黑爾(St. Mihiel)，在那裏渡過繆斯河並企圖在佛勒諾佔領這樣一個陣地，這個陣地威脅着馬克馬洪與繆斯河的聯絡並且還位於可以接受麥次前面的德軍之援助的距離以內。如果這個成功了，並且馬克馬洪在這個情勢之下被打敗了的話，那末他底軍隊就祇有越入中立國境，或者投降德軍。

馬克馬洪底運動確切爲德軍大本營所知，那是毫無疑問的。自從勒宓維爾(Rezonville)(或者格拉維魯特，如它正式所稱)會戰結束，巴森被圍於麥次的那一瞬間起，馬克馬洪軍團不僅成爲皇太子軍團底最接近的目標，並且成爲那可以從麥次前面調開的一切其他軍隊底最接近的目標。一八一四年聯軍自布留黑爾❶和斯瓦爾森堡❷在阿爾錫（Arcis-Sur-Aube）和察倫斯間會合後，不顧拿破侖向萊茵的進軍而直逼巴黎，這個進軍（向巴黎的進軍。——郝思）決定了戰局。但是當時，拿破侖雖在阿爾錫被擊敗，不能抵抗聯軍，然而法蘭西軍隊却沒有被聯軍圍困在邊境底要

❶ 布留黑爾（Gebherd Leherecht Brucher）——一七四二—一八一九年。普魯士元帥。原爲瑞典軍官，後爲普軍所俘，遂服務於普軍。一八一五年，在滑鐵盧戰役中，爲普軍總司令，起初，敗於里尼，後應援威靈吞，側擊敵軍，破之，遂獲最後勝利。（譯者）

❷ 斯瓦爾森堡（Karl Philipp Schwarzenberg）——一七七一—一八二〇年。奧地利將軍。一七八九年以來，與法蘭西戰，以勇猛著稱，一八〇五年，在烏爾穆，一八〇九年在瓦格拉姆指揮騎兵建殊功。後爲駐巴黎大使，曾斡旋拿破侖第一之婚事。一八一二年在拿破侖之俄羅斯遠征中任奧軍指揮。奧地利對法宣戰後，於一八一三—一八一四年曾爲聯軍總指揮。（譯者）

塞裏，而他能夠解放了他們。尤其是，巴黎當時是沒有設防的。但是現在——和一八一四年相反——無疑的，馬克馬洪軍團（不管在數量上或者在軍紀上其軍事的價值如何）是足以解麥次之圍的，如果圍攻是以不較扼制巴森所需要的爲多的軍隊來進行的話。在另一方面，無論巴黎底防禦工事如何，沒有一個人會那樣愚蠢地去期望：這些防禦工事像約里寇（Jricho）底城牆似的，在敵人一聲號響之下便告陷落。它們至少將強迫敵人施行一種比較長期的包圍以飢困防禦者，或者它們將要求開始（即使僅僅如此）一種正規的圍攻。因此，倘使德軍『堅决地』到達了巴黎底前面而爲要塞置之於死地時，馬克馬洪也許會在麥次前面擊敗德意志軍隊，和巴黎會合，並且那時法蘭西在德軍聯絡綫和供給綫上也許有一個堅强的軍隊，足以使德軍比較他們前進時還要『堅决地』退却。

因此，如果馬克馬洪軍團過於堅强以致在這種情勢之下不能爲德軍所忽視時，那末我們一定可以得到這樣的結論：即我們報界同人間大部分認爲最重要的那種關於威廉王堅决地向巴黎進軍的消息，是爲了迷惑敵人而故意揑造的虛報，不然如果它實際是眞正消息底一種不謹慎的洩露，那末它便是指馬克馬洪最後的運動未經明悉以前所作的一種决定而言。在這種情形之下，這種决定會很快地被取消了。無論如何，一個或兩個軍總會繼續向巴黎前進，但是一切可用的軍隊底大部將向東北進軍，以利用馬克馬洪雙手奉送於他們的一切利益。㊀

這個好像很可能的，即斯托拉斯堡底圍攻不久將以要塞底投降而告終結。德軍似乎完全認眞地相信這個。一直到昨天早晨爲止，從克爾㊁的砲擊已繼續了三天三夜之久。同時，普軍已經把他們底前哨部隊推進到要塞前五百碼到八百碼以內。兵工廠已被轟擊，並且一些剛剛列在陣地上的重砲也將要立刻向這個地方開火。

㊀下面這段話與恩格斯底見解矛盾。恩格斯不會相信，由於從克爾的射擊會使斯托拉斯堡立刻陷落。因此下面這段話可能是帕爾·馬爾新聞報編輯加上的。（郝恩）

㊁克爾（Kehr）——在斯托拉斯堡附近。（郝恩）

論戰爭——第十四

——第一二卷——一七三一號

一八七〇年八月三十一日・星期三

德軍對於馬克馬洪又太快了。至少包括兩個軍（普魯士禁衛軍和第十二軍，或者薩克森禁衛軍）——如果不多於這個——的第四軍團❶在皇太子阿爾伯・豐・薩克森（Albert von Sachsen）指揮之下，已經突然前進至繆斯河，已經在斯台內和凡爾登之間某處得到了渡口，並渡過了他們底騎兵。阿爾貢諾（Argonne）底隘道都握在他們手中。上星期四，他們在聖・麥奴霍德俘擄了八百個流動警備隊員；星期六，他們又在布桑錫（Buzancy）擊敗了一個法軍騎兵旅。雖然上星期四，他們在途中向凡爾登派出了強大的偵察隊，但當他們已經確知這個要塞已準備他們去接收以後，他們便不堅持以大的力量去攻擊它。

❶ 第四軍團——德意志繆斯軍團，由第二軍團底一部分和預備兵力組成的。（郝思）

在這個期間，並且在二十二和二十三日，馬克馬洪業已帶着一個軍團離開了理姆斯。根據法軍底報告，這個軍隊有十五萬人以上，裝備很好，有充分的大砲、子彈和糧食。在二十五日黃昏，他還沒有走出勒特爾（距理姆斯約二十三英里）很遠。雖然我們不確切知道：他在那裏停了好久並且什麼時候他離開了那裏；但是布桑錫（在去相距約二十英里遠的斯台內的路上）底騎兵戰鬥證明：他底步兵甚至於在星期六還沒有到了那裏。這種運動底遲緩和德軍底敏捷成了顯然的對照。無疑的，這個遲緩大部分是由於他底軍團底集合所引起的，這個軍團不是由軍紀稍微渙散的部隊編成，便是由年青的新兵佔大部分的新的部隊編成的。其中有些甚至於是爲許多不稱職的軍官所領導的單純的義勇軍。顯然的，這種軍團是不能有舊『萊茵軍團』那樣的紀律或者那樣的團結的，同時要想使這種兵士底十二萬到十五萬人迅速地並且秩序井然地運動，那幾乎是不可能的。此外，還要加上輜重部隊。萊茵軍團沉重的輜重部隊底大部分確實曾在十四日和十五日從麥次逃出。但是人們可以想像，他們不是在最好的狀態中。我們可以推想：他們彈藥底供給和他們馬匹底情形一定不是像所希望的那樣的。並且最後，我們可以認爲這是必然的：即法軍底管理自開戰以來便沒有改善過，而因此在極貧窮的地區內，一個大的軍團底供給決不是一個簡單的問題。但是，縱然完全考慮到這一切的障礙，但我們也不得不承認馬克馬洪底遲緩主要是由於不堅決而產生的。他去解救巴森的最近的道路曾是——當他一旦拋棄了經過凡爾登的那條直接的道路以後——經過斯台內的那條直通的道路，並且他已經採取了這個方向。但是在他未走到勒特爾以前，他一定已經知道：德軍業已佔領了繆斯河底渡口，並且他底縱隊底右側在去斯台內的大道上是不安全的。德軍前進底這種迅速性似乎已經把他底計劃摧毀了。據說，他在星期五仍然在勒特爾，在那裏他得到了從巴黎來的新的援軍，並且他曾企圖在第二天向麥澤爾進軍。因爲我們沒有得到重要戰鬥底任何可靠的消息，所以這個好像是很可能的。同時這個也許是意味着他去解救巴森的計劃之幾乎全部的放棄，因爲經過繆斯河右岸上麥澤爾和斯台內中間的法蘭西底狹長地帶的進軍引起了大的困難和危險。這個進軍一定會發生遲緩，並給予他底敵人以充裕的時間從各方面來包圍他。現在已無可再疑惑的了：即爲了這個目的，皇太子軍團底充分的兵力已被向北派遣。我們關於第三軍團底駐在所聽到的任何消息都證明德軍經過最適合於此目的的三條大道（埃皮爾內——理姆斯——勒特爾，察倫斯——佛澤爾和巴爾·勒·杜克——瓦林諾——格蘭·布勒）向北運動。聖·麥奴霍德戰鬥是由巴爾·勒·杜克打來的電報所載稱的，這個事實甚至使我們能够假定：擊敗流動警備隊而佔領了城市的正是第三軍團底一部。

但是如果馬克馬洪眞正向麥澤爾進軍時，他底企圖是什麼呢？我們懷疑：他自己對於他將要實際去作的事情是否有明顯的打算。我們現在知道：這個向北的進軍在某種程度上至少是由於他部下底不服從所强迫加於他的，因爲他們不滿於從察倫斯底兵營向理姆斯的『退却』並曾經堅決要求對着敵人前進。因此，解救巴森的進軍便開始了。在這個星期末，馬克馬洪或許可以充分相信：他底軍隊已經沒有那種對於向斯台內直接進軍所必要的運動性了。他現在最好採取經過麥澤爾的安全的道路。這個確實會躭誤了他原來援救巴森的企圖，並且也許會使這個援救成爲畫餅；但是究竟馬克馬洪對於他達到這個目的的能力曾否具有堅定的信心呢？我們懷疑這個。同時這個向麥澤爾的進軍在任何場合都會遲延敵人向巴黎的進軍，給予巴黎人更多的時間以完成他們底防禦工事，並且爭取到時間以便在羅亞爾河背後和里昂附近建立預備軍。同時，在不得已時馬克馬洪難道不能夠沿着北部國境退到三重要塞地帶背後，並且試圖在它們中間尋找一種「四邊形要塞地」嗎？這樣一些或多或少的不堅决的觀念也許已經使馬克馬洪（看來滿像一個戰略家）在自己曾一度陷入第一次錯誤的運動以後再造成第二次錯誤的運動。並且我們便是這樣看着：法蘭西在這次戰爭中在戰場上現有的而且也許將要有的這個最後的軍隊自動地走進了自己底滅亡，而祇有敵人最荒唐的錯誤才能把它從這個滅亡中挽救出來。但是一直到現在敵人還沒有犯過一次錯誤。

我們說：這是法蘭西在這次戰爭中在戰場上也許將要有的最後的軍隊，是因爲如果馬克馬洪不能解救巴森，那末巴森一定被遺棄了，並且這是無可置疑的。馬克馬洪底軍隊在最好的情形之下也祇能够零散地達到北部國境底要塞裏，在那裏他們將是安全的。我們剛才所說的後備軍是新募集的，其中混有相當數目的老兵，並且不可避免地大部分得受不稱職的軍官底領導。他們將有各種的兵器。他們在後膛槍底使用中將完全受不到訓練，這就是說，他們底子彈還沒有到實際使用的時候便被濫用完了。一句話，他們對於野戰將是不適合的而祇可用於要塞底防禦。當德軍不僅已經把他們底各營和各連都再補充完全，並且又常常向法蘭西相繼派遣後備師的時候，法軍底第四營還沒有編制成功。這些第四營中祇有六十六個營已經編成『行軍團』（Regiments de marche）並且不是已經派遣到巴黎，便是已經派遣到馬克馬洪那裏去了。其餘三十四個營在數日前還沒有完成行軍準備。軍隊底組織在各地都失敗了。一個崇高而且勇敢的民族看着他們對於自衛的一切的努力歸於無效，因爲他們曾讓他們底命運由一羣冒險家宰割了二十年之久，而這些冒險家已經把行政、政府、陸軍、海軍——實際上，把全法蘭西——變成了他們自己利潤底源泉。

論戰爭——第十五

——第一二卷——第一七三三號

一八七〇年九月二日・星期五

當八月二十六日我們底報界同人幾乎沒有一個人不是那樣熱烈地談論皇太子向巴黎『堅決』進軍底巨大意義，以致於沒有多餘的時間來注意馬克馬洪的時候，我們曾大胆地指出：目前眞正重要的運動是馬克馬洪所謂解救麥次的那個運動。我們曾經說過，在戰敗的場合，『馬克馬洪底軍隊一定會在那於麥澤爾和查爾蒙——格威之間突出而界於比利時國境的法蘭西底狹長地帶投降。』我們當時所預言的現在差不多都實現了。馬克馬洪在他指揮下有第一軍（他自己底那一軍）、第五軍（前屬多・法伊，現歸威謀芬〔Wimffen〕率領）、第七軍（多衛率領）、第十三軍❶（勒布倫〔Lebrun〕率領）和在二十九日前離開巴黎的一切軍隊（包括聖・穆爾底那些反抗的流動

❶ 第十三軍不屬於馬克馬洪軍團，但第十二軍却屬於它。（郝思）

警備隊），以及被留在察倫斯的堪羅伯爾軍底騎兵。他底全部兵力大概在十五萬人以上。其中不到一半是舊軍團底兵士，其餘的都是第四營和流動警備隊，兩者底比例大約相等。雖然據說：他有充分的砲兵，但其中大部分一定是由不久以前編成的砲兵連所組成的，並且他們在騎兵方面顯然是很薄弱的。即使這個軍隊在數量上也許比我們所估計的多一些，但這個超出的數目一定是新募兵，這個將無所貢獻。我們差不多不能把這個軍隊和十萬老兵所組成的一個兵力等量齊觀。

二十二日黃昏，馬克馬洪離開理姆斯向勒特爾和繆斯河前進，但第十三軍在二十八日和二十九日才從巴黎派出。大約在這個時候，經過理姆斯到勒特爾的直達鐵路已經爲敵人所威脅，因此這個軍隊便不得不藉經過聖·昆廷（St. Quentin）、阿維諾（Avesnes）和伊爾松（Hirson）的法蘭西北部鐵路來輸送。他們在三十日或三十一日前沒有能夠完成他們底行程，而在這個時候戰鬥已經正式開始了，因此馬克馬洪所期待的軍隊結果並沒有在需要他們的時候來到那裏。因爲當他在勒特爾、麥澤爾和斯台內之間不斷地損失時間的時候，德軍從各方面來到這裏。二十七日，他底前衛騎兵底一個旅在布桑錫被擊敗。二十八日，佛澤爾——阿爾貢諾底一個重要道路交叉點——落於德軍手中，同時他們底兩個騎兵連攻擊了福利則（Vrizy）並奪取了爲步兵所駐守的村莊，他們遂不得不投降——順便說一句，像這樣一種場合在過去祇有一個例子：一八三一年波蘭騎兵佔領俄羅斯步兵和騎兵所駐守的得謀伯·威爾克(Dembe Wielkie)。二十九日，關於戰鬥沒有得到任何可靠方面的消息。但是在三十日（星期二），德軍已經集合了充分的兵力。他們攻擊馬克馬洪並且把他擊敗了。德軍底報告談到關於在保蒙（Beaumont）附近的會戰，並關於在諾阿爾（Nouart 在斯台內到布桑錫的大道上）的戰鬥，但是比利時底報告却說：在繆斯河右岸，在謀松（Mouzan）和加里能（Carignan）之間曾經發生戰鬥。這兩種報告很容易使之符合。如果我們假定：比利時底電報在基本上是正確的，那末德意志第四軍團（第四、第十二和禁衛軍）似乎曾經把第四軍和第十二軍配備在摩塞爾河底左岸，在那裏他們與巴威略第一軍——從南面調來的第三軍團底第一支隊——會合。他們在保蒙與那顯然在麥澤爾底方向向斯台內進軍的馬克馬洪底主力遭遇。他們攻擊了馬克馬洪底主力；同時，德軍一部，也許是巴威略軍，襲擊並包圍了他們底右翼，把他們從他們底直接退却綫沿繆斯河驅逐到謀松附近，在那裏，他們在渡過橋樑之際的困難和遲緩造成他們在人員、砲兵和給養方面大的損失。在這個時候，德意志第十二軍底前衞部隊（這個好像曾經被派到另外一個方向）和法蘭西第五軍（威謀芬率領）相遇，後者根據一切徵兆來看是經過勒·修諾·波皮留（Le-Chene-Populeux）、巴爾（Bar）河流域和布桑錫向德軍側翼前進。戰鬥在距保蒙南約七英里的諾阿爾發生。在這次戰鬥中，德軍得到勝利，也就是說，當戰鬥在保蒙繼續進行時，德軍成功地阻止了威謀芬底側翼進軍。根據比利時底報告，馬克馬洪兵力底第三部分一定已經向繆斯河底右岸前進，在那裏，據說他在前夜曾宿營於加里能和謀松之間的佛烏（Vaux）。但是這個軍也同樣爲德軍（大約爲禁衛軍）所攻擊，並且全部被擊敗了。據說在這裏，法軍遺失了四挺多管槍。

這三個戰鬥底結局（常常在比利時底報告基本上是正確的這樣假定之下）就是說明了我們曾經再三預料的馬克馬洪底那個全部敗北。和他對抗的德意志的四個軍也許約有十萬人以上，但是否他們全體投入戰鬥，那還是疑問。我們曾經說過，馬克馬洪底軍隊大概可以和這個數目的好的兵士相當。從德意志官方電報底文句：即『我方損失甚微』中，我們可以得到結論說：馬克馬洪軍隊底抵抗力決不及舊萊茵軍團底抵抗力。同樣，我們也可以從俘虜底數目上得到這個結論。雖然現在企圖去批評馬克馬洪在這次會戰前以及在這次會戰中的戰術的部署，未免失之過早，因爲我們關於它知道得很少。但是他底戰略應當受到最嚴格的批判。他已經失去了逃走的每個好機會。他在勒特爾和麥澤爾之間的陣地曾使他可以如此進行戰鬥，以致他殺開向隆（Laon）和薩松（Saissons）的退路，而由此獲得到達巴黎或者西部法蘭西的可能性。然而相反，他進行了戰鬥，好像他底唯一的退却綫是向麥澤爾的退却綫，並且好像比利時附屬於他。他一定到了色當。在這個時候，乘勝的德軍將不僅在那個要塞（色當要塞。——譯者）底前面，並且在麥澤爾底前面已經佔領了繆斯河左岸。他們底左翼在第二天將從這裏一直展開到羅克魯阿（Rocroi）附近的比利時國境。於是，馬克馬洪便被闈困在我們於六天前已經使大家注意的那個狹長地帶了。

如果他一旦在那裏，那末留給他的祇有很少的出路。雖然他在周圍有四個要塞——色當、麥澤爾、羅克魯阿和查爾蒙——，但在這個十二平方英里的土地上，前有優勢的大軍，後有中立國，他是不能够利用這個四邊形要塞地的。他將爲飢餓或者爲戰鬥從這裏逼迫出來。他必須不是向普軍便是向比軍投降。但是還有另外一條道路向他開着。我們剛才曾經說過：他曾經那樣行動，好像比利時附屬於他似的。如果他現在眞正這樣想，如果存在在他那莫明其妙的戰略底根柢的這個全部祕密曾經是在於堅決利用比利時國土，好像它屬於法蘭西那樣，那末將怎樣呢？從查爾蒙起，有一條直通大道經菲利普維爾（Philippeville）穿過比利時領土到法蘭西領土的毛布治（Maubeuge）。這條道路長約等於通過法蘭西領土從麥澤爾到毛布治的道路底一半。如果馬克馬洪在被逼到極端的場合想着利用這條大道逃走的話，那末將怎樣呢？他也許認爲：比軍將不能抵抗像他這樣强的一個軍隊。並且如果德軍（這是很可能的）在比軍不能阻止他們的場合而尾隨馬克馬洪進入比境時，那末那時將要發生一種新的政治糾紛，這個也許會改善法蘭西底現狀，縱然不能，也不會使之非常惡化。再者，如果馬克馬洪在比利時國土上成功地驅逐了僅僅一個德軍警戒兵，那末中立底破壞便產生了，並由此產生了他接着蹂躪比利時的藉口。這樣的思想也許曾經在這老阿爾及利亞人（指馬克馬洪。——譯者）底頭腦中盤旋過，因爲這些思想完全符合於非洲人底作戰方法，並且祇有由於這些思想，像他所表現的這樣一種戰略才能被證實。但是甚至這個機會也可以從他那裏取過來。如果皇太子以他尋常的速度來行動的話，他們也許可能在馬克馬洪之前到達蒙特爾謀（Montherme）和塞摩阿（Semoy）河及繆斯兩河底會合點。那樣，馬克馬洪也許要在塞摩阿河和色當之間被排擠到也許僅足他底部下宿營的這樣一個地點，而沒有採取捷徑通過中立國的任何可能。

法軍底敗北

——第一二卷——第一七三四號

一八七〇年九月三日・星期六

被驅逐至狹地的一個大軍是不會立即投降的。首先曾經需要三次會戰才使巴森底軍隊明白他們已眞正被困於麥次；然後需要在上星期三和星期四一個三十六小時不分晝夜的苦戰，才最後使他們相信——如果他們終於相信——他們已被德軍陷入天羅地網而無路可逃。僅是星期二底會戰也同樣不足以逼使馬克馬洪投降。在他還沒有來得及了解實際情勢以前，一個新的會戰——顯然這是全部戰爭過程中最大的而且最殘酷的一次會戰——一定已經在星期四進行了，並且使他自己受了傷。關於保蒙和加里能戰鬥的第一次報告好像在基本上曾是正確的，而祇有一個例外，即在保蒙進行戰鬥的法蘭西軍隊沿繆斯河左岸向色當的退却纔沒有被完全截斷了。這個軍隊底一部分好像在左岸向色當脫逃——他們至少在星期四曾經在該岸上再度進行過戰鬥。其次，關於諾阿爾戰鬥底日期，似乎存有懷疑，因爲柏林參謀本部認爲這次戰鬥在星期一發生。這個確實也許會更好地使德意志底幾個電報一致，並且如果那樣，那末法蘭西第五軍並沒有進行什麼迂迴運動。

星期二戰鬥底結果對於參加戰鬥的法蘭西各軍是非常不幸的。法軍損失約二十門大砲、十二挺多管槍、被俘七千人，其結果幾乎和伏爾特戰鬥相等。而祇是德軍比較更容易，比較犧牲更少地得到了這個戰果。法軍在繆斯河兩岸被驅逐到色當底直接附近。在左岸上，他們底陣地好像在這次會戰後，西面爲巴爾河和亞爾登運河（Ardenen Kanal）所限制。這兩條河流過同一谿谷而在色當和麥澤爾之間的維勒爾（Villers）附近注入繆斯河。他們陣地在東面以峽谷和那從勞庫爾（Ravcort）到勒米伊（Remilly）流入繆斯河的溪流爲界。這樣看來，因爲兩側是安全的，所以大部隊也許會佔領位置於其間的高原而準備迎接任何方面來的攻擊。在右岸上，法軍一定曾經在星期二底會戰後渡過了席葉（Chier）河，它在色當上方四英里、勒米伊對面流入繆斯河。那裏有三個平行的峽谷，起自比利時邊境由北向南延伸，其中第一和第二峽谷達席葉河，第三也就是最寬的那個峽谷在色當正前方達繆斯河。第二個峽谷頂端底附近有色爾內（Cernay）村，在第三峽谷上方有格豐諾（Givonne）村，並且在那裏，去比利時底布伊昂（Bouillon）的道路和這個峽谷相交叉。在下方，即在那去斯台內和蒙麥第的道路和這個峽谷交叉的地點，有巴塞伊（Bazeilles）村。在星期四底會戰中，這三個峽谷一定曾經對於法軍恰恰形成許多連續的防禦陣地，當然其中最後的和最堅强的陣地曾以最大的頑强性來防禦。戰場底這一部分大約和格拉維魯特底戰場相彷彿。但是雖然一方面這些峽谷可以使法軍從這些峽谷所自來的高原中繞出去（實際也許會這樣發生），但另一方面，這些峽谷對比境的接近又使這樣一種逃出底企圖非常危險而幾乎使法軍不得不進行正面攻擊。

當法軍在這個陣地上進行鞏固並把沒有參加星期二會戰的部隊（其中大概有包括巴黎底流動警備隊的第十二軍）調來的時候，德軍便有整個一天的時間去集中他們底軍隊。當他們在星期四進行攻擊時，他們在當地有整個第四軍團（禁衛軍、第四及第十二軍）和第三軍團底三個軍（第五、第十一、和一個巴威略軍）。因此，他們有了一個在士氣上（即使不是在數量上）比較馬克馬洪為優越的兵力。戰鬥自晨七時半開始，並且當下午四時一刻普魯士國王發電時，戰鬥仍在繼續着。德軍在各方面都有進展，根據比利時底報告，巴塞伊、勒米伊、維勒爾和色爾內等村在燃燒中，格豐諾底教堂已入德軍之手。這個或許是說，繆斯河左岸底兩個村（在退却時可以作法軍側翼的支點）不是已被佔領，便是已經不能再支持了，同時，在繆斯河右岸，第一和第二兩防綫已被佔領，並且法軍正準備放棄在巴塞伊和格豐諾間的第三道防綫。在這種形勢之下，無疑的，德軍在黃昏時也許可獲勝利而法軍將被驅逐到色當。這個實際已為比利時來的電報所證實，該電稱：馬克馬洪似乎被整個包圍，法軍兵士數千人越境，已被解除武裝。

在這種情勢之下，留給馬克馬洪的祇有兩個可能性：即投降或者强行通過比境。這個敗軍在色當以內及四周被圍於一個至多僅能够供他們宿營而不能够供養他們的地區。即使他們能够維持他們和麥澤爾（位於色當西約十英里）間的聯絡，但他們仍然會被困於這個非常仄小而局限的狹長地帶內而無以自給。因此，馬克馬洪如不能突過敵軍以求出路，便不得不侵入比境，或者投降德軍了。在危急的瞬間，馬克馬洪因爲他底負傷而免去下慘酷的决心。所以宣佈法軍投降的責任便落到威謀芬將軍身上。

如果我們設想：馬克馬洪軍還能接到消息，那末關於巴森在他企圖脫離麥次的努力中已遭到堅決反擊的這個報告就會加速色當的投降。德軍已經預料到巴森底意圖，並且已經準備在各處應付他。不僅斯坦麥茲而且菲力·查理士親王（這個可以從第一及第九軍底提及中看得出來）都曾在戒備中，並且周密的防禦工事更加强了圍繞麥次的防寨。

論戰爭——第十六

——第一二卷——第一七三七號
一八七〇年九月七日・星期三

色當底投降決定了最後的法蘭西野戰軍底命運。它也決定了麥次和巴森軍團底命運。因爲現在解圍已經談不上了，所以大約在這個星期，或者無論如何不遲於下星期，巴森軍團也不得不投降。

因此，巴黎之巨大的塹壕陣地已成爲法蘭西最後的希望了。巴黎底防禦工事是集合以前所有築城之大成；然而這些工事一直到現在還沒有經過考驗。因此，關於它們底價值的意見不僅分歧而且完全互相矛盾。考察與這個問題有關的實際事實，我們那時就有確實的根據來證明我們底結論。

蒙他萊謀伯爾❶——法蘭西騎兵軍官，同時又是一個有非凡的而且也許是絕倫的天才的軍事技術家——在十八世紀下半葉，首先提議在堡壘可使要塞避免砲擊的這樣距離之內以單獨的分遣堡壘㈡來包圍要塞。他對於這個也作出了一個計劃。在他以前，外堡——如衛城㈢，眼鏡堡㈣等——祇多多少少以圍廓或壘壁來聯繫，並且其間的距離幾乎沒有比較斜堤㈤底脚下爲遠的。他提議了一些堡壘，它們據說是非常之大而且堅固，足以支持單獨的圍攻，同時據說距城牆遠至六百碼到一千二百碼，甚至還要遠些。這個新的學說數年來曾在法蘭西被輕視，但是當一八一五年後萊茵防綫不得不築以堅固工事時，它才在德意志找到了信服的門徒。科侖、科不林士、馬因斯以及以後烏爾穆、拉斯塔特和格麥爾斯海姆都圍以分遣堡壘。蒙他萊謀伯爾底這些建議爲亞斯特爾㈥及其他人所修正，而由此成爲在德意志學派底名義下著稱的一種新的築城體系。以後，法蘭西人

㈠ 蒙他萊謀伯爾（Mark-Rhene Montalembert）——一七一四—一八〇〇年。法蘭西優秀的軍事工程家，擅長於築城。（譯者）

㈡ 分遣堡壘是一個築城術語，即離開主要堡壘支持距離以外的築城工事。（譯者）

㈢ 衛城（Zitadelle）是要塞之獨立的、包括在它內部的一部分。通常，衛城控制城市，並且大多數是位置於最高的地點的。在現代砲兵底時代，衛城已失去它底價值。這個名詞有時包含堡壘地帶之特別重要的工事底意義。（郝思）

㈣ 野戰堡壘（Feldschanze）有開張的、閉合的和半閉合的等種類。後者稱之爲眼鏡堡（Luneite），由一個正面和兩個凸角組成，其形如下：⌒。（郝思）

㈤ 斜堤（Glacis），參閱後論戰爭——第十八。（譯者）

㈥ 亞斯特爾（Ernst Ludwig Von Aster）——一七七八—一八五五年。普魯士將軍及軍事工程家，曾創造許多築城方法。（譯者）

才漸漸開始承認分遣堡壘底功用。當巴黎構築堅固工事時，他們立刻明瞭了：在城市周圍建築很長的壘壁綫，如果不爲分遣堡壘所掩護，那一定是無價值的。不然，僅僅一處底破口會隨之而引起全部要塞底陷落。

近代戰爭已經不祇一次地指出爲一個以主堡作中心的分遣堡壘圈所建築起來的那種塹壕陣地底價值。曼都阿依其地位說曾是一種塹壕陣地，在一八〇七年的但澤也多多少少是這樣。而兩者都是曾經阻止過拿破侖第一的唯一的要塞。一八一三年，但澤又因爲它底分遣堡壘——大部分是野戰堡壘㊀——能够作長期的抵抗。一八四九年在倫巴底的拉得兹基（Radetzki）底全部戰役便是以味羅納底塹壕陣地——著名的四邊形要塞地㊁底核心——爲其中心的。全部克里米亞戰爭也繫於塞巴斯托堡塹壕陣地底命運，這個所以能够支持那麼久，祇是因爲聯軍沒有能够從各方面來包圍它，同時沒有能够把被圍者從其給養和援軍截斷。

塞巴斯托堡底圍攻是我們最値得注意的一個例子，因爲它築城地帶規模之大是從來所未有的。但是巴黎更較塞巴斯托堡爲大。堡壘底周界長約二十四英里。這個要塞底威力也要隨之增大了吧？

㊀ 野戰堡壘是設有堅固工事的地點，或據點，是以野戰築城底方法構築起來的。（郝思）

㊁ 四邊形要塞地（The Quadrilateral）——指扼守意大利北部倫巴底省的四個城所構成的四邊形的要塞地。（譯者）

巴黎底工事是築城底模範。它們非常簡單，是一種簡單的稜形堡㊀底環帶，在間壁之前連一個『半月堡』㊁都沒有。堡壘大部分是不帶有任何半月堡或其他外堡的一種四角或五角稜形堡。在這裏和那裏有些角堡或者冠堡㊂，以掩護位於其前的高地。這些堡壘與其說是為了消極防禦毋寧說是為了積極防禦而建築的。一般認為：巴黎底守備軍會走出堡壘綫以外，使用堡壘作為他們兩翼底支點，並且由於大規模的不斷的出擊而使敵人不能對於兩三個堡壘作正規的圍攻。因此，一方面堡壘可以保護城市底守備軍不使敵人過於接近，一方面守備軍也可以保護堡壘避免圍攻軍底砲擊。守備軍應不斷地摧毀圍攻者底塹壕作業。我們還想着附加地說：從城牆到堡壘的距離，在至少兩三個堡壘未被佔領以前，使敵人不能對城市作有效的砲擊。我們更想着附加地說：在塞納和瑪倫兩河（兩者都有相當曲折的河道）底滙合處的這個陣地，因為有一個很大的山脈在特別危險的東北戰綫上，所以具有很大的自然的便利，這個在防禦工事底設計時曾被充分地利用過。

如果這些條件能夠被實踐，並且在這些堡壘以內的二百萬居民能夠按時得到供給的話，那末巴黎無疑的是一個格外堅強的據點。供給居民食糧並不是困難的事，如果能適時得到供給並能有

㊀ 稜形堡(Bastion)——詳情見後論戰爭——第十八。(郝思)

㊁ 半月堡(Halbmond)——一種如半月形的堡壘。(譯者)

㊂ 在前進至斜堤以外的外綫工事（這些工事以一個或兩個設有稜形堡的正面突出於攻擊方向）底場合，這些設有稜形堡的正面便叫做角堡（Hornwerk）或者冠堡（Kronwerk）。(郝思)

組織地進行供給，但這是否可以在現在情形之下實現，那是十分堪疑的。最近的政府所作的一切都好像是些帶痙攣性的和未加考慮的工作。無草料而企圖豢養牲畜，那是完全不合理的。我們可以預言：——如果德軍有他們尋常那樣的决心——他們一定會發現巴黎沒有充分的糧食可以抵禦長期的圍攻。

但是，關於主要的條件，關於積極的防禦，關於不固守於城牆之後而走出工事以襲擊敵人的守備軍，究竟怎樣呢？想要發揮巴黎防禦工事底全部實力，想要阻止敵人利用它底弱點——在主要陣地內掩護的外堡之缺如——，巴黎一定得有一個正規軍作它底防禦。設計這個防禦工事的那些人們底根本思想就是這樣。他們曾設想：敗北的法軍，一旦確認不能進行野戰時，應向巴黎撤退而參加首都之防禦。所以結果不是守備軍很堅强、足以直接地由於不斷的攻擊去阻止敵人正規的圍攻甚至全部的包圍，便是間接地由於他們在羅亞爾河背後設置防禦陣地而在那裏補充他們底兵力，以便以後一當機會來臨好去攻擊圍攻軍底弱點，因爲後者在他們巨大的封鎖綫上一定不可避免地提供着弱點。

但是，在這次戰爭中法軍司令官底全部指揮已經使巴黎失去它防禦底主要條件。在全部法蘭西軍隊中祇有留在巴黎的那一個部隊和維諾亞（Vinoy）將軍底那一軍（即第十二軍，原係特魯錫將軍底一軍），全部約五萬人，並且這些軍隊雖然不是全部盡是但也幾乎大部分是第四營和流動警備隊。此外也許還要再加上二萬或者三萬人的第四營和來自各省的一個不定數的流動警備隊，後者是完全不適合於野戰的新兵。我們已經在色當看到這樣的軍隊在會戰中是怎樣沒有用的。如果有可能的話，他們無疑的將要退却到堡壘後面去的。幾個星期的教育、訓練和戰鬥確實改善了他們。但是像巴黎這樣大的一個地區之積極的防禦却需要一個較大的部隊在平地上的運動，需要在掩護的堡壘前相當距離內的正規戰，需要一種突破封鎖綫的或者阻止巴黎之全部包圍的攻擊。而對於這一切，對於向優勢敵人的攻擊——在這種攻擊中，奇襲和突破是必要的，同時對於這種攻擊，軍隊必須要有好的紀律——，巴黎現在的守備軍差不多是無效的。

我們想像：聯合的德意志第三和第四軍團（足有十八萬人）將在下星期內出現於巴黎之前，將以飛快的騎兵部隊包圍巴黎城，將破壞一切鐵路聯絡並由此破壞廣泛的供給之一切可能性。簡單地說，就是：他們準備對巴黎作正規的封鎖，這個封鎖將由麥次陷落後第一和第二軍團底到來而告完成。同時，其餘很多的部隊將被遺留下來，以備派遣到羅亞爾河以南去肅清法蘭西內地並阻止建立新法蘭西軍團的一切企圖。如果巴黎不投降時，正規的圍攻將要開始，並且在缺乏積極防禦的條件之下，德軍一定可以比較迅速地進展。如果我們祇着重軍事的考察，那末事態底正常過程一定會是如此的。但是現在事態却是這樣發展着，以致政治的事變（現在不是我們預言這個的時候）可以牽動一切。

論戰爭——第十七

——第一二卷——第一七三九號
一八七〇年九月九日・星期五

德軍進軍巴黎而由此開始新的戰局所需的時間給與我們餘暇以回顧……在野戰部隊底後方和要塞前面所發生的事情。

如果我們把色當（這個自然隨馬克馬洪軍團之投降而告陷落）除外，德軍現在已經奪取了四個要塞——拉・甫提・皮爾、維特利、利西登堡（Lichtenburg）和馬沙爾（Marsal），前二者未經一擊即降，後二者經短時間砲擊後始降。他們業已封鎖了比錫，正在圍攻斯托垃斯堡，業已包圍了法爾茲堡、托爾和蒙麥第，但一直到現在沒有攻下這些地方，同時他們企圖在最近數日內對托爾和麥次開始正規的圍攻。

除開爲散佈很遠的分遣堡壘所掩護的麥次以外，所有其他一切實行過抵抗的要塞都曾經遭受了砲擊。這種動作曾經常常是正規圍攻戰底一部分。先前，人們曾企圖首先破壞被圍者底糧秣庫和彈藥庫，但是自從把這些東西貯藏在專門爲了這個目的而建築的防彈的穹窖中成爲慣例以後，砲擊便漸漸有了這種目標：即盡可能地去燃燒並破壞要塞內部底許多建築物。破壞城內居民財產和糧食已成爲壓迫居民、從而壓迫守備軍及其司令官的一種手段。如果守備軍薄弱、欠訓練、無紀律而指揮官又缺乏能力時，僅僅砲擊也常常會使要塞投降。這個特別在滑鐵盧會戰後的一八一五年是這樣，當時主要地爲國民軍所駐守的一聯許多要塞，不待正規的圍攻，而僅經過短時間的砲擊便投降了。阿維諾、格伊斯(Guise)、毛布治、蘭多賴希(Landrecies)、馬林堡(Marienburg)、非利普維爾等地經過數小時、至多數日的砲擊後即告陷落。無疑的，對於這些成功的回憶和對於大多數國境要塞主要地爲流動警備隊和定駐國民軍所防守的這個事實的明瞭使德軍再嘗試這種方法。兼之因爲由於來復砲底採用，甚至野戰砲兵也幾乎專門發射榴彈，所以現在用一個軍底普通野砲去轟擊一個地方並且焚毀它底建築物，已經比較容易。人們用不着再像從前那樣等待臼砲和笨重的攻城榴彈砲底到來。

雖然對於民房的砲擊被認爲是現代作戰法，但是因爲對於要塞內民房的這樣一種砲擊常常是一種非常兇暴而殘酷的手段，所以這是不容忽視的。這種砲擊如果無充分把握使敵人投降，如果不是有某種程度的必要性，至少是不應該採取的。如果像法爾茲堡、利西登堡和托爾等地曾被砲擊，那末這個祇有由於它們遮斷那些山道和鐵路——立刻佔領它們對於侵入的敵軍有重大的意義——的這個事實才能去說明，並且由於數日砲擊底結果，它們底投降通常是可以期望到的。如果其中兩個地方一直堅持到現在，那末這個加於守軍和居民的榮譽就更多。但是至於談到在正規圍攻之前對於斯托拉斯堡的砲擊，情形便完全不相同了。

斯托拉斯堡，一個有居民八萬以上的城市爲十六世紀的一種舊式的築城所圍繞。它曾經爲伏班❶所鞏固了，他在城外建築了一個衛城直達萊茵河並且以一種連綿的堡壘綫使之與城牆相連結，當時人們把這種堡壘綫叫做『塹壕陣地』❷。因爲這個衛城控制着城市並且能够在城市投降以後獨立地進行防禦，所以奪取兩者（指衛城和城市。——譯者）的最簡單的方法便是直接攻擊衛城而不必作兩個連續的圍攻。但是，現在衛城底防禦工事是如此之堅固而它居於萊茵河上多池沼的低地的這種位置又使戰壕底挖掘如此之困難，所以形勢一般地說似乎是適合於預先攻擊城市，因爲隨着城市底陷落，僅僅衛城之再進一步的防禦在軟弱無能的司令官底心目中，除開它能够保障比較好的投降條件以外，一定會失掉它大部分的意義。但是如果終於祇是城市被佔領了，那末衛城仍然可以繼續固守，並且一個頑强的司令官能够再堅持下去，能够把城市和位於其中的敵軍置於砲火之下。

在這種情形之下，對於城市的砲擊能够有什麽用呢？如果一切進行得很好，那末居民也許能

❶ 伏班(Vauban)——一六三三—一七〇七年。法蘭西軍事工程家。他底築城原理一直到一八七〇年在法蘭西曾佔領導地位。（郝思）

❷ 塹壕陣地（Entrenched Camp）——一種設有塹壕的陣地。（郝思）

·166·

够使大部分守軍士氣渙散，能够强迫着司令官放棄城市而以精兵三五千人固守衞城，在那裏繼續防禦，並從那一方面砲擊城市。並且烏里錫（Uhrich）將軍（這是一個勇敢的老兵底名字而不是烏爾里錫〔Ulrich〕）底性格曾是這樣著名，所以沒有一個人想到，他會在攻擊城市和衞城的一些砲彈下驚惶失措以致獻出城市和衞城。砲擊一個有控制它的、獨立的衞城的城市是無意義的，是無用地殘酷的。固然圍攻軍底流彈和長時間的砲擊常常會使城市受到損傷，但這要和那在正式的六天砲擊（像城市曾經遭受的那樣）中居民生命底毀壞和犧牲來比較是算不了什麼的。

德軍說，他們爲了政治的原因必須立刻佔領這個城市。他們企圖在締結和約時保持這個城市。如果是這樣的話，那末其殘酷無與倫比的這種砲擊不僅是罪惡而且是愚蠢。想要得到一個行將兼併的城市底同情，於是用爆炸彈把它燃燒了，把它底許多居民格殺了，這眞是一種絕妙的方法！同時，砲擊是否曾經早一日加速了法軍底投降呢？一點都沒有！如果德軍想着兼併這個城市而破壞居民對於法蘭西的同情時——他們也許必須採取下列計劃：即以盡可能迅速的圍攻奪取這個城市，然後圍攻衞城而使守軍司令官苦於選擇：不知是應放棄他所有的某些防禦手段呢，還是應砲擊城市（由衞城那方面砲擊已被敵人所佔的城市。——譯者）。

實際上，用以射擊斯托拉斯堡的大量砲彈並沒有使正規的圍攻不必要了。第一道平行壕㊀一

㊀ 平行壕（Parallele）——是攻擊者所掘的與要塞壘壁平行的塹壕，參閱論戰爭——第十八。（郝思）

定是八月二十九日在席耳提西海姆（Schiltigheim）附近的要塞底西北方面掘成的，距要塞工事五百至六百五十碼。第二道平行壕（有些通信記者誤稱爲第三道平行壕）是九月三日在三百三十碼的距離內築成的。這個無用的砲擊爲普魯士國王底命令所制止，並且想在壘壁上造成一個有效的破口，那還得繼續到十七日或者二十日。然而在這種情形之下，所有的估計都是非常冒險的。這是第一次的圍攻，在這種圍攻中，近代的來復砲曾經以裝有着發信管的砲彈來攻擊石造工事。普軍由破壞猶里西（Julich）時的嘗試，得到非常有利的結果。他們在遠距離內並且甚至於由間接射擊（即由看不見射擊目標的砲兵所進行的射擊）擊毀了石造工事並破壞了框舍（Blockhaus）。但是這祇是平時的一種嘗試，而必須在實際戰爭中加以證實。斯托拉斯堡將可以供給我們一個很好的例子，說明近代重來復砲在攻城戰中的效用如何，因此這個圍攻也值得我們以特別的興趣來研究它。

軍隊底興衰

——第一二卷——第一七四〇號

一八七〇年九月十日·星期六

當路易拿破侖以農民底選票和他子弟兵底刺刀建立所謂『曾經帶來和平』的帝國時，那時法蘭西軍隊在歐洲佔有顯著的地位——也許祇是由於傳統。自一八一五年以來，和平便降臨了，這個對於某些軍隊說曾爲一八四八年和一八四九年底事變所中斷。奧軍曾經在意大利打了一個勝仗而在匈牙利打了一個敗仗。無論是俄羅斯在匈牙利或者普魯士在南德意志都沒有得到值得一談的榮譽。俄羅斯在高加索，法蘭西在阿爾及利亞都曾作過他們長期的戰爭。但自一八一五年以來，大的軍隊都沒有在戰場上周旋過。路易·菲力普❶曾經使法蘭西軍隊墮落至一種無能爲的地步。

❶ 路易·菲力普（Louis Philippe）——一七七三—一八五〇年。法蘭西國王，在位一八三〇—一八四八年。實行收買及賄賂政策使議會及官吏腐敗不堪，因此軍隊亦日趨無用。後一八四八年二月革命起，被逐，亡命於英。（譯者）

阿爾及利亞的軍隊以及特別是那或多或少為了非洲戰爭而創立的親信部隊——輕步兵、志瓦夫兵、土爾寇兵、非洲輕步兵——曾是重大注意底真正對象，但是，步兵底基幹、騎兵和軍用器材在法蘭西是很不重視的。共和國一點都沒有改善了軍隊底狀況。但是『曾經帶來和平』的帝國成立了，並且——『如欲和平即需備戰』——，現在軍隊立刻成為注意底主要目標了。當時，法蘭西有大量比較年青的軍官，當它在非洲進行着許多重大的戰鬥時，他們曾在那裏作過高級軍官。

法蘭西在阿爾及利亞特別兵團中的軍隊是比較歐洲任何其他軍隊為優越的。它在大量的補充人員中有許多久經訓練的老兵——有實際經驗的戰士，其人數之多為歐洲其他列强所不及。唯一需要的是盡可能使大部分軍隊提高到這個特別兵團底水準。這個已經大規模地作了。以前祇是在特別兵團中常有的『跑步底操練』，已經普及於全部步兵。因此，他們獲得了一種前此軍隊所不知的機動力。騎兵也盡可能地裝備了好的馬匹，全部軍需有了管理並且被完成了；最後克里米亞戰爭開始了。法軍底組織顯較英軍底組織為優越。聯軍兵力底比例自然而然地使勝利底主要部分——不管勝利之大小如何——歸於法蘭西軍隊。整個圍繞在一個大的圍攻之中心的這個戰爭底特點使法蘭西人特別發揮了像在工兵中所表現的那樣絕倫的數學天才。因此，克里米亞戰爭再使法蘭西軍隊成為歐洲第一流的軍隊。

接着，來復槍和來復砲底時代到來了。來復槍對滑膛槍[1]之不可比擬的優越性引起了後者底廢棄或者——在大多數場合——改換。普魯士在不到一年的期間內已經把它底舊式步槍改換成來復槍。英吉利漸漸以恩非爾得式步槍（Enfield-Gwehre）裝備了它底全部步兵，奧地利也以十分優良的小口徑步槍（勞林茲式——Lolentz——）裝備了它底全部步兵。祇有法蘭西還保存着舊式的滑膛短槍，而僅使特別兵團使用來復槍。當大部分砲兵還使用皇帝底得意發明——短筒十二磅砲（因爲口徑過小，所以比舊式大砲底效率爲低）時，一些四磅來復砲被製造出來以備戰時之用。它們底構造存有很多弱點，因爲那還是十五世紀以來所製造的最初的來復砲。但是在它們底效力上來講，它們比較任何現有的滑膛野砲爲優。

在意大利戰爭爆發之際，事態便是這樣。奧地利軍隊曾喜歡他們底舒適，特殊的成就幾乎是他們所作不到的。他們雖然是氣宇非凡似的，但是僅僅如此而已。在他們指揮官中有當代底幾位名將，但大部分是最壞的將軍。朝廷底勢力却提拔了後者（最壞的將軍。——譯者）底大部分居於高位。奧地利將軍們底錯誤和法蘭西兵士底大的抱負使法蘭西軍隊得到了一種很難爭取的勝利。馬金他之役沒有給予法軍半點勝利，而蘇非力諾之役則僅獲小勝。在戰爭底眞正困難——四邊形要塞地底爭奪戰——尚未出現以前，政治的事變已使戰爭結束了。

在這個戰役以後，法蘭西軍隊便成了歐洲底模範。如果克里米亞戰爭後法蘭西底『輕步兵』已經成爲步兵底『美麗的理想』，那末現在這種讚美已普及到全部法蘭西軍隊了。他們底制度已

❶ 滑膛槍——指槍膛內不施來復綫的一種槍。（譯者）

被研究。他們底兵營已成爲各國軍官底學校。法蘭西軍隊之無敵幾乎成了歐洲的信條。在這個期間，法蘭西把它底舊式步槍施以來復綫，同時把它底全部砲兵都以來復砲裝備起來了。

但是，曾經使法蘭西軍隊成爲歐洲第一流軍隊的這個同一戰役喚起了各種努力，這些努力結果對於他們先產生了敵對者而後又產生制服者❶。普魯士軍隊自一八一五年到一八五〇年間曾經經歷過和其他一切歐洲軍隊相同的腐化底過程。但是對於普魯士，這種和平底腐化在它底戰鬥機構中成了一種比較對於其他國家爲大的障礙。當時，普魯士底制度在每一旅中混合有一個現役團和一個後備團，所以在動員之際，野戰部隊有一半必須重新編制。對於現役軍和對於後備軍的物資是特別缺乏的。在負責人之間，發現許多小的詐取。當一八五一年和奧地利的衝突逼使普魯士進行動員時，一切都很悲慘地崩壞了，普魯士也不得不穿過考丁的牛軛❷。軍需不久在很大的代價之下改善了，全部組織（雖然只是在某些細小的地方）被修正了。當一八五九年意大利戰爭要求一個新的動員時，物資已經較好地被整頓了，但是還沒有完全整頓好。在士氣上完全適合於民族戰爭的後備軍，在軍事示威（這個能夠引起和交戰國底任何一個進行戰爭）之際，證明了是完

❶ 這是說：這次戰役雖使法軍成爲歐洲第一流軍隊，但同時也引起歐洲其他軍隊（首先是普軍）底努力，這些努力結果使普軍成爲法軍底敵對者而接着又成爲他們底制服者。（譯者）

❷ 考丁的牛軛（Kaudiniche-Joch）——在考丁山路戰敗後，被擊敗的羅馬人不得不從其下穿過的一種牛軛。對於恥辱的一種象徵。（郗恩）

全不可控制的。軍隊底改組被決定了。

在國會背後所進行的這個改組使所有三十二個後備步兵團入伍，由加强的新兵召募來漸漸補充人員，把他們編成現役團並由此增加現役團底數目由四十至七十二。砲兵以同樣比例，騎兵以非常小的比例增加了。軍隊底這個擴大大約和普魯士人口底增長（由一八一五年底一千零五十萬人增至一八六〇年底一千八百五十萬人）相符合。不管地方議會底反對如何，這個改組實際上是實施了。此外，軍隊在各方面也使得有戰鬥力了。起初，全體步兵被裝備以來復槍，以後，那一直到現在僅僅供給一部分步兵使用的衝針後膛槍❶，也供給了全體步兵並且還有了貯藏。數年來所進行的來復砲底實驗已告終結。所採用的標準形式漸漸代替了滑膛砲。由膚淺的老菲力·威廉第三所遺傳下來的過度的閱兵操練漸漸讓位於一種較好的訓練制度，在這種制度中特別練習哨兵勤務和散兵戰。在這兩方面的模範，大部分要算阿爾及利亞法軍。對於獨立營，連縱隊成了主要的戰鬥隊形。當時對於打靶非常注意，並得到很好的結果。騎兵也同樣改善了。他們數年來特別在東普魯士（馬匹底飼養地）飼養馬匹，繁殖阿刺伯種，並且所得的結果現在已開始有用了。東普魯士馬雖在軀幹上、速度上比較英吉利騎兵所用的馬爲劣，但却是一種很好的戰馬，並且支持戰鬥的能力比較後者大五倍。長時期被忽視了的軍官底專門教育，現在又被提高到預定的很高的

❶ 衝針後膛槍(Die Zundnadel-Hinterlader) 即備有衝針以擊發子彈的一種後膛槍。（譯者）

水準。總之，普魯士軍隊實行了一個整個的改變。丹麥戰爭充分地指示給每個曾經想着明瞭的人說：事實便是這樣。但是人們不想明瞭這個。於是，一八六六年底霹雷響了，現在人們不得不明瞭這個了。接着便是普魯士制度向北德意志軍隊的擴張，同時在基本上也是向南德意志軍隊的擴張。結果證明：這個是怎樣容易地實施了。於是，一八七〇年到來了。

但是一八七〇年底法蘭西軍隊已不是一八五九年底法蘭西軍隊了。作第二帝國底制度之主要基礎的私用公款，交易投機和因公濟私等腐敗習氣也已經影響到軍隊。如果郝斯曼❶及其黨羽從巨大的巴黎事業中搾取到數百萬資財，如果對於公共事業的全部權限、如果每個國家底命令、每個人民的官廳都被無恥地、公然地利用作搶掠人民的一種好的機會時，那末單單祇有軍隊——是路易拿破侖一切所依靠的軍隊，爲一些愛財之心不稍減於幸運的、寄生於朝廷的文官的人們所指揮的軍隊——能够獨善其身嗎？並且如果大家知道政府有把補充人員底費用中飽私囊而不想實際錄用這些補充人員——而這當然是每個團級軍官所熟知的——的這種習慣時，如果陸軍部爲了供給皇帝私人揮霍在糧服局等機關按日吞蝕公款時，如果最高的官廳爲有背景而不能辭退——不管他們是否作事——的一些人們所蟠據時，那末這個綱紀之紛亂一定自然而然地也會影響到團級軍官的。固然我們還不能說，吞蝕公款在他們中間已司空見慣，但是對於上級的藐視、職責之疏忽

❶郝斯曼（Geoges Engeue Haussmann）——一八〇九—一八九一年。法蘭西行政官，塞納縣知事，曾實施了巴黎底建設計劃。他拆毀了全部舊的市區而建設起新的街道。（郝思）

以及紀律之敗壞曾是必然的結果。如果上級眞正有威望的話，軍官們敢——成爲慣例地——在行軍時乘坐馬車嗎？全部國家機器腐朽了。第二帝國生存於其中的這種腐敗的空氣最後也瀰漫到這個帝國底柱石——軍隊了。在決定的瞬間，可以抵抗敵人的祇有軍隊底光榮傳統和兵士底天賦的勇氣了。但是僅僅這個是不足以保持歐洲最好的軍隊中之一底地位的。

論戰爭——第十八

——第一二卷——第一七四四號
一八七〇年九月十五日·星期四

關於現在在法蘭西所進行的圍攻戰，好像仍然存在着大的誤解。某些報界同人如太晤士報傾向於這種見解，認爲德軍雖擅長於野戰，但却不懂怎樣去進行圍攻。其他報界同人底意見以爲：斯托拉斯堡底圍攻在第一綫進行，不是爲了佔領城市而是爲了實驗並練習德意志底工兵和砲兵。這便是斯托拉斯堡、托爾、麥次或者法爾茲堡之所以到現在尚未投降的原因。他們好像完全忘記了，在這個戰爭以前的最後一次圍攻，也就是塞巴斯托堡底圍攻，在該城陷落以前，在塹壕掘鑿以後需要了十一個月的戰鬥。

爲了修正祇有半點不懂軍事常識的人們才會有的這樣一種膚淺的見解，我們必須使他們回想：圍攻眞正是什麼。大部分要塞底壘壁都設有稜堡，也就是說壘壁在宅底稜角上有五角形的凸出部，叫做稜堡，這個可以用火力掩護要塞工事前的空間和直接位於其脚下的塹壕。在每兩個稜堡間的這種塹壕內有一個分遣的三角工事，叫做半月堡，它可以掩護稜堡之面向着它的那一部分和位置於它和稜堡之間的壘壁。在半月堡底四周滿佈着塹壕。在這個主要壘壁之外還有一個隱蔽的廣道，這個爲斜堤底側緣所保護。斜堤是一種高約七呎而漸漸向外傾斜的隆起地。在許多場合，還另外附有其他工事，以更增加進攻底困難。所有這一切工事底壘壁都爲石造工事所掩護或者爲壕水所保護，以使進攻這個完整無缺的工事成爲不可能。這些工事是這樣配置的，以使外部工事常常爲內部工事所控制，也就是說爲內部工事所俯瞰，而外部工事本身又可由它們壘壁底高度來控制戰場。

要想進攻這樣一個要塞，由伏班所改良的那個方法仍然是可用的，雖然被圍者在這裏還可以改變這種方法，如果他們備有來復砲並且如果要塞前面的土地在廣大的範圍以內完全是平坦的。但是因爲這些要塞大部分是在滑膛砲無敵的統治時代建築的，所以在工事八百碼以外的地面便一般地不計算在內了。幾乎在每一個場合，一種不用正規的戰壕而隱蔽地接近到這個距離以內的動作，對於圍攻軍將是可能的。第一個任務，就是在於先包圍據點，然後驅逐哨兵和其他部隊，偵察工事，把攻城砲、彈藥和其他給養運來並組織貯藏所。在目下的戰爭中，甚至由野砲所施行的第一次轟擊也還是屬於需要相當時間的這個準備階段的。斯托拉斯堡於八月十日被鬆緩地包圍，二十日被緊緊地包圍起來，從二十三日到二十八日被砲轟而到了二十九日正規圍攻才開始。這個正規圍攻從第一道平行壕之掘鑿開始，這個平行壕是一種向要塞那一方面積土以隱蔽並保護由此通過的士兵的戰壕。這個第一道普通平行壕在六百碼到七百碼的距離內圍繞着要塞底壘壁。沿着壘壁縱射的砲位即安置於其中。它們被配備在每一正面底延長綫上，也就是被配備在其火力可以控制戰場的壘壁底那一綫上。這個在要塞將被攻擊的一切部分都有。其目的在於對這些正面施行縱射而由此破壞敵方大砲並殺傷其砲手。這個至少必須有二十個這樣的砲位，每個由兩三尊大砲組成，也就是說全體需要五十尊重砲。在第一道平行壕內也普通安置有相當數目的臼砲以轟擊城市或者守備軍底有防彈裝置的火藥庫。在現在的砲兵中，臼砲祇是爲了後一目的（即砲擊守備軍底火藥庫。——譯者）才使用的，而爲了前一目的（即砲擊城市。——譯者）來復砲已够用了。

自第一平行壕起，戰壕並列行進，其延長綫不與要塞工事相接觸，所以要塞砲不能射擊它們。這些戰壕以鋸齒形前進，一直到達要塞工事前三百五十碼的距離內，在這裏掘鑿第二道平行壕——這是和第一道平行壕相同而祇稍微短些的一種戰壕。這個普通在戰壕掘鑿後的第四夜或者第五夜中完成的。在第二道平行壕內安置有對射砲位（Konterbatterie），一種對着每一個被射擊的正面並且幾乎和它們平行的砲位。這些砲位可以破壞和它們對抗的大砲和壘壁並和沿正面排射的砲位構成交叉火力；它們全部約有六十門大口徑的重砲。於是，圍攻軍由新的鋸齒綫向前推進，這個愈接近要塞便愈短而愈密集。距壘壁約一百五十碼，掘有安置臼砲位的半平行壕並且在距壘壁約六十碼的斜堤脚下掘有第三道平行壕，也安置有臼砲位。這個大約可以在戰壕掘鑿後的第九夜或者第十夜竣工的。

在要塞工事的附近，眞正的困難便開始了。被圍者底砲兵火力，在它所能控制的開曠地的範圍以內，雖然在這時幾乎將被完全制壓下去，但壘壁後的步槍火力現在却比較以前將更爲有效，並且將大大阻礙戰壕內的作業。現在，近接作業❶將必須以更大的謹愼並按照另外一種計劃來進行，這個我們在這裏不能詳盡地說明。在第十一夜，圍攻軍大約可以挺進到隱蔽道底凸角處，這個凸角位於稜堡和半月堡之凸出點底對面。在第十六夜中，他們可以完全達到斜堤底頂端，也就是說他們底戰壕已經掘到和隱蔽道平行的斜堤頂端底背後。於是，他們首先將可以安置他們底砲位，以擊毀壘壁底石造工事，以强行一種由戰壕進入要塞的躍進，以制壓那在稜堡側翼上沿戰壕射擊並阻止躍進的大砲。這些側射的工事連同它們的大砲一定要被毀壞並且破口可以在第十七日造成。在第二天晚上，下降到戰壕裏並穿過隱蔽道以掩護衝鋒軍不受側翼火力射擊的這個工作將要完成，而衝鋒將要開始了。

我們企圖在這個敍述中對於圍攻一種最薄弱、最簡單的要塞（一種伏班式六角堡）的作戰過程作一概述，並且企圖在這樣一種假定之下，即在防禦軍沒有發揮任何非凡的積極性和勇氣或者它使用特殊的資源的這樣假定之下，來推算圍攻軍——如果他們沒有爲成功的出擊所殲滅——在各階段所需要的時間。但是甚至就在這樣一種有利的情況之下，如我們已經看到的，在主要壘壁

❶ 近接作業（Approaches）——築城學上術語，意即謂圍攻軍由一種工事（多半是平行壕）接近被圍軍的作業。（譯者）

能够被突破並且據點能够對衝鋒造成成熟的機會以前，也還至少要繼續十七天。如果守備軍有充足的兵力和豐富的給養，那末沒有任何軍事的理由可以使他們在這以前投降。從純軍事的觀點來看，至少支持到這個時限（指十七日。——譯者）爲止，這並沒有超出他們底義務之外。於是人們怨訴：斯托垃斯堡還沒有被佔領，——斯托拉斯堡是這樣一個地點，它遭受正規圍攻才十四天之久，並且在攻擊正面還設有外堡，這些外堡使它能够比較平均日期至少多支持五天。人們怨訴：麥次、托爾和法爾玆堡還沒有被逼投降。但是我們還一點不知道：對於托爾是否已掘有僅僅一條戰壕。關於其他要塞，我們知道：它們還根本沒有被正規地圍攻。在此刻，人們好像仍然完全沒有正規圍攻麥次的企圖。使巴森軍飢餓待斃好像是奪取麥次的最有效的方法。這些急躁的社論家們應該知道：很少有這樣的要塞司令，他們在四個輕騎兵底偵察和一次砲擊之下投降，如果在他們指揮之下有相當充分的軍隊和給養。縱然斯德丁在一八〇七年曾向一團騎兵投降，縱然法蘭西邊境要塞在一八一五年在短時間的砲擊的影響之下（或者由於對砲擊的恐怖）投降，但我們也不可以忘記：伏爾特和斯比希林兩者合起來也不及耶納或者滑鐵盧。此外，如果去懷疑法軍中有很多軍官甚至能够以一種由流動警備隊所組成的守備軍支持一個正規圍攻，那也會是錯誤的。

如何擊敗普軍?

——第一二卷——第一七四六號

一八七〇年九月十七日　星期六

一八五九年意大利戰爭後，當法蘭西底軍事力量在它底頂點時，普魯士菲力·查理士親王——也就是曾經包圍巴森軍於麥次的同一人——寫了一本小冊子，叫做如何擊敗法軍?。現在，當按照普魯士制度建立起來的德軍之巨大的軍事威力成爲空前無敵時，人們開始自問：如何擊敗普軍並且誰來作這個呢?但是當德意志最初僅僅爲了反抗法蘭西沙文主義而實行自衞的這個戰爭漸漸但是確實地要變爲一種爲了維護新德意志沙文主義底利益而進行的戰爭時，研究這個問題便有了價值。

『天恆假手於勁旅』，這是拿破侖說明戰爭之勝敗取決於何者的一種得意名言。普魯士曾經根據這個原則來行動。它努力使它自己有了『勁旅』。當一八〇七年拿破侖禁止它一軍團有四萬以上的人員時，它使壯丁經過六個月的訓練後退伍而代之以新兵。一八一三年，它曾能够從四百五十萬的人口中派遣二十五萬兵士到戰場上去。以後，短期團內服役和長期後備役義務底這個同一原則再被發展而更使之符合於絕對君主專制底需要。兵士在團內服務二年到三年。這個不僅祇是爲了很好地訓練他們，同時也是爲了使他們養成絕對服從底習慣。

但是，普魯士軍隊制度底弱點也正在這裏。這個制度必須調和兩個不同的並且完全矛盾的目的。一方面，它要求把每個可服兵役的男子變成兵士，並且把常備軍建立成爲一個市民學習使用武器的學校，建立成爲一個市民在外敵進攻時集合於其周圍的核心。在這點來說，這個制度帶着純粹防禦的性質。但是另一方面，這個軍隊本身又應該是半專制政府底武裝力量和主要支柱。爲了達到這個目的，這個市民底軍事學校必須成爲一種對上級盲目服從的和有忠君精神的學校。但是這個祇有由長期的兵役年限才能够達到。這裏便產生了這兩個擬定的目的底矛盾。防禦政策要求大量的人員受短期訓練以期在外敵侵略時具有大批的後備軍。反之，對內政策却要求有限制的人員受長期訓練以期在內亂時握有可靠的軍隊。這個半絕對君主專制擇取了中間的道路。它召集壯丁服役整三年，同時根據財政的條件限制新兵之數量。這個有名的普遍兵役制在實際上是不存在的。它已變爲一種徵兵制；這個和其他國家徵兵制不同的祇是因爲它是强迫的。這個制度，比較其他任何國家都浪費更多的金錢，需要更多的人員，延長準備隨時應召入伍的義務到一個更長的時期。同時，原來祇是爲了他們底自衛而武裝起來的民衆到現在已變成了一個準備戰鬥的、可靠的侵略軍，變成了內閣政策底一種工具。

一八六一年，普魯士底人口約在一千八百萬以上並且每年約有二十二萬七千壯丁——年齡已達二十歲——可服兵役。其中有一半在體格上已適合於服役，即使不是立刻，但至多經過一二年即可。但每年不是十一萬四千新兵而祇有六萬三千新兵入伍，所以可服兵役的男性人口幾乎有一半不受軍事敎育。凡是在這次戰爭中曾居住於普魯士的人，一定會驚訝有大量强壯的、康健的、從二十歲到三十二歲的男子平安地留在家裏。因此，這次戰爭中某些新聞特派員曾經在普魯士所看到的那種『假死』底狀態祇是存在於他們自己底幻想之中而已。

自一八六六年以來，北德意志聯邦每年新兵底數目在三千萬人口中不超過九萬三千人。如果可服兵役的壯丁之全數——甚至經過最嚴格的醫生底檢查——被徵入伍時，那末新兵至少可達十七萬人。一方面王室的要求，他方面財政的必要規定了新兵數量底這種限制。軍隊對內成了維護絕對專制的一種馴順的工具，對外成了進行內閣戰爭的一種馴順的工具。但是不能說民族的全部力量都已用於國防，即使是約略地，也不能說。

雖然如此，這個制度還比較其他歐洲軍隊之腐舊的幹部制度遠爲優越。和這些軍隊來比較，在同樣的人口數量中，普魯士可以出兩倍的兵力。普魯士憑藉一種竭盡一切可能的制度把他們造成很好的兵士。如果路易拿破侖不是繼續不斷地垂涎於萊茵地區，並且如果德意志人沒有因爲對民族統一的努力而本能地把軍隊視爲必要的工具，那末這個制度也許不會爲人民所忍受。如果萊茵地區和德意志統一一旦有了保障，這個軍隊制度一定會成爲不能忍受的。

這裏我們對於這個問題：『如何擊敗普軍？』便有了答案。如果一個有同樣多的，同樣聰明的，同樣勇敢的並且同樣文明的民族實際上完成了如普魯士紙上所談的一切，也就是說使每一個可服兵役的市民成了兵士，——如果這個民族在對這個目的所需要的範圍內限制爲了平時訓練的實際兵役年限，——如果它以普魯士在最近期間所曾經作的那樣同樣有效的方法來維持它底戰時編制，那末我們敢說：這個民族對普魯士化的德意志會有和普魯士化的德意志在這次戰爭中對法蘭西所曾有的那樣相同的巨大的利益。根據普魯士第一流權威者們（包括陸軍總長豐·魯恩〔Von Roon〕將軍）底意見，兩年的兵役很足以使村夫成爲優良的兵士。如果忠實於皇帝的軍官老爺們允許的話，我們甚至可以說：對於大多數新兵，十八個月——兩個夏季和一個冬季——便够用了。但是兵役年限之精確的長短是次要的問題。如我們已經看到的，普軍由他們六個月的兵役已經得到了很好的結果，並且是用那些剛剛不再是農奴的人們。主要的是這個普遍兵役制底原則要眞正予以實施。

如果戰爭進行到如現在德意志俗物們所叫囂的那樣悲慘的結局，也就是進行到法蘭西崩潰，那末我們便可以相信：法蘭西人將採用這個原則。他們至今雖曾是一個善戰的民族，但却不曾是一個軍事的民族。他們已經憤恨在建立於兵役年限很長但有訓練的後備人員却很少的幹部制度之上的那種軍隊裏服務。但是他們却將準備在一種短期訓練和長期後備役的軍隊裏服務。並且他們還寧願多作些，如果這個能够使他們雪恥並恢復法蘭西領土底完整。於是『勁旅』將出於法蘭西，並且如果德軍不採用同樣的制度，那末這個勁旅所得的效果將和在這次戰爭中所得的效果相同。但是這裏將有下列的區別。如同普魯士後備軍制度與法蘭西幹部制度相較曾是一個進步，因爲它縮短了兵役年限而增加了能够保衞他們國土的男子底數量那樣，這個眞正普遍兵役底新制度與普魯士制度相較又將是一個進步。對於一個戰爭的武裝力量將大爲增加，但平時的軍隊却減少了。每一個國民將親身參戰解决他們政府底爭端而不必再推舉代理人。防禦將更爲加强，而進攻將更爲困難，同時軍隊之大的擴張結果將變成用費底減低和對和平的保障。

論戰爭——第十九

——第一二卷——第一七五四號
一八七〇年九月二十七日·星期二

巴黎底防禦工事已經證實了它們底價值。德軍一禮拜多以來之所以未能佔領該城的便正是因爲這些防禦工事。一八一四年，蒙馬托爾（Montmartre）高地上半日的戰鬥便使巴黎降伏了。一八一五年，在戰役開始時所建築的一列土堡遲延了巴黎底陷落。但是，如果聯軍不是絕對有把握知道巴黎會不戰而降，這些土堡底防禦力也許是非常薄弱的。在這次戰爭中，德意志人從他們底外交家不要求別的，祇要求他們不干涉他們底軍事行動。這個軍事行動一直到九月中旬是敏捷的、靈活的、堅決的，但是自從德軍底縱隊進入巴黎這個巨大的築城地區底作戰範圍以內的那一天起，便成了遲緩的、躊躇的、摸索的。這完全是必然的。對於這樣大的一個城市的一種簡單的包圍也得需要時間和謹慎，即使你以二十萬或二十五萬人來接近它。並且縱然——像現在這樣情形——城內沒有適於出擊和進行正規戰的軍隊，這樣大的兵力也很難足以在各方面水洩不通地包圍這個城市。杜克魯（Ducrots）將軍在穆登（Meudon）出擊之悲慘的結果業已非常清楚地證明了巴黎沒有這樣的軍隊。在這裏，現役部隊行動得確實比較流動警備隊還要壞些。他們實際上逃走在有名的志瓦夫兵底前面。這個是容易說明的。老的兵士——大部分是曾經在伏爾特作過戰的馬克馬洪軍、多·法伊軍和非利克斯·多衞軍底兵士——經過兩次悲慘的退却和六週來繼續的失敗已經完全喪失了銳氣。當然，這樣的事件很强烈地影響到傭兵，我們把他們叫做傭兵是因爲大部分由補充兵所組成的志瓦夫兵不適合於別的名稱。並且這些人曾是決定來鞏固那些用以補充被縮減了的各現役營的沒有戰爭經驗的新兵的。雖然在這個事件以後，還有些在這裏或那裏得到成功的小規模的出擊，但野戰幾乎是不會有了。

再進一層說：德軍宣稱巴黎已爲他們在索烏（Sceaux）高地上的大砲所控制，但是這種說法是必須加以相當的斟酌然後才能採納的。他們可能曾經安置砲位於其上的那個最近的高地（在距凡佛〔Vanves〕堡壘約一千五百公尺的豐特內·歐·魯斯〔Fontenay-aux-Roses〕底上方）距城市中心尚有整整八千公尺或者八千七百碼。德軍並沒有比較所謂六磅來復砲（砲彈重約十五英磅）再重的大砲。並且縱然他們有十二磅來復砲（砲彈重三十二英磅），但這些大砲，在砲架所允許的那樣射角之下，是不會有四千五百到五千公尺以上的射程的。因此，這種誇耀是不足以威脅巴黎人的。在兩個或者兩個以上的堡壘未被佔領以前，巴黎是用不着害怕砲擊的。並且即使那樣，砲彈仍然會如此飛散在城市底廣大的面積上，以致損害一定會比較輕微而對於居民精神的影響也一定會幾乎等於零的。試看那爲了砲擊斯托拉斯堡曾不得不運來的砲兵之龐大的數量——那末爲了使巴黎陷落，將更需要多少大砲呢？縱然我們注意到：由平行壕所進行的正規的攻擊將對工事底一個小的部分進行，但是情形也是這樣。並且一直到德軍把他們所有的這些砲兵攜同彈藥及其他一切附屬品一齊搬運到巴黎城下爲止，巴黎是安全的。祇有從攻城底材料已經準備妥當的那一瞬間起，眞正的危險才算開始。

我們現在明白地看出：巴黎底防禦工事有怎樣巨大的內在的力量。如果在這個消極的力量上，在這種單純的防禦力量上再加以積極的力量、眞正軍隊底攻擊力量，那末這些防禦工事底價值將被立刻提高。當圍攻軍不可避免地爲塞納及瑪倫兩河至少分成三個獨立部隊，並且這三個部隊又祇有經過在他們戰鬥陣地後方所架設的橋樑——也就是祇有經過迂迴的道路並且在時間消耗之下——才能彼此取得聯絡時，巴黎底大批軍隊便能夠以優勢的兵力任意攻擊這三個部隊中之一，使之蒙受損失，破壞他們已經開始了的工事並且在圍攻者底援軍未能到來以前，他們便可以在堡壘底掩護之下再退回城內。如果巴黎底軍隊比較圍攻者底軍隊不太薄弱的話，那末他們便能夠阻止對於這個地點的整個的包圍，或者在任何時間都能夠突破它。在外援不是完全沒有可能時，整個包圍一個被圍攻的地點是如何必要，這個已經在塞巴斯托堡底情形中顯示出來，當時圍攻爲在要塞北半部俄羅斯援軍之不斷的到着所延長了。在最後的瞬間，這個出口才被截斷了。巴黎前面的事態愈加發展，那末在這次戰爭中，法皇指揮之完全不合理便愈顯著，而由於這種不合理；兩個軍團已被犧牲了並且巴黎沒有留下它主要的防禦武器，也就是沒有留下以反攻回答攻擊的可能性。

談到這樣一個大的城市底給養問題，我們認爲困難倒反比小的城市爲少。像巴黎這樣一個首都不僅有完整的商業組織能够任何時間供給它；同時它還是廣大地區農產物集中及消費的主要市場和倉庫。一個積極有爲的政府便會設法利用這些優點來準備對於一個平均圍攻底期間足用的糧食。雖然我們不能斷定：這個是否已經作到；但是我們也看不到任何理由，說明爲什麼這個不會實現並迅速地實現。

如果戰鬥走到『悲慘的結局』——並且如我們現在所聽到的，這是將成爲如此——，那末從掘戰壕的那一天起，法軍底抵抗大概不會再延長下去了。內岸❶底石造工事是整個沒有掩蔽的，同時在間壁前半月堡之缺如有利於圍攻軍底前進和石壁之被突破。堡壘間偪促的空間祇能容納有限數目的防禦軍。他們在攻擊之際的抵抗，如果這種抵抗不爲通過堡壘間的空隙的軍隊底前進所援助，是不會堅强的。但是如果戰壕不爲巴黎軍隊底出擊所毁壞而可以一直開掘到堡壘底斜堤時，那末這個事實將證明：巴黎底軍隊是過於軟弱了（無論在數量上，編制上或士氣上），以致不能成功地在猛攻底前夜進行一次出擊。

❶ 內岸(Boschung)即戰壕之內側，或壘壁之外側。（譯者）

如果幾個堡壘一旦被佔領，城市將停止沒有希望的戰鬥，這是可以希望的。不然，圍攻戰將反覆進行，幾個破隙將被造成而城市將再度被逼而投降。假使這個又遭拒絕的話，那末一個同樣沒有希望的戰鬥將在防寨上繼續。我們希望這樣一種無謂的犧牲可以避免。

停戰談判底故事

——第一二一卷——第一七五八號

一八七〇年十月一日・星期六

根據佳爾・法佛爾❶先生底解釋，我們可以無疑地認為我們昨天向讀者陳述的故事❷是正確的，當然除開如俾斯麥所說他企圖合併麥次、夏頭・沙蘭（Chateau-Salins）和『薩松』的那樣小的錯誤。法佛爾先生顯然不明瞭薩松底地理位置。俾斯麥在這個談判中曾經提到沙爾堡——在很久以前便被提名為位於新的戰略國境綫以內的一個城市，而薩松和巴黎或者特羅業同樣遠地位於這個國境綫以外，因此，在談判底個別詞句底翻譯中，法佛爾先生也許是極不正確的；但是當他

❶ 佳爾・法佛爾（Jules Favre）——一八〇九—一八八〇年。一八三〇年曾參加七月革命，路易拿破侖政變後，退出政界，為反對拿破侖之共和黨領袖之一，拿破侖於色當被俘後，出任共和政府外交官，與梯亥爾共同與俾斯麥在凡爾賽談判停戰問題。（譯者）

❷ 恩格斯（或者格林伍德）係指帕爾・馬爾新聞報在法蘭西的通信員底一個報告而言。（郝思）

陳述爲普魯士公報所爭論的那些事實時，歐洲中立國大部分將傾向於相信他底陳述。比如說，如果法佛爾先生關於割讓蒙・瓦勒利安（Mont Valerien）的提議所發表的意見在柏林引起爭論時，那末沒有多少人會相信：是法佛爾先生曾經揑造了這個，還是他曾經完全誤解了俾斯麥伯爵。

但是法佛爾先生自己底報告也同樣清楚地指示出：他對於實際情況的明瞭是怎樣地少，以及他對於這個問題的見解是怎樣地混亂和模糊。他是爲了磋商那可以引導到和平的停戰而來的。雖然他底想像，認爲法蘭西還有力量强迫敵人放棄他們割地的一切要求的這種想像，我們仍可原諒，但他在什麼條件之下期望得到敵人底停戰，那便很難說了。德軍最後堅持的幾點意見是斯托拉斯堡、托爾和凡爾登——這些地方底守軍據說已宣佈成爲俘虜——底割讓。托爾和凡爾登底割讓好像已經多多少少得到諒解。但是斯托拉斯堡呢？這個要求被法佛爾先生視爲除了侮辱以外便別無其他。『伯爵先生，你似乎忘掉你在和一個法蘭西人說話了；這樣去犧牲其行爲爲全世界人士並且特別爲我們所景仰的這樣一個英勇的守軍——不太怯懦了嗎？並且我向你作担保，關於你曾經向我們提出這樣的條件，我是不願作任何考慮的。』在這個答辯中，我們沒有看到很多關於實際情形的敍述。這個無非是一種愛國的感情底流露。雖然因爲這種感情在巴黎很强烈地起着影響，所以這個當然不應該在這樣一個瞬間被忽略了，但是人們也一定同樣會重視實際情形的。斯托拉斯堡已經被正規圍攻了很久，以致它迅速的陷落成爲絕對可靠。被正規圍攻的一個要塞能够抵抗一個相當時期，並且由於非常的努力，它甚至能够延長其防禦到數日之久。但是如果沒有軍隊來援時，我們可以用數學的必然性來推斷：它是一定要陷落的。特魯錫和他在巴黎的技師僚屬確切地知道這個。他們知道：在任何地方都沒有軍隊可以馳援斯托拉斯堡，並且特魯錫底政府同僚——佳爾·法佛爾先生在他所有的計算中都沒有注意到這個。他在割讓斯托拉斯堡的要求中所看到的唯一的事件便是對於他自己、對於斯托拉斯堡底守軍以及對於法蘭西人民的一種侮辱。但是在這裏最有關係的人，烏里錫將軍和他底守軍，確實已經爲了兵士底名譽作得很够了。使他們省去最後數日完全無希望的戰鬥——如果那拯救法蘭西的微弱的希望可以由此而增加的話——對於他們不僅不是侮辱，而且是有價值的報酬。烏里錫將軍自然寧願由政府底命令並獲取一個相當代價而投降，不願由單純的攻擊底威脅而沒有任何利益地投降。

在這個期間，托爾和斯托拉斯堡陷落了，並且當麥次未失守以前，凡爾登對於德軍是沒有任何具體的軍事用途的，因爲他們不等待停戰便曾經這樣達到了俾斯麥和法佛爾所商談的一切。這樣看來，停戰似乎不會爲征服者以更便宜的、更寬大的條件提出來，同時也不會爲戰敗者更愚蠢地拒絕了。雖然佳爾·法佛爾底本意也許完全是正確的，但是他底聰明却沒有在這次談判中眞實地發揮出來。反之，俾斯麥却表現出一個寬洪大量的勝利者底新的性格。如法佛爾先生所了解的，這個提議是太便宜了，並且如果他所想的就僅祇是這個，那末這個提議一定會立刻被接受的。但是提議比他所了解的還要多一些。

在戰場上的兩軍之間，停戰是很容易解決的一個問題。祇要境界綫——也許是兩個交戰國間的一種中立地帶——一經確定，問題便解決了。但是現在，在戰場上祇有一個軍隊。另外一個軍隊（即使仍然存在的話）是多多少少被緊緊地圍困在要塞裏面。這些地點將怎樣呢？在停戰中間，它們將發生什麼事情呢？關於這些地方，俾斯麥小心得一字未提。如果兩星期的停戰結束了，而在這個期間關於這些城市沒有一字提及時，那現狀當然可以維持，當然要除開對於守軍和要塞工事的目下的敵對行爲。比錫、麥次、法爾茲堡、巴黎等地底情形便是這樣，同時我們不知道：此外還有多少要塞被包圍着，有多少要塞底供給和聯絡仍照舊被截斷着。這些要塞中的居民一定會消費他們底食糧，就和停戰不成立時恰恰相同。因此，停戰對於圍攻者幾乎和戰鬥底繼續是同樣有利的。並且下列這種情形甚至可能發生：即在停戰中，一個或者更多的地點完全竭盡了他們底食糧，爲了避免全部飢餓而死，不得不向包圍軍投降。這樣看來好像其狡猾一如往昔的俾斯麥伯爵在停戰中看到了一種使敵人要塞陷落的手段。當然，如果這個談判很長久地繼續下去以至於簽訂條約，那末法軍參謀部也許已經發現這個並且自然而然地已經關於被包圍的城市提出這樣的要求，以致全部事件會成爲泡影。但是去徹底研究俾斯麥底提議並從其中發現俾斯麥所樂於隱瞞的情節，也許曾經是法佛爾先生底任務。如果法佛爾先生曾經了解：那些被封鎖的城市在停戰中將會發生什麼情形，他也許不會給俾斯麥一種機會使他在全世界底面前賣弄他那表面上的寬洪大量了。雖然這件事是顯而易見的，但對於法佛爾先生却是太深奧了。他不這樣作，反而因爲那使斯托拉斯堡以其守軍作爲俘虜而投降的要求勃然大怒，這個使得全世界很明白地看出．甚至在最近兩個月底慘痛的敎訓之後，法蘭西政府底代表也還沒有能夠正確地了解目下的情勢，因爲他仍然爲詞句所昧。

論戰爭——第二十

——第一二卷——第一七五九號

一八七〇年十月三日·星期一

甚至自那實際導法軍於滅亡之途的一切莫明其妙的錯誤以後，法蘭西事實上即爲僅佔據其領土八分之一的勝利者所控制，這也是一個可驚的事實。眞正爲德軍所佔領的土地以由斯托拉斯堡到凡爾賽的第一綫和由凡爾賽到色當的第二綫爲界限。在這個仄狹的地帶內，法軍仍然固守着巴黎、麥次、蒙麥第、凡爾賽、第登霍芬、比錫和法爾茲堡等要塞。對於這些要塞的監視、封鎖或者圍攻幾乎需要德意志迄今向法蘭西所派遣的全部兵力。要肅清自巴黎周圍一直到奧爾良（Orleans）、盧昂（Rouen）、亞眠（Amiens）以及更遠的地區，甚至更得有充分的騎兵。但是對於一個廣闊的地區的眞正的佔領此刻還是不可能的。在亞爾薩斯，在斯托拉斯堡南方，確實有一個約四萬到五萬後備兵的軍隊，並且這個軍隊可以與斯托拉斯堡圍攻軍底大部分會合而使其兵力增加一倍。這些軍隊似乎被決定向法蘭西南部進行遠征的。據說他們將向柏爾福、柏桑爽和里昂進軍。

這三個要塞中的每一個都是一種巨大的塹壕陣地，在主要壘壁底相當距離內設有分遣堡壘；要想圍攻或者甚至於一下子眞正封鎖這三個地點，也許會需要較這些軍隊底兵力更多的兵力。因此，我們相信，這個說法（指向南法的進軍。——譯者）祇是一種策略，新的德意志軍團對於這三個要塞也祇是必要地注意一下而已。他們將向梭恩（Saone）河流域——布爾貢得（Burgund）最富庶的部分——進軍，蠶食它，然後向羅亞爾河前進，以便與巴黎周圍的軍隊取得聯絡而相機活動。但是如果這個强大的部隊沒有和巴黎前面的軍隊取得直接的聯絡，以便能使它與萊茵斷絕直接的、獨立的聯絡，那末就是這樣一個强大的部隊也祇能用作遠征而不能控制廣大的領土。因此，德軍在今後幾個星期內的動作將不會增大他們在法蘭西領土上的實力，這個實力將更被局限於全法蘭西八分之一的土地上，同時在另一方面，法蘭西雖不願意承認這個，但它實際上已被征服了。那是怎樣成爲這個的呢？

其主要的原因是法蘭西全部行政，特別是軍事行政之極端的集中。一直到不久以前，法蘭西曾爲了軍事目的而被劃分爲二十三個地區，其中每一地區駐有配屬以騎兵和砲兵的一個步兵師。在這些師底師長和陸軍部長之間，沒有任何中間的聯繫。並且這些師祇是行政的組織而不是軍事的組織。構成這些師的各團在戰時據說也不編成旅。它們平時祇是在行政關係上屬於同一將軍。當一旦戰爭發生，它們將立刻被派遣到完全不同的各軍、各師或者各旅中去。師司令部（行政的除外）或直接附屬於指揮官的司令部是完全不存在的。在路易拿破侖執政之際，這二十三個師編成六個軍，每一軍又由一法蘭西元帥指揮。但這些軍和師一樣，也不是對於戰爭的一種經常的組織。它們是爲了政治的目的而不是爲了軍事的目的而組織的。它們沒有正式的司令部。它們和普魯士底軍恰恰成爲對照，後者底每一軍都常常是爲了戰爭而組織的，含有一定數量的步兵、騎兵、砲兵和工兵，附設有準備作戰的軍事、醫藥、軍法和行政等部門。在法蘭西，軍隊底行政機關（如軍需處等）不受命於元帥或者指揮的將軍，而直接受命於巴黎。如果巴黎在這種情形之下被麻痹了，如果和巴黎的聯絡被切斷了的話，那末在各省便不再有組織底核心存在了。它們也同樣麻痹了，而況各省由於多年的積習對於巴黎及其創導所發生的因襲的依賴已經奉爲國家的信條，違犯這個信條不祇是罪惡，而且是冒瀆神靈。

但是次於這個主要的原因的，還有第二個原因，而其重要性並不減於前者。那便是這個事實：即由於法蘭西內部歷史發展底結果，其中心位於東北國境底危險地區。這個情形大約在三百年前表現得最厲害。當時，巴黎尚在法蘭西領土底最外端。想着由被征服的領土之廣大的地域來在東方和東北方面掩護巴黎，曾是和德意志及西班牙（當比利時尚爲西班牙所佔領的時候）幾乎不斷的許多次戰爭底目的。自從亨利第二强佔了麥次、托爾和凡爾登等三主教管轄地那時（一五五二年）起到大革命止，亞爾托（Artois）、福蘭德斯（Flanders）及恩伊諾（Hennegau）底一部、洛林、亞爾薩斯和蒙伯利亞爾（Montbeliard）等地便是因爲這個目的而被征服，並合併於法蘭西的，這樣一來，這些地方便成了阻止對巴黎的侵略之最初衝擊的緩衝地。我們必須承認：幾乎所有的這些省份已經爲血統、言語和風俗所預先規定以使之成爲法蘭西底組成部分，同時，法蘭西曾經了解（主要地由於一七八九年到一七九八年的革命）如何在根本上去同化其他的人民。但是現在巴黎仍然是危險地被暴露出來。從貝雲（Bayo ne）到彼爾比南（Perpignan），從安第布（Antibes）到日內瓦，國境綫距巴黎很遠。從日內瓦經巴塞爾到亞爾薩斯底勞特堡（Lauterburg），距巴黎是同樣遠的。在這裏，國境綫形成一個圓弧，這個圓弧是以巴黎爲中心用二百五十英里的同一半徑所畫成的。但是國境綫在勞特堡離開了這個圓弧而形成一個內弦，這個在某一點上距巴黎僅一百二十英里。拉法勒(Lavlee)在他底沙文主義的著作中關於法蘭西國境曾經說過：『當萊茵脫離了我們時，危險便開始了。』但是如果我們把這個圓弧從勞特堡向北方延長時，我們將發現：這個圓弧幾乎恰恰接着萊茵河底永道走到海邊。現在我們便找到爲什麼法蘭西渴望着奪取全部萊茵河左岸的眞正的原因。得到這個境界以後，巴黎才能在它底暴露的一方爲等距離的境界所掩護，同時也才能在它底外緣爲一作境界綫的河流所掩護。如果巴黎在軍事上的安全是歐洲政治決定的原則，那末法蘭西便眞正有權來爭取它。但情形幸喜不是這樣。如果法蘭西想着以巴黎作首都，那末它就應當和享受巴黎底優點一樣忍受它底缺陷。這些缺陷之一便是：對法蘭西底一小部分——包括巴黎——的佔領將麻痺這個國家底全部活動。但是如果情形是這樣，即是雖然法蘭西首都偶然位於暴露的位置，但它尙且無權要求取得萊茵的話，那末德意志就應當記住：同類的軍事理由也不能使它有更多的權利要求取得法蘭西領土。

論戰爭——第二十一

——第一二一卷——第一七六二一號
一八七〇年十月六日·星期四

如果我們相信由輕氣球從巴黎送來的報告，那末該城是由無數的軍隊來防守的。在那裏有從各省來的十萬到二十萬的流動警備隊。此外還有二百五十營的巴黎國民軍，其中每一營有一千五百或者——如其他的報告所稱——一千八百到一千九百人；由最適當的計算，這個有三十七萬五千人；同時除海軍陸戰隊、水兵、義勇兵等以外，在巴黎還至少有五萬現役部隊。最近的情報甚至於說：如果這些軍隊完全沒有戰鬥力的話，在他們後面還有五十萬市民，他們可以使用武器，並且準備在必要時代替他們❶。

在巴黎外面，有一個德意志軍團，包括六個北德意志軍（第四、第五、第六、第十一、第十

❶ 根據法軍底資料，巴黎有四十萬武裝民衆。（郗思）

二及禁衛軍）以及兩個巴威略軍和符騰堡師，全部共八個半軍，約有二十萬到二十三萬人——的確不會比這個多。雖然這個德意志軍團業已分散在至少有八十英里的一條包圍綫上，但是他們却顯然控制了城內無數的軍隊，截斷了他們底給養，警戒了每一條從巴黎向外走出的大道和小路並且勝利地擊退了守軍迄今所嘗試的一切出擊。這是怎樣可能的呢？

第一，我們幾乎用不着懷疑：所謂巴黎有極大數量的武裝人民的這些報告是虛構的。如果把我們常常聽到的這個六十萬武裝人民底數目減低至三十五萬或者四十萬，那末我們將比較接近於實際。但是，在城內防守巴黎的武裝人民遠較在城外攻擊巴黎的軍隊爲多，這却是不能夠否認的。

第二，巴黎防禦軍底成份是非常之複雜的。在所有這些軍隊中，我們也許祇能夠認爲現在防守外部堡壘的海軍陸戰隊和水兵是眞正可靠的軍隊。現役部隊——由大部分未經訓練的預備兵所增强了的馬克馬洪軍團底殘部——在九月十九日穆登戰鬥中證明了他們底軍紀已經渙散。流動警備隊——他們本身有很好的素質——現在正在訓練中。祇是他們底軍官不好，並且備有三種不同的步槍：夏斯普槍，改造後的米尼槍❶和未經改造的米尼槍。沒有一個努力，沒有一個和敵軍的小戰鬥，能夠在現有的這個短促時間內給予他們那種堅定性，使他們能夠完成其最必要的

❶ 米尼槍（Miniegewehr）——有來復綫的後膛槍。（郝思）

任務——也就是在平地上與敵軍相周旋並擊敗他們。他們組織底基本錯誤——也就是有訓練的教官、軍官和下士底缺乏——阻止他們成爲好的兵士。然而，流動警備隊在巴黎底防禦中好像還是最好的成份。至少他們顯然是服從紀律的。定駐國民軍是一個非常複雜的軍隊。巴黎郊外的、由工人所組成的各營是願意並且決心作戰的。如果他們爲在人格方面及政治方面得到他們信賴的人們所指揮時，他們將是服從的，並表現一種本能的紀律。在所有其他的指揮者之下，他們將是反抗的。此外，他們是沒有受過訓練的，同時沒有熟練的軍官，並且如果不在防寨底背後眞正進行一種最後的決戰的話，他們最好的戰鬥素質是不會被證實的。但是，國民軍底大部，那些爲巴里寇所武裝起來的人們是由資產階級——特別是小商人——所組成的，這些人們基本上是反對戰爭的。他們武裝起來的目的便是去保衛他們底商店和他們底住宅；如果這些爲敵人從遠方發射來的砲彈所攻擊時，他們戰爭的熱誠恐怕就會消滅。同時，他們還是一種與其說是對付外部敵人毋寧說是對付內部敵人所組織起來的軍隊。所有他們底傳統都說明這點；他們中十個人有九個都相信：這樣一種內部敵人此刻正在巴黎內部隱藏着，祇是等待着好的機會來襲擊他們。他們大部分是已婚者，不慣於困難和危險，並且實際上已在訴說那強迫他們在城牆上露天裏度過每隔三夜的勤務底辛苦了。在這樣一個軍隊之中，也許可以發現一些連或者甚至一些營在特殊情形之下很勇敢地作戰，但是要像依賴正規部隊那樣依賴他們，那是不可能的，特別是在野戰和警衛勤務中。

以巴黎內部這樣一種力量來看，就無怪乎巴黎城外的德軍雖然在數量上差得很多並且分散得很零碎，但對於來自巴黎的任何攻擊仍是泰然自若的。迄今所進行的一切會戰事實上證明了巴黎軍團（如果我們終於能够這樣來稱呼它的話）在平地上作戰之無能。十九日對於封鎖軍所作的第一次大的攻擊是非常特色的。杜克魯將軍底那一軍（約有三萬到四萬人），被兩個普魯士團（第七及四十七團）牽制了一小時半之久，一直等到兩個巴威略團來馳援他們和一個巴威略旅在側翼襲擊法軍時爲止。當法軍零亂地退却時，他們遺留給敵軍一個備有八門大砲的野戰堡壘和很多的俘虜。參加這次戰鬥的德軍底數目不超過一萬五千人。自此以後，法軍底出擊完全以另外一種方式來進行了。他們放棄了進行正規戰的一切企圖。他們祇派遣小的部隊以襲擊敵人底前哨和其他小的部隊。縱然一個旅、一個師或者比這更大的部隊越過堡壘綫前進時，它也是以一種簡單的佯攻便滿足了。這些戰鬥底目的與其說是在於殺傷敵人，不如說是在於在實戰中訓練法蘭西底新兵。無疑的，這些戰鬥將漸漸地鍛鍊他們，但是集中於巴黎的這樣大數量的人羣中祇有一小部分能够從這樣一種小規模的實習中得到利益。

特魯錫將軍九月三十日底宣言非常清楚地指出：他在十九日底戰鬥後完全明白了他所指揮的軍隊底素質。他幾乎專門非難現役部隊，而稍許稱贊流動警備隊，但是這個祇是證明：他認爲他們是（並且這個眞正是）在他指揮下的軍隊中最好的一部分。這個宣言以及此後所採用的戰術底變化都顯明地指示出：他對於他底軍隊在平地上作戰之無能並沒有估計錯了。此外他必須知道：無論在號稱里昂軍團、羅亞爾軍團等的其他軍隊方面對於法蘭西遺留下什麼❶，這也和他自己底軍隊一樣都具有完全相同的編成；因此，他也用不着期待巴黎底封鎖或者圍攻會爲援軍所解除。所以，我們接到特魯錫在內閣會議上曾經反對關於和平談判的提議的這個消息，是出人意料之外的。這個消息一定是從柏林來的，因此也就是從那不對於在巴黎所進行的情形供給公正情報的那一方面來的。但是無論如何，我們不能够相信：特魯錫有成功的希望。他在一八六七年關於軍隊組織的意見是非常贊成像路易·菲力普所規定的那樣四年團部勤務和三年後備役義務的。他甚至認爲普軍底兵役年限——二年或者三年——對於造成好的兵士還是完全不够的。現在，歷史底嘲笑業已把他置於這樣一個地位，使他以完全沒有經驗的——幾乎未經訓練的和沒有紀律的——兵士和他昨天還認爲祇是半經訓練的兵士的這個普軍進行戰爭，並且這個普軍結果在一月中曾經解决了法蘭西底全部正規軍。

❶ 在巴黎圍攻之際，法蘭西首先成立下列各軍團：（一）羅亞爾軍團，（二）以里昂爲據點的西軍，（三）以亞眠及里爾爲據點的北軍以及（四）以第戎及柏桑爽爲據點的南軍。（郝思）

普魯士軍隊制度底理論根據❶

——第一二卷——第一七六四號
一八七〇年十月八日·星期六

幾個星期以前，我們曾指出：普魯士軍隊底徵兵制度是不完備的。這個制度想着使每個市民成爲兵士。雖然以普魯士官方的詞句來講，軍隊不是別的，祇是『一個學校，在其中訓練全體國民以適應戰爭』，但是祇有一個很小比例的人口從這個學校畢業。我們現在再回到這個問題，以便以若干正確的數字來說明它。

根據普魯士統計局底表册，在一八三一到一八五四年間，平均有百分之九·八四的適服兵役的青年實際被召入伍；每年待召的有百分之八·二八；由於身體的殘缺完全不能服兵役的佔百分之六·四〇；暫時不合格而以後應再行檢查的佔百分之五三·二八。其餘的是不到的，或是有其

❶ 本題原名爲"The Rational of the Prussian Army System"，恩格斯在這裏所討論的這個問題，也曾在他所著的普魯士軍事問題與德意志工黨（一八六五年漢堡出版）小册子中討論過。（郝思）

他原因的，因爲這些太無關重要，所以在這裏不再贅述。這樣看來，在這二十四年當中，青年市民被錄取於國立軍事學校的尚不及十分之一，這個就是所謂『全民武裝』！

一八六一年，其統計數字如下：

一八六一年度二十歲應服兵役者	二一七、四三八
前年度仍可應徵的青年	三四八、三六四
合計	五六五、八〇二
其中未到者	一四八、九四六或二六・三二%
完全不合格者	一七、七二七或 三・〇五%
編入補充後備役者，也就是在平時免除兵役而於戰時被召入伍者	七六、五九〇或一三・五〇%
因爲暫時不能服兵役而留作以後審查者	二三〇、二三六或四〇・七九%
由其他理由而被保留者	二二、三六九或 三・九八%
留作軍隊用者	六九、九三四或一二・三六%
其中實際被召入伍者僅	五九、四五九或一〇・五〇%

無疑的，自一八六六年以來，每年被召集的新兵之比例漸漸增大，但是這個比例也許還沒有達到一個顯著高的水準；如果現在北德意志的男性人口百分之十二到十三進入軍隊，那末這是很

大的。這個和『新聞特派員』在德意志動員中所寫的各色各樣的通訊成爲顯明的對照。根據這些通訊，德意志每一個可服兵役的男子都已着好了他底制服，肩好了他底槍，或者跨上了他底雕鞍；一切商業都已停頓；工廠停了工；鋪店關了門；莊稼留在田裏沒人收割；一切生產停頓了；一切商業都被拋棄；——這個實際上好像成了一種『假死』底狀態，是一種可驚的民族的努力，而這種努力，祇要繼續幾個月之久，一定會使全國人民精疲力竭。這樣使公民變成士兵的舉動確實是在一種德意志以外的人民所不能想像的規模中進行的。但是如果現在，當百萬以上的男子被逼而離開他們日常生活以後，這些新聞記者願意到德意志一看的話，他們一定會發現：工廠在工作，莊稼已納入倉庫，商店和事務所仍然照常營業。縱然生產大多數被停頓了，那也不是因爲工人底缺乏，而是因爲定貨底缺乏，並且他們將要在街道上看到成羣成夥的年青力壯的男子，他們和派遣到法蘭西去的那些男子相同，是一樣可以持槍作戰的。

上述的數字說明了這一切。曾經進入軍隊的男子的確不超過全部成年的男性人口底百分之十二。既然有百分之十二以上在動員時不能被召集，因此還整個有百分之八八留在家裏。當然，其中一部分在戰爭繼續進行的過程中已被召集以補充由戰鬥和疾病所產生的缺額。在半年之間，這個也許可以達百分之二——三，因此男性人口尚有一大半沒有被召入伍。這樣看來，『全民武裝』祇是一種欺騙而已。

這個原因，我們早已指出。祇要普魯士王室和政府堅持它們世襲的政策，那末具有一個作這個政策之服從的工具的軍隊對於它們是必要的。根據普魯士的經驗，三年的訓練時期對於使普通市民熟習於這種工作是不可缺少的。就是普魯士最頑固的軍紀主義者也決不能够嚴格地主張：步兵——他們構成軍隊底大部——在兩年內不能熟習他們底軍事職務。但是如在一八六一年到一八六六年議會底辯論中所說的：眞正的軍事精神，絕對服從底習慣，在第三年才能學到。現在，在軍事預算一定金額底條件下，兵士服務的時期愈長，則新兵訓練成爲兵士的數目便愈少。在現在三年兵役期限中，每年有九萬新兵入伍，如爲二年，則可以有十三萬五千人；如爲十八個月，則每年有十八萬人應徵而受訓練。有充分可服兵役的人合乎這個目的，這個根據上面所擧的數字是很顯然的，並且將漸漸更爲顯然。因此，我們看到，在『全民武裝』的這個口號底後面，隱藏着這個事實：即一支龐大的軍隊底建立對外是爲了內閣政策，對內是爲了反動。一個眞正的『全民武裝』對於俾斯麥也許不是一種最好的工具。

北德意志聯邦底人口約較三千萬人爲弱。其軍隊底戰時編制約計九十五萬人，或者僅爲其人口百分之三・一七。年齡達二十歲的青年底數目每年約佔人口百分之一・二三，也就是約有三十六萬人。根據德意志中等國家底經驗，在這個數目中恰恰有一半是立刻或者在二年以內可服兵役的，這個可以得十八萬人。至於其他，有一大部分適合於衞戍勤務；但是我們在這裏完全不算這個。普魯士的統計好像和這個不同，但是普魯士底這些統計材料一定是由於一種明顯的理由如此組合，以使其結果和『全民武裝』底這個幻想相符合。但是眞相也在那裏洩露出來。一八六一年，除開可用於軍隊的六萬九千九百三十四人以外，在後備補充役中會有七萬六千五百九十人，因此可服兵役的總計爲十四萬六千五百二十四人，但是其中應徵的僅五萬九千四百五十九人，或者百分之四十。總之，如果我們視青年底一半爲可服兵役者，那我們是完全無誤的。因此，在這種情形之下，每年有十八萬新兵可以進入現役部隊，其兵役義務和現在一樣爲十二年。這個也許會有二百一十六萬受過訓練的兵士——爲現在陸軍兵力二倍以上——，縱然由於死亡以及其他損失所產生的一切消耗曾引起一種大的減少。如果其他一半青年再經過審查（如果他們達二十五歲時），那末他們也許會形成五六十萬或者更多的可用的衛戍部隊。如果居民百分之六——八被教育好了和訓練好了準備在國家遭受攻擊時應徵入伍，同時他們底幹部和現在一樣，在平時也被培養好——這個也許眞正是『全民武裝』。但是這將不會是一種爲了內閣戰爭，爲了侵略或者爲了反動的對內政策而服務的軍隊了。

但，這個祇是說把普魯士的口號轉爲實際而已。如果『全民武裝』底外表代表這樣一種力量的話，那末它底實際是什麼呢？我們可以相信：如果法蘭西爲普魯士底侵略政策所脅迫時，它一定會以某種方式使這個外表變爲實際。法蘭西將變爲一個舉國皆兵❶的國家。在數年內，它能够以一種優勢的兵力使普魯士驚訝，正如普魯士在今年夏天曾經使世界驚訝一樣。但是，普魯士不

❶ 舉國皆兵 (Ein Nation von Soldata) ——是說當戰爭性質改變，而法蘭西成爲被侵略者時，那末法蘭西人民便可以全體參加戰爭以反對普魯士，於是法蘭西便成爲一個『舉國皆兵』的國家。（譯者）

能同樣作嗎？當然可以，不過那時的普魯士便不是今天的普魯士了。當它在攻擊上失掉力量時，它在防禦上便得到力量；它將有更多的兵士，但沒有在戰爭底開始時便可用爲侵略的兵士了；它將不得不放棄一切征服底思想，同時它也許使它底對內政策干冒嚴重的危險。

論戰爭——第二十二

——第一二卷——第一七六六號

一八七〇年十月十一日・星期二

在我們底以前的一篇論文中，我們已經引起關於這個事實的注意：即甚至現在，在斯托拉斯堡陷落以後，在法蘭西的全部龐大的德意志軍隊完全被使用了，雖然領土六分之一尙未被進攻者完全佔領。這個事實是如此地重要，所以我們認爲有再談到它的必要。

麥次和被圍於它堡壘綫以內的巴森軍團牽制了八個軍（第一、第二、第三、第七、第八、第九、第十等軍，黑森師以及庫麥爾〔Kummer〕將軍底後備師），共計十六個步兵師。巴黎吸引了十七個步兵師（禁衛、第四、第五、第六、第十一、第十二、北德意志等軍以及巴威略第一與第二兩軍和符騰堡師）。新編的第十三及十四兩軍（大部分是後備軍）和上述各軍底若干部隊佔據了已被征服的領土並警戒、封鎖或者圍攻那些在這個領土以內仍屬於法蘭西的地點。祇有因爲斯托拉斯堡底投降而解除任務的第十五軍(包括巴教師和至少一個後備師)可以用於積極的動作。

據說，它已由新的後備部隊所補充，並且如果那樣，它將可以在更南的方向上從事作戰，雖然它底性質還沒有十分確定。

這些兵力幾乎包括了德意志所有的一切正規軍隊，當然除開第四現役營底這個很重要的例外。和把第四營派遣到前綫的奧地利戰爭底情形相反，在這次戰爭中，這一百一十四個第四營完全留在國內。根據它們原來的目的，它們是教練及組織士兵的幹部，而這些士兵是用以補充由戰鬥和疾病在各團內所產生的缺額的。當組成營的這一千人都已充分可以參加戰鬥時，他們立刻被派遣到前綫以與團底三個野戰營相會合。這個在九月中旬麥次前面的激戰以後以更大的規模進行着。營底軍官和士官留在後方以便重新從後備補充兵或者從按期徵募的新兵中選拔出一千人而準備作野戰之用。在像現在所進行的這樣慘酷的並且其結局尚不能確實逆料的戰鬥中，這種辦法是絕對必要的。不過，這個辦法暫時使德軍無法使用一百一十四個營以及相當數量的騎兵和砲兵，這全部爲二十萬人。除此以外，法蘭西仄狹的六分之一土地底佔領和在這個領土內兩大要塞——麥次和巴黎——底包圍用去德軍兵力如此之多，以致他們剩下可以在這個已征服的領土以外再行作戰的恐怕不到六萬人。而這個還是在戰場上沒有任何一個法蘭西軍隊可以作堅强的抵抗的時候。

如果對於在現代作戰中以要塞爲中心的巨大築城地帶有極大重要性的這件事需要證據的話，那末在這裏便提供出了這個證據。我們在以後的文章中將要指出，上述的這兩個築城地帶並沒有澈底地加以使用。麥次底守軍如果就這個要塞底規模和重要性來說是太多了。而巴黎則幾乎沒有任何軍隊實際適用於野戰。雖然如此，前者仍至少控制敵軍二十四萬，後者控制二十五萬，並且如果法蘭西在羅亞爾河背後僅僅有二十萬眞正的兵士，巴黎底圍攻也許是不可能的。對於法蘭西不幸的祗是：它沒有這二十萬人同時也沒有可能去適時徵集組織及訓練這二十萬人。因此，這兩個大的防禦中心底陷落祗是幾個星期的問題。雖然在麥次的軍隊一直到現在是非常好地維持着他們底紀律和他們底戰鬥素質，但是他們所遭受的不間斷的敗退一定在最後粉碎了他們逃出的每一個希望。法蘭西兵士是卓越的要塞防禦者，並且與忍受野戰中的敗北相較，他們更善於忍受圍攻中的敗北。但是如果士氣底沮喪一旦在他們中間開始時，那末它將迅速地、難以遏制地蔓延起來。至於談到巴黎，我們不想認眞相信甘伯他❶先生所說的國民軍四十萬人、流動警備隊十萬人和現役部隊六萬人，我們也同樣不想相信他所說的現在在巴黎製造的無數大砲和多管槍，或者防塞底巨大的威力。但是無庸置疑：在巴黎現存着充分的要素以進行一種非常堅强的防禦，雖然這個防禦由於守軍底性質必然是消極的而缺乏最堅强的要素：對於圍攻軍有力的攻擊。

無論如何，這是不難了解的：如果一種眞正的民族熱忱在法軍中間存在的話，一切仍然能够

---

❶ 甘伯他（Leon Michel Gambetta）——一八三八—一八八二年。一八七〇年，當拿破侖第三在色當投降普軍後，即爲巴黎國防政府內相，更任巴黎以外之國防委員會委員，十月八日乘輕氣球離巴黎，與都爾政府合謀，企圖拯救巴黎，不果。（譯者）

爭取回來。當侵入軍底全部兵力（除去六萬兵士和雖能襲擊但不能征服敵人的騎兵）被牽制於已征服的領土上時，法蘭西其餘六分之五的土地就可以建立充足的武裝部隊以在各處擾亂德軍，截斷他們底聯絡，破壞他們後方的橋樑、鐵路、糧秣站和彈藥庫並且強迫他們從兩大軍團中抽出如此多的部隊，以致使巴森能够有手段和方法從麥次逃出並使巴黎底圍攻成爲幻想。在現在，這些武裝的游擊隊底運動對於德軍雖尚未成爲危險底源泉，但已成爲一個大的擾亂底源泉，同時這個將隨着巴黎周圍地區底生活資料和其他供給之更多地被掠奪以及因此更遠的地區之不得不被强行徵發而增加。現在在亞爾薩斯建立起來的新德意志軍團，也許由於保障德軍聯絡和征服巴黎周圍大的地區的這種必要性，不久將要從南方的遠征中調遣回來。但是如果法蘭西人民以西班牙人在一八〇八年（當時，每個城市以及幾乎每個鄉村都變成了要塞，每個農民和市民都變成了戰士）所有的那種民族熱忱而奮起時，德軍底命運將如何呢？那時恐怕就是二十萬人的第四營也不足以鎮壓這樣的人民了。但是，這樣一種民族熱忱今天在文明的民族內是不常見的。它可以在墨西哥人和土耳其人中間找到，但是它底源泉已經在金迷紙醉的西歐涸竭了；同時第二帝國底重壓加於法蘭西的這二十年除遲鈍了民族性以外，別無其他。因此，我們看到：講得很多而作得很少；表面裝飾得很好而組織幾乎完全被忽視了；在敵人面前，非正式的抵抗非常之少而屈服却很多；眞正的兵士非常之少而義勇兵却很多。

論戰爭——第二十三

——第一二卷——第一七六八號

一八七〇年十月十三日・星期四

柏林底普魯士參謀本部軍官好像變得不能忍耐了。太晤士報和每日新聞報（Daily News）底柏林通信員告訴我們說：圍攻的器材日來正在巴黎城外準備中，圍攻不久將開始。我們懷疑這個準備。第一，我們知道：唯一可用的鐵路綫上的許多隧道已被退却的法軍在拉・非爾特・蘇・佳阿爾（La Ferte sous jouarre）附近炸毀了，現在仍未修復。第二，我們也知道：對於像巴黎這樣一個大的要塞作一種正式的和有效的圍攻所需要的器材是如此之多，所以即使鐵道未被破壞，要想收集它們也需要很長的時間。第三，我們一直到現在，在這個柏林的報告以後五六天，還沒有聽到關於第一道平行壕挖掘的任何消息。因此，我們不得不假定：我們必須把那開始圍攻或者正式攻擊的準備了解爲對於非正式攻擊、對於砲擊的準備。

的確，對巴黎的砲擊——如果要有任何希望使巴黎投降的話——也許比較正規的圍攻需要更多的大砲。在正規的圍攻時，可以把攻擊限制在防綫底一點或者兩點上；但是在砲擊時，却必須不斷地把這樣一個數量的砲彈散射在城市底非常廣大的幅員上，以致爆發許多的火災而不能爲居民所撲滅，以致消防工作過於危險而甚至無法着手。我們現在已經看到：甚至有居民八萬五千人的斯托拉斯堡也完全能够支持幾乎無與比擬地猛烈的砲擊，並且除開一些孤立的和非常確定的而不得不被犧牲的地區以外，火災能够成功地被撲滅了。這個理由就是因爲城市有比較大的面積。一個有居民五千到一萬的小城市，如果沒有充分的防彈掩蔽部，容易爲砲擊而使之投降，但是一個有居民五萬到十萬的大城市是能够支持一個大的砲擊的；特別是它——像法蘭西底大部分城市那樣——爲方塊石或者厚的磚牆所建築起來。巴黎，包括要塞工事在內，長十二公里，寬十公里。在包括內城中密接建築的那一部分的舊城堡底範圍以內，它長九公里，寬七公里。也就是說，城市底這部分佔有幅員約五千萬平方公尺，或者差不多六千萬平方碼。想要在這個幅員底每一千平方碼內平均每小時落砲彈一枚，那末一小時六萬發砲彈，或者每二十四小時一百五十萬發砲彈也許是需要的。這個假定：爲要達到這個目的至少需要二千門重砲。但是，即使在方約一百呎的空間內每小時着彈一枚，這也祇能說是一種薄弱的砲擊而已。固然，砲火可以暫時集中於一個或者更多的地區一直到它們被完全毀壞爲止，然後它又可以轉移到鄰近的地區。但是想要成功地實施這個方法，所需要的時間也許幾乎和正規的圍攻相同，甚至還要比較長些，而另一方面，逼使城市投降的把握自然便更少了。

彙之，祇要堡壘不被佔領，巴黎實際上是位於有效砲擊底範圍之外的。現在在圍攻者手中的城外最近的高地，沙提昂（Chatillon）高地距約在城市中心的審判廳整整有八千公尺（等於八千七百碼或者五英里）。在整個南面，距離差不多是相同的。在東北，堡壘綫距城市底中心約有一萬公尺（一萬一千碼），所以施行轟擊的砲位一定得設置在更遠兩千碼的地方，也就是說，得設置在距審判廳七英里到八英里的地方。在西北，塞納河岸和蒙·瓦勒利安堡壘如此嚴密地保護着城市，以致施行轟擊的砲位祇能設置在隱蔽的野戰堡壘內或者在正規的平行壕內，因此也就是說，在正規圍攻（我們認為它底序幕應是砲擊）未開始以前，砲擊是不可能的。

無庸置疑：普魯士的重來復砲——其口徑為五、六、七、八及九吋者可以發射重二十五到三百英磅以上的砲彈——可以有五英里的射程。一八六四年，在甘麥爾馬克（Gammelmark），二十四磅來復砲曾在五千七百步（四千七百五十碼）或者幾乎三英里的一個距離內轟擊了松得爾堡（Sonderbury），雖然它們曾是舊的青銅砲，不能支持一個六十八磅砲彈底四、五磅以上的裝藥。射角必然是很大的並且祇有用砲架底一種特別的裝置才能夠作到，不然這種砲架便會在比較猛烈的裝藥之下被毀壞的。普魯士現用的鑄鋼砲能夠支持一種比較砲彈重量為重的裝藥，但是想着達到五英里的射程，射角一定是非常之大的，而砲架也必須適當地加以改變。如果砲架不是為了這個目的造成而用於這個目的的時，它們立刻便會被粉碎了。沒有任何東西比較以五度到六度的射角所施行的射擊更迅速地毀壞砲架了。但是在這種情形之下，射角也許平均至少需要十五度，於是砲架將和巴黎底房屋一樣很快地就會被粉碎了。即使我們不把這種困難計算在內，由距城市中心五英里遠的砲位對巴黎所施行的砲擊充其量也祇是一種局部的砲擊而已。這種砲擊祇能給與巴黎足以使人憤恨的損害，而不會給予巴黎足以使人恐怖的損害。在這樣一種射程內，砲彈並不能以充分的精確性命中城市底某個一定的部分。醫院、博物館、圖書館等，雖然從敷設砲位的高地上可以顯然看見，但也很難倖免，即使有命令避免射擊某些區域。軍事建設、兵工廠、彈葯庫、倉庫等，縱然對於圍攻軍是顯然的目標，也不能夠恰恰準確地被破壞了，因此，對於砲擊——這個是以破壞被圍者底防禦手段爲目的的——的尋常的藉口也許是無效的。自然，這一切都是假定圍攻軍具有一種施行眞正猛烈的砲擊的手段，也就是說約有兩千門來復砲和大口徑的臼砲。但是如果像我們在這個情形之下所假定的，德軍的攻城砲兵輜重是由四百門或者五百門大砲所組成的，那末想着給予城市一種使它可能投降的打擊，那便不夠了。

對於一個要塞的砲擊，雖爲戰時公法所許，但却給予非戰鬥員這樣多的痛苦，以致歷史將非難每個在今天沒有一點可靠的希望便企圖由砲擊强迫城市投降的人。我們笑那種維克特·囂俄❶底沙文主義，他把巴黎視爲神聖的——最神聖的吧！——都市，並且把想着攻擊巴黎的每個企圖視爲冒瀆神靈。我們視巴黎和其他設防的城市相同，如果它想着徹底防禦它自己，那末它一定要

❶ 維克特·囂俄（Victor Hugo）——一八二〇—一八八五年。法蘭西浪漫派詩人，曾爲上議院議員，擁護民主，反對拿破侖帝制。（譯者）

干冒下列的危險：猛烈攻擊底危險，露天戰壕底危險，攻城砲底危險和沒有命中軍事建築的流彈底危險。但是如果對於巴黎一種單純的砲擊不能逼使城市投降，並且如果這樣一種砲擊終於還是要施行時，那末這將是毛奇僚屬底某些人應該負責的一種軍事的錯誤。人們一定會說：巴黎也許不是因爲軍事的理由而是因爲政治的理由而被砲擊的。

麥次底命運

——第一二卷——第一七七一號

一八七〇年十月十七日·星期一

如果我們能够相信從柏林來的消息時，普魯士參謀本部似乎預料到巴黎將在麥次之前被征服。但是這個意見顯然不僅根據於軍事的理由，同樣也是根據於政治的理由的。雖然俾斯麥伯爵所期待的巴黎內部的不安尙未開始，但一經重砲開始威脅城市時，分裂和內亂無疑是可以期待的。巴黎人迄今沒有證實普軍大本營對於他們所抱的意見，並且也許他們始終認爲是這樣的。如果是這樣，那末認爲巴黎在月底將被佔領的這種想法幾乎確實證明其爲幻想，並且麥次會先於巴黎而投降。

作爲要塞來看，麥次比較巴黎堅强得多。巴黎是在這種假定之下被築以工事的：即全部戰敗的法蘭西軍隊或者至少他們底大部分將向那裏撤退並且將由對敵人不斷的攻擊來進行防禦，而敵人想着包圍這個地點的企圖一定不可避免地要在他必須維持的長的戰綫底每點上削弱他。因此，工事底抵抗力是不很大的，同時這也是必然的。使巴黎底防禦準備適合於現在由邦那帕特（卽路易拿破侖。——譯者）的戰略底錯誤所發生的這種情形，也許曾經把築城底費用增加到非常大的數額，並且防禦可能由此被延長的這個時間也許難以達到兩星期。此外，在圍攻中或者圍攻前所建築的土堡也可以顯著地加强工事。至於麥次，情形就完全不同了。麥次是由寇爾蒙特諾（Cormontaigne）及前世紀其他的大工程師作爲一個很堅强的要塞而被遺傳到現代的——它底防禦工事非常鞏固。爲了使它避免甚至由來復砲所施行的射擊並且爲了使它全部變成一個僅次於巴黎的大塹壕陣地，第二帝國又在距城市中心二英里半到三英里的距離內附設了包括七個非常大的分遣堡壘的一個圓環。因此，縱然城市僅包含一個普通的戰時守備軍，對於麥次的圍攻也一定是一個非常持久的作戰。但是，對於現在爲他們底堡壘所掩護的十萬人的一種圍攻也許幾乎是不可能的。仍在法軍手中的區域擴展到築城綫以外整整二英里；因此，爲了佔領一個可以在其上挖戰壕的區域而把法軍驅逐到堡壘綫以內，這個一定需要很多次如同在塞巴斯托堡所僅見的白刃戰。如果守軍不爲持久的戰鬥而士氣沮喪，或者圍攻軍不爲大的犧牲而疲憊時，戰鬥可能繼續數月之久。因此，德軍便未曾企圖去進行一種正規的圍攻，而祇想着飢困該城。如果圍攻被有力地進行時，那末十萬大軍再加上幾近六萬的居民和避難於堡壘之後的許多地方居民，一定遲早會竭盡食糧底貯蓄。並且即使在這個未發生以前，守軍士氣底沮喪也可能逼使麥次投降。如果軍隊一旦看到自己被完全封鎖時，如果突破包圍圈的一切企圖都歸無效時，如果對於外援的一切希望破滅時，即使最好的軍隊也會在除了維持軍譽別無其他目的的那種艱難、窮困、刻苦和危險之下慢慢喪失了他們底紀律和團結的。

我們迄今還沒有觀察出這樣一種士氣沮喪底任何象徵。麥次城內糧食底貯藏遠較人們所想像的爲豐富，因此麥次底軍隊在這點上是沒有什麼顧慮的。但是縱然貯藏品很豐富，但它們也不是精選的，這完全是自然的，因爲那裏祇有偶然遺留在城內而決不是滿足現在所需的這個目的的一些被遺棄的軍糧而已。結果，在這個期間，兵士底消費不僅和尋常不同，而且簡直是不規則的；這種消費產生着各種疾病，因爲病源增加，所以這些疾病也變得更嚴重了。封鎖現在好像已經達到這個局面。在麥次所缺乏的生活資料是麵包（法蘭西農民底主要食品）和食鹽。後者對於維持健康是絕對不可缺少的，並且因爲麵包幾乎是法蘭西人所需要的唯一的食物（內含澱粉以增加脂肪），所以麵包也可以同樣說是絕對必要的。主要地以肉類來供養兵士和居民據說是會產生赤痢和壞血症的。雖然我們不能過於相信那些常常說一些敵人願意聽的話句的逃兵底供詞，但是我們仍然可以相信這是與事實符合的，因爲在這樣情形之下事情祇能是如此的。對於士氣沮喪的希望將由此迅速增大，這是必然的。

每日新聞報底一個很能幹的新聞記者，在他關於巴森在十月七日的出擊的記述中這樣報告：當法軍業已在聖·愛羅亞（St. Eloi）堡壘（位於麥次以北，在摩塞爾河流域內）北面的許多村莊裏構築陣地後，至少有三萬人的一個部隊更靠近河的右翼上被編成，並且向敵人前進。這些縱隊或者這些縱隊底集團顯然會有突圍的企圖，——一個需要最大决心的任務。他們必須直接向着集中火力對付他們的那些軍隊和砲台所形成的半圓形前進。這個砲火底猛烈性一定會不斷增加，一直到與敵人大隊直接接觸爲止；在那個時候，如果他們能够成功地擊潰敵人的話，這個猛烈性也許會大形减低；但是如果他們不得不退却時，他們一定會在他們退路上再次遭受到敵人底交叉火力。兵士們一定已經知道這個，並且巴森將祇有用他最精銳的部隊來進行這個最大的努力。但是據稱：他們甚至沒有達到德軍步兵火力底範圍。當他們還沒有到達這裏以前，德軍砲兵和散兵綫底火力便混亂了他們底行列：『這個密接的縱隊起先畏縮不前，到後來便潰散了。』

我們在這次戰爭中第一次聽到關於在維昂維爾、格拉維魯特以及以後的出擊中曾經冒猛烈砲火進行白刄戰的那些兵士的這樣一種批評。僅僅認眞地去試圖完成其所負的任務的這種無能，似乎證明：麥次底軍隊已不是從前的軍隊了。他們雖然好像還沒有顯示出士氣沮喪，但已顯示出灰心和絕望——沒有任何目的去干冒危險的一種感情。從這種感情到直接的士氣沮喪祇有很少的幾步了，特別在法蘭西兵士中是如此的。同時雖然從這個象徵逆料麥次之迅速陷落未免失之過早，但是我們很快就會發現抵抗力漸形减低的更多的象徵的。

麥次底投降比較巴黎底陷落對這次戰爭過程的影響在精神上雖很小，但在物質上也許是非常之大的。如果巴黎被佔領，法蘭西也許將要和緩一下，但是它一定會比現在更壞些。因爲現在包圍巴黎的軍隊底極大部分到那時也許必須佔領城市及其周圍。因此，我們更要懷疑：德軍是否有充分的兵力待命向波爾多（Bordeaux）前進。但是如果麥次投降，那末二十萬以上的德軍將可以自由調動，並且在法蘭西野戰部隊底現狀之下，這樣一個軍隊也許足以在這個無人防禦的國土上向他們所喜歡的地方進軍而爲所欲爲。曾經爲兩個大的塹壕陣地（指麥次和巴黎。——譯者）所阻止的佔領底進展不久將重新開始，而現在可能是很有效的游擊戰，在那時一定會迅速被鎮壓下去。

論戰爭——第二十四

——第一二卷——第一七七五號
一八七〇年十月二十一日·星期五

巴黎底包圍現在恰恰一個月了。在這個期間，兩個與此有關的問題已經確實和我們底預料相符合。第一個問題就是：巴黎不能希望仍然適時地爲外來的任何法蘭西軍隊所解救。羅亞爾軍團特別缺少騎兵和野戰砲兵，並且它底騎兵——除開很少的例外——不是由新軍便是由士氣沮喪的老軍組成的，他們沒有多少軍官並且完全缺乏那種團結力，而祇有這種團結力才能使他們在平地上與那些老練的、爲不斷的成功所陶醉的兵士相周旋（豐·德爾·譚〔Von Der Tann〕率領這些兵士與法蘭西底這個軍隊相對抗）。縱然羅亞爾軍團增加到十萬或者十二萬人——並且它也許可能在巴黎未陷落以前作到這個——，但它還是不能够解圍的。大部分野戰砲兵，一俟攻城用的砲兵和工兵部隊到來後便可以從巴黎前面調出來。因此，德軍不僅在騎兵方面，而且在野戰砲兵方面佔有很大的優勢。由於這個同時由於在步兵方面所佔的優勢（一兵對一兵），德軍便可以用一個數量較少的軍隊綽有餘裕地對抗像羅亞爾軍團的這樣一個軍隊。此外，現在在肅淸巴黎以東及以北五六十英里的地區的那一支軍隊在這個場合也可以暫時派遣出去以增援豐·德爾·譚；這個軍隊和從包圍軍抽出來的一個或兩個師相等。至於里昂軍團，其中有些部分（這些大部分是實際上存在的）將忙於應付維爾德（Werder）將軍底北德意志第十四軍（現在駐紮於厄比納爾和維蘇爾）和第十五軍（在第十四軍底後方或者右翼）。以保爾巴克爲司令的北軍一直到現在還沒有編制成功。根據我們所聽到的一切，諾曼底（Normandie）和皮加爾底（Picardie）底流動警備隊既缺乏軍官又缺乏敎練，並且定駐的國民軍，也許流動警備隊底大多數，將用以守備那防禦麥澤爾和哈佛爾（Havre）間地區的二十五個或者二十五個以上的要塞。因此，從這方面來的有力的援助是不很有希望的，也就是說，巴黎必須依賴於自己。

第二個已經決定了的問題是巴黎底守軍不能夠採取大規模的攻勢。他們是由和巴黎以外的軍隊相同的成份組成的，也同樣缺少騎兵和野戰砲兵。九月十九日和三十日以及十月十三日底三次出擊完全證明了巴黎守軍不能給與包圍軍任何嚴重的影響。如後者底報告所稱：『他們沒有一次能夠僅僅突破我們底第一綫。』雖然特魯錫將軍公開地聲明：他之所以不願意在戰場上攻擊敵軍是因爲缺乏野戰砲兵，並且在野戰砲兵未齊備以前，他將不再進行出擊，但是他必須知道：世界上沒有任何野戰砲兵能夠使他底第一次出擊不『全體』以潰散而告終結。一直到他底野戰砲兵準備就緒爲止——常常是在這個不是單純的藉口的這樣假定之下——，與堡壘對峙的德軍砲位底砲火和他們圍攻綫底封鎖將使他底砲兵不能適用於野戰。

特魯錫和他底司令部好像確切地知道這個。他們所採取的一切手段都說明着一種單純消極的防禦；除了必須消解一個無紀律的守軍之不滿以外，他們沒有進行過更多的大規模的出擊。堡壘底牆壁不能够長久抵禦那現在更爲增加的德軍重砲底砲彈。如柏林參謀本部所希望的，兩三天也許足以擊毀南部堡壘牆壁上的大砲，從遠方並且由間接射擊在一兩處射穿它們內岸底石造工事，然後當那瞰制的高地底砲位底砲火阻止從堡壘後方防禦工事中來的每一個有效的支援時，向這些堡壘衝鋒。無論堡壘底構造或者地形底性質都不能阻止這個。在巴黎周圍底一切堡壘中，內岸——即戰壕底內側或者壘壁底外側——僅以石造工事掩蔽到地平綫，這個一般地是不足以保障工事不受襲擊的。這個對於一般規則的違背是由於巴黎守軍將常常採取積極防禦的這個假定而造成的。在這種情形之下，這甚至是一種利益，因爲這種低的石造工事很難從看不到它的那些砲位爲間接射擊所命中，如果從那設置這些砲位的高地不能進行直接射擊時，由遠距離破壞壘壁將是比較困難的；並且這個破壞祇有在當場才能加以判斷。

我們在任何情形之下都期望不到這些南部堡壘底抵抗將繼續很久，正是因爲它們爲位於重來復砲最有效的射程以內的高地所控制。但是直接在它們後方，在堡壘和圍廓之間，守備軍底活動已經首先展開了。許多土堡到處被構築起來；雖然我們當然不詳細知道這些土堡底情形，但我們可以確信：這些土堡是用一切注意、小心和專門學識所設計而建築成的，這些注意、小心和專門學識曾經在這二百多年來使法蘭西工兵臻於歐洲第一等地位。現在，顯然這便是防禦軍所選擇的戰鬥地區——這樣一個地區，在這裏峽道和山腹以及大部爲石塊所造成的村落和工廠便利於工兵底作業，有利於那種年青的、僅僅半經訓練的軍隊底抵抗。我們預料：德軍將在這裏發見一種極艱巨的工作。每日新聞報由柏林通知我們說：德軍將以若干堡壘底征服而滿足而使其餘的堡壘飢餓待降。但是我們推想：如果它們不把堡壘完全炸毀而再退回到他們現在的、單純封鎖的陣地裏的話，他們是不能選擇這個方法的。並且如果他們這樣作，法軍便能夠慢慢地由反近接作業❶再奪回他們已失的區域。因此，我們假定：德軍企圖把他們已佔的堡壘作爲有利的陣地以便用流彈來威脅居民或者利用這些堡壘來施行一種像他們現有的手段所容許的那樣猛烈的砲擊，在這樣情形之下，他們不可避免地要與防禦軍在給他們選定的以及爲這個目的而準備的地區上進行戰鬥，因爲堡壘將位於新的工事底密接的和有效的砲火之下。在這裏，我們也許將要親眼看到這次戰爭中的最後的戰鬥，它將給與我們一種科學的興趣，這也許是對於軍事科學一種最有趣的事件。這時，防禦軍在這裏將能夠再採取攻勢，即使這種攻勢是小規模的；因此當防禦軍在某種程度上恢復了在交戰的軍隊間的均勢時，他們能夠延長他們底抵抗一直到飢餓逼使他們投降爲止。因爲我們不可以忘記：巴黎已經從它準備的糧食中用去了一個月的儲備，並且城外的任何人都不知道巴

❶ 反近接作業，是被圍者爲了反抗圍攻者底近接作業所進行的一種戰壕作業，詳見後註。（譯者）

黎是否已備有第二個月的糧食。

在新聞特派員之間，關於德軍的攻城砲好像存在着一種很大的概念上的混亂。如果我們注意到：在德意志砲兵專家中各種口徑底命名乃根據於那和在英國一樣至少是同樣不合理的、矛盾的原理的話，這是完全自然的。現在，當這些重砲任何一天都會被談到的時候，這是值得我們說明這些事件的。在舊式攻城砲中，二十五磅及五十磅臼砲（這是因爲那適合於它們砲膛的球形石彈底重量而得名）在斯托拉斯堡前面曾經用過，並且現在已運往巴黎。它們底口徑約八又二分之一吋及八又四分之三吋，它們所發射的球形砲彈底實際重量前者爲六十四英磅，後者爲一百二十五英磅。其次便是一種口徑二十一公分或者八又四分之一吋的來復臼砲，所發射的砲彈長二十吋，重約二百英磅以上。這種臼砲具有可驚的效能，不僅因爲來復砲大部分可以得到一種大的精確度，並且主要的是因爲那種具有着發信管的長形彈，由於它常常以擊發信管形成其尖端的那個重心着地，可以保證裝藥在接觸底瞬間爆發；因此，接觸底效能便和爆發底效能結合起來。在來復砲中，有十二磅和二十四磅砲兩種，是因爲在砲膛未施來復綫以前所試用的一種球形實質鐵彈底重量而被如此命名的。其各口徑約爲四又二分之一吋和五又二分之一吋，其砲彈底重量爲三十三及六十四英磅。除此以外，還有一些重來復砲運往巴黎，它們是爲了裝甲艦以及對付這種裝甲艦的海岸防禦而用的。雖然它們構造底精確細目從未經發表，但它們底口徑約爲七、八以及九吋，其砲彈重約一百二十、二百以及三百英磅。在塞巴斯托堡當時及以前所使用的最重的大砲爲英國底六十八磅海軍砲，八吋及十吋砲和法國底八又四分之三吋及十二吋砲，其發射的最重的砲彈（十二吋球形彈）重約一百八十英磅，因此，巴黎底圍攻在它所用的砲彈底重量及數量上之超過塞巴斯托堡恰恰如同塞巴斯托堡之超過一切前此的圍攻一樣。我們還可以附帶地說，德軍底砲兵縱列將包含約四百尊大砲——和我們以前的估計相符合。

薩拉哥撒——巴黎

——第一二卷——第一七七六號

一八七〇年十月二十二日·星期六

爲了使我們對於像巴黎底圍攻和防禦那樣大規模的作戰得到一個適當的概念，我們最好在戰史上尋找一個以前的大規模的圍攻，這個可以在某種程度上作爲我們行將目擊的這一場合底前例。如果巴黎底防禦在正常的條件下來進行，也就是說如果情形和在塞巴斯托堡底前面相同，就是在戰場上仍然有一個軍隊可以用以援救巴黎或者增强其守軍，那末塞巴斯托堡也許是這樣一個實例。但是巴黎却是在完全不正常的情形之下防禦它自己：它既沒有一個守軍適用於積極的防禦和野戰，又沒有獲得外援的任何可靠的希望。因此，這個規模最大的、一直到現在爲人所研究的圍攻，塞巴斯托堡底圍攻——僅僅在意義上次於現在已開始的這個圍攻——，沒有和現在在巴黎外面所發生的一切情形眞正相似，並且這個祇是在圍攻底以後的階段——並且主要地由於兩者底對照——才能和克里米亞戰爭底情形相比擬。

美國南北戰爭㊀中的各種圍攻也不是很好的例子。這些圍攻是在這樣一個戰爭時期發生的，在這個時期內無論是南軍或者是繼之而起的北方軍隊都已經失掉了未經訓練的民軍底性質而成爲一種正規軍。在所有的這些圍攻中，防禦曾是非常積極的，在維克斯堡（Vicksburg）和在里士滿（Richmond）相同，起初發生了許多爲了控制祇能於其上建築攻城砲位的地區的長期的戰鬥，並且除開哥蘭特（Grant）在里士滿最後的圍攻以外，其他的圍攻都常常得到了援軍。但是現在，巴黎底守軍是新召的兵士，他們祇能夠得到分散在城外的新募兵底微弱的援助。和他們對敵的却是一支正規軍，以最現代的戰爭工具來攻擊他們。要想找一個適合的例子，我們必須回到最近的戰爭，在這些戰爭中，武裝人民曾不得不和正規軍作戰，同時也曾眞正在最廣泛的基礎上作戰；這個戰爭便是半島戰爭㊁；在這裏我們找到在許多點上——我們將可以看到——都是適當的一個著名的例子：薩拉哥撒㊂。

薩拉哥撒底直徑僅爲巴黎三分之一，其面積僅爲巴黎九分之一。但是，它底防禦工事，雖然曾在倉卒中建築起來並且沒有分遣堡壘，但在其一般的防禦力上却和巴黎底防禦工事相等。城市曾爲二萬五千西班牙兵士所防守，他們是從敗北的土得拉（Tudela）會戰中退下來的逃兵，其中

㊀ 係指一八六二—一八六五年美國的內戰。（郝思）

㊁ 即一八〇七—一八一四年西班牙法蘭西戰爭。（郝思）

㊂ 薩拉哥撒（Saragossa）——西班牙東北部薩拉哥撒州之首府，一八〇八年曾爲法軍所圍攻。（譯者）

眞正現役兵不超過一萬人，其餘都是新召的兵士。此外還有武裝的農民和居民，這個使薩拉哥撒底守軍增至四萬人。城內有大砲一百六十尊。城外，在鄰近的各省內，有一個約三萬人的軍隊曾被調來救援該城。但是另一方面，法軍元帥蘇錫（Suchet）有不到二萬六千人，以從厄波羅（Ebro）河兩旁來包圍這個要塞，並且另外還有九千人，他們曾在喀拉大由德（Calatayud）掩護這個圍攻。因此，軍隊在數量上的比例幾乎和巴黎城內外各軍底比例相同，也就是說，被圍者約兩倍於圍攻者。但薩拉哥撒人和現在的巴黎人相同既不能突出重圍，在平地上和圍攻者相周旋，而在薩拉哥撒城外的西班牙人又不能夠盡量努力地攪亂圍攻。

薩拉哥撒底包圍終於一八〇八年十月十九日。第一道平行壕在二十九日才開始掘鑿，距主壘僅三百五十碼。一八〇九年一月二日，距工事一百碼的第二道平行壕被掘成了。十一日，要塞底破口造成了，全部受攻擊的防綫爲衝鋒所奪取。但是在這裏，當由正規軍所組成的普通要塞守軍底抵抗業已停止了的時候，民衆防禦的力量才開始了。法軍曾經猛攻過的那一部分壘壁爲新的防禦軍使之與城市底其餘部分截斷了。爲砲兵所防守的許多土堡，橫於一切和它們相通的街市上。並且在後面隔相當的距離還有這樣的堡壘。採取酷熱的南歐底堅固的形式而以非常厚的石壁建築起來的房屋都備有槍眼同時爲步兵所防守。法軍底砲擊未曾間斷，但是因爲他們缺乏重臼砲，所以對於城市的效力不是有決定意義的。砲擊沒有間斷地繼續了四十一天之久。想要使城市陷落，想要逐一佔領房屋，法軍曾不得不採用一種迂緩的坑道戰法。最後，當城內建築三分之一被破壞了並且其餘的已無法住人以後，薩拉哥撒於二月二十日投降。在圍攻開始時曾居住於該城的十萬人中，死亡了五萬四千人。

這個防禦在它底種類上說是古典的，值得它所贏得的榮譽。但是結局，這個城市總共僅僅抵抗了六十三天。包圍繼續了十天，要塞底真正圍攻十四天，內部防禦工事底圍攻和巷戰三十九天。犧牲人數和防禦底期間及其所獲得的積極的結果是完全不成比例的。如果薩拉哥撒曾為兩萬精銳的、堅決的兵士所防守，那末蘇錫一定會為他們底出擊所阻止而不能以其兵力來完成圍攻，同時該城也許會一直到一八〇九年奧地利戰爭以後仍然握在西班牙人底手中。

我們當然不能認為巴黎是薩拉哥撒第二。巴黎底房屋雖很堅固，但是不能和那種西班牙城市之堅固的建築來比較的，同時我們也沒有權利假定：巴黎底人民將發揮一八〇九年西班牙人底那種狂熱，或者其居民底一半將甘願因戰鬥或疾病而死亡。但是，那種在薩拉哥撒於城堡被突破後在各個街道、房屋以及寺院內所進行的戰鬥局面，也可以在某種程度上於構築工事的村莊內以及在巴黎堡壘和圍廓之間的土堡內再次出現。我們認為，如同我們昨天在論戰爭——第二十四的那篇論文中所曾經說過的那樣，防禦底重心便在這裏。甚至在攻擊運動中，年青的流動警備隊也許在那裏要和他們底敵人於某種程度上在相等的條件之下來周旋，同時也許要迫使他們以一種比較柏林參謀部所想像的更有系統的方法來行動。然而在不久以前，柏林參謀部曾估計在攻城砲位底砲火開始以後十二天或者十四天，要使巴黎陷落。在這裏，防禦軍甚至可以使進攻者底臼砲和大砲如此忙碌，致使對於城市的一種局部的砲擊（至少在大規模中）暫時也幾乎成爲問題。圍廓以外的村莊在一切情形之下必被犧牲，縱然它們位於德軍攻擊正面和法軍防禦正面之間，並且如果犧牲它們而能保持城市，那末對於防禦軍便更好些。

至於圍廓以外的地區底防禦將繼續多久，那是我們不能夠逆料的。這個將依存於工事底强度、進行防禦的士兵底士氣以及攻擊底方法。如果抵抗是堅强的，那末德軍將主要地依靠他們底砲兵火力來保護他們底軍隊。但是無論如何，如果他們有能夠集中於某一點的猛烈的砲兵火力，那末爲了達到圍廓，他們也許將需要兩星期以上或者三星期。突破並且以衝鋒來奪取這個圍廓將是數日的問題。但是縱然如此，也沒有放棄抵抗的任何迫切的必要；但是最好等到這些可能性更有實現意義的時候再去推斷它們。在這個時候以前，那是不允許我們對於羅希法爾（Rochefort）先生所設計的防寨之有無價值發表任何意見的。一般地說，我們認爲：如果堡壘和圍廓之間的新工事能作眞正堅强的抵抗時，攻擊充其量——其程度大部分要依存於防禦軍底能力——將限於直接和間接的砲兵射擊，限於對巴黎的飢困而已。

論戰爭——第二十五

——第一二一卷——第一七八〇號
一八七〇年十月二十七日·星期四

當關於停戰的談判猶豫未決時，我們應該指明德意志軍團各軍底配備，因爲這個好像是一般人所不明瞭的。我們所以要談德意志軍隊是因爲關於法蘭西軍隊應該說的已經很少了。那些沒有被包圍於麥次的法軍幾乎完全是由新募兵組成的，關於他們底編制很少有所發表，同時所發表的也一定天天要變化。此外，在一切戰鬥中證明多多少少不適合於作野戰的這些軍隊底性質已使得他們底編制或者他們底兵數差不多沒有什麼興趣了。

至於談到德軍，我們知道：他們曾經出動了十三個北德意志軍（包括禁衛軍）、一個黑森師、一個巴敦師、一個符騰堡師和兩個巴威略軍。當法蘭西艦隊在波羅的海的這個期間，北德意志第九軍底第十七師（其中一個旅由梅格稜堡兵編成）留在沿海地帶。第二十五或者黑森師曾被編入第九軍以代替它底位置，這個一直到今天是如此。後備軍九個師和第十七師一齊留在國內

（禁衛軍一個師和普魯士八個舊省份底後備師各一；自一八六六年普魯士制度被採用於全部北德意志以後所經過的時間，曾僅足以訓練必要數目的預備軍而不足以建立後備軍）。當法蘭西艦隊底召還和第四現役營底編成使得這些兵力可以調用時，由它們編成了新的軍並且已被派遣到法蘭西。雖然我們在戰爭未結束之前將難以知道關於所有這些軍底編制的細目，但是在戰爭期間所洩露的一切消息使我們充分了解了這個兵力配備計劃底一般性質。在麥次外面有菲力·查理士親王所統率的第一、第二、第三、第七、第八、第九及第十軍（其中第九軍現刻由第十八及第二十五師編成）以及兩個後備師：其中第一（東普魯士）師由庫麥爾將軍統率；另外一個師底番號不明——總共步兵十六個師。

在巴黎城外的有皇太子所統率的北德意志第五、第六、第十一軍、兩個巴威略軍和禁衛後備師；薩克森皇太子所統率的北德意志第四及第十二軍和普魯士禁衛軍；以及梅格稜堡大公爵所統率的第十三軍和符騰堡師。第十三軍是由上述第十七師和一個後備師編成的。在這個共計二十個師的軍隊中，有四個師負有分遣任務❶：第一，豐·德爾·譚將軍率領了兩個巴威略師和北德意志第二十二師（第十一軍）向南方及西方進軍，他以巴威略師守住了奧爾良和羅亞爾河綫，而第二十二師（維提錫〔Wittish〕將軍底）相繼佔領了查頭登（Chateautun）和查特勒（Chartres）。

❶ 恩格斯原文爲"Detached Duty"。（郝思）

第二，第十七師已被派遣到巴黎底東北方面㊀；它業已佔領了隆、薩松、波維埃（Beauvais）、聖·昆廷等地；而其他的軍隊——也許是主要地由騎兵所組成的別動隊——幾乎已經前進到盧昂（Rouen）底城下。如果我們把這個軍隊以另外一個師來計算，那末我們全部便有五個師業已從巴黎外面的軍隊中派遣出去以肅清內地，徵集牲畜和食糧，阻止武裝部隊之建立並牽制都爾政府㊁可能派遣的任何新的部隊。因此，對於直接包圍也許祇留有十五個步兵師或者七個半軍。

除第十三軍外，梅格稜堡大公爵指揮着香檳縣和洛林以西㊂的其他被佔領縣內的一切部隊，色當、理姆斯、厄皮爾內（Epernay）、察倫斯和維多利等地底守備軍以及圍攻凡爾登的軍隊。這些軍隊由後備兵，主要的由第八後備師編成的。亞爾薩斯和洛林底守備軍幾乎完全是後備兵，由該兩省底軍事長官所指揮。除此以外，尙有軍隊沿鐵路綫和主要道路配備，其主要的任務在於維持這些道路並保證軍事運輸。由各現役軍底分遣隊㊃所組成而至少有一師兵力的這些軍隊受『兵站司令』底指揮。

巴敎師和另外一個後備師組成第十四軍，該軍現在在維爾德將軍指揮之下向柏桑爽前進，同

㊀ 原文爲『西北方面』，顯係印刷之誤。（郝思）

㊁ 當時法國政府遷到都爾。（譯者）

㊂ 原文爲『以東』，顯係印刷之誤。（郝思）

㊃ 在特別指揮之下的部隊。（郝思）

·238·

時史麥林（Schmeling）將軍率領第四預備師曾成功地圍攻了西來提斯塔特（Schlettstadt）並且現在佔領着奴・布來薩哈（Neu-Breisach）。我們在這裏第一次提到『預備師』（Reservedivision），這個根據普魯士軍語來說，和後備師（Landwehrdivision）是根本不同的。因此，我們實際上已經提到九個後備師中的六個後備師，同時我們推想：亞爾薩斯和洛林以及一部分萊茵要塞底守軍是由其他三個師形成的。『預備師』這個名詞底應用說明：第四現役營現在漸漸來到法蘭西國土。每一軍將有九個或者在某些場合有十個第四現役營；由它們又構成同樣多的預備師，它們也許和它們所屬的各軍採用同樣的番號。因此，第四預備師將由在薩克森省所徵募的第四軍底諸第四營編成。這個師形成新第十五軍底一部。關於其他一個師，我們一無所知——也許它是羅文非爾德（Lovenfeld）將軍所統率的業已由西里西亞向斯托拉斯堡出發的三個師中的一個；其餘兩個師也許接着又編爲第十六軍。這個也許祇說明十三個預備師中的四個，其餘九個也許現在仍在北德意志。

至於這些部隊底人數，在巴黎城外的北德意志各營，確實又要達到它們平均七百五十人的全數，巴威略各營也許要比它們少些。騎兵每連不是一百五十騎而是差不多平均不超過一百騎；總共起來，巴黎城外的一個軍平均將達二萬五千人，因此整個軍團目下將約計有十九萬人。麥次城外的各營一定由於許多病員而更被減弱，將幾乎不到七百人，而後備營將很難能有五百人。

波蘭報紙在最近已經開始要求相當地分享普軍底榮譽。實際的情形是這樣：在普魯士操波蘭語言的人口底全數約有二百萬人，或者佔全部北德意志人口的十五分之一。我們在其中也計入西里西亞底波蘭人和東普魯士底馬初爾人（Masur），這兩種人聽到他們被呼爲波蘭人時，一定會很吃驚的吧。第一、第二、第五、第六軍有着波蘭兵底混合部隊，但是這個波蘭人的成份現在僅僅在第五軍底一個師裏，也許或者在第六軍底一個旅裏佔優勢而已。普魯士政府底政策是把軍隊中的波蘭人的成份盡可能地分散在許多軍裏。因此，西普魯士底波蘭人分散在第一及第二兩軍中，波森底波蘭人分散在第二及第五兩軍中。總而言之，普魯士政府在任何情形下，都注意到使每一軍中兵士底大多數是德意志人。

凡爾登底圍攻現在被有力地進行着。該城及其衛城雖沒有很堅固地築以工事，但却有很深的水壕。在十月十一日和十二日，守軍由城市周圍的村莊中被驅逐出去，而包圍乃告完成。十三日，德軍以四十八門大砲和臼砲（在色當繳來的法軍大砲）開始轟擊，它們被配備在距工事七百碼到一千三百碼之間。十四日，一些舊式的法蘭西二十四磅砲由色當到着，並且第二天幾門新式的普魯士二十四磅來復砲（這個曾經征服了托爾）也到着了。十八日，這些大砲發揮了全部威力。城市似乎受到嚴重的損失，因爲它建築得非常密接。

麥次底陷落

——第一二一卷——第一七八二號

一八七〇年十月二十九日·星期六

目下的這次戰爭是降服底戰爭，而其中每一個降服好像已經注定要在規模上超過它底前例。起初，是在色當投降了的八萬四千人，這個事件在前此的任何戰爭中，甚至在奧地利戰爭中，都找不到和它僅僅相似的例子。現在却來了十七萬人連同麥次要塞的投降，這個又遠勝於色當，如同色當之遠勝於一切前此的降服。麥次是否更爲巴黎所超過呢？如果戰爭繼續進行，這個是沒有什麼可以疑惑的。

曾經使路易拿破崙從八月二日到九月二日由沙爾布魯根退到色當以及使法蘭西眞正喪失了它底全部軍隊的三大錯誤是：第一，在這樣一個地位上對於敵人進攻的等待，這個地位使勝利的德軍得以突入法蘭西軍團之分散的各軍之間而因此把它們分爲兩支彼此不能再相會合或甚至採取協同動作的獨立部隊；第二，在麥次的巴森軍團底猶豫，因此他遂被絕望地包圍在那裏；第三，以積極鼓勵敵人俘擄全部援軍的那樣的兵力和那樣的道路之援救巴森的運動。第一個錯誤底效果在全部戰役中曾是顯而易見的。第三個錯誤底效果在色當告了終結。而第二個錯誤底效果我們正在麥次目擊着。路易拿破侖曾經期許全部『萊茵軍團』在一個遍設要塞的土地上進行激烈的戰役，而它現在却在這些要塞內或者在到這些要塞的道路上成爲俘虜；法蘭西事實上幾乎喪失了它底全部正規軍。

這些人員本身底損失以及在麥次被讓交的而且爲數一定很巨的物質底損失雖已經是一個嚴重的打擊，但還不是最嚴重的打擊。對於法蘭西最壞的是：它隨着這些軍隊和這些物質同時也被剝奪了比其他任何東西都要寶貴的那種軍事的組織。兵士是很充足的；甚至二十五歲到三十五歲之間的受過訓練的兵士也至少還有三十萬人。物質可以由國內的倉庫和工廠以及國外的購買來補充。在現在情形之下，一切好的後膛槍都是可以用的，至於它們是按什麼形式造成的，或者這一種槍底子彈是否適合於那一種，那是沒有什麼關係的。因爲所有一切可用的槍支都是歡迎的，而且如果適當地利用電報和汽船，政府現在也許可以得到必要的以上的武器和彈藥。在這個期間，甚至野戰砲兵也是可以供給的。但是最必要的是所有這些武裝的人民可以藉此造成軍隊的那種堅固的組織。這種組織體現爲正規軍底軍官和士官。和它們底被俘同時，這種組織也不再存在了。由於在戰場上的損失以及由於投降所減少的軍官底數目也許不下於一萬到一萬二千人，但士官底數目恐怕幾乎有三倍之多。當這些有組織的力量忽然從國防中抽去了以後，要使一羣普通人變爲一連或者一營兵士，那是格外困難的。誰要曾經看過在操練之際或者在砲火之下的募兵——無論是巴敦的義勇隊，美國的北部同盟軍❶，法蘭西的流動警備隊或者是英國的志願軍——，誰立刻就可以看出：這些軍隊之無希望與不穩定底主要原因實際上在於軍官們不了解他們底職責。那末在法蘭西現在這種情形之下，誰會教育他們以他們底職責呢？很少數的領半薪的老軍官或者殘廢的軍官在數量上是不足以作到這個的；他們不能夠到處都有；教育不僅祗是理論的而且也是實踐的，不僅依靠着話句而且也依靠着事實和例證。一個營內的幾個年青的軍官或者新擢升的士官由於繼續不斷地觀察老的軍官底行動會很快地熟悉於他們底勤務；但是如果幾乎所有的軍官都是新的並且甚至在職的舊的士官也寥寥無幾時，那末將怎樣呢？不適宜於在野戰中以集團來行動的這些人們也許會很快地學會了作戰，如果他們可以編入巴森底舊營；不，如果他們曾經僅僅有這樣的機會爲巴森軍底軍官和士官所指揮。但是法蘭西由於麥次底投降結局喪失了對於這個戰役的軍事組織之最後的痕跡。

祗有當我們聽到防禦者自身底證實以後，我們才能夠對防禦底進行具有確切的意見。但是如果十七萬可戰的士兵投降的這個消息是確實的話，那就可以結論說：防禦並沒有盡了它應有的努

❶ 原文爲"Bull-Run-Yankees"；"Bull-Run"爲華盛頓西南的帕頭馬克（Potomac）河底小支流，在這裏，一八六一年七月二十一日和一八六二年八月二十九及三十日曾發生過兩次對於美國同盟軍不利的會戰。因此人們把美國北部同盟軍呼爲"Bull-Run"。（譯者）

力。八月底以來在任何時候，圍攻軍都未曾有兩倍於被圍者的兵力。他們一定曾經在二十萬到二十三萬人之間，以至少長二十七英里的一個圓周配備在第一綫，這就是說：爲這個集團所佔據的這個圓周一定至少曾經有三十六到四十英里。這個圓周更被摩塞爾河截成兩部分，而該河祇有經過在第一綫後相當距離內的橋樑才可以渡過。如果十七萬人的一個軍隊沒有能够準備好在充分援軍可以被調來之前以優勢的兵力在這個圓周底任何一點上出現並且突破，那末我們必須結論說：不是包圍軍底配備非常值得讚揚，便是被圍軍沒有盡他們底力量去實現突破的企圖。我們或許將要聽到：在這裏和在這個戰爭底各地相同，政治的動機業已麻痹了軍事的活動。

如果現在和約尚未簽字，那末這個新的不幸底結果不久將在法蘭西發生作用。我們想像：兩個後備師將被留作麥次底守軍。第二軍已在去巴黎的途中，但這決不是說：它將參加首都底包圍。但是如果我們假定情形是這樣，那末德軍還有六個軍，或者至少十三萬到十四萬人，毛奇可以任意派遣。這些軍隊和德意志的聯絡不待菲力・查理士親王軍大部的參加即可維持；爲了這個目的，他或者完全不派一兵一卒或者僅分派很少的部隊。其餘的部隊則用於法蘭西西部及南部底遠征。集合全部軍隊將是不必要的。他們或許將被分爲兩個或者三個部分，這個和豐・德爾・譚底軍合在一起至少有十五萬人，並且他們將被派至德軍迄今未能佔領的法蘭西底那些部分。一個軍很可能佔領從諾曼底和里・麥諾（Le Maine）兩富庶的省份一直到羅亞爾河，包括里曼——五條鐵路綫在這裏會合的一個樞紐。另外一個軍在肅淸了從都爾到內維爾（Nevers）間的羅亞爾綫以及佔領或者破壞了布爾即（Bourges）底兵工廠和軍事工廠以後將向波爾多底方面挺進。這個軍也許由麥次向說蒙和歐克塞爾（Auxerre）進軍，因爲這個地方尙未被徵發一空。第三個軍也許要直接南進，以與維爾德將軍取得聯絡。因爲法蘭西內地幾乎喪失了所有可以稱爲要塞的一切要塞，所以除開新募兵之微弱的抵抗和居民之比較消極的但却非常堅强的抵抗以外，將沒有什麼抵抗了。至於毛奇是否以所有同時被解除其任務的這些軍隊，企圖圍攻更多的要塞或者攻陷如瑟堡（Cherbourg）那樣的要塞海港，那是待決的問題；除開法爾玆堡和柏爾福（兩者扼制鐵路底幹綫）以及（當然）巴黎以外，現在他再沒有什麼必要去佔領更多的要塞了。

論戰爭——第二十六

——第一二卷——第一七八七號

一八七〇年十一月四日・星期五

我們可以不再懷有任何疑問：在麥次投降的軍隊實際上有十七萬三千人，其中十四萬是有戰鬥力的兵士，三萬以上是有疾病和受傷的。每日新聞在一個從柏林來的電報中陳述這些軍隊底全部編制如下：六十七個步兵團，十三個輕步兵營，十八個第四及留守營；三十六個騎兵團，即十個胸甲騎兵團、一個偵察騎兵團、十一個龍騎兵團、兩個矛騎兵團、三個驃騎兵團、六個輕騎兵旅和三個非洲騎兵團以及六個留守騎兵連。我們必須承認：這個消息來自柏林底普軍參謀本部，並包含着關於麥次法蘭西軍隊編制的一種一般的摘錄，這個不是根據從前的、間接的材料便是根據法軍在投降之際所交與勝利者的表冊作成的。我們認爲：後者是最有可能的。我們知道：在麥次的步兵有禁衛軍（八個團，即三十個步兵營和一個輕步兵營），第二軍（甫魯沙爾軍，三個師），第三軍（前由德沙恩近由巴森統率，四個師），第四軍（拉多米魯軍，三個師），第六軍

（堪羅伯爾軍，三個師）和第五軍（多・法伊軍）底一個師。這個全部爲十四個現役師，每師包括一個輕步兵營和四個現役團或者十二個現役營，除開堪羅伯爾底沒有輕步兵營的兩個師以外，這個也許有十二個輕步兵營和一百六十八個現役營。或者，連同禁衛軍，全數爲十三個輕步兵營和一百九十八個步兵營——再加上十八個留守營，總共爲二百二十九個營。這個要比每日新聞報所計算的二百二十一個營的總數多一些。但是另外一方面，根據這個表冊，步兵團僅有六十四個，而每日新聞底報告則爲六十七個。因此，我們必須承認：這所差的三個團構成了麥次底守備軍而因此沒有列入『萊茵軍團』底編制中。在營底數目上的差別是很容易說明的。在八月底戰鬥中和在九十兩月底出擊中許多團底損失以及由疾病所產生的損失一定曾經如此巨大，以致三個營編成兩個或者甚至僅僅一個營。

像在來比錫（Leipzig）的拿破侖軍團❶那樣龐大的一支軍隊會全部被逼投降，這在戰史上是前所未聞的事實；甚至在現在，當它已經發生以後，還是幾乎不可令人相信的。但是如果我們把這個軍團底兵力和勝利者底兵力來比較時，它更是莫明其妙的了。八月十八日，巴森軍由格拉維魯特高地被驅逐到麥次堡壘底掩護之下。數日以後，要塞被全部包圍。但是，在曾經於格拉維魯特作戰的軍隊中，三個軍或者七十五個營至遲在八月二十四日被分派到薩克森皇太子底指揮之

❶ 譯者這樣推想：路易拿破侖隨同他所率領的八萬四千人在色當投降以後，即被送至德意志底來比錫。（譯者）

下。三天以後，他們底騎兵在布桑錫打敗了馬克馬洪底輕騎兵。因此，在麥次外面祇剩下七個軍或者一百七十五個營和十二個後備營；全部一百八十七個營，以包圍至少有二百二十一個營的一個軍隊。當時，巴森一定曾有十六萬人（即使不多於這個數目）歸他指揮。固然，普軍曾經採用一切方法以其預備軍所構成的生力軍來補充在最近會戰中的損失。但是我們不能够承認：他們業已把他們底營再恢復到一千人底全數。縱然我們承認：除每營僅有五百人或者六百人的那些後備軍以外，情形是這樣，但普軍也不會超過十八萬二千人，或者連同騎兵和砲兵，約二十四萬人，也就是說，僅僅較被圍於麥次的軍隊多一半。並且這二十四萬人還得分散在一條長二十七英里的戰綫上。此外，他們又爲一條沒有徒涉場的河流分爲兩個獨立的部隊。在這樣情形之下，我們就無庸置疑：如果巴森眞正曾經企圖以他軍隊底大部突破包圍圈時，他也許會達到目的的，不然，我們必須承認：在格拉維魯特之役後，法軍已經不再是從前的法軍了，並且沒有任何理由來這樣想像。

在共和國宣佈成立以後，巴森由於政治的動機已停止每一個突圍的企圖，這在本文底筆者看來是完全確實的。每日的猶豫減少了他成功的希望，這也是同樣確實的。然而普軍本身現在好像認爲：如果他們處於這個相同的地位，他們一定會完成了這個奇蹟。但是仍然不可理解的是：巴森在八月三十一日和九月一日之際的那種懈怠或者至少那種猶豫不決。八月三十一日，他曾企圖向東北進行攻擊並且在那天晚上和第二天早晨仍然繼續攻擊。但是，三個普魯士師已經足以把他驅逐到堡壘底掩護之下。這個企圖一定會是格外微弱的，如果人們想到他曾經以怎樣大的兵力來進行它。在麾下有精銳步兵十六個師的一位將軍居然爲敵軍三個師所擊退。這眞是太可笑了！

至於談到據說曾經產生巴森在九月四日革命後的懈怠的那些政治動機以及他於圍攻底後期中在敵人縱容之下所參與的那些政治陰謀，那末它們是和第二帝國有極密切關聯的，因爲第二帝國也許要藉它們在這種或者那種方式之下來恢復的。如果那指揮法蘭西所尙存的唯一正規軍的將軍能够想到藉侵入軍之助來恢復已滅的王朝，那末這裏便說明：這個第二帝國把人們對於法蘭西人底品格的每一個理解已經喪失到什麼地步了。

巴森已往的軍事的經歷是極不光彩的。他底墨西哥遠征祇是說明：他曾經關懷報酬比較關懷榮譽和他祖國底聲望還要多些。他之被任命爲萊茵軍團總司令祇是出於偶然。他成爲總司令並不是因爲他在合格的後補者中是最適宜的，而是因爲他並不是太不適宜的。決定的動機不管是什麼，總之不是單純的軍事的動機。他將永遠不朽地成爲這樣一個人物，這個人物曾經在法蘭西的戰史上作出這種最不名譽的行爲——他阻止了十六萬法軍去突破當時在兵力上遠遜於他們的包圍軍，同時因爲食斷糧絕而把他們作爲俘虜獻於敵人。

法皇底辯護

——第一二卷——第一七八八號

一八七〇年十一月五日·星期六

像其他在不幸中的偉大人物似的，路易拿破侖也好像了解：他有必要應向全世界人士說明那曾經使他不得不十分違反他自己底意志由沙爾布魯根退到色當的原因。因此，我們現在已經具有那確切說明這個的文件了。因爲無論從形式上或者從內容上來看，都沒有任何證據懷疑這個文件是僞造的——毋寧說是相反的——，所以我們此刻假定它是眞實的。既然它已經甘言引誘我們，我們便幾乎不得不這樣作，因爲如果有一個文件在全體上以及在細目上都證實着帕爾·馬爾新聞報關於戰爭所發表的意見，那末那便是這個法皇底自我辯訴。

路易拿破侖告訴我們說：他曾確切知道德軍在兵力上之巨大的優越性，但是他曾希望由於對南德意志迅速的侵入而抵消這個優越性。他曾想着逼使南德意志保守中立，而由最初的成功來取得他和奧地利及意大利的同盟。爲了這個目的，他集中了十五萬人於麥次，十萬人於斯托拉斯堡，五萬人於察倫斯。以前兩個迅速集中的部隊在加爾斯魯（Karlsruhe）當可渡過萊茵河，以察倫斯底五萬人當可向麥次進軍以對抗敵人在前進中的部隊側翼及後方的運動。但是一當法皇來到麥次，這個計劃便立刻成為泡影。他發現了在這裏祇有十萬人，在斯托拉斯堡祇有四萬人，而堪羅伯爾底預備隊在那裏都有，祇是在他們曾應該在的察倫斯沒有。其次，軍隊也沒有具備對於一個遠征的首要的必需品，他們既沒有背囊又沒有帳篷，既沒有軍用鍋也沒有飯具。總之，對於敵人底所在又一無所知。所以，實際上，那種勇敢的、猝不及備的攻勢在最初便變成一種非常溫和的守勢了。

對於帕爾·馬爾新聞報底讀者，在這裏是沒有什麼新聞的。我們論戰爭的文章曾指出上述的進攻計劃是法軍所能進行的最合理的計劃，同時並追究過這個計劃之所以必須拋棄的原因。但是法皇卻沒有提及那曾是他最初敗北之直接的主要原因的這一事實：即，當進攻底企圖早已被放棄時，為什麼他還要把他底各軍留在密接國境的那種錯誤的進攻地位呢？至於談到他所舉的數字，我們將逐一加以批評。

法皇在『我們近五十年來所存在的軍事組織底缺陷』中尋求法蘭西軍事行政崩潰底原因。但這種組織之供實驗，現在確實並非第一次。克里米亞戰爭時，它曾經很好地發生了功效。在意大利戰爭底開始，它曾經得到光輝燦爛的結果，當時它無論在英吉利或者在德意志都曾奉為軍隊組織之模範。在那時，無疑的，這種組織已經證明有許多缺點。但是那時和現在之間的區別祇是在於：那時它曾發生功效，而現在却沒有。法皇對於正是須加以說明的這個區別却未予說明，這是因爲第二帝國最弱的地方正在這裏，因爲第二帝國以其各種各樣收買和賄賂的作法使這個組織失去了效用。

當在退却中的軍隊已經到達麥次的時候，『其有效的兵力即爲率領兩個師和預備隊的堪羅伯爾元帥底到着而增至十四萬人。』這個陳述，如與現在在麥次投降的軍隊底人數相較時，使我們不得不更精細地檢查法皇所舉的數字。斯托拉斯堡底軍團據說由馬克馬洪、多·法伊和多衛底各軍組成，共計十師，據說約達十萬人，但是法皇現在却說他們不超過四萬人。如果我們把多衛底三個師全部略去（雖然他們中間一個師在伏爾特作戰時或者作戰後曾馳援馬克馬洪），那末每（十三個營）將不及六千人，或者每營僅有四百三十人，即使我們不計算騎兵和砲兵底一兵一卒。現在，縱然我們想着在腐敗和濫用方面完全信任第二帝國，但我們仍然不能冒昧相信在這個軍團中會有九十個營，而其有效人數——在預備兵和退伍兵應徵後二十天——平均不爲九百人而爲四百三十人。麥次底軍團曾由禁衛軍和十個現役師組成，共一百六十一個營，並且如果我們假定：在這個小冊子中所記載的這十萬人僅包含步兵，而不算騎兵和砲兵，那末每營也不過六百二十人，這個無疑的是不符合於事實。更奇怪的是：這個軍隊在退到麥次以後由堪羅伯爾底兩個師和預備隊底到着而增至十四萬人。因此，這些新的生力軍曾包括四萬人。但是因爲在斯比希林戰役後到達了麥次的這個『預備隊』祇能包含騎兵和砲兵，因爲禁衛軍在很久以前便已經開到那裏，所以他們不能超過二萬人；這樣看來，尙餘兩萬人給堪羅伯爾底兩個師，這個在二十五個營裏，應是每營八百人。這就是說，根據這個計算來看，那曾是在一切軍隊中補充最少的堪羅伯爾底各營反比較那老早集中的和準備的各營人數還要多。但是如果麥次底軍團在八月十四、十六、十八三日底會戰前曾僅有十四萬人，那末經過這三天底損失——這個損失的確不下五萬人——，經過此後的出擊底損失和由疾病所產生的死亡，巴森還能够以十七萬三千人投降普軍，這是怎樣一回事呢？我們所以要詳述這些數字衹是想着說明它們彼此相矛盾並且和這個戰役之一切顯著的事實相矛盾。這些數字必須視爲完全不正確而被棄置。

除開軍隊組織以外，尙有其他阻止法皇勝利的條件存在。那就是：第一，『惡劣的天氣』，其次，『笨重的行李』和最後，『我們經常對於敵軍位置及兵力之絕對的不明瞭』。確實，這是三個很討厭的條件！但是惡劣的天氣對於雙方都是一樣的，同時在威廉皇帝歸功於天意❶的一切虔敬的詞句中，他並沒有一次提起這個事實：即顧在德軍底陣地上天朗氣清而在法軍底陣地上陰雨連綿。此外，德軍也不是不爲行李所累。至於對敵軍行止的不明瞭，那末我們可以舉出拿破侖❷給他哥哥約瑟夫（Joseph）的書信，約瑟夫當時在西班牙曾爲這個同一困難所苦惱。這封信毫沒有包括着對於發生這樣苦惱的將軍們的安慰。在那封信裏這樣寫着：如果身爲將軍而不明瞭

❶ 這個暗指威廉第一在色當會戰後所發出的電報：『賴上帝指引得到這樣的轉變！』。（郝思）
❷ 指拿破侖第一。（郝思）

敵人底行止，那末這是將軍本身底過錯，這祇證明：他們不了解他們自己底職責。如果一個人讀過這個對於錯誤的將略的辯護，他有時會懷疑：這個小冊子是否眞正爲成人寫的。

路易拿破侖關於他自己地位的叙述並不十分取悅於他底朋黨。在伏爾特和斯比希林會戰後，『他立刻決定把軍隊撤到察倫斯兵營』。但是這個計劃雖起初爲內閣會議所承認，但兩天後又認爲適足以『給予輿論一種可悲的影響』，並且在接到歐利維爾㊀（！）關於這個結果所寫給他的信以後，法皇便放棄了這個計劃。他把軍隊帶到摩塞爾河左岸，於是——『沒有遇到全面的會戰而祇遇到局部的戰鬥』——離開了他底軍隊，向察倫斯出發。當他剛要動身的時候，八月十六日和十八日底會戰開始了，巴森和他底軍隊便被困於麥次。在這個期間，皇后和內閣曾越權並背過法皇召開了國會。和這個非常有力的團體——阿爾加地亞㊁立法團（Corps Legislatif）——相聯合，法皇底命運便被決定了。反對派——大家都知道，這是由二十五個代表組成的——成爲全能並且『痲痹了多數派底愛國心和政府底積極性』——我們完全記得，這個政府並不是僞善的歐利維爾政府而是粗暴的巴里寇政府。

『從這個時候起，大臣們好像害怕提起法皇底名字，同時那已經離開了軍隊並且祇有放棄了

㊀ 歐利維爾（M. E. Ollivier）——一八二五—一九一三年。一八七〇年爲法首相，隨着法皇最初的敗北，內閣倒台，他便逃到意大利。（譯者）

㊁ 阿爾加地亞（Arkandier）——路易拿破侖派保守黨底名稱。（郝思）

軍隊底指揮才能再握政府統治的他，不久便發現：堅持他底地位到底在他已是不可能了。』事實上，他一定曾經看到：他已實際被逼讓位，他已成爲無能了。稍許有自尊心的人大部分在這種情形之下都會讓位的。但是不然，用極温和的詞句來說，他底猶豫不決仍繼續存在，他跟隨了馬克馬洪底軍隊，成爲一個純粹的贅物，無力作好事但却有力阻止人作好事的這樣一個贅物。巴黎底政府堅持使馬克馬洪作解救巴森的運動。但馬克馬洪拒絕，因爲這個會使他底軍隊全部覆滅。巴里寇固執着他底要求。『皇帝不會反對。因爲反對那曾經在極大的困難之下表現出如此大的聰明和能力的政府以及攝政皇后底忠告，絕不會是他底本意的。』我們欽佩這個人底温和，他二十年來曾經主張對於他個人意志的服從是對於法蘭西的唯一拯救，並且現在當『那和軍事藝術最初步的原則相背馳的作戰計劃由巴黎强行發出』時，他沒有反對，因爲『反對……攝政皇后底忠告，絕不會是他底本意的』！

對於曾從事這個致命的進軍的軍隊之情形的那種敍述在各點上都正確地證明了我們當時對於這個軍隊的意見。其中祇有一個功罪相抵的特點。多·法伊軍在他們强行軍的退却中曾經做到未經一戰即失掉『幾乎他們底全部行李』。但該軍好像沒有重視這個優點。

八月二十一日，軍隊已經走到理姆斯。二十三日，他們前進到伯索尼維爾（Betheniville——在直達凡爾登和麥次的道路上）附近的蘇貝河。但是給養底困難逼使馬克馬洪一點不遲疑地折回到鐵路綫上；因此，二十四日，他向左運動而達到勒特爾。二十五日整個用於給軍隊分配食糧。

二十六日，大本營向更東十二英里的都爾特隆（Tourteron）轉移；二十七日，更向相距六英里的勒·修諾·波皮留前進。在這裏，馬克馬洪發現德意志八個軍密集於他們周圍，於是下令再向西撤退；但是當夜，巴黎發出積極的命令，讓他向麥次進軍。『固然，皇帝可以取消這個命令，但他已決心不去反對攝政者底決定。』這個善良的聽從曾逼使馬克馬洪不得不遵守命令，因此他在二十八日到達了更東六英里的斯頓諾（Stonne）。但是，『這個命令和反抗命令引起了在運動中的遲疑』。在這個期間『普軍已實行强行軍，而我們却爲行李所累（又一次！），帶着疲勞的軍隊，爲了二十五英里底一個行軍，曾需要六天』。接着來了八月三十日和三十一日以及九月一日底會戰和最後的不幸，這個被很詳細地，但却沒有任何新的細目地敍述過。於是教訓便來了，這個可以由下列詞句中得到：即，『固然，戰鬥曾是不相稱的，但是如果不是軍事行動不斷地聽從於政治的動機，那末這個戰鬥也許會繼續得更長久些並且對於我軍的慘害也許會更少些。』

一點沒有憐憫地沒落下去，這是第二帝國底命運，是與之相關的一切底命運。在大災難的時候也極少使人感到的那種憐憫好像完全沒有給予它。甚至那今日在法蘭西不能不以某種諷刺來提到的『對於不幸的勇敢的尊敬』似乎也沒有給予它。我們懷疑：在這種情形之下，拿破侖從這樣一個文件中可以得到多少利益，根據這個文件，他那卓絕的戰略遠見在任何地方都被那不合理的、由政治動機所指示的巴黎政府底命令所抹殺了，同時他那取消這個不合理的命令的權威也爲他對於攝政皇后的無限尊敬使之化爲烏有。關於這個非常無用的小冊子所能說的至多祇是：它承認，『如果軍事行動不斷地聽從於政治動機時』，戰事一定不可避免地要發生錯誤。

法蘭西國內的戰鬥

——第一二卷——第一七九三號

一八七〇年十一月十一日·星期五

在戰爭最初的六個星期內，當德軍底勝利很迅速地相繼發生時，當德軍展開的部隊還沒有完全參戰而法蘭西軍隊仍在戰場上準備戰鬥時，戰鬥一般地說還是一種軍隊與軍隊間的戰鬥。戰區底居民祇有很少一部分參加戰鬥。固然，亞爾薩斯農民約有十二個人因爲參加戰鬥及殺死傷兵而被帶至軍事法庭，處以死刑。但像在巴塞伊（Bazeilles）那樣的悲劇祇是一個例外。這個爲它所給予人的那種深刻的印象和各報關於這個村莊底處理是否正確的這件事所引起的那種熱烈的辯論很好地證明了。如果許可我們再開始這個辯論時，我們可以由證據確鑿的目擊者底報告證明：巴塞伊底居民曾襲擊了、虐待了受傷的巴威略兵並把他們拋入那由砲擊而燃燒的房屋底火燄中；因此也證明：豐·德爾·譚將軍曾發出毀滅全村的這種愚蠢的、野蠻的命令——它之所以愚蠢及野蠻特別是因爲那些裏面居住有數百自己底傷兵的民房由這個命令便付之一炬了。但是無論如何，巴塞伊在戰鬥底狂熱中，在一種爭奪每一房屋及每一街道的極猛烈的激戰中被破壞了，而這些爭奪戰一定曾是當雙方人員都沒有時間去證實情報和聽取忠告時根據報告來行動並且由很快的決心來進行的。

在最後的六星期內，戰爭底性質便有了顯著的變化。法蘭西底正規軍消失了。戰鬥由新召募的兵士來進行，他們之缺乏經驗使他們多多少少成爲非正規的。無論什麼時候，當他們企圖集團地在平地上作戰時，他們是很容易被擊敗的；但是當他們在設有防寨及槍眼的村莊和城市底掩護之下作戰時，便證明他們可以完成一種頑强的抵抗。政府底佈告和命令鼓勵他們採用這類戰鬥方法，採用夜襲及其他小戰鬥底方法，同時政府也命令游擊隊作戰的地區底人民以各種方法來援助他們。如果敵人擁有充足的部隊以佔領法蘭西全部領土，那末這種抵抗也許是容易鎮壓的。但是，敵人在麥次未投降以前是作不到這個的。進攻者底兵力在還未到達亞眠、盧昂、里曼、布魯阿、都爾和布爾即以及柏桑爽和里昂以前就已經被用盡了。這些兵力之所以如此迅速地被用盡了，絕不是因爲抵抗底大形加强。那些出沒無常的『四列矛騎兵隊』現在再不能馳騁到遠在他們自己防綫以外的村莊或者城市去了，再不能不冒着被俘或被殺的危險來絕對服從他們底命令了。徵發支隊必須爲指揮的部隊所伴隨，單獨的步兵連或者騎兵連，在村莊駐箚時，必須防備夜襲，在行軍時，必須防備伏兵底襲擊。在德軍陣地周圍有一個必爭的地帶，而民衆底抵抗也恰恰在那裏是最頑强的。想着鎮壓這個人民底抵抗，德軍業已藉助於既腐舊而又野蠻的軍事法了。他們根據這種原則來行動：即大凡一個或者一個以上的居民參加防禦而射擊德軍或者全體援助法軍的每一村莊或者每一城市應付之一炬；此外，大凡德軍所遇到的持有武器而認爲非正規軍的每一個人都應當場槍決。當德軍懷疑某城市有相當數目的居民曾犯上列罪狀時，該城市所有可以持武器的男子應立即格殺。這個制度幾乎六週以來便被殘酷地實行着並且現在更以全力來實施。沒有一個人在翻閱德意志報紙時不看到半打關於這樣軍事處決的報告，這個在報上視爲一種當然的事實，視爲用『誠實的士兵』對『怯懦的刺客和强盜』的那樣有益的嚴刑來施行的一種軍事審判底簡單過程而登載。在那上面，你看不到任何種類的騷擾、搶掠、對於婦女的汚辱和非法行爲。沒有一點關於這些的消息。一切都是有系統地、依照命令來進行的。判決的村莊被包圍起來，居民被驅逐出去，生活資料被毀，房屋付之一炬，而眞正的和擬想的犯罪者被帶至軍事法庭，在那裏等待他們的是一個簡短的、最後的判詞和半打準確無誤的槍彈。在亞布里（Ablis）——一個有居民九百人的村莊，在到查特勒去的大道上——，普軍驃騎兵第十六連（石勒蘇益格—霍爾斯坦底騎兵連）在夜間爲非正規的法軍所襲擊，普軍損傷人員一半。爲了懲罰這種挑釁行爲，整個騎兵旅向亞布里前進，把全村通通燒了。兩個不同的報告——這幕劇底參加者底兩個報告——證實：居民中所有可以持武器的男子都被挑選出來並全部——沒有一個例外地——被格殺或者被切成肉塊。這個祇是許多事實中的一個。在奧爾良郊外駐紮的一個巴威略軍官寫道：他底分遣隊在十二日內燒掉了五個村莊。如果我們說：當德軍別動隊進軍至法蘭西中部時，他們底沿路都常常爲焚灰和血跡所點綴，那並不是過甚其詞。

說這是一個合法的戰爭行爲，說公民或者未正式承認爲兵士的人們之參戰應視同土匪底行爲而必須由砲火和刀槍來鎮壓，那在一八七〇年差不多是不够的。這個祇能够適用於路易十四或者菲力第二底時代，當時除了軍隊間的戰鬥以外沒有其他任何的戰鬥。但是從北美獨立戰爭起一直到南北戰爭止，在歐洲和在美洲一樣，人民之參加戰爭已不是例外而成爲定則了。當一國人民祇是因爲他們軍隊曾無力抵抗而屈服時，他們常常一般地被賤視爲一種懦弱者底民族；並且當一國人民曾經努力表現一種非正規軍的抵抗㊀時，侵入軍便常常很快地發現了：施行那種鐵與血底腐朽的法典是不可能的。在美洲的英軍、在西班牙的拿破侖㊁所領導的法軍以及一八四八年在意大利和匈牙利的奧軍都曾立刻被逼而不得不把人民底抵抗視爲完全合法的戰爭行爲。他們因爲害怕對於他們自己底俘虜的報復曾不得不這樣作。一八四九年在巴敦的普軍以及在門他納（Mentana）之役以後的敎皇沒有一次曾經有勇氣敢於不加判別而槍殺他們底俘虜，雖然這些俘虜曾是非正規軍和『匪徒』。近代祇有兩個例子曾經無情地適用這種腐朽的『絕滅』法則：即，英軍在印度對於印度兵變㊂的鎮壓和巴森及其所率法軍對墨西哥的侵略㊃。

㊀ 所謂『非正規軍的抵抗』就是說不是以正規的軍隊所進行的抵抗，也就是所謂『人民底抵抗』。（譯者）
㊁ 指拿破侖第一。（譯者）
㊂ 印度兵變（Sepoy Mutiny）——一八五七—一八五八年印度孟加拉省土著軍隊底反抗。（譯者）
㊃ 一八六三—一八六七年，巴森率領法軍對於墨西哥的遠征。（譯者）

在全世界所有的軍隊中，普軍是重踏這個實例的最後的軍隊。一八〇六年，普魯士之所以崩潰，只是因爲國內任何地方都沒有這種民族的抵抗精神之一點痕跡。一八〇七年以後，行政及軍隊底刷新者運用了在他們權力中的一切以復活這種精神。當時，西班牙曾表現出一個民族能够抵抗侵入的軍隊的這樣一個光榮的例子。普魯士所有的軍事領袖都向他們底國民指示出這個値得仿效的例子。香霍斯特㊀、格乃澤腦㊁、克勞塞維茨㊂等人在這點上都抱着同一意見。格乃澤腦甚至走到西班牙，去親身參加反對拿破侖的鬥爭。當時在普魯士所施行的全部軍事制度曾是想着盡一個絕對君主專制之可能來組織民衆對敵人的抵抗的這樣一種企圖。這個不僅曾需要每一個可服兵役的男子入伍並服後備役至四十歲而且曾需要十七歲至二十歲的青年和四十歲到六十歲的男子參加全國徵兵（Levee en masse）即國民軍（Landsturm）；據說他們曾在敵人後方及側翼奮起，

㊀香霍斯特（Gerhard John David von Scharnhorst）——一七五五—一八一三年。普軍制度之改革者。雖自一八〇六年普魯士爲法軍所敗後，普魯士被限制爲正規軍四萬人，但在一八一〇年當彼爲總參謀長時，彼遂革新制度，廢除募兵制度，創立後備兵制度，一八一三年更組織義勇隊及後備軍。（譯者）

㊁格乃澤腦（August Gneisenau）——一七六〇—一八三〇年。普魯士將軍。一八〇六年耶納戰役後，曾獨力固守科爾堡要塞；曾爲工兵總監，與香霍斯特協力改革普魯士軍制；滑鐵盧會戰，端賴其側翼攻擊獲取全勝。一八二五年爲普軍元帥。（譯者）

㊂克勞塞維茨（Karl von Clausewitz）——一七八〇—一八三一年。普魯士將軍，爲資產階級著名之軍事戰略家。曾協助改革普軍制度之工作，以後編制東普魯士後備軍，爲第三軍參謀長，並歷任格乃澤腦元帥之參謀長。曾著有戰爭論。列寧曾極度稱讚之爲十九世紀資產階級第一流之戰略理論家。（譯者）

以擾亂他們底運動，截斷他們底給養和通訊；他們曾使用他們所能發現的每一種武器，毫不選擇地採取可用以驚擾侵入軍的每一種手段——『這種手段愈有效愈好』——，並且此外，『任何種類的制服都不穿，所以國民軍在任何時間都能够再恢復了他們公民底性質而使敵人捉摸不清。』

這個全部國民軍條令，如一八一三年有關這個條令的法律所稱——其創始者便正是普魯士軍隊底組織者香霍斯特——，便是抓住了不妥協的民族抵抗底這種精神，爲了達到這個目的，一切手段都可使用，並且愈有效愈好。但是當時，這一切也許完全爲反抗法軍的普軍所應用；如果法軍也以同樣方法反抗普軍時，這個便完全成爲另外一種東西。在一種情形之下是愛國心，而在另外一種情形之下便成了強盜行爲和暗殺行爲。

事實是：現在的普魯士政府認爲這種舊時的、半革命的國民軍條令是可恥的並且企圖由於這個條令在法蘭西的實行而使人忘記它。但是普魯士政府自己在法蘭西所作的這一切慘無人道的恐怖行爲漸漸使人想起了這個條令。論證這樣卑鄙的一種戰爭行爲，祇是爲了說明：如果說普魯士軍隊自耶納之役後曾經大加改善，那末普魯士政府現在却正在迅速造成使耶納得以產生❶的那種情勢了。

---

❶ 一八〇六年拿破侖第一曾大敗普軍於耶納（Jena），所以在這裏所謂『使耶納得以產生』，乃是說『使普軍慘敗』。（譯者）

論戰爭——第二十七

——第一二卷——第一七九七號

一八七〇年十一月十六日・星期三

那些和甘伯他先生同樣相信向巴黎的前進會立刻隨羅亞爾軍團吸引豐・德爾・譚底巴威略軍離開奧爾良的一些巧妙的、配合很好的運動之後而發生的人們，業已大失所望了。庫爾米葉（Goulmiers）底接戰（不管以後人們怎樣叫它）已在九日發生，並且一直到十三日黃昏，在距奧爾良僅二十五英里的都里（Toury）底前面的巴威略哨兵好像仍然未受到騷擾。

杜勸爾・德・巴拉底諾❶將軍在他初次成功之後不僅有智慧而且有力量能適時而止，這個使他得到大的聲譽。有甘伯他先生——他曾向軍隊宣告：他們正向巴黎前進，巴黎在等待着他們，巴黎必須要從野蠻人手中解放出來等等——在他背後，想要撤回如不立刻向敵人前進便很容易準

❶ 杜勸爾・德・巴拉底諾（D'Aurelle de Paladines）——一八〇四—一八七七年。一八七〇年組織羅亞爾軍團，十一月九日於庫爾米葉擊敗普軍，後在奧爾良戰敗，被罷免。（譯者）

備高呼達抗命令而同時如果眞正感到敵人底存在便很容易準備逃走的這支年青的和半經訓練的軍隊，並不是一件容易的事。杜勒爾曾經把他們調到去巴黎的道路上，這說明：他那訓練他們的努力並不是沒有成功的，同時他底最初的成功已經爭取到他們底信任了。他對於這個法軍第一次勝利的部署在各方面都是堪稱模範的。豐·德爾·譚在奥爾良四郊的軍隊不會超過二萬五千人。他所以能够在這個暴露的陣地上支持這樣久，祗是因爲他知道他那有訓練的軍隊在一切情形之下都會突破和他對抗的新募兵底任何如此多的部隊的。杜勒爾曾能够以至少多於敵人四倍的兵力與巴威略軍作戰，並且他作了在這樣一種情形下普通要作的一切事情：他迂迴了敵人底側翼，特別在敵人右後方展開了這樣一支大的軍隊，以致豐·德爾·譚不得不立刻退到他底預備隊那裏。這些預備隊在十一日或者至遲在十二日和他在都里會合；他們包括有維提錫底北德意志步兵第二十二師、阿爾布來希特（Albrecht）親王底騎兵師和第十三軍（北德意志第十七師和符騰堡師）。因此，在梅格稜堡大公爵指揮之下，一個至少有六萬五千到七萬人的兵力曾經集中在都里；雖然他們祗有一個非常平庸的指揮官，但是杜勒爾將軍在進攻他們之前還是再三地考慮。

但是另外還有一個動機使杜勒爾將軍在未採取新的步驟以前不能不等待的。如果他底本意眞是想着去馳援巴黎，那末他一定完全確知：如果巴黎不同時由內部發動一個積極的努力來支援他的時候，他本身底軍隊是不足以實現這個計劃的。我們知道：特魯錫將軍曾經從他軍隊中選拔出一部分訓練最精而組織最好的兵士，由他們組成巴黎一支積極作戰的軍隊[1]。他們在杜勒爾將軍指揮之下似乎是用以進行大的出擊的，而沒有這種出擊，像巴黎這樣一個城市底防禦就等於一個緊捆右臂來作戰的兵士。

巴黎軍隊底這種再編在時間上和羅亞爾軍團底前進相符合，這也許不是偶然的。無疑的，特魯錫將軍和杜勒爾將軍曾經企圖用輕氣球和通信鴿準備可以在預定的時間發動一個協同的攻擊。如果德軍不事先攻擊羅亞爾軍團，那末我們也許可能和杜勒爾最近的突進同時期待到一個巴黎底大規模的出擊。這個出擊也許至少是由杜克魯底全部三個軍在城市底南面來進行的，因爲如果成功時，和羅亞爾軍團的聯絡可以在這裏建立起來。在這時候，在東北方面和西北方面，爲堡壘砲火所支援的特魯錫底『第三軍團』也許要作佯攻和牽制運動，以阻止圍攻軍向南面派遣增援部隊。但是另一方面，我們可以確信：這一切已爲毛奇將軍所料及，他將不因此而吃驚。法軍能够拿到戰場上來的這個巨大的數量上的優勢，在我們看來，將爲軍隊及其指揮官在質量上的差別所抵消。

把巴黎從『野蠻人』底束縛中解放出來的這個企圖，如果它終於有成功底希望時，便必須很快地來進行。除和羅亞爾軍團對抗的五個步兵師以外，現在在巴黎外面還有十六個步兵師（第二、第四、第五、第六及第十二軍、禁衛軍、巴威略第一軍、第二十一師和禁衛後備師）。根據

① 巴黎底軍隊分爲三個軍團：第一軍團包括國民軍。第二軍團由舊的軍團底餘部編成的，它在杜克魯指揮之下，曾決定用於積極的作戰。第三軍團由流動警備隊組成。（郝思）

毛奇底意見，這些軍隊一定足以有效地封鎖巴黎。不然，他一定不會從那由於麥次投降而可以自由調動的軍隊中僅僅向巴黎派遣第二軍的。並且如果我們想起：巴黎前面的陣地到處都構築有堅固的工事，同時不久將置於可怕的攻城砲台底掩護之下，那麼無疑的，情形將是這樣。我們現在漸漸聽到關於那自麥次投降後即隨同他底三個軍（第三、第九、第十軍）銷聲潛跡的菲力・查理士親王的消息了。我們自此以後關於他底軍隊所看到的第一個徵兆曾是一個簡單的消息：即十一月七日『第九團』在說蒙城外附近，在上瑪倫曾經和流動警備隊進行過散兵戰。第九團屬於已經到達巴黎城外的第七旅（第二軍），因此這個全部故事便成爲不可說明的了。此後，我們才知道：電報把第九旅誤稱爲第九團，於是問題便解決了。第九旅是第三軍底第一旅，因此屬於菲力・查理士親王底軍團。這個接戰底場所連同柏林軍事界一般認爲可信的那個報告（根據這個報告，查理士親王曾向特羅業進軍，據說他在七日或者八日便已經到達這裏）使我們確信：他業已採取了我們認爲他底軍隊底主力會採取的那條道路，即『由麥次經說蒙和歐克塞爾進軍，並在他已經肅清了都爾到內維爾間的羅亞爾河綫以後更向波爾多底方面挺進』。現在我們聽到：這個軍隊已經在桑斯（Sens）佔領庸諾（Yonne）河綫，該地距羅亞爾河上的治昂（Gien）約五十英里，而距蒙塔爾治（Montargis）僅三十英里，從這裏起，在奧爾良北方的每一個法軍陣地都可以由一日底行軍到達它底側翼。那據稱在馬勒塞爾布（Malesherbes）和內穆爾（Nemours）的分遣隊也許是由菲力　查理士親王所派出以與豐・德爾・譚底左翼取得聯絡的；或者這個可能是自左翼掩護第十三軍行軍縱隊的部隊。但是無論如何，我們現在可以想到：查理士親王很快地便要以別動隊一方面在都里和豐·德爾·譚另一方面在第戎和維爾德取得聯絡。如果羅亞爾軍團遲疑它底攻擊一直到菲力·查理士親王業已到達它底範圍以內，那末它除了在正面的七萬人以外，在它底右翼和後方更有七萬五千人，這樣它就不得不放棄援救巴黎的一切念頭了。它將自顧不暇，同時將不得不絕望地在侵入軍底狂濤巨浪底前面退卻，因爲那時侵入軍將以從查特勒到第戎的一條廣闊的戰綫向中部法蘭西前進。

築城的首都

——第一二卷——第一八〇一號
一八七〇年十一月二十一日・星期一

如果有任何軍事問題業已最後被目下戰爭底經驗所解決的話，那末這個問題便是：以堅強的工事來設防一個大國底首都是很勝算的。自巴黎底築城被決定了的那一天起，關於防禦這樣一個大的要塞的必要性以至於可能性的爭論，在各國底軍事文獻中迄未停止。這個祇有從實際的經驗——從現存的唯一築城的首都巴黎底圍攻——來解決。雖然對巴黎的正規圍攻尚未開始，但它底防禦工事已經給法蘭西完成了這樣非常大的任務，以致這個問題可以說是肯定地解決了。

巴黎接近於法蘭西東北國境——特別是沒有任何可以防守的境界綫（無論是河流或者是山脈）的這樣一個國境——的這個危險的位置，促使法蘭西：第一，去征服最接近的境界地，第二，去建立從萊茵河一直延長到北海的一個三重要塞地帶，以及第三，去繼續要求那使法蘭西最後處於現在地位的全部萊茵河左岸地區。對於這個地區的征服，已為一八一四年及一八一五年底條約❶所阻止和限制。在同年底兩次侵略中，這些要塞業已證明：它們曾是絕對無用並且完全不能阻止大軍的。對於萊茵的要求最後在一八四〇年暫時爲歐洲反法同盟所撲滅。當法蘭西以後成了强國時，它曾企圖以它所有的唯一手段——首都底築城——來補償巴黎底這個危險的地位。

在目下的戰爭中，法蘭西在它最弱的一方爲比利時底中立所掩護。然而，普軍在短促的一月間曾能够把它所有已組織的兵力完全驅逐於戰場之外。一半已成爲俘虜；另外一半則絕望地被圍於麥次而麥次底投降却又僅僅是幾個星期的問題。因此，在普通情形之下，戰爭一定已告終結。德軍也許已佔領了巴黎以及他們所樂於佔領的其他法蘭西領土。在麥次投降以後（如果不在這個以前的話），和約一定會被簽訂。法蘭西所有的要塞幾乎全部在國境附近。如果築城的都市底這個地帶一旦在可以充分自由運動的防綫上被突破時，在國境及沿岸上的其他要塞便不成問題。整個的中部領土是會被佔領的。以後，逼使國境底要塞逐一投降，那也許便容易了。甚至對於游擊戰，文明國家國內底堅强的要塞作爲安全的退却據點也是必要的。在西班牙戰爭中，西班牙人民底抵抗主要地便是由於這些要塞才成爲可能。一八〇九年，法軍把約翰·穆爾卿㊁底英國軍隊從

㊀拿破侖第一自征俄敗歸後，一八一三年，普、俄、奧、瑞典聯軍敗拿破侖於萊比錫，一八一四年，聯軍侵入法境，又勝拿破侖，解散萊茵聯邦；同時威靈吞由西班牙北上，法軍不支，聯軍遂入巴黎。拿破侖退位，被囚於厄爾巴島。一八一五年又由該島逃歸，復帝位，旋則大敗於滑鐵盧，被囚於聖海倫島。故此條約當係指拿破侖失敗後，聯軍解散萊茵聯邦對法所訂的條約。（譯者）

西班牙驅逐出去。雖然法軍在戰場上到處勝利，但是他們却沒有征服了西班牙。如果不是無數西班牙人民武裝隊底援助，比較薄弱的英葡聯軍一定不能在法軍再出現的時候來抵抗他們。雖然這些武裝隊在平地戰鬥中被輕易地擊敗，但他們却擾亂了每一個法軍縱隊底側翼和後方同時並牽制了侵略軍很大的一部分。如果不是在內地曾有一個很大數目的要塞的話，這些武裝隊是不會支持那樣長久的。這些大部分是小型的和舊式的要塞，但是雖然如此，要使它們陷落還需要正規圍攻，因此它們對於這些在平地上遭受攻擊的武裝隊造成了安全的退却地。因爲在法蘭西缺乏這樣一些要塞，所以如果沒有另外一些條件存在以彌補這些要塞底缺如時，甚至於一種游擊戰在那裏也不是很可能的。這些條件之一便是巴黎底築城。

在九月二日，法蘭西在戰場上尚存在的最後的軍隊投降了。而在約十一週以後的今天，十一月二十一日，在法蘭西的全部德意志軍隊幾乎有一半仍然被牽制在巴黎附近。在這個期間，其餘軍隊底大部分從麥次倉皇前進，以保護巴黎底包圍軍來對抗新編成的羅亞爾軍團。這個法蘭西軍團，姑無論其價値如何，如果沒有巴黎底防禦工事便不會被建立起來。這些防禦工事現在已整整被圍兩月之久，而對於開始正規圍攻的準備還沒有完成。因此，這便是說：如果對於一個普通要

❶ 約翰·穆爾卿（Sir John Moore）——一七六一—一八〇九年。英國將軍。一七七六年入陸軍，參加北美獨立軍，一七九六年出征西印度，後參加愛爾蘭、荷蘭、埃及等戰役。一八〇六年進爵中將，爲西西里島軍司令，一八〇八年被派遣至葡萄牙，與法軍戰於哥爾尼亞，雖獲勝，但負傷，陣亡。（譯者）

塞的圍攻早已達到一個成功的結束時，那末對於像巴黎這樣大的一個要塞——即使它僅僅爲新編的軍隊和堅决的居民所防守——的圍攻才能開始。許多事實證明：有二百萬居民的一個城市比較一個不是其四周鄉村地區產品行銷的中心的較小的要塞甚至還容易供給些。因爲雖然巴黎底糧食給養在九月四日後或者在完全被封鎖前的兩星期才認眞地加以統制，但經過九個星期的封鎖，巴黎仍然沒有爲飢餓所降伏。法蘭西底軍隊實際上僅抵抗了一個月；但巴黎到現在已經抵抗了兩個月並且還牽制了進攻軍底大部。這個的確比較一個要塞迄今所能作的爲多，而完全値得建築防禦工事所需的費用。同時我們不可忘記：我們以前不只一次曾着重指出巴黎底防禦此時是在一種完全不正常的條件之下來進行的，也就是說，沒有一種積極的野戰軍。如果馬克馬洪底軍隊不開至色當而開至首都時，這個抵抗將會怎樣堅强呢，它將能够怎樣延遲（即使不完全阻止）這個包圍呢，進攻軍將更有多少部隊被牽制於巴黎附近呢？

但是這並不盡於此。巴黎底防禦不僅給與了法蘭西兩個月的喘息時間（這個在比較不太失望的情形下也許是非常寶貴的，並且現在也還可以使它結果成爲這樣），而且也給與了法蘭西一種在圍攻期間能够產生政治變化的機會。我們常常願意重複說：巴黎是和其他每一個要塞一樣的要塞。然而還有一個事實：即現在對於像巴黎那樣大的一個要塞的圍攻在全世界將引起比較對於其他小城市的一百個圍攻還要大的注意。不管戰爭底法則如何，我們現代的意識反對把巴黎和斯托拉斯堡同樣看待。在這樣情形之下，中立國家確實將企圖干涉。對於征服者的政治的忌妒，在這個城市最後陷落以前，確實將趨於表面化㊁。像巴黎圍攻這樣規模和這樣長久的一個戰役，事實上也同樣可能在未參加鬥爭的某國底內閣裏以同盟和反同盟，像在戰壕內以砲台底效力來解決的。我們也許將要親眼看到這樣一個例子。東方問題在歐洲的突然發生，對於巴黎將作到羅亞爾軍團所作不到的一切——在投降前來拯救巴黎和從封鎖中來解放巴黎，這是完全可能的。如果普魯士不能夠洗清它在某種程度上和俄羅斯所共謀的這種罪過時，如果歐洲已決心不容許俄羅斯背叛盟約時（這兩種情形是可能發生的），那末最重要的就是不讓法蘭西完全覆滅，不讓巴黎爲普軍所佔領。因此，立刻逼使普魯士無條件地發表宣言，並且如果它企圖借辭推托時便立刻採取必

㊀ 恩格斯在通信集中比較在這裏表現得更遠見些。在本文中，看來幾乎好像恩格斯已經確切地預料到中立國底干涉。我們在這裏——和在其他許多地方相同——可以認爲：帕爾·馬爾新聞報底編輯格林伍德曾經加以竄改。這個成爲問題的地方在通信集（德文本第四卷第三三三頁）裏這樣寫着：

『同盟國底威脅很可以給普軍某種壓力。但他們知道：俄羅斯底後膛槍不值半文錢，英國人沒有陸軍，奧軍又非常軟弱。在意大利，俾斯麥和教皇一齊（因爲佛羅倫斯政府正式宣稱：它在九月間仍然要進入羅馬），更得到薩瓦亞（Savoy）和尼斯（Nice）底同意，已使得政府人員不能有任何反抗了；這個辦法是漂亮的。況且俾斯麥好像正是期待着某種壓力以便用金錢和斯托拉斯堡底城市及其四郊來滿足自己。他仍然能够利用法蘭西人，並且可以想像：他們會把這個視爲寬洪大量。』（一八七〇年九月七日恩格斯給馬克思的書信）

因此，無論對於中立政府底態度或者對於俾斯麥底計劃，恩格斯底推測都是正確的。雖然俾斯麥曾企圖以亞爾薩斯一角（指斯托拉斯堡。——譯者）底佔領和賠欵來使自己滿足，但是在激烈的戰鬥以後，他似乎已爲半絕對專制（指普魯士。——譯者）的宮廷秘黨所制服。（郝思）

要的步驟以加强巴黎人底信念而於是加强巴黎人底抵抗力，是絕對必要的。如果三萬英國兵士在瑟堡或者布勒斯特（Brest）登陸，那末他們也許會形成一個核心，這個和羅亞爾軍團合併便會給與它一種從來未有的堅定性。英國步兵由於他們那種特殊的團結性以及甚至由於他們與此相聯的缺點——他們在輕裝步兵運動中的迂緩性——特別適合於鞏固這個剛剛編成的部隊。他們在威靈吞指揮之下曾經在西班牙光榮地完成了這個任務。他們在所有對於那些非常不可靠的土著軍隊的印度戰爭中也曾經完成了一個同樣的任務。在這樣情形之下，英國一個軍底影響一定會遠超過它僅僅在數量上的價值的；當英國一個軍被加入時，情形曾經常常是如此的。如果幾個意大利師作爲一個意大利軍團底前衛而突入里昂和梭恩河流域時，他們也許會不久吸引菲力·查理士親王到這方面來。此外還有奧地利。同時斯堪的納維亞各王國也可以在其他戰綫上威脅普魯士而牽制它底軍隊。如果巴黎接到了這樣的消息時，它自己一定寧願忍受一切程度的飢困而不願投降——並且巴黎底麵包似乎也還很豐富。因此，巴黎城市底防禦工事甚至處於現在被威脅的地位，也還能够拯救國家，因爲它使國家能够支持到它得到援軍的時候爲止。

論戰爭——第二十八

——第二二卷——第一八〇三號

一八七〇年十一月二十三日・星期三

如果解救巴黎有任何希望時，那便是最近八天的這個期間。受到在東部法蘭西所能召集的一切軍隊之增援的羅亞爾軍團對於在梅格稜堡大公爵領導下的監視軍的一種堅決的前進，與特魯錫底全部有訓練的軍隊所進行的一種大規模的出擊相配合——這兩種攻擊同時並且要在菲力・查理士親王率領他底軍隊來援以前進行——，這曾是有成功希望的唯一計劃。並且如果我們考察德軍底對策時，我們一定可以結論說：成功底機會曾經比較我們最初所期待的還要多。

前一星期，在巴黎城外有十七個德意志步兵師，包括符騰堡師，該師在起初曾被誤稱爲未曾離開它那在塞納和瑪倫兩河間的陣地。在梅格稜堡大公爵指揮之下的監視軍除騎兵而外計有兩個北德意志和兩個巴威略師。在庫爾米葉會戰後，杜勒爾不曾努力追擊巴威略軍而對着查特勒方向向北方及西方進軍，在那裏我們此刻便聽不到他底消息了。德軍以其正面向西的轉換而跟踪了這個運動；豐・德爾・譚底巴威略軍扼制了從埃譚浦（Etampes）到亞布里間的地區，而第十七及第二十二師則向查特勒和多留（Dreux）進軍。在這個期間，後面的這個城市又爲法蘭西軍隊所克服；我們猜想：杜勒爾由克拉特里（Keratry）及其他軍隊增援後，又企圖繞過監視軍而向着封鎖巴黎的軍隊挺進。毛奇伯爵似乎認爲這個企圖如此嚴重，所以他立刻派遣了最接近的部隊，即第五及第十二軍底一部去援助梅格稜堡大公爵同時又命令巴威略第二軍和北德意志第六軍（第二十一師和符騰堡師）準備在必要時立刻向南方進軍。這些已被派出的增援部隊曾使梅格稜堡大公爵能够在十七日奪回多留而在十八日追擊敵人越過沙頭奴夫（Chateauneuf）。在這裏，那一部分法蘭西軍隊曾被擊敗，是無法斷定的。那也許曾是羅亞爾軍團底一部分，但那的確不是羅亞爾軍團本身。自此以後，我們關於其他的法軍運動便不曾接到任何消息了。在這中間，時間過去了，菲力・查理士親王漸漸接近了並且現在也許已經在梅格稜堡大公爵左翼底這樣一個距離以內，使得他在這裏能够支援後者。

這個幾乎無庸置疑：法軍已經錯過了一個絕好的機會。羅亞爾軍團底前進給與毛奇這樣深刻的印象，以致他刻不容緩地發出命令，而這個命令，如果曾有必要來實行它時，也許便正是意味着巴黎包圍底解除。我們想着把曾向多留前進的第五和第十二軍底那一部分至多算作每軍一個旅，即全部爲一個師；此外，兩個巴威略軍、三個北德意志軍和符騰堡師已奉命準備在接到第一次通知時即向杜勒爾進軍。因此，在巴黎城外的十七個師中，在必要時一定至少有七個師向援軍前進，而這七個師就正是佔領巴黎南面陣地的部隊。皇太子一定祇留了第二軍和第五軍底大部分以警戒從蕭則（Choisy）附近的塞納河起經過凡爾賽到聖·治爾曼（St. Germain）的這個狹長地帶，而禁衛軍、第四軍和第十二軍底大部分也許已經扼守了從聖·治爾曼經過苟乃斯（Gonesse）和聖·布里斯（St. Brice）橫過瑪倫河再向下一直到巴黎上方的塞納河的這個整個北部防綫。因此，十個步兵師也許曾經扼守了一條長四十英里的包圍綫，或者每一個師四英里。軍隊底一個這樣分散的配置，一定會使包圍綫變成一條單純的警戒綫，而特魯錫率領在杜克魯指揮之下的八個師和在他自己直接指揮下的第三軍團底七個師，也許可能在他選作攻擊的任何一點，以至少三倍的優勢兵力和敵軍周旋。在這樣一個優勢之下，勝利對於他一定曾是有把握的。他一定可以突破德軍防綫，奪取或者毀壞他們底攻城砲兵輜重、彈藥和貯藏品，並使他們在人員上受到這樣大的損失，以致不用說是對於巴黎的圍攻，就是對於巴黎的一種嚴密的封鎖，在最近期間也許成爲不可能了。

我們一直到現在都祇是考察特魯錫底希望，而沒有考察羅亞爾軍團底希望。這也是同樣確實的：就是後者也許不能够和那曾決定向它進軍的十一個德意志師來作戰，如果這十一個師集中出現時。但是希望多半和這個可能性相反。我們可以確言：杜勒爾底一種果敢而且神速的攻擊再與特魯錫底一種同時發動的大規模的出擊相配合，一定會擾亂了毛奇底計劃。特魯錫曾經可能攻擊的各軍也許沒有一個能够用以向杜勒爾進軍的。因此，這兩個法軍將領中，誰必須與德軍主力作戰，那也許是偶然的問題。但是，他們底兵力合起來在數量上一定會遠超過那所能召集來對付他們的德軍底兵力，這仍然是事實。從巴黎到多留的距離不到五十英里。從兩方面以一切可用的兵力對於德軍的一種同時的攻擊，很可能使他們底若干師在這兩端（指巴黎和多留。——譯者）間忙於行軍，而不能立刻使用。如果這個攻擊眞正同時進行了的話，那末無論在多留或者在巴黎附近，法軍絕對會在數量上佔壓倒的優勢而勝利也幾乎在握了。我們很淸楚地知道：大的阻礙和困難與這些協同動作相聯繫並且這些運動將要常常遭遇到失敗。但是在這個場合，我們必須注意：除了兩個攻擊恰恰在同時來進行以外再不會有其他任何對於成功必要的條件了。此外，我們更知道：甚至普軍在這個軍團距那個軍團四十英里的這個距離以內也還不得不配合他們底運動。

至於爲什麼無論是杜勒爾或者是特魯錫，都沒有作到任何一件事去利用這個提供給他們的機會，那是無法解釋的。那些無關重要的多留和沙頭奴夫戰鬥確實不足以擊退羅亞爾軍團；參加這些戰鬥的德軍不到三個師而羅亞爾軍團却至少有八個師。是否杜勒爾在等待着更多的援軍；是否他底通信鴿迷失了途徑；是否他和特魯錫之間存在有不同的意見；那我們便不能說了。但是無論如何，這個踟躕對於他們底事業是致命的。菲力·查理士親王繼續着他底進軍，也許現在距梅格稜堡大公爵底軍隊這樣近，以致他能够和這個軍隊共同行動而六個師可以從巴黎節省出來。從這個情形發生的那天起，這兩個法蘭西將軍便失掉了勝利底每一個希望，也許是失掉了他們最後的機會。

• 278 •

法蘭西底軍事形勢

——第一二卷——第一八〇六號

一八七〇年十一月二十六日・星期六

昨天我們已向讀者引起對下列事實的注意：就是自色當投降以來，法蘭西底前途業已大爲改善了，並且甚至於麥次底陷落（約有十五萬德意志兵士因此而被解除任務）現在將不再認爲是像它起初所表現的那樣厲害的一個不幸了。如果我們今天再來講這個同一題目，那就是想着更以許多其他軍事的詳情來證明我們這個見解底正確性。

德意志軍團在十一月二十四日的部署（盡我們所能知道的）曾經是這樣：

巴黎爲第三軍團（第二、第五、第六軍及巴威略第二軍、第二十一師、符騰堡師和禁衛後備師）和第四軍團（第四、第十二軍及禁衛軍）所包圍，這部分軍隊共計十七個師。

掩護這個包圍的監視軍包括下列各軍：北面是第一軍團（第一及第八軍）；西面和西南面是梅格稜堡大公爵底軍團（第十七及第二十二師和巴威略第一軍）；南面是第二軍團（第三、第

九、第十軍和一個後備師，後者底一個分遣隊曾在沙提昂〔Chatillon〕遭受了加里波的❶底猛攻）；共計十五個師。

担任特殊任務的：在法蘭西東南有第十四軍（在維爾德指揮下，包括兩個半師）和第十五軍；在麥次和在第登霍芬附近有第七軍；在聯絡綫上至少有一個半後備師；全部八個師。

在這四十個步兵師中，最初的十七個師現在整個被牽制在巴黎城外；最後的八個師由於它們底不活動說明它們大部分已被佔用，因此，祇有十五個師可用於野戰，由他們構成三個監視軍，連同騎兵和砲兵，它們全部不超過二十萬戰士。

在十一月九日以前，好像沒有任何嚴重的阻礙能够防止這個大的部隊橫行於中部或者甚至南部法蘭西底大部分土地上。但是自此以後，事態已有了顯著的變化。曾經使我們比較以前（實在說）更尊敬羅亞爾軍團的並不是因爲豐·德爾·譚曾被擊敗而不得不退却的這個事實，或者杜勒爾已經證明他很能够以他底軍隊巧妙地作戰的這個事實，而是主要地因爲毛奇爲了應付法軍之預定的向巴黎的進軍所曾採取的有效的步驟，這些步驟使羅亞爾軍團底聲譽爲之一新。他不僅認爲有必要甚至干冒巴黎底包圍事實上會被撤銷的那種危險而使巴黎城南底封鎖軍底大部分準備對抗

❶ 加里波的（Ricciotti Garibaldi）——一八四七——一九二四年。爲意大利民族解放運動三傑之一加里波的(Giuseppe Garibaldi）之子，與其父共同參加民族革命運動；普法戰爭時指揮其父所統領的一軍底第四旅；一八八六——一八九〇年爲意大利國會議員。（譯者）

羅亞爾軍團，此外他還立刻改變了從麥次開來的兩個軍團底行軍方向以便把他們調得更接近巴黎並把一切德意志部隊集中在該城底周圍。我們現在聽到：德軍曾更採取必要的步驟以防禦工事來圍繞攻城砲兵輜重。不管別人怎樣，毛奇自己却顯然沒有把羅亞爾軍團看作一羣武裝的民衆，而是看作一支眞正的野戰軍。

以前關於這個軍隊底性質的不明瞭，大部分是由於在都爾的英國通信記者底報告。在他們中間，好像連一個能够辨別那使一個軍隊有所別於武裝民衆的特性的軍事專家都沒有。關於紀律、訓練底進度、人數、武器、服裝、大砲、運輸工具——總而言之，對於了解羅亞爾軍團所必要的一切——的報告天天都有變更。我們完全明白建立一個新軍的巨大的困難。它缺乏軍官，缺乏武器，缺乏馬匹，缺乏各種器材，特別是缺乏時間。我們所接到的報告主要的是敍述這些困難。因此，那些不以同情來判斷羅亞爾軍團的人們一般地都是把它估計得過低了。

現在這些通信記者又異口同聲地稱讚羅亞爾軍團了。他們說：羅亞爾軍團比較在色當和在麥次失敗的軍隊有更好的軍官和更好的紀律。無疑的，這在某種程度上是如此的。它顯然充滿了遠較邦那帕特（拿破侖第三。——譯者）底軍隊所曾有的爲佳的一種精神；一種爲國捐軀、同心作戰而因此服從命令的决心。此外，這個年青的軍隊又學會一種很重要，而路易拿破侖底軍隊業已完全忘記了的東西——警戒勤務：一種掩護側翼及後方不受襲擊、偵察敵情、襲擊其分遣隊、獲取情報及捕捉俘虜的技術。太晤士報駐梅格稜堡大公爵軍隊的通信記者對於這個供有證據。現在不能探知敵軍行止而在黑暗中摸索的却成了普軍。從前恰恰和這個相反。曾學過這個的軍隊業已學得很多了。然而我們不可忘記：羅亞爾軍團和它那在西方及北方的姊妹軍團（指北軍和西軍。——譯者）相同，還須在一個和兵力相等的敵人對抗的全面會戰中去考驗它底能力。但是一般地說，它是有希望的並且還有這樣的情形存在，這些情形說明：甚至一種大的敗北對於它的影響也不至於那樣嚴重，像大多數年青的軍隊所常感到的那樣。

這是事實：普軍底殘暴和野蠻不但沒有鎮壓了人民底抵抗反而倍增了他們底精力。而正是因爲這樣，普軍好像已經看出了他們底錯誤。現在，我們很少聽到關於村莊底焚燒和農民底殘殺的消息。但是這種行爲業已有了它底結果，——游擊戰爭一日一日地逐漸擴大其範圍。如果我們在太晤士報上讀到關於梅格稜堡軍向里曼的前進的報告時，我們便不禁要回想到拿破侖（拿破侖第一。——譯者）底元帥們在西班牙的進軍或者巴森底軍隊在墨西哥的進軍：不見任何敵人，沒有任何正規軍進行抵抗，祇是在側翼有騎兵和游擊隊的襲擊，沒有關於法軍所在的情報，而普軍以大部隊密接地集中着。如果人民抵抗底精神一旦勃發時，即使二十萬人的軍隊也不能够在敵人國土底佔領中有所作爲了。他們很快地便要達到這樣的時機，從這個時機起，他們底分遣隊將較防禦者底兵力爲弱。至於如何迅速地達到這個時機，那全靠人民抵抗底能力了。祇要國內的人民奮起，就是一支戰敗的軍隊在敵人追擊底前面也能够立刻找到一個安全地。這種情形現在可以在法蘭西發生。如果在敵人所佔領的區域內的居民奮起或者祇是不斷地截斷他們底聯絡綫，那末侵略軍無力由此越過的境界便更縮小了。譬如說，我們也用不着奇怪：梅格稜堡大公爵設使不爲菲力・查理士親王所積極援助時已經突進得太遠了。

現在，一切當然依靠着巴黎。如果巴黎再支持一個月——同時關於巴黎糧食貯存的消息完全有這個可能性——，法蘭西在戰場上可能有一個軍隊，它藉人民抵抗之助是十分堅強，足以用一種對於普軍聯絡之勝利的攻擊來解除巴黎底包圍。軍隊的組織機構現在在法蘭西好像發生着很好的功效。它有充分足用的人員。由於現代工業以及由於現代交通工具底迅速性，武器可以源源不絕地供給。僅僅從美國，便已經得到四十萬枝來復槍。大砲以空前的速度在法蘭西製造着。甚至於軍官在各處都可以找到或者訓練出來。總而言之，法蘭西在色當戰役以來，爲了重新組織它底國防所盡的努力，在歷史上是罕有其例的。這些努力對於一個幾乎是有把握的成功祇需要一件東西——時間。如果巴黎僅僅再支持一個月，那末這個意義便很大了。假使巴黎底糧食不能供給那樣長久的話，特魯錫一定會企圖用一個對於這個任務最適合的軍隊來突破封鎖綫的。認爲他不能成功，那也許太武斷了。如果他能够成功的話，那末巴黎也許仍然需要一個至少由三個普魯士軍所編成的守備軍以維持治安，這樣看來，特魯錫所解放的法軍也許比巴黎投降所解放的德軍爲多。不管巴黎要塞有怎樣的意義，當它爲法蘭西人所防守時，它決不能成功地爲那和法蘭西圍攻軍對抗的德意志兵力所扼守，這却是顯然的。鎮壓巴黎居民所需要的軍隊也許和防禦堡壘不受外面的攻擊所需要的軍隊是同樣多的。因此，巴黎底陷落可能引起法蘭西底滅亡，但並不必然要引起法蘭西底滅亡❶。

對於戰爭底這個或者那個過程之可能性加以考察，現在恰恰不是適當的時候。我們祇約略知道這個事實——即普魯士軍隊底實力。至於法蘭西軍隊底實力——無論在數量上，或者在質量上——我們知道得很少。加之，現在士氣的因素起着很大的作用，這些因素是不可計量的，並且關於這些因素，我們祇能說：它們對於法蘭西是完全有利而對於德意志却是不利的。一件事是確實的，那就是交戰雙方底兵力現在比較色當之役以後的任何時間要更趨於平衡，而法軍在有訓練的部隊方面比較小的努力就可以最後重新恢復這個均勢。

❶ 恩格斯在這裏假定：特魯錫因巴黎糧絕而突圍他去，於是巴黎爲德軍所佔，法軍却反轉來圍攻他們。在這樣情形之下，德軍一方面得鎮壓巴黎民衆，另一方面又得抵抗法蘭西圍攻軍。因此，他們爲了防禦巴黎所需要的兵力當然要比法軍防守巴黎時所需的兵力爲多。這樣看來，巴黎底陷落未必對於法蘭西完全無利。（譯者）

論戰爭——第二十九

——第一二卷——第一八一一號

一八七〇年十二月二日・星期五

這個期待很久的風暴終於勃發了。自雙方從事行軍和機動的這個較長的時期（這個時期僅僅爲散兵戰和游擊戰所中斷）以後，戰爭又進入了一個接連不斷的攻擊的緊急時期。十一月二十七日，法蘭西北軍在亞眠前面被擊敗。二十八日，羅亞爾軍團底一個相當大的部分在波諾・拉・羅蘭德（Beaune-la-Rolande）爲菲力・查理士親王所擊敗；二十九日，特魯錫在巴黎南面進行了一個無效的出擊；三十日，他好像曾經以他底一切可用的兵力攻擊了在東北方面包圍巴黎的薩克森軍和符騰堡軍。

這種種動作都是協同作戰底結果，這個，如我們曾屢次指出，給與法軍以唯一成功的希望。如果北軍能夠以它較小的兵力如此控制曼脫非爾（Manteuffel）底兩個軍以致他不能增援在巴黎北方陣地上的薩克森皇太子軍，那末這個軍隊也許已經完成了一種重要的任務。但是情形並不曾是這樣。北軍向平地的前進立刻爲數量較少的普魯士軍隊所阻止，因爲這似乎是完全確實的——如果我們比較各種報告時——：曼脫非爾祇以他底一個軍參加了這個會戰。如果北軍曾經用火車向南方（里曼區）派遣它底野戰軍，或者如果它曾經不斷地擾亂曼脫非爾底前哨部隊和分遣隊時，北軍也許曾被更好地運用了；但是除了它在它底作戰根據地——北方——底許多要塞中的一個要塞底壘壁下進行戰鬥外，每一個會戰都應當避免。不過在法蘭西現狀之下同時在構成它底軍隊的年青兵士底考慮之下，一個將軍不能常常採取退却，即使退却在戰略上是必要的；因爲這樣一種退却能够使軍隊比較一個完全的敗北更多地喪失銳氣。在現在情形之下，北軍在它底要塞中間發現了一個安全的掩蔽所。它可以在那裏重新編制，並且現在立刻把曼脫非爾派遣到它那裏去，對於毛奇也許是不很方便的。但是同時，曼脫非爾現在却是自由的，可以在他所願意的任何方向上運動，並且如從里爾來的報告（雖然這個報告已被否認）所說，如果他又離開了亞眠而業已倉卒地向巴黎運動時，那末我們必須確認：北軍沒有完成了它底任務❶。

在西方，在里曼附近的法蘭西第二十一軍和在昆里（Conlie）兵營的第二十二軍（以前歸克拉特里指揮）沒有遭受嚴重的敗北而曾經得到這樣的成功，以致他們曾經把梅格稜堡大公爵底軍隊從巴黎遠遠地吸引出去。我們認爲這些德意志軍隊幾乎已經前進得太遠了的這個想像似乎已爲

❶ 曼脫非爾並沒有離開亞眠。（郝思）

意見一致的法軍報告所證實，該報告稱：普軍又從他們不久以前在里曼東方和東南方所佔領的地方撤退，這些地方已爲法軍克服。然而，法軍好像沒有用他們底正規部隊向敵人作有力的追擊，因爲我們沒有聽到任何重要的戰鬥；因此，也是因爲西軍在牽制與它對抗的軍隊上和北軍一樣，沒有很大的成功。至於它在那裏並且作什麼，却沒有說。克拉特里和甘伯他之間的突然的爭論也許正在緊要的關頭曾經麻痺了它底運動。但是如果它既沒有能够擊敗而又沒有能够牽制梅格稜堡大公爵底軍隊，那末如果爲了一個遠征所裝備而組織起來的軍隊有一部分曾被用火車運至羅亞爾軍團以便由集中的兵力進行主要攻擊時，這在各方面來說也許是聰明的。

這個主要攻擊祇能由構成所有現在在戰場上的法蘭西軍隊之主力的羅亞爾軍團來進行，並且這個攻擊祇能對菲力·查理士親王來施行；因爲他底軍團是掩護巴黎底包圍的三個軍團中最强的一個。據現有的報告說，羅亞爾軍團包括法軍第十五、第十六、第十七和第十九軍（上述各軍曾經有一個時間在奧爾良城外）以及在羅亞爾河背後作爲預備隊的第十八軍（現在在保爾巴克指揮之下）和第二十軍。因爲第十八軍和第二十軍在二十八日曾經全部或者部分地作戰，所以他們一定在很早以前便渡過了羅亞爾河，以致所有這六個軍曾用以對德意志第二軍團進行攻擊。法軍底一個軍在戰爭期間曾經常常由三個或者四個步兵師構成。根據兩星期前維也納一個軍事雜誌同志（Der Kamerad）所發表的戰鬥命令，第十五軍在兩師中有五旅，第十六軍在兩師中有四旅，第十八軍在三師中有十旅。縱然我們不相信那載稱羅亞爾軍團底全力爲十八個步兵師（或者每軍三個師）的布魯塞爾新聞（Journal de Bruxelles）底報告——因爲在這些師中有相當部分一定仍在編制底過程中——，但是二十八日底攻擊也許可能以十二到十五個師而不是以——至多——五個或者六個師來進行，這是毫無疑義的。對於羅亞爾軍團底部隊的特點是它爲一個在數量上更少的兵力所擊敗了；僅僅三個步兵師（第十軍底兩個師和第五師），也就是德意志第二軍團底少一半曾和它作戰。然而它底敗北一定是非常嚴重的。德軍底報告不僅指明這個，而且指明這個事實：即羅亞爾軍團自此以後便不曾企圖以集中的兵力進行任何新的攻擊。

從這種種情形可以結論說：想着從外面解救巴黎的企圖在目下業已失敗了。這個之所以失敗，第一因爲在德意志第一及第二軍團到着之前的這一星期和它那寶貴的機會空空地錯過了，第二因爲以後攻擊沒有以必要的力量和兵力底集中來進行。組成法蘭西新軍的這些年青的軍隊，如果和敵軍的比例不是二與一，是不能立刻期望他們戰勝那和他們作戰的有經驗的兵士的；因此如果人們不注意把可以得到的每個兵士、每匹馬和每尊大砲眞正運到戰場上而便把這樣年青的軍隊投入會戰中，那更是大錯而特錯了。

在另外一方面，我們也不期望：亞眠和波諾·拉·羅蘭德底敗北除使巴黎底解救失敗以外將有任何其他大的影響。如果不犯最大的錯誤，西軍和羅亞爾軍團底退却纔是完全安全的。這兩個軍團底極大部分並未參加這個敗北。至於和它們對抗的德意志軍隊能够把他們追擊多遠，那全靠人民抵抗和游擊戰底能力——並且普軍有使在他們底一切通路上產生這種抵抗和游擊戰的特別適合的條件。菲力·查理士親王現在和皇太子從麥次向理姆斯進軍一樣，能够不遭受抵抗地從奧爾良向波爾多進軍，這是不用担憂的。因爲在能够更向南方挺進（除了用大的別動隊以外）之前現在便必須確實佔領的地區既如此之大，所以菲力·查理士親王軍底七個師將立刻向西方分散而完全消耗了它們底攻擊力。法蘭西所需要的是時間，並且當人民抵抗底精神一旦勃發時，這個時間是仍可以爭取到的。最近三個月中所製造的軍需品在各地也許都近於完成，同時每週可以使用的新的士兵底增加一定暫時也在不斷地提高着。

關於巴黎底兩次出擊，我們迄今所接到的報告都太矛盾而且模糊以致不能由此形成一種確定的意見。然而，根據特魯錫自己底聲明，好像在三十日黃昏以前所得到的結果還不曾那樣充分足以證實都爾之驚天動地的凱歌聲。在瑪倫河以南仍爲法軍所佔領的各點都可以受到巴黎堡壘砲火底掩護。法軍一定已經再度放棄了那暫時位於這個堡壘綫以外的唯一的據點——蒙·麥利（Mont Mesly）。昨天在巴黎城外的戰鬥以及在奧爾良和里曼附近的戰鬥也許今天又重新發生，這是很可能的。但是無論如何，在最近幾天內，戰爭底這個第二個危機一定會到來，這很可能將決定巴黎底命運。

論戰爭——第三十

——第一一二卷——第一八一二號

一八七〇年十二月三日·星期六

巴黎底第二軍團在十一月二十九日由於從城市底南部戰綫向勒伊（L'Hay）和雄澤·勒·羅阿（Choisy-Le-Roi）方面的一個出擊開始了它們底攻擊運動。根據普軍底報告，在這裏攻擊瓊布林（Tumpling）所率領的普魯士第六軍的是在維諾亞指揮下的杜克魯軍團底第一軍。這個攻擊好像曾是一種單純的佯攻，以驚擾普軍並使他們去增援被圍軍能够以最短的路綫和羅亞爾軍團取得聯絡——如果它底出擊成功的話——的那一方面。不然，維諾亞無疑的會爲另外一個軍所援助，也許要有數百以上的死傷以及數百人被俘。眞正的攻擊在第二天早晨開始。這一次，杜克魯前進到塞納河右岸（在它和瑪倫河匯合的附近），同時法軍在右岸對瓊布林進行了第二次出擊，在聖·德尼（St. Denis）底西面對第四軍和禁衛軍曾作佯攻。雖然我們不知道：那一個部隊曾用於這個佯攻，但是法軍底一個公報稱：對於瓊布林的出擊爲德·拉侖希爾·德·奴里海軍上將（Admiral

De Laronciere de Nourry）所進行。該軍官指揮着由特魯錫直接統率的巴黎第三軍團底七個師中的一個。因此，這是可能的：即爲了使杜克魯底精銳師底全力用於瑪倫河上的主攻，一切助攻都委於該軍。

這個攻擊一定又在兩個不同的方向來進行。軍隊底一部一定曾經沿着瑪倫河底右岸向東方謝爾（Chelles）前進，以便擊走包圍巴黎東面的第十二軍或者薩克森軍。這個也曾是一個助攻；除了薩克森軍說他們曾經堅持了他們底陣地（這個也是可能的）以外，我們關於這個攻擊底過程知道得便非常之少了。然而，杜克魯軍隊底主力，也就是作先頭部隊的雷諾（Renault）底第二軍從八個橋樑上渡過了瑪倫河，進攻那扼守瑪倫河及塞納河間空地的三個符騰堡旅。我們以前已經提到過：瑪倫河在它和塞納河匯合之前在它底河道上形成一個大S形，其上面的或者北部的弧形接近於巴黎，而下面的弧形則遠離開巴黎。這兩個弧形都爲堡壘底砲火所控制，但雖然這個上面的或者接近的弧形根據它底形狀有利於出擊，而那個下面的或者遠離的弧形既爲堡壘所控制也同樣爲右岸底地區所控制。兼之，這個河流由於它所採取的方向同時也由於它底許多支流，對於在砲火之下架橋是不利的。因此，這個弧形底大部分似乎是一種中立地帶，眞正的戰鬥曾在這兩側發生。

曾經用以向西進攻的軍隊在夏蘭登（Charenton）堡壘及拉·格拉維爾（La Gravelle）野戰堡壘底砲火掩護之下曾向麥利和邦奴伊（Bonneuil）方面前進。在這兩個地方之間，有一個小山叫做蒙·麥利，這是控制其周圍一百呎平原的唯一的高地，當然這也就是法軍進攻底第一個目標。在指揮符騰堡師的歐柏爾尼茲(Obernitz)將軍底電報中，用於這個目的的軍隊被指爲『一師』。但是，因爲他們起初驅逐了和他們作戰的第二及第三符騰堡旅，而當援軍到着了的時候才被擊退了，並且因爲我們更知道：曾握有充分軍隊的特魯錫也許甚至並沒有用兩個旅來進行這樣一個重要的攻擊，所以我們確實認爲：把指軍隊底任意部分而言的『部隊』(Abteilung)這個字誤譯爲指某一定部分（由兩個或者至多三個旅所組成）而言的『師』(Division)，是很普通的一種情形。法軍成功地佔領了蒙·麥利和其脚下的各個村莊，並且如果他們能够扼守這些地方並築以工事，那末他們也許得到了值得一天戰鬥的結果。但是，普魯士第二軍底增援部隊，即第七旅來了。已失的陣地被奪回，而法軍被驅逐到夏蘭登堡壘底掩護之下。

法軍又在他們左翼嘗試了第二次攻擊。藉德·拉·福森德利(de la Faisanderie)角堡和諾疆(Nogent)堡壘砲火之助，他們在S字底上面弧形處渡過了瑪倫河，佔領了位置於其開放的兩端的布里和香比尼(Champigny)村。扼守這個地區的第一符騰堡旅底實際地位稍靠後些，在從維里葉(Villiers)展至庫里伊(Coluilly)的那個高地底一端。至於法軍是否曾經佔領維里葉尙是疑問❶。威廉王承認這個，但歐柏爾尼茲將軍却加以否認。這是確實的：他們沒有佔領了維里葉，

❶ 法軍沒有佔領了這個地方。（郝思）

並且法軍越過堡壘綫的前進也被擊退了。

『背瑪倫河』，也就是在該河以南作戰的杜克魯軍團這一天戰鬥底結果在法軍公報中總結如下：『於是該軍團經由八個橋樑渡過了瑪倫河，並在俘獲兩尊大砲後，維持了已佔領的陣地。』這就是說，它又退到瑪倫河底右岸或者北岸，在那裏它『維持了』幾個陣地，這些陣地的確曾為它所『佔領』，但却不是從敵人手中奪來的。顯然，為甘伯他製造報告的人們仍然是曾經為拿破侖作這個工作的那些同樣的人們。

十二月一日，法軍更給與了我們一個進一步的證據：他們認為出擊是失敗了。雖然箴言(Moniteur)報載稱：在這天法軍曾在維諾亞將軍指揮之下由南方進行了攻擊，但我們在十二月一日（未述時刻），從凡爾賽聽到：在這一天，法軍沒有作任何運動；相反，他們曾經請求休戰以掩埋在兩軍陣地間的死傷者。如果他們曾經相信他們可以再奪取這個戰場，那末他們無疑是會立刻重新開始戰鬥的。因此，無可置疑：特魯錫底這個第一次出擊業已被擊敗了並且還是為相當少的部隊擊敗了。我們可以假定：他不久將再進行他底企圖。我們關於第一次的企圖曾被如何進行的這種情形知道得太少了，所以不能够判斷他以後是不是會有更好的機會。但是如果他再被擊退時，那末對於軍隊以及對於巴黎人民的影響將是非常嚴重的。

在這中間，羅亞爾軍團，如同我們所期待的，業已再次出動了。都爾所報導的羅亞尼(Loigny)和巴忒(Patay)底戰鬥顯然是和慕尼黑來的一個電報所指出的相同，根據這個電報，豐·德爾·譚在奧爾良底西方得到了勝利。甚至在這個場合，雙方也都爭言勝利。在一兩天內，我們也許從這一方面更可以得到一些消息，並且因爲我們對於交戰軍底雙方陣地還混然一無所知，所以逆料某種結果也許是沒有用的。

戰爭底前途

——第一二一卷——第一八一六號

一八七〇年十二月八日·星期四

羅亞爾軍團最後的敗北和杜克魯向瑪倫河背後的退却❶——設使這個運動曾是像星期六所描寫的那樣決定的——最後決定了解救巴黎的第一次協同動作底命運。這個動作是完全失敗了，並且人們現在又疑問：是否這些新的一連串的失敗證明法軍再不能作進一步的成功的抵抗呢？並且是否他們最好立刻放棄這幕劇，獻出巴黎，簽訂割讓亞爾薩斯和洛林的條約呢？

這是說明：人們業已失掉了對於一種眞正戰爭的每個記憶。克里米亞戰爭、意大利戰爭以及普奧戰爭都是一種純粹墨守舊習的戰爭——在其軍事機構一經粉碎或者疲弊以後即立刻議和的那些政府之間的戰爭。民族本身參與的一種眞正的戰爭，數代以來，我們便沒有再在歐洲中心看見

❶ 這是指十二月二日及三日底戰鬥。（郝思）

過。反而我們曾經在高加索，在阿爾及利亞看見過這種戰爭，在那些地方，戰爭幾乎不間斷地繼續了二十多年；如果聯軍曾經允許土耳其人以他們自己底方法來進行防禦時，我們也許在土耳其看見了這種戰爭。但是事實在於：我們底習慣祇認爲自衛底權利是屬於野蠻人的；我們期望：文明的國家根據禮敎而戰，並且眞正的國家不使自己干犯在公認的國家被迫投降以後依然繼續戰爭的這種野蠻的罪過。

法蘭西人民現在便犯着這個野蠻的罪過，因爲反抗着那自信爲軍事禮節之最好的模範的普軍，他們曾經在法蘭西正式的軍隊已被驅逐於戰場之外以後仍然積極作戰三月之久；並且他們甚至作到了他們底正式軍隊在這次戰役中所未曾作到的一切。他們業已獲得了一個重大的和無數小的成功；他們曾經俘獲了大砲和護送兵，並捉到許多俘虜。雖然他們現在業已蒙受了許多嚴重的打擊，但是要和他們以前的正式軍隊從同一敵人方面所曾遭遇的那種命運來比較，這些打擊便太不足道了。固然，他們想着用一種內外同時的攻擊從包圍軍手中解放巴黎的第一次企圖是完全失敗了；但是這是不是絕對要得到這樣的結果，即對於第二次的企圖沒有任何希望呢？

巴黎軍團和羅亞爾軍團——這兩個法蘭西軍團，甚至根據德軍底證明，都曾是善戰的。固然他們曾爲兵力較弱的軍隊所擊敗，但是從一個和老練的、有經驗的戰士對抗的年青的並且新編的軍隊中，是期望不到其他的。他們在砲火下的戰術的運動——根據一個明瞭他所描寫的事物的每日新聞報底通信記者——曾是敏捷的，確實的。如果說他們缺乏精確性時，那他們要和大部分勝利的法軍來分享這個弱點的。無庸置疑：這些軍隊業已證明他們是眞正的軍隊，他們必然要受到他們敵人相當的尊敬的。無疑的，他們包含有各色各樣的成份。他們有或多或少由老練的兵士所組成的現役營。他們有各種戰鬥素質的流動警備隊員，從統率很好的、訓練以及裝備精良的營以至於連基本的制式教練和持槍操法都不明瞭的未經訓練的新兵爲止。他們有一切種類的義勇兵，有好的、壞的以及中等的——也許大部分是後者。但是在一切場合之下，他們都有好的、有戰鬥力的營作爲核心，能使其他各營團結在他們底周圍；並且在避免絕滅的敗北的原則之下，一個月的零星戰鬥，將使他們變成精銳的兵士。如果他們有更好的戰略時，他們現在也許取得勝利了；對於此刻非常必要的戰略便是去延長決戰的時機，並且我們認爲：這是可以作到的。

但是，在里曼和在羅亞爾河附近集中的軍隊還遠不能代表法蘭西底全部武裝力量。在後方更遼遠的地點，至少還有二十到三十萬人在組織中。每一天使他們更接近於他們軍事訓練底完成。每天（至少在某個時期），一定有經常在增加的大量新兵送到前綫；並且在他們背後，仍然有充分的人員可以補充他們底位置。武器和彈藥每天大宗地到着；並且祇要有現代的製砲廠和鍊鋼廠，有電報和輪船以及有海上統治權，那是不怕這些軍需品會缺乏的。一個月的工夫在這些兵士底戰鬥力上將產生很大的變化，同時如果他們有兩個月的時間的話，他們一定會變成能夠嚴重地攪擾毛奇底安寧的軍隊。

在這些多多少少已有正規性質的軍隊背後，還存在着大的國民軍，人民大衆——他們已被普軍逼迫去進行那樣一種自衛戰爭，這個戰爭根據威廉王底父親底話來說是可以一切手段來進行的。當福利茲❶由麥次向理姆斯，由理姆斯向色當及由色當向巴黎進軍時，關於人民起義一字未提。法皇軍隊底敗北是以一種不關痛癢的感覺來接受了；法皇統治底二十年已經使人民大衆習於一種對政府領導之愚昧的、被動的服從。雖然在這裏或者那裏有一些農民參加了積極的戰鬥，如同在巴塞伊，但是這是一種例外。不過，當普軍被牽制於巴黎周圍而把周圍地區置於一種不顧一切來執行的橫徵暴歛的制度之下以後不久，當他們開始槍殺義勇兵以及焚燒曾經援助後者的村莊以後不久，並且當他們拒絕了法國底和平建議並聲明他們將進行一種侵略戰爭的意旨以後不久，一切便發生了變化。由於他們自己底殘酷行爲，游擊戰在他們四周圍都爆發了起來，並且現在他們祇得向新的縣份前進而使國民軍四處蜂起。無論誰祇要在德意志新聞上讀到關於梅格稜堡大公爵和菲力·查理士親王底軍隊底前進的消息，他第一眼將看到：這個不可捉摸的、常常隱而復現的但常常阻止敵軍的人民抵抗給與這些軍隊底運動以怎樣大的影響。甚至於法軍曾經很難抵禦的大批普魯士騎兵也爲居民底這種普遍的積極和消極的敵對行爲使之大大減弱了。

現在讓我們來考察普軍底地位。在巴黎城外的十七個師中，祇要特魯錫每日能夠反覆他底大規模的出擊時，他們的確連一個師都抽調不出來。曼脫非爾底四個師今後不久將在諾曼底和皮加

❶ 福利茲（Fritz）——普魯士皇太子。（郝思）

爾底發現比較他們所能完成的還要多的工作，甚至他們也許要從那裏被調回來。維爾德底兩個半師，如果不是在一種猝然的襲擊中，不能前進到第戎以外，並且至少一直到柏爾福被佔領時為止，情形將仍然是這樣的。沿南錫到巴黎的鐵路的那條細長的聯絡綫不能從警戒它的軍隊中節省出一個人來。第七軍更忙於扼守洛林已佔的要塞並圍攻龍威（Longwy）和蒙麥第。因此，祇留下菲力・查理士親王和梅格稜堡大公爵底十一個步兵師以對中部及南部法蘭西底廣大地域作野戰動作，這些軍隊連騎兵在內確實不超過十五萬人。

這樣看來，普軍用二十六個師以扼守亞爾薩斯——洛林和到巴黎及第戎的兩條長的聯絡綫並包圍巴黎，但是他們直接佔領的也許不及法蘭西領土八分之一而間接佔領的則確實不超過四分之一。留給他們應付其餘領土的祇有十五個師，其中有四個師在曼脫非爾指揮之下。至於這些軍隊能夠挺進多遠，那就看和他們對抗的人民抵抗之能力如何了。但是，具有一切通過凡爾賽的聯絡綫——因為菲力・查理士底進軍並沒有給它們開闢下通過特羅業的任何新的路綫——並且處於一個民衆到處蜂起的國土中間，這些軍隊必須展開在一條廣闊的戰綫上並且必須在背後留下分遣隊以確保道路和鎮壓人民。因此，他們不久將要達到這樣一個時機：在這個時機，他們底軍隊將被如此縮減以致對抗的法軍兵力和他們維持均勢。那時，法軍底前途將再成為有希望的。或者，德意志軍隊將不得不以大的別動隊出現，這些別動隊不固定地佔據一地而在內地到處行軍；在這樣情形之下，法蘭西底正規軍可以暫時從它們前面退走，然後尋找充分有利的時機在後方和側翼來襲擊他們。

如果一些別動隊（如同一八一三年布留黑爾向法軍側翼所派遣的）被用以截斷德軍底聯絡綫時，它們是會非常有效的。這個聯絡綫從巴黎到南錫幾乎全綫都是容易受到攻擊的。各由一個或者兩個騎兵連和一些狙擊兵所組成的一些部隊，如果它們襲擊這個聯絡綫，破壞鐵軌、隧道和橋樑，攻擊列車等時，便會使德軍騎兵從那些非常危險的前綫上調回來。雖然，當然，法軍沒有具有眞正的『驃騎兵的兇悍』。

所有這一切祗有在巴黎能够繼續支持的這個假定之下才是有效的。一直到現在，除了飢餓而外，沒有任何東西可能逼使巴黎投降。但是，我們在昨天的每日新聞報上從一個巴黎通信記者所得到的消息（如果這些消息是正確的話）消釋了許多不安。根據這些消息，在巴黎除了軍用馬以外，還有二萬五千匹馬，假使每匹馬重五百公斤時，那末每個居民會得到馬肉六又四分之一公斤或者十四英磅，或者在兩個月內，每天可以得到馬肉約四分之一英磅。此外還有麵包和葡萄酒以及大量的鹹肉和其他食品；因此巴黎可以很好地支持到二月初。這個會給與法蘭西兩個月的時間，現在這個期間對於它比較和平的兩年還要寶貴些。如果無論在中央或者地方都有相當聰明的和强有力的領導，那末到那時候法蘭西一定會處於一種能够拯救巴黎而復興自己的地位。

但是如果巴黎陷落了呢？當這個推想變得更確實些以後，我們再研究它，還是有充分時間的。但是無論如何，法蘭西會經不用巴黎而在兩個多月以來完成了自己底準備並且也能够不用巴

· 300 ·

黎繼續作戰。固然，巴黎底陷落會削弱人民抵抗底意志，但是最近一週底不幸的消息又何嘗不會削弱人民抵抗底意志呢？不過結果既不必然是這樣，也不必然是那樣。如果法軍鞏固一些位置很好的陣地如同在羅亞爾河和亞里葉(Allier)河底匯合處的內維爾，如果他們在里昂周圍建築前衛堡壘使之和巴黎同樣堅固，那末即使在巴黎陷落以後，戰爭也要繼續下去；但是現在還不是談論這個的時候。

因此，我們敢說：如果在人民中抵抗底意志不倦怠時，法軍底地位，甚至在他們最近的敗北之後，也是非常鞏固的。當允許輸入武器的海上統治權仍然在握，當能夠造成兵士的人員還很豐富，當在他們後面有三個月——這最初的，最壞的三個月——的組織工作以及當有機會獲得再多一個月——如果沒有兩個月——的喘息時間並且在這個時候普軍現示出疲弊底徵兆時，那末在這樣情形之下來投降，那眞是出賣國家。並且誰能夠知道：什麼偶然事變會發生，什麼其他歐洲的糾紛在這個期間會出現呢？我們希望法軍以一切手段繼續戰爭！

普魯士義勇兵

——第一二卷——第一八一七號

一八七〇年十二月九日・星期五

關於普軍焚燒法蘭西村莊的報告最近幾乎在新聞上完全看不到了。我們曾開始希望：普魯士官方也許已經發見了他們底錯誤，並且爲了他們自己軍隊底利益停止了這種手段。但是我們錯誤了。新聞又重新爲槍殺俘虜和焚毁村莊的消息充滿了。柏林底波爾森・庫瑞爾（Börsen Courier）報揭載十一月二十日由凡爾賽來的報道稱：

『十七日於多留所進行之戰鬥之第一批傷兵昨日到達此間。……對義勇兵之懲罰非常簡單，應成爲範例：即將此輩黨徒排成順列，而一一饗以彈丸。特別軍令絕對禁止執義勇兵爲俘虜，一發現即將彼等依軍法執行槍决。有鑑於特別在守備稍弱之佔領區內邀刼及暗殺我軍兵士之此等暴徒無恥之怯懦與强盜行爲，採取此等處置乃絕對必要。』

維也納底日刊（Tagespresse）在同日的報道中也這樣説：

『於維爾諾夫（Villeneuve）森林中，前週曾懸有義勇兵四人，因彼等曾由森林中向我矛騎兵射擊。』

一個公報——十一月二十六日凡爾賽發——確認：在奧爾良區域內的地方居民——爲那些奉杜班魯（Dupanloup）主教底命令來宣傳神聖戰爭的牧師們所煽動起來的——業已開始了一種反對德軍的游擊戰：巡邏兵被射擊而值日軍官爲表面上在田地裏工作的農民所槍殺。爲了報復這種暗殺，所有攜帶武器的市民立刻被處以死刑。約有七十七個牧師等待着他們底判决。

這個祗是無數例子中的幾個例子而已；並且繼續這種暴行一直到戰爭終結，好像是普軍底一種堅決的意圖。在這種情形之下，喚起人們對於普魯士近代史中某些事實的注意，也許是很適當的。

現在的普魯士國王一定還很清楚地記憶着他底國家之奇恥大辱的時期：即耶納戰役、向奧得（Oder）河長距離的潰退、幾乎全部普魯士軍隊之相繼的投降、殘軍向威西塞爾（Weichsel）河背後的退却以及最後國家全部軍事和政治制度底整個崩潰等底時期。當時，在帕麥瑞尼亞沿海要塞掩護之下，人民的自主性和人民的愛國心開始了一種對於敵人的新的積極的抵抗。一個龍騎兵少尉席爾（Schill）在科爾堡（Kolberg）開始建立了一個義勇軍（Freikorps）（在法文叫做義勇兵〔Francs-tireurs〕）。率領了這個義勇軍，藉居民之助，他襲擊了敵人底巡邏兵、分遣隊和軍事郵差並奪取了敵人底公款、糧食和軍用品。他俘擄了法蘭西將軍維克特；同時在法軍底後方和他們底聯絡綫上準備了全國人民底奮起抵抗。簡單說起來，就是他作了現在法蘭西義勇兵所担負的一切事情，而這些義勇兵從普軍方面得到『强盗』和『暴徒』的稱號並且他們——被解除武裝的俘虜——被『一一饗以彈丸』。但是現在的普魯士國王底父親却公然地稱讚了這種行爲並擢升了席爾。這是大家都知道的：這個席爾自己又在一八〇九年——當時雖然在普魯士是和平時期，但奧地利却和法蘭西進行着戰爭——率領他底旅獨力與拿破侖作戰（完全和加里波的相同）。他在斯特拉爾桑德（Stralsund）戰死，他底兵士被執爲俘虜。根據普魯士底軍法，拿破侖也許絕對有權射殺全部俘虜。但是他在威塞爾(Wesel)却祇殺了十一個軍官。在這十一個義勇兵底墳墓上，現在的普魯士國王底父親，雖然和他自己底意志大相逕庭，但爲軍隊內外的輿論所迫也不得不建立紀念碑以表彰他們底名譽。

當這個『義勇兵制』(Freischarlertum)在普魯士實際開始以後不久，普魯士人——如同一個思想家底民族所作那樣——便立刻開始把這個問題編爲體系而對此造成一個理論。這個義勇兵制底理論家——這個富有哲學思想的義勇兵——不是別人，正是格乃澤腦，他曾經在某時期作過普魯士國王陛下的元帥。他曾經在一八〇七年防禦過科爾堡；在他手下曾有些席爾式的義勇兵；在他們防禦中，他曾有力地爲該城居民所援助，而這些居民甚至完全担當不起流動或者定駐國民軍底稱號。因此，他們應該——根據新普魯士式的解釋——『當場槍决』。被侵略的國家在一種有力的人民抵抗之下所表現的那種偉大的力量給與了格乃澤腦如此深刻的印象，以致他在數年內竭盡精力地來研究如何能夠把這個人民抵抗最好地組織起來的這個問題。西班牙底游擊戰和俄羅斯農民在法軍由莫斯科退却時的奮起抵抗給與了他新的實例，同時一八一三年，他能夠把他底理論付諸實驗。

還在一八一一年八月，格乃澤腦便已經對於準備人民起義製定了一個計劃。根據這個，普魯士應組織一種民軍，據說他們不穿制服，僅戴軍帽（法蘭西的凱皮），結黑白色的腰帶並且也許要穿軍用外套。總而言之：幾乎恰恰就是現在的法蘭西義勇兵底制服。『如果敵人來勢很兇時，他們便藏起他們底武器、軍帽和皮帶而以當地底居民出現。』普軍現在正把這個視爲一種必須以槍彈或繩索來處罰的罪惡。這些民軍據說曾不斷地擾亂敵人，截斷他們底聯絡綫，奪取或者破壞他們底運輸和供給，但同時避免正規的攻擊並在大隊正規軍底前面退到森林和沼澤地帶去。『命令應下達於基督教牧師，根據這個命令，這些牧師在戰爭爆發時必須到各處去宣傳人民起義，以黑的顏色來形容法蘭西底高壓政策，提醒人民記憶在馬加賓❶王朝下的猶太人民，他們底例子一定會鼓勵我們……每一個教徒必須在他們教區底人民中宣誓：他們如不爲武力所脅迫時絕對不給與敵人任何糧食、武器等。』——事實上，他們應該去宣傳那與爾良底主教命令他底牧師去宣傳的同一的神聖戰爭，但是爲了這個，現在有不少的法蘭西牧師等待着他們底判决。

❶ 馬加賓（Maccabean）——乃紀元前一六七年從叙利亞底希臘皇帝安第歐司斯（Antiochus）四世底虐政之下解救猶太人的王朝。（譯者）

無論誰祇要展開波爾茲（Pertz）教授所著的格乃澤腦傳第二卷的時候，他將要在標題底鄰頁發見格乃澤腦親筆所寫的上述引語底一段。在這個旁邊，他又要發見菲力·威廉王對於格乃澤腦底思想所加的一個旁註——『如果一個宣教師被槍殺了，那末問題便完了。』顯然，威廉王對於他底牧師們底英勇行爲沒有很大的信心。但是這並不妨礙他公然讚許格乃澤腦底計劃。並且數年以後，當曾經把法軍驅逐於國土以外的這些牧師們被捕而處以『政治煽動家』底罪名時，這個也不妨礙：那時握有原來文件的聰明的政治煽動家底剿滅者之一控告無名的作者，說他煽動人民槍殺牧師。

一直到一八一三年爲止，格乃澤腦還沒有感到厭倦去準備正規軍和人民抵抗兩者，使之成爲一種解脫法蘭西束縛的手段。當最後戰爭爆發時，人民起義和農民及義勇兵底抵抗立刻隨之而起。在四月間，從威悉（Weser）河一直到易北（Elbe）河的整個區域底人民都拿起了武器。以後不久，馬德堡（Magdeburg）地區底居民蜂擁而起，並且格乃澤腦自己寫給他在法蘭哥尼亞的朋友們——這封信爲波爾茲所發表——，勸他們沿敵人聯絡綫奮起抵抗。最後，這個人民戰爭被正式承認，這個便是一八一三年四月二十一日底國民軍條令（這個在七月間才公佈），該條令規定每一個不在現役軍或後備軍服務的可持武器的男子必須應召參加國民軍營並準備進行那允許一切手段的自衛底神聖戰爭。國民軍不僅應擾亂敵人底前進並且應擾亂他們底退却，使他們不得安寧，襲擊他們底彈藥及糧食運輸、他們底通信員、補充兵和醫院，在夜間驚擾他們，殲滅他們底落伍兵和分遣隊，疲弊他們並使他們在每一個運動中感到不安全。在另一方面，國民軍却援助普魯士軍隊護送錢款、糧食、彈藥和俘虜。這個法令事實上便可以被稱為義勇兵底一種標準的袖珍指南，並且這個——不是平庸的戰略家所起草的——現在在法蘭西和當年在德意志一樣是同樣適用的。

但是對於拿破侖❶很幸運，這個並沒有很完全地被施行了。威廉王害怕他自己底事業。讓人民自己去作戰——沒有國王底指揮——，這是過分反普魯士的。因此，國民軍被擱置起來，以待國王底召集，但是他絕不這樣作。格乃澤腦大怒，但是最後他也不得不沒有國民軍而出馬了。如果他現在仍活着的話，以他後來所有的普魯士的經驗，他一定會在法蘭西義勇兵裏看到他那人民抵抗底理想差不多在大體上實現了，即使沒有完全實現了。因為格乃澤腦曾是一個人物——並且曾是一個天才的人物。

❶ 指拿破侖第一。（譯者）

論戰爭——第三十一

——第一二卷——第一八二四號

一八七〇年十二月十七日・星期六

羅亞爾戰局目下好像業已進入休戰狀態，這個使我們有時間來比較報告和時日，而從這種非常混亂並且彼此相矛盾的材料中，得到實際事件底一個這樣淸楚的說明，就如同在某種情形之下可以有的那樣。

羅亞爾軍團自十一月十五日以來，當杜勒爾・德・巴拉底諾（以前第十五及第十六軍底軍長）取得了對於這個新的、在羅亞爾軍團名稱下建立起來的組織底指揮權的時候，便成爲一個獨立的兵團。雖然我們不能說：其他那些軍隊當時曾加入這一兵團，但事實上這個軍團至少到十一月底，當它名義上由下列各軍：第十五（巴利埃爾〔Pallieres〕）、第十六（香澤〔Chanzy〕）、第十七（蘇尼斯〔Sonis〕）、第十八（保爾巴克）、第十九（巴拉爾〔Barral〕，根據普軍材料）和第二十（克魯查〔Cronzat〕）等組成時，曾得到了不斷的增援。在這些軍中，祇有第十九軍無論在法軍報告中，或者在普軍報告中都沒有出現過，因此我們不能假定：這個曾被編入。除開這些軍以外，在里曼以及在昆里附近的兵營內尚有第二十一軍（喬勒〔Jaures〕）和希利塔尼軍團，後者自克拉特里辭職後即被置於喬勒指揮之下。我們還要附加地說：第二十二軍爲在以里爾爲作戰根據地的北方的費德爾布（Faidherbe）將軍所指揮。在這個合計中，我們還遺漏了配屬於羅亞爾軍團的米謝爾（Michel）將軍底騎兵軍：這個騎兵隊雖然據說爲數甚衆，但由於它新近成立而人員又未受過訓練，所以必須視爲志願的或者不熟練的騎兵。

羅亞爾軍團底成員是各種各樣的：有重徵入伍的老兵，有缺乏一切紀律的、沒有訓練的新兵和志願兵，有像舊教徒的志兎夫兵那樣堅强的營，其次也有僅僅在名義上是營的那種烏合之衆。雖然某種紀律已經具有了，但全體仍然帶有一種在他們編制時便存在的速成的性質。曾經在戰場上熟識了他們的德軍軍官這樣說：『如果這個軍隊再有四個星期的訓練時間，他們也許要成爲一個可怕的敵人。』如果我們把所有那些未經訓練的而祇是正在訓練中的新兵除外時，在杜勒爾底五個軍（除開第十九軍）中大約有十二萬到十三萬人可以稱爲戰鬥員。在里曼的軍隊可以再供給四萬人。

和這些軍隊對抗的是菲力·查理士親王底軍團（包括梅格稜堡大公爵所指揮的軍團）。如我們現在由侯澤爾（Hozier）上尉所聽到的，它——全部——也許不到九萬人。但是這九萬人由於他們戰爭底經驗，他們底組織和他們指揮官底有經驗的統率使他們完全可能牽制像他們所對抗的那種軍隊之二倍。因此，機會幾乎是相等的，同時這個事實曾使那在三個月內從一無所有中創立了這個新軍的法蘭西人民得到很大的榮譽。

戰役以在庫爾米葉對於豐・德爾・譚的攻擊和十一月九日奧爾良底再度克復、以梅格稜堡大公爵為了援助豐・德爾・譚的進軍、以杜勒爾在多留方面的機動（這個把梅格稜堡大公爵底全部兵力吸引到這個方面並使之向里曼進軍）從法軍方面開始了。這個進軍在一種於這次戰爭中從來未曾有的程度上為法蘭西非正規軍所阻止了。居民作了非常堅強的抵抗，義勇兵迂迴了侵入軍底側翼，但是正規軍本身却只限於佯攻而不能够抵抗敵人。駐梅格稜堡大公爵軍隊的德意志記者底通信，以及該軍對於進行一種對於自己極端有利而對於普軍極端不利的戰爭的這些卑鄙的法蘭西人的激怒和憤慨，都是對於下列事實最好的證據：即在里曼周圍這個短的戰役，防禦軍進行得非常之好。法軍曾經引誘梅格稜堡大公爵對於一個隱蔽的軍隊進行了一種眞正無效的搜索並且把他們從里曼吸引出去約二十五英里之遙。當他業已走到這樣遠的時候，他躊躇地不再前進而轉向了南方。他原來的計劃顯然是想着對里曼底軍隊施行一種粉碎的打擊，然後再向南轉到布魯阿並且迂迴羅亞爾軍團底左翼，而另一方面菲力・查理士也許恰恰在那時到着了，以便在正面及後方攻擊它（羅亞爾軍團。——譯者）。但是這個計劃以及以後的許多其他計劃都失敗了。杜勒爾委梅格稜堡大公爵於不顧而向菲力・查理士進軍並於十一月二十四日在拉登（Ladon）和麥澤爾攻擊了普魯士第十軍，同樣於十一月二十八日在波諸・拉・羅蘭德也攻擊了普軍底一個大部隊。顯然，他在這裏很壞地使用了他底軍隊。他祇準備了他軍隊底一小部分去突破普軍而殺開向巴黎的道路（雖然這是他底第一次企圖）。他所得到的一切便是引起敵人對於他軍隊的尊敬。他退到奧爾良前面的築城地帶，在那裏他集中了他底全部軍隊。他把這個軍隊從右到左部署如下：第十八軍在最右翼，其次第二十和第十五軍在巴黎——奧爾良鐵路以東，第十六軍在這個以西，第十七軍在最左翼。如果這些軍隊完全在適當的時候匯合，那無疑問，他們一定會擊破了不上五萬人的菲力·查理士底軍團。但是當杜勒爾在他底城壁以內整頓自己的時候，梅格稜堡大公爵業已向南進軍而達到了他從兄弟（現在担任普軍總指揮）底右翼。因此，梅格稜堡大公爵底四萬人業已來到這裏以參加對於杜勒爾的攻擊，而里曼底法蘭西軍隊，自滿於曾經『擊退』他們底敵人的榮譽，却安閒地停留在他們那距決定戰役的地點約六十英里的駐屯地。

這時候，十一月三十日特魯錫出擊底消息突然來了。於是便不得不進行一個新的努力來援助他。十二月一日，杜勒爾對普軍開始了一個總攻擊；但是這個却太遲了。當德軍以全力和他對抗時，他底第十八軍——在最右翼——似乎被派遣到一個錯誤的方向而完全沒有加入戰鬥。因此，他僅僅曾以四個軍，也就是說，曾以一個也許比較他底敵人稍佔優勢的兵力（以實際戰鬥員來計算）來作戰。他被擊敗了；在未失敗以前，甚至他自己也好像已經感覺到要打敗仗。因此便發生了當他在十二月三日底黃昏已經下令撤退到羅亞爾河背後而於第二天早晨又取消了這個命令並決心防守奧爾良時他所表現的一種猶豫不決的現象，這個便得到這樣普通的結果：『命令——反對命令——紛亂』("ordre, contre-ordre, désordre")。當普軍底攻擊集中於他底左翼及中央時，他右翼的兩個軍顯然由於他們所接受的矛盾的命令底結果失掉了他們到奧爾良的退却綫而不得不渡過羅亞爾河——當時第二十軍在賈爾久(Jargeau)，第十八軍仍然在更東的蘇里(Sully)。後者底一小部分好像更被驅逐到東面去，因爲它在十一月七日於治昂附近的乃伏亞(Nevoy)被普魯士第三軍發現而由那裏一直沿着羅亞爾河底右岸被追擊到布利埃爾(Briare)方面。奧爾良於十一月四日陷於德軍之手，並且追擊軍立刻被組織起來。當第三軍必須沿羅亞爾河上游底右岸移動時，第十軍被派遣到維爾宗而在右岸上的梅格稜堡大公爵底集團軍則被派遣到布魯阿。在沒有到達這個地方以前，後面的這個軍隊在布間錫(Beaugency)遇到里曼軍團底至少一部分，後者現在業已最後和香澤底軍隊會合並且進行了一種頑强的、局部勝利的抵抗。但是這部分軍隊不久便被擊破了，因爲普魯士第九軍在羅亞爾河左岸向布魯阿進攻，在那裏它一定會截斷了香澤向都爾的退却。這個機動得到了它底結果。香澤退却了，而布魯阿陷於進攻者之手。在這時候，雪融和傾盆大雨泥濘了道路而因此阻止了更進一步的追擊。

菲力·查理士親王曾經拍電給大本營稱：羅亞爾軍團已四散，其中央已被擊破，這些法蘭西軍隊已不復成爲軍團。一切說得很漂亮，但却遠非事實。甚至根據德軍底報告，無庸置疑：在奧爾良前面俘獲的七十七尊大砲差不多全部是曾被遺棄在戰壕內的海軍砲。也許有一萬人，並且包括傷兵在內有一萬四千人被俘，其中大部分士氣都是非常沮喪的；但是那於十二月五日擁擠在從亞爾特內（Artenay）到查特勒的大道上的巴威略軍底情形——完全瓦解了，沒有武器和背囊——也不是怎樣太好的。在五日及以後的追擊中，是絕對一無所獲，但是如果一個軍團業已潰散時，它底兵士是可以被普軍所著有的一種强悍的和大批的騎兵成羣地捉爲俘虜的。不用說，菲力·查理士親王在這裏撒了一個大謊。雪融並不能作爲藉口；這個大約在九日開始，使他們有四五天硬凍的道路和田野以進行積極的追擊。阻礙普軍前進的與其說是雪融，毋寧說是他們對於下列事實的了解：即現在由於損失和留在後面的守備隊被減少到約六萬人的這九萬人底兵力已幾乎用盡了。這樣一個界限差不多已經達到了，即再超過這個界限去追擊敗走的敵人，是不聰明的。也許普軍更要大規模地向南方進行遠征，但是他們很難能再佔領多的地區。現在業已分爲在保爾巴克及香澤指揮之下的兩個軍隊的羅亞爾軍團將找到時間和空間來再行整制並編入新成立的各營。雖然羅亞爾軍團由於它底分編不再成爲一個軍團，然而它是這次戰役中曾經作得不能算是不榮譽的第一個法蘭西軍團。我們也許將要聽到關於它這兩個後起的軍隊（指在保爾巴克和香澤指揮之下的兩個軍隊。——譯者）的消息。

在這個期間，普軍顯示出精疲力竭的徵兆。現在後備兵業已被召集到四十歲及四十歲以上的人——根據法律，他們在三十二歲以後便不再服兵役。國內受過訓練的預備兵已用盡了。在一個月間，新兵——由北德意志召集，約九萬人——將被派遣到法蘭西。這個全部可有十五萬人，關於他們，我們雖然現在聽到很多，但他們仍然沒有來到法蘭西；如果來到的話，他們將基本上改變軍隊底性質。這個戰役底損失已經是可怕的，並且這個每天將更可怕些。從軍隊中來的書信底那種憂鬱的調子證明它和陣亡人名錄相同。造成這個人名錄之主要部分的已不再是大的會戰，而是一個、兩個以至五個人被射死的小的接戰。由人民抵抗底浪潮所引起的這個不斷的浸蝕在長久的期間將使一個最大的軍隊熔解而分化；其主要的原因是缺乏顯著的補償。當巴黎在堅守中時，法軍底地位將日益改善，凡爾賽㊁對於巴黎投降的焦急最好地證明着：這個城市對於圍攻軍仍然能夠成爲危險的。

㊀ 當時德軍大本營所在地。（譯者）

論戰爭——第三十二

——第一二卷——第一八二九號

一八七〇年十二月二十三日・星期五

最近幾週的戰鬥業已證明了：當我們說，從麥次來到羅亞爾河和諾曼底的軍隊已經由於新的領土之佔領用盡它們兵力之大部分的時候，我們曾經怎樣正確地判斷了敵對雙方底地位。自此以後，德軍所佔據的領土之規模幾乎再沒有任何的增加。梅格稜堡大公爵以豐・德爾・譚底巴威略軍（雖然他們軍紀渙散並缺乏皮靴，但也不能從戰場上抽調下來），以第十軍和第十七及第二十二師，把香澤底緩緩退却同時又不斷戰鬥的部隊從布間錫追擊到布魯阿，從布魯阿追擊到凡豆姆（Vendome）和埃皮色（Epuisay），並追擊到這些地方以外。香澤防禦了從北部流入羅亞爾河的許多溪流所供給他的每一個地點；當從該河左岸到着的第九軍（或者至少它底黑森師）迂迴了香澤在布魯阿附近的右翼時，它便向凡豆姆退却，佔領了羅亞爾河上的一個陣地。在十四和十五日，他堅持這個陣地以反抗敵人底攻擊，但是在十五日底黃昏，他放棄了這個陣地而緩慢地並且勇敢地面迎着敵人地向里曼退却。十七日在埃皮色（從凡豆姆和摩勒〔Moree〕到聖・加雷〔Saint Calais〕的道路會合於此），他和豐・德爾・譚更進行了一個殿軍戰。於是，他便退却了，似乎未再被追擊。

這個全部退却好像曾經用了很大的小心來進行。當由舊羅亞爾軍團形成兩個軍隊（其中的一個據說在奧爾良以南作戰而另一個在香澤——在里曼的軍隊也附屬於他——指揮之下，據說防守羅亞爾河以北的西部法蘭西）的這件事一經決定後——當這個處置一經實施以後，去進行決戰便不能是香澤底任務了。相反，爲了不使自己捲入這種戰鬥，他底計劃必須是盡他確實所能作到的那樣長久地防守每一寸土地；盡可能地給予敵人以嚴重的損失，同時在砲火中來鍛鍊他自己年青軍隊底秩序和堅定性。固然，在這個退却中，他不得不受到比敵人更大的損失，特別是在落伍者中；但是這些落伍者一定是他營中的最壞的兵士，沒有他們，他也可以足用。他也許能够維持他軍隊底紀律，同時也許可以從敵人方面得到羅亞爾軍團曾經爭取爲共和國軍隊的那種尊敬。並且他不久會達到這樣的時機，在這個時機，追擊者由於戰鬥底損失、由於疾病以及由於在他們供給綫上分遣隊底留駐而被減弱，不得不停止追擊，不然在他們方面便要干冒敗北的危險。這個時機很可能在里曼失守以後達到。在現在，在伊維爾・勒維克（Yvre-L'Eveque）和昆里有兩個練兵營，其中的軍隊有很多不同的組織和配備而其兵力亦不詳。但是，那裏一定確實有比較香澤爲了擊敗梅格稜堡大公爵底進攻所需要的更多的有組織的營。普軍司令官，或者不如說是他那實際指揮梅格稜堡大公爵軍團運動的參謀長——斯脫錫（Stosch）將軍，似乎已經覺察到這個。因爲當我們業已聽到：北德意志第十軍在十八日把香澤從埃皮色追擊出去以後，我們現在又聽到：弗伊克斯·勒茲（Voigts-Rhetz）將軍（他指揮上述第十軍）在二十一日於摩乃（Monnaie）擊敗了法軍底一部，把他們從諾特勒·達姆·德埃（Notre Dame d'Oe）驅逐出去。可是，摩乃位於從凡豆姆到都爾的道路上的埃皮色南約三十五英里，而諾特勒·達姆·德埃距都爾近約數英里。因此，好像當梅格稜堡大公爵底軍隊把香澤底主力追擊到里曼城外附近以後，他們目下至少有一部分向都爾底方向進軍，他們現在也許業已到達都爾，不過他們是很難能長久佔領這個地方的。

普魯士批評家曾經責難羅亞爾軍團在奧爾良城外會戰後的這種離心的退却，並宣稱：法軍祇是由菲力·查理士親王有力的動作，才被迫採取這樣一種錯誤的步驟，也就是由於這個動作，它才「粉碎了他們底中央」。我們也許很可以相信：杜勒爾恰恰在接受敵人突擊時的錯誤的領導和這個離心的退却以及和軍隊此後之分隸於兩個不同的指揮之下的這件事有很大的關係。但是對於這個還有另外一個動機。法蘭西首先需要時間以組織軍隊同時又需要空間——也就是盡量多的領土——以便在那裏徵集用以組織人員和器材的手段。因爲它還不能够進行決戰，所以他必須努力從敵人佔領中奪取盡量多的領土。同時因爲侵入現在已經達到進攻底軍隊和防禦底軍隊幾乎平衡的這個界限上，集中防禦底軍隊進行決定的行動是沒有任何必要的。反之：他們可以沒有大的危險地被分成爲許多大集團，以掩護盡量多的領土而使敵人無論在他們前進的那一個方向上，都要和那實力足以阻止一種長久佔領的軍隊相對抗。因爲在里曼附近約有六萬人或者也許十萬人（雖然他們底配備、訓練和紀律都很壞，但逐日在改善中），同時因爲供給他們服裝、武器和食糧的手段都已被集中並且貯存在西部法蘭西，所以僅僅由於戰略的理論要求在普通情形之下敗軍應以密接的集團退却而放棄這一切，那會是一個大的錯誤。在這個情形之下，祇有當軍隊向南方撤退而不保護西方時，這個也許才可以作到。反之，里曼附近的兵營具有可以不久使新的西軍比較舊的羅亞爾軍團還要堅强的物資，並且同時整個南方對於保爾巴克底軍隊也組織起增援部隊來。在起初看來好像是錯誤的東西實際上曾是一種非常正確而且必要的手段，這個手段決不拒絕這種可能性：即在不久的將來法蘭西全部兵力便可以協同來進行一個決定的行動。

都爾底重要性在於：它形成了西北法蘭西與南部法蘭西之間的一個最西方的鐵路聯絡點。如果都爾長期爲普軍所佔領時，香澤便再沒有和波爾多政府或者和在布爾即的保爾巴克聯絡的任何鐵路綫了。但是以普軍現有的軍隊來說，他們沒有任何希望來扼守它。他們在那裏也許要比豐·德爾·譚十一月初在奧爾良更弱些，並且都爾暫時的喪失，雖然不痛快，但並不是不可以忍受的。

關於其他的德意志軍隊，我們聽到的很少。菲力·查理士親王隨同第三軍並且也許第九軍底一半從我們底視野中完全消失了。這個在我們看來好像是他沒有很多攻擊力的一種象徵。曼脫非爾業已被逼來担任一個巨大的徵發別動隊底任務。他好像沒有力量能夠越過盧昂佔領其他地方。

維爾德爲游擊戰四面包圍。他衹能由不斷的積極活動在第戎附近維持他自己，並且他現在發現：如果他想要保證他後方底安全，他甚至不得不包圍隆格勒（Langres）。我們不知道：他在什麼地方可以找到軍隊來進行這個包圍；他自己是沒有多餘的軍隊的。並且在柏爾福周圍以及在亞爾薩斯的後備隊已經忙碌不堪。因此，雙方兵力在各處似乎都差不多相等了。現在，增援底競爭開始了，但是這是這樣一個競爭，在這個競爭中，對於法蘭西的希望比較三個月以前更爲有利。如果我們能够確認：巴黎支持到二月底，那末我們差不多便可以相信法蘭西將贏得這個競爭。

德軍在法蘭西的地位

——第一二卷——第一八三〇號
一八七〇年十二月二十四日·星期六

這次戰爭之損失開始在德意志發生作用了。包括南北各地全部現役部隊的第一個侵入軍約六十四萬强，兩個月底戰役使這個軍團減少那樣多，所以由預備的步兵營和騎兵連所組成的第一批增援部隊——約原來兵力三分之一——便不得不被派到前方。他們在九月底和十月初到着，並且雖然他們曾經約有二十萬人，但野戰營很早便不再是每營一千人的原額了。巴黎城外的各營有七百到八百人，而麥次城外的各營則更少些。疾病和戰鬥更使軍隊底人數減少，並且當菲力·查理士親王達到了羅亞爾河時，他底三個軍業已縮減到他正式兵力一半以下而平均每營僅有四百五十人。這個月底戰鬥和惡劣而易變的天候對於巴黎城外的軍隊所發生的影響一定比對於那掩護圍攻的軍隊所發生的影響嚴重得多。因此，各營現在平均確實不到四百人。一月初，一八七〇年應徵的新兵準備在三個月的訓練以後開赴前綫。這個可以有十一萬人左右，每營不到三百人。我們現在聽到：其中一部分已經通過南錫並且新的部隊每天到着。因此，各營不久又要增加到六百五十人左右。如果事實上（根據各種徵兆來看，這是可能的），補充預備隊中殘餘的年青的、未經訓練的兵士和正規召集的新兵業已一齊被訓練的話，那末這個增援部隊也許可使每營大約增加一百人，因此每營合計爲七百五十人。這個也許約及原額四分之三，也就是在由德意志派遣到前綫的整整一百萬兵士中，構成一個有四十八萬可以作戰的兵士的軍隊。因此，和現役團一齊離開德意志的或者以後加入它們的這些兵士中有一半以上在不到四個月的期間內死亡了或者受傷了。如果有人不相信這個的話，他可以用過去戰役（例如一八一三——一八一四年底戰役）底損失來作比較而由此想想：普軍在這次戰爭中的那種繼續很長而且迅速的行軍，必然曾經可怕地影響到他們軍隊的這個事實。

一直到現在，我們祇是談現役部隊。除開現役部隊以外，幾乎全部後備軍都已分發到法蘭西去了。後備營按規定在禁衛營爲八百人，在其他營則爲五百人。但是它們曾被慢慢增加到滿一千人的兵力。這個也許可得一個二十四萬人的總數，包括騎兵和砲兵在內。這些軍隊極大部分很久以前已經在法蘭西，以便維持聯絡，封鎖要塞等。但是他們還不足用。因此，現在又再行組織至少包括五十個營或者五萬人的四個後備師（也許由每個後備團中建立第三營來組成）。所有這些軍隊現在據說將向法蘭西派遣。一直到現在仍留在德意志以監視法軍俘虜的那些軍隊，也許現在由新編成的『守備營』，從這個任務中被解除出來。在我們沒有得到關於編成這些守備營的命令底全文（我們迄今祇從一種簡短的電文中明瞭其內容）以前，我們不能够確切地說：這些守備營是由什麼編成的。但是如果上述的這四個新的後備師祇有由於四十歲以及四十歲以上的男子之應召才能被編制成功的話（我們大家都知道，情形便是這樣），那末對於有受過訓練的兵士的守備營，除了四十到五十歲的男子以外，還有什麼人呢？無庸置疑：有受過訓練的兵士的預備隊，在德意志，已完全爲這個手段所罄盡了；但是除此以外，還有一個全年度的新兵召募。

法蘭西底後備部隊曾經經歷遠較現役部隊爲少的行軍、宿營和戰鬥。他們曾經有最舒適的營舍，很好的飧食和簡潔了當的任務，因此他們底全部損失，能够以約四萬人的死傷來計算。包括現在新成立的各營在內，這個也許有二十五萬人。但是，我們很難確切地說：什麼時候（即使終於有這樣的一個時候）這些軍隊才能被自由調動以用於野戰勤務。二十萬人——在最近兩個月裏——也許是對於德意志在法蘭西現有的後備軍的一個高的估計。

因此，德意志現役軍和後備軍兩者在一月底下半月，在法蘭西將有六十五萬到六十八萬人左右。其中，十五萬到二十萬人此刻正在到法蘭西的途中，或者將準備出發。但是這些軍隊在它們底性質上來說將和以前所派出的軍隊有很大的區別。現役營有整個一半將由二十到二十一歲的青年編成，也就是由正當冬季作戰底艱苦對於他們體質的影響是最可怕的這樣年齡的一些沒有經驗的男子編成。這些人們不久將充滿病院，而同時各營在人數上又要減低。另一方面，後備軍將漸漸由三十二歲以上的男子編成，因此幾乎沒有例外地要由已婚的男子和有家庭的父親編成。並且是在這樣一個年齡，在這個年齡，於寒冷而陰濕的天氣裏在曠野的宿營幾乎一定要迅速地、普遍地產生風濕症。無疑的，這些後備軍大部分將由於他們所守備的地區之廣大的幅員而必須經歷比較以前更多的行軍和戰鬥。因此，現役軍比以前要變得更小些而後備軍比以前要變得更老些。被派到前綫的新兵幾乎沒有時間來接受必要的訓練和紀律；對於後備軍的新的增援部隊却有過於長的時間以致把兩者完全忘了。因此，德軍會有這樣的一些成份，這些成份要使他們比以前更接近於和他們對敵的、新近編成的法軍底性質。不過，在德軍方面具有這種利益，即這些成份被應用在舊軍底堅强的和堅定的幹部中間。

除此以外，普軍在人的資源方面還有什麼呢？一八七一年達到他們二十歲的壯丁和補充後備役的老人。後者完全沒有受過訓練，其中大部分是已婚者並且已達到對於當兵缺乏興趣或者能力的這樣的年齡。召募很久以前便認爲他們對於軍隊的關係祇是一種形式上的關係的這些人們，也許是非常不近人情的。如果再去召募那些可服兵役但根據某種理由而完全免除兵役的人們，那便更不近人情了。在一種理直氣壯的自衛戰爭中，所有這些人們也許會不躊躇地動員起來。但是在一種侵略戰爭中並且在這個侵略政策底成功成爲疑問的時期中，那是不能期望他們作到這個的。具有變化叵測的命運的一種侵略戰爭是不能够長期爲一個大部分由已婚的男子所組成的軍隊來進行的。一次或者兩次嚴重的失敗一定會使負有這樣一種使命的這樣一個軍隊喪失銳氣的。普魯士軍隊由於戰爭底延長實際成爲『全民武裝』的程度愈大，那末他們便愈無能力來進行一種侵略戰爭。讓那些普魯士底庸人們力竭聲嘶地喊着亞爾薩斯和洛林吧！那是確實的：德意志爲了侵略是不能够强迫它自己担當法蘭西爲了它底自衛而甘願忍受的那個同一的窮困，同一的社會的瓦解和同一的國家生産底限制的。如果這些同一的德意志庸人一旦身着制服而開赴前綫時，他們一定會在法蘭西戰場上或者在寒風凛冽的宿營中恢復了他們冷静的頭腦。因此，如果兩個民族眞正全副武裝地彼此對面時，那結局對於他們也許是最好的。

論戰爭——第三十三

——第一三卷——第一八四一號

一八七一年一月六日·星期五

聖誕節業已促成巴黎眞正圍攻之開始。在這以前，這個祇是對於大要塞的一種包圍而已。雖然對於重攻城砲的砲位已被設置，圍攻器材已被採集，但是沒有一尊大砲被搬入陣地，沒有一個射擊孔被造成，沒有一發砲彈被發射。所有這些準備都在南部和西南部戰綫上進行。在其他的戰綫上，雖然胸牆也在構築，但這些好像只是爲了阻止出擊和掩護圍攻軍底步兵和砲兵的防禦目的而設的。這些塹壕作業自然比較正規圍攻底砲位所應在的地點距巴黎要遠得多。在它們和堡壘之間有一個未爲任何一方所佔領的地帶，這個可用以進行出擊。當特魯錫十一月三十日底最大的出擊被擊退時，他仍然在巴黎底東方控制着這個爭奪地帶底某一部分，特別是控制着羅尼（Rosny）堡對面的亞佛隆（Avron）底孤立的高原。他從那一天起開始在這個地方構築工事，我們不確切知道。但是我們發現在十二月十七日這樣提到：亞佛隆丘陵和瓦林諾高地（在瑪倫河灣曲處）都曾被築以工事並且爲重砲武裝起來了。

除開在似乎沒有很大重要性的維特利和維爾吉夫（Villejuif）附近的南部戰綫底一些前進的野戰堡壘以外，我們在這裏看到防禦者想着——大規模地——用反近接作業❶來擴大他們底陣地的第一次企圖。我們在這裏不得不以塞巴斯托堡來作比較。在聯軍掘戰壕後四個多月——一直到一八五五年二月底——，當圍攻軍爲嚴冬所苦時，竇德雷本❷才開始構築前進工事，這個在當時的情形之下在他底防綫底相當距離以內。二月二十三日，他築成了塞勒金斯克（Selenginsk）野戰堡壘，距主壘一千一百碼。當日，聯軍對於這個工事的攻擊失敗了。三月一日，另外一個野戰堡壘（伍林斯克〔Wolynsk〕）在更較這個靠前——距壘壁一千四百五十碼——的一個陣地上完成了。這兩個工事被聯軍叫做『白色工事』（Ouvrages blancs）。三月十二日，距壘壁八百碼的堪察加

❶ 參閱論戰爭——第十八底註解。在正式的攻擊時，也就是在有步驟的、有方法的向前推進時，設置反近接作業（Counte approach）曾是防禦者底一種方法。圍攻底期間依存於工兵作業底進度。防禦者能够第一由出擊和砲火，第二由反近接作業來防禦自己對抗工兵底攻擊。防禦者用反近接作業以在縱的方向上去攻佔攻擊者底近接作業，同時他也企圖以臼砲火力來射擊工兵。反近接作業決不用爲小的出擊之出口，這些出擊是突然地、出敵不意地由掩蔽的通路來發展的。（郝思）

❷ 竇德雷本（Eduard Ivanovitch Totleben）——一八一八—一八八四年。俄羅斯將軍及軍事工程家；克里米亞戰爭時以構築塞巴斯托堡底防禦工事而出名；一八七七—一八七八年俄土戰爭時指揮普列夫納圍攻作業而逼使奧斯曼·帕沙投降。（譯者）

(Kamtschatka)眼鏡堡——聯軍所謂『綠丘』(Mamelonvert)——構築成功；在所有這些工事底前面，築有散兵壕。三月二十二日底衝鋒被擊退了，並且所有這些工事——連同『綠丘』右方底另外一個工事即『石山』(Quarry)在內——都完成了；所有這些野戰堡壘都由一個掩蔽道來聯絡。在整個四月及五月間，聯軍曾經毫無結果地企圖再度征服爲這些工事所掩護的那個地區。他們不得不用正規圍攻底近接作業來對着這些工事前進。在大批援軍到達後，他們在六月七日才得以襲擊這些工事。因此，雖然塞巴斯托堡爲當時最有威力的海軍砲所攻擊，但該城底陷落由於前進的野戰堡壘得以延遲了大約整整三個月之久。

蒙·亞佛隆底防禦似乎遠遜於這個。十七日，當法軍曾經有兩星期以上的時間來構築他們底工事以後，砲台是完成了。圍攻軍在這個期間運來了攻城砲——這個大部分都是已經在從前的圍攻中用過的舊砲。二十二日，對抗蒙·亞佛隆的砲台完成了，但是一直到法軍大規模的集團出擊底每一個危險業已過去時爲止，任何行動都未被採取。德蘭錫(Drancy)周圍的巴黎軍隊底兵營在二十六日被解散了。於是二十七日，德軍砲台開始射擊，他們在二十八日和二十九日繼續射擊。法軍工事底砲火立刻被壓制。二十九日，這些防禦工事被放棄了，因爲——根據法軍公報所稱——在這些工事中沒有穹窖❶以保護守軍。

❶ 穹窖(Casemate)——築城學上術語，即掩蔽駐軍之地下穹室。(譯者)

無疑的，這是一個可憐的防禦，而對於這個防禦的辯護就更加可憐。主要的缺點好像在於防禦工事底構築。根據各種敍述，我們不得不結論說：在這個小山上沒有一個掩蔽的野戰堡壘，而祇有既沒有背後掩蔽而又沒有有效的側面掩蔽的砲台。此外，這些砲台好像祇以它們底砲火對着一面，南面或者東南面。但是恰恰在附近，在東北方面，便有來恩錫（Raincy）和蒙非爾麥（Montfermeil）高地，兩者是安置攻擊蒙·亞佛隆的砲台的最好的位置。圍攻軍利用了這個最有利的情形以一個半圓形的砲台來包圍蒙·亞佛隆，這些砲台立刻壓制了蒙·亞佛隆底砲火同時並驅逐了守軍。但是爲什麼這裏的守軍沒有掩蔽部呢？結冰祇是一半的藉口，因爲法軍曾經有很充裕的時間；並且俄軍在克里米亞底嚴冬裏並且在石質的土地上所能完成的一切，在巴黎前面，在這個十二月裏，不也是可能的嗎？雖然用以對抗蒙·亞佛隆的大砲確實遠較聯軍在塞巴斯托堡外面的大砲爲有力，但是用以對抗杜培爾（Duppeler）防禦工事（也是一種野戰堡壘）的大砲卻是相同的，而這些工事則支持了整個三星期。這是可以推想的：就是步兵守備隊逃走了，而砲兵是沒有掩護地留在那裏。雖然這是可能的，但是構築這些工事的工兵也許不能辭其咎。巴黎城內的工兵部隊一定曾組織得非常之壞，如果我們根據這種工程來判斷它時。

蒙·亞佛隆之迅速的破壞曾經增加了圍攻軍對於更多的同樣的成功的貪慾。他們開始射擊東部的堡壘，特別是諾亞則（Noisy）、羅尼和諾疆。經過兩天砲擊之後，這些堡壘幾乎全部被制服。我們未曾聽到：對於這些堡壘再採取什麼行動。就是關於構築在這些堡壘間空地內的防禦工事底砲火提到的也非常之少。但是我們可以確信：圍攻軍竭盡他們所有的力量來構築反抗這些堡壘的近接作業（即使僅僅是一種初步的），以便在蒙·亞佛隆確保一個鞏固的陣地。我們不必奇怪，他們會藉此——無論天氣如何——獲得比較法軍更多的成功。

但是，所有這些事件對於圍攻底過程的影響是怎樣呢？如果這三個堡壘陷於普軍之手，那無疑的，這會是一個巨大的成功，同時也許使他們能够把砲位移近至距圍廓三千到四千碼。但是這些堡壘如此迅速地陷落並不一定必然要發生。所有的堡壘對於其守軍都有防彈的穹窖。同時，圍攻軍一直到現在還沒有運來他們很少的來復臼砲。這些臼砲是可以在很短期間破壞防彈的石造工事的唯一種類的大砲。舊式臼砲太不準確以致不能很快地發生作用，而二十四磅砲（砲彈重六十四英磅）又不能賦予充分大的射角以產生曲射底效力。如果這些堡壘底砲火在表面上被壓制，那末這祇是說：這些大砲爲了準備防禦一種突擊而被移置在安全的地方。雖然普軍底砲兵可以破壞堡壘底胸牆，但這却仍然不能造成破口。想着由間接射擊來穿透內岸上掩蔽得很好的石造工事，砲位必須安置在距堡壘至遠一千碼的距離內，而這個祇能用正規的平行壕和近接作業來達到。普軍所常說的那種『簡短的』圍攻法不在於其他，祇是在於由遠距離壓制敵人底砲火而因此近接作業可以由較少的危險和較短的時間來進行。於是，猛烈的砲擊隨之而起，壘壁便由間接射擊所穿透。如果所有這一切還不能逼使敵人投降時——在堡壘底情形之下，這個將如何才能作到，那是難能知道的——，那末除了以普通的方法把近接作業推進到斜堤而堅決衝鋒以外，便沒有其他的方法了。對於杜培爾的衝鋒是在近接作業一直推進到距破壞了的工事前面約二百五十碼的地方以後才進行的，而在斯托拉斯堡底場合，對壕❶完全是以老的方法一直推進到斜堤底頂端並超過了這個。

雖然如此，但我們必須再提到我們在這些論文中所屢次强調的這一點：即巴黎底防禦必須積極地而不是僅僅消極地來進行。如果終於有對於出擊合適的時期的話，那末現在便是。此刻，問題不在於突破敵人防綫，而在於接受圍攻者强逼被圍者來進行的那種局部戰鬥。圍攻者幾乎常常在某一點上能够超過被圍者底砲火，這是一種舊有的、不可爭論的規律。如果被圍者不以在出擊中的積極性、勇敢性和能力來補償這個不可避免的缺陷時，他們就要錯過他們最好的機會。據說，巴黎底軍隊已經失掉了勇氣。但是他們沒有任何理由成爲這樣。也許他們業已對於他們底指揮官失掉了信任，但這完全是另外一個問題。如果特魯錫繼續無所作爲，那末他們完全是正確的。

我們還想着對於某些人所抱的那種聰明的假定有所駁論，這個假定認爲：特魯錫企圖在巴黎陷落之後率領他底軍隊撤退到築城的半島蒙·瓦勒利安，作爲衞城。這個深思遠慮的想像是由於凡爾賽參謀部底一些過分聰明的從軍者所想出來的，主要地是根據於下列事實：即很多的車馬在

❶ 對壕（Sap）——築城學上術語，指圍攻者爲了逼近城內的防禦者所構築的一種塹壕。（譯者）

巴黎和這個半島之間絡繹不絕。如果一位將軍把衛城安置在一個低窪的冲積層的半島上，也就是說安置在四面爲高地所控制的一個半島上（在這些高地中，他底軍隊底營舍可以作爲一種顯明的景象來測瞄而因此很容易遭受射擊），那末他一定是一位格外聰明的將軍。但是當普軍底參謀本部幾時存在，這種具有超人的敏感的人們幾時會出沒於其間。在這些人們看來，敵人好像常常願意作那最不可必的事件——以德意志底俗諺來說：『他們聽見草長』。無論誰祇要曾經研究過普魯士底軍事文獻，他一定會碰到這類的人，而我們奇怪的祇是居然有人相信他們。

論戰爭——第三十四

——第一三卷——第一八四二號

一八七一年一月七日·星期六

雖然自我們曾經最後考察了敵對雙方在法蘭西各省的地位以來業已發生過許多的戰鬥，但是這些地位還是很少變化的。這個證明了我們認爲雙方兵力，現在幾乎成爲均勢的這種見解之正確性。

香澤底西軍曾經駐守於里曼城外；梅格稜堡大公爵底軍隊在從布魯阿經凡豆姆展至維爾奴伊的一綫上與之對峙。在凡豆姆附近曾經進行過多次獨立的戰鬥，但是雙方軍隊底相對位置並沒有任何變化。在這期間，香澤業已由解散了的昆里兵營中抽調出所有已經訓練並武裝起來的兵士。因爲據稱，他在里曼周圍曾經構築了一個堅固的陣地，作爲萬一退却的據點，並且打算採取攻勢。爲甘伯他先生在五日離開波爾多向里曼出發，所以這個也許是正確的。關於香澤軍隊底實力和組織，除了香澤在他向里曼退却以前曾指揮有三個軍的這個事實以外，我們便一無所知。關於和他直接對抗的軍隊，我們得到的報告也不很多；梅格稜堡大公爵底軍隊和菲力·查理士親王原來的軍團曾經如此混合在一起，以致原來的戰門序列不再有效。我們必須把兩者視爲一個軍隊，並且自從菲力·查理士指揮這個全部軍隊以來，事實上它們便是如此。唯一的區別祇是：梅格稜堡大公爵指揮駐守羅亞爾河兩岸而面向西方的軍隊，而親王在他直接指揮之下則有沿羅亞爾河由布魯阿至治昂而面向南方並監視保爾巴克的那個軍隊。這兩個軍隊共有十個步兵師和三個騎兵師。但是許多分遣隊被留在從康麥爾錫經特羅業到羅亞爾河的這條路綫上。它們祇有在後備軍之新的增援部隊使他們解除了任務以後才能慢慢隨後到着。

十二月十一日，菲力·查理士親王到達布利埃爾，企圖向內維爾前進以迂迴保爾巴克底右翼並截斷保爾巴克和與維爾德作戰的軍隊之間的直接的聯絡。但是我們最近才聽到：菲力·查理士親王在接到香澤用以應付梅格稜堡大公爵的那種堅決的、出人意料之外的抵抗底消息時便立刻放棄了他底計劃而率領着他底大部軍隊轉回到都爾底方面；如我們所知道，雖然這個城市進入了菲力·查理士底軍隊底視界，但並未被佔領。因此我們現在明白：香澤底聰明而且果斷的退却不僅保障了他自己底安全，同時也保障了保爾巴克底安全。這位將軍一定依然在布爾即和內維爾底附近。如果他（如同人們所想像的那樣）曾向東對着維爾德或者向普軍底聯絡綫上進軍時，那末我們老早便會聽到他底消息❶。因此，他很可能曾經努力去改編和補充他底軍隊，並且如果香澤前進時，我們也確實將要聽到他底消息。

在塞納河以北，曼脫非爾以第一軍佔領了盧昂及其周圍，同時他業已把第八軍派遣到皮加爾底。後面這一軍經歷了很大的困難。費德爾布將軍不使他底北軍寧息。法蘭西最北部的三個縣，從索姆河一直到比利時國境，包括大小要塞約二十個。雖然這些要塞在今天對抗從比利時來的大規模的侵入是完全沒有用的，但是在現在的情形之下，它們却形成了一個很適合的並且是幾乎不能攻擊的作戰根據地。當伏班在約二百年前製定這個三重要塞地帶底計劃時，他的確沒有想到：這個地帶會成爲一個法蘭西軍團反抗從法蘭西中心突出的敵人的一個大的塹壕陣地——一系列四邊形要塞地。但是雖然它是這樣，並且這個地區又是那樣小，但它在某種場合却還是不可以攻取的。此外，由於它那工業的資源和稠密的人口，它也是一個重要的地區。自費德爾布曾爲維勒爾·布爾通奴（Villers-Bretonneux）底會戰（十一月二十七日）擊退到這個安全的避難所以後，他改編並補充了他底軍隊；到十二月底，他又向亞眠前進並且在二十三日於亞留（Hallue）與曼脫非爾進行了一個非決鬥的會戰。在這些戰鬥中，他率領了四個師（根據他底計算爲三萬五千人）以對抗普魯士第八軍底兩個師（根據普軍底報告爲二萬四千人）。他曾經成功地以這樣一個兵力底比例來對抗像豐·哥本(Von Goeben)那樣有名的一位將軍，這證明他底流動警備隊和新召的兵士已被改善了。由於結冰以及由於供給部和輜重底不濟——如他所說那樣——，但是也許因

❶ 保爾巴克曾在十二月八日向東出發，以援救柏爾福並威脅德軍底聯絡綫。（郝思）

爲他不相信他底軍隊對於兩天的苦戰的堅定性，他幾乎沒有任何麻煩地退却到戰壕內岸底後面。哥本跟踪追擊，留下第十六師底大部分以維持聯絡並包圍培隆諾（Peronne）城，而僅僅以第十五師和年青的阿伯爾特親王底別動隊（至多等於一個旅），向巴保姆（Bapaume）前進並越過巴保姆。在這裏，對於費德爾布底四個師便有了一個有利的機會。沒有一刻遲延，它們便從他們掩蔽的陣地裏前進並向普軍進攻。在一月二日底前哨戰以後，接着第二天在巴保姆城外便發生了主力戰。費德爾布明確的報告、法軍在數量上大的優勢（八個旅或者至少三萬三千人對三個普魯士旅或者一萬六千到一萬八千人，——這些數字是根據上面對於兩軍所作的材料來算的）以及最後曼脫非爾含混的辭句使我們確信：法軍在這個會戰中得到了勝利。此外，曼脫非爾底誇張在德意志是很出名的。誰都記得：當他作石勒蘇益格省底省長時，他以他那相當高的身材作比喩，吹噓說他願『以七呎之軀寸量每一塊土地』。他底報告，即使經過凡爾賽底檢查，也確實是所有普軍報告中最不可靠的。另一方面，費德爾布沒有擴張他底戰果，而祇是在這個會戰後退却到在戰場後數英里的一個村莊，因此培隆諾沒有被解救，並且如同在這篇文章中已經敍述的，戰鬥底一切結果都有利於普軍。費德爾布對於他底退却的辯護，那是不能信以爲眞的。但是不管他底理由如何，如果他用他底軍隊不能作別的，祇能去擊破普軍底三個旅而於是即行退却時，那末他是不會解救巴黎的。

在這個期間，曼脫非爾得到有力的增援。第十七軍第十四師（堪麥克），在他業已佔領了蒙麥第和麥澤爾以後，隨同着他底攻城砲隊，漸漸接近他底戰鬥地區。格伊斯（Guise）底戰鬥，似乎是這個前進中的一個階段。格伊斯位於從麥澤爾到培隆諸的直通大道上，這個也許將是處於砲擊之下的最接近的一個要塞；如果普軍進行順利時，此後恐怕便輪到堪布雷（Cambrai）了。

在東南方面，維爾德自從他離開第戎的那一天，即十二月二十七日以來便在總退却中。德軍很久以後才稍稍提到這件事，而普軍則全守緘默。這個是在查理士魯爾新聞(Karlsruher Zeitung)報底一個不顯明的角落裏登載出來的。三十一日，在一個接戰後，他又由格雷（Gray）撤退。現在，他在維蘇爾附近掩護着柏爾福底圍攻。在克勒麥爾（Cremer——據說是一個僑居的漢諾威軍官）指揮之下的里昂軍團追擊了他，而加里波的好像逐日更向西地對着普軍底聯絡幹綫移動。維爾德——據說他等待着一支三萬六千人的援軍——在維蘇爾將非常安全，然而聯絡綫却似乎是一點都不安全的。我們現在聽到：第七軍軍長，查斯特魯（Zastrow）將軍被派遣到那裏並且業已和維爾德取得聯絡。如果他沒有得到新的任命，那末他在他指揮下的將是在麥次爲後備軍所接替的第十三師。此外，他將還有其他的軍隊以進行積極的作戰。在從歐克塞爾到沙龍的大道上的蘇留（Saulieu）附近遭受攻擊而據說曾被擊潰的那一營，一定是他底諸營之一。至於在鐵路支綫上聯絡底情形如何（除開防守森嚴而因此得以安全的南錫到巴黎的幹綫以外），這個爲科侖新聞上所載的從說蒙（上瑪倫縣〔Haute-Marne〕）來的一個通信所指明。在這個通信上這樣苦訴着：現在義勇兵業已第三次把說蒙與特羅業之間的鐵路綫破壞了；在最後一次，在十二月二十四日，他們鬆弛了鐵軌，以致載後備軍五百人的一個列車出軌而不得不停止，於是義勇兵從森林中開火，但被擊退了。這位通信記者不僅認爲義勇兵底攻擊不正當而且認爲『無恥』。這個使我們想起一八四九年在匈牙利的那個奧地利胸甲騎兵，他曾說：『這些驃騎兵不是些無恥的暴徒嗎？他們看見我穿的胸甲，但他們却向我底面部亂刺。』

這些聯絡綫底情形對於圍攻巴黎的軍隊是一個生死的問題。數日聯絡底中斷就會影響幾個星期之久。普軍明瞭這個。他們現在把他們在西北法蘭西的全部後備軍集中在他們周圍，由此他們可以控制一個充分廣大的地帶以保障他們鐵路底安全。麥澤爾底陷落給德軍開放了一個從國境經過第登霍芬、麥澤爾和理姆斯的第二條鐵路綫。但是，這條綫在它底側翼却爲北軍所威脅。如果法軍還有可能解救巴黎的話，那末截斷這些聯絡綫，也許是最好的一種方法。

論戰爭——第三十五

——第一三卷——第一八四八號

一八七一年一月十四日・星期六

作戰的兩軍業已開始了兩個動作，這些動作很容易產生戰爭底危機。其中第一個是保爾巴克向維爾德的進軍，第二個是菲力・查理士親王向香澤的進軍。

關於保爾巴克向東的進軍的傳說，散佈了約一星期之久；但是，這個和現在到處喧嚷得非常之厲害的其他的傳說，並沒有任何的區別。認爲這個運動本身也許是好的這種說法，並不能使人有理由相信它是眞實的。然而，現在我們不能懷疑：保爾巴克曾經至少率有第十八軍和第二十軍以及新編的第二十四軍來到了東部法蘭西，同時，由於經柏桑爽向維蘇爾和柏爾福之間的魯爾(Lure)的一種運動業已迂迴到維爾德在維蘇爾附近的陣地。一月九日，維爾德在維勒爾塞克色爾(Villersexel)，在魯爾附近，向他進攻；結果發生了戰鬥，並且雙方都爭言勝利。這顯然曾是一種殿軍戰，維爾德在這個戰鬥中，好像保障了他退却底安全。無論在這個第一次戰鬥中誰得到了勝利，但在一兩天內，使問題在這裏發生危機的其他的和全面的會戰將繼之而起，這却是確實的。

如果保爾巴克底運動將以充分的兵力來進行，也就是將使用在其他地方無絕對需要的每個人員、馬匹和槍砲時，並且如果這個運動將以必要的精力來實施時，那末它一定能够引起戰爭底轉機。我們以前已經指出德軍迂長的聯絡綫之弱點，同時也指出由對於這個聯絡綫的一種有力的攻擊來解救巴黎的可能性。現在牌已這樣攤下；勝負如何，那便看你打法怎樣了。

現在，在法蘭西的侵略軍中，幾乎全部現役部隊不是用於巴黎底圍攻便是用於對這個圍攻的掩護。在三十五個師（包括一直到現在用作現役部隊的禁衛後備師）中，有三十二個師被如此佔用。兩個師（三個巴敦旅和一個普魯士旅）在維爾德指揮之下，同時在查斯特魯指揮之下的一個師現在也業已附屬於他。除此以外，維爾德還指揮至少兩個後備師，後者業已用於柏爾福底圍攻和南亞爾薩斯要塞底佔領。因此，從麥澤爾經隆及薩松到巴黎和由此經歐克塞爾及沙提昂到巴塞爾附近的胡寧根（Huningen）的這條綫東北的地區底整個面積以及其中所有已被佔領的要塞必須由盡可能使用的其餘的後備軍來扼守。如果我們想到：除此以外在德意志的俘虜尚須監視，同時自己底要塞必須要有守軍的話，如果更想到：祇有九個普魯士軍（即在一八六六年前成立的各軍）有充分老的兵士足以補充後備營而其他各軍在能够作到這個以前尚須等待五年的話，那末我們可以想像：用以佔領法蘭西這部分領士的軍隊是不會過於充分的。固然，十八個補充營現在已被派遣到法蘭西來佔領亞爾薩斯和洛林底要塞，同時新編的『守備營』也必須瓜代普魯士內地的後備軍。但是如德意志新聞所報告，這些守備營底編成進行得却有些太迂緩了。因此，守備軍暫時還比較薄弱，而祇能够控制他們所警備的省份內的居民。

保爾巴克便是向這部分德意志軍隊移動的。他顯然曾企圖把他底軍隊挺進至維蘇爾與柏爾福之間，由此他可能孤立了維爾德，然後當他把他驅逐到西北方面時可能單獨地擊破了他。但是因爲維爾德現在或許在柏爾福前面並且業已與特勒斯寇（Tresckow）相會合，所以想要解除圍攻，保爾巴克必須擊敗兩者。他必須把圍攻者驅逐到萊茵河流域，由此他可以在佛日山底東側前進到魯乃維爾，在那裏他可能到達了德軍底聯絡幹綫。在法爾茲堡附近鐵路隧道底破壞一定會在一個相當時期內阻止了到斯托拉斯堡的鐵路，甫魯阿爾鐵路交叉點底破壞一定會截斷了沙爾布魯根到麥次的鐵路。甚至向第登霍芬派遣游擊隊以便在那裏再破壞鐵路而由此截斷德軍所據有的最後一條交通綫，也許是可能的。不過這個游擊隊可能常常向盧森堡或者比利時逃跑而被繳械。不過它也許已經取得充分的代價。

這些便是保爾巴克不得不考慮的目的。在巴黎周圍地區搜括一空的這種情形之下，從巴黎到德意志的聯絡底中斷，即使是數日之久，對於巴黎前面的二十四萬德軍一定是一個非常嚴重的問題。甚至十二萬到十五萬法軍在洛林的存在對於圍攻之解除也許是一種比較香澤對菲力・查理士的勝利還要有效的手段，因爲這個勝利一定祇能把後者（指菲力・查理士。——譯者）驅逐到那時掩護他後路的圍攻軍裏去。固然，德軍還有另外一條經由第登霍芬、麥澤爾和理姆斯的聯絡綫而保爾巴克也許不能以游擊隊達到它。但是一當保爾巴克成功地突入洛林以後，在被佔領的區域內一定立刻會產生一種普遍的人民起義，這是絕對可靠的。我們用不着再討論：在這樣一種情形之下，這第二條鐵路綫上的運輸底安全將如何保障。除此而外保爾巴克成功底第一個結果一定是逼使哥本退却，於是北軍一定會藉此找到一個有利的機會在薩松和麥澤爾間截斷那條聯絡綫。

我們認爲保爾巴克底這個運動，是這次戰爭中爲法蘭西將軍所作的最重要而且最有希望的運動。但是我們要重複地說：這個運動也必須要適當地進行。一個最好的計劃，如果被軟弱無力、優柔寡斷地執行，也是沒有價值的。在他和維爾德的戰鬥未解決以前，關於保爾巴克底軍隊和他如何使用他們的方法，我們也許得不到任何肯定的答案。

在這個期間，我們聽到：預期要進行這樣一種動作，維爾德底那一軍決定擴充爲在曼脫非爾指揮下的一個龐大的『第五軍團』。據說，曼脫非爾把他底『第一軍團』交與哥本，而以第二、第七及第十四軍去援救維爾德。在第七軍中，第十三師已經在查斯特魯指揮之下派遣到維蘇爾；第十四師剛剛佔領了麥澤爾和羅克魯阿，因此不能立刻來到維蘇爾。第十四軍是一直歸維爾德統率的唯一的一個軍（巴敦師和第三十及第三十四普魯士團在哥爾茲〔Goltz〕指揮之下）。至於在巴黎前面的第二軍，我們不相信它會在該城投降以前出發，因爲它很難從那裏抽調出來。但是，即使它現在會被派出，但它也一定是在維爾德和保爾巴克底決定動作完成以後才能到來的。至於談到由德意志可能有的預備隊所組成的維爾德底其他的援軍時，我們必須考慮到：第一，可能用作後備兵的一切人員，都已被派出或者現在正被派出；第二，補充營——現在尙存的唯一預備軍——剛剛抽調完了它那已經訓練的人員，現在祇剩下幹部。因此，保爾巴克可以當預定的援軍未到着以前在任何情形之下進行他那第一次的決戰。如果他勝利了，那末他將處於有利的地位，可以當這些增援部隊依次從各個方向到來時而一一對付他們。

另一方面，菲力·查理士親王雖有其向里曼勝利的進軍，但仍造成了德軍在這次戰爭中所曾干犯的第一次錯誤，因爲他爲了集中其全部兵力來應付香澤而結果使保爾巴克完全自由。雖然香澤無疑的是他直接的、同時在目下也是最危險的敵人，但是能完成對法軍決定勝利的地方，並不是香澤所在的那個區域。香澤曾經遭受了嚴重的失敗。這個使他暫時中止了他那解救巴黎的企圖。但是其他任何行動並未決定。香澤能够（如果他願意的話）或者向布勒塔尼或者向加爾瓦豆（Calvados）退却。在這兩種情形之下，他都可以在他退却底末端找到一個大的海軍兵工廠——布勒斯特或者瑟堡，兩者都設有分遣堡壘，這個可以掩護他，一直到法蘭西艦隊能够把他底兵士運送到羅亞爾河以南或者索姆河以北時爲止。因此，西部法蘭西是這樣一個地區，在這裏法軍可以進行一種吸引敵人兵力的戰爭，也就是時而前進，時而後退，而不至於使自己陷於窮境。我們用不着奇怪，香澤會被甘伯他鼓舞去進行戰鬥，據說甘伯他已到了他那裏，同時他的確曾使軍事上的考慮附屬於政治上的考慮。但是香澤在他敗北和里曼失守以後，除了把菲力·查理士盡可能地向西方牽制以使當保爾巴克開始發展他底遠征時這部分德意志軍隊無法行動以外，便不能有其他更好的方法。

在北部，費德爾布顯然過於軟弱無力，以致對哥本不能採取任何堅决的行動。因爲好像香澤不能擊敗菲力・查理士而因此也不能解救巴黎，所以最好向北派遣充分的兵力以使哥本脫離亞眠和盧昂同時特別在現在當保爾巴克威脅着德軍另外一條聯絡綫的時候以集中的兵力對麥澤爾到巴黎的鐵路綫試行突進。聯絡是軍隊部署中最弱的一部分。如果那無論在薩松或者在勒特爾都非常容易受到北方來的襲擊的北部聯絡綫，當保爾巴克開始在洛林南部行動之際，受到嚴重的威脅時，那末我們也許突然會在凡爾賽看到一個軒然的騷亂。

論戰爭——第三十六

——第一三卷——第一八五二號

一八七一年一月十九日·星期四

自從巴黎隨色當之後爲敵人底攻擊所嚴重威脅以來，我們曾不斷地强調像巴黎這樣一個築城的首都是具有巨大的威力的。但是，我們也從未懈於指出：爲了充分發展其抵抗力，一個大的正規軍對於防禦是必要的：這支軍隊要相當强大，使得圍攻者無法把他們包圍在要塞以內，同時也無法阻止他們在要塞周圍的平地上作戰，而這種要塞就可以作爲他們底中樞或者部分地作爲他們底作戰根據地。

在正常的條件下，自然是會常常具有這樣一支軍隊的。法蘭西軍隊，設使在國境附近被擊敗時，必然要退到巴黎，作爲他們最後的而且最主要的據點。在普通情形之下，他們也許會以充分的兵力來到這裏，同時也許在這裏會得到充分的援軍能够完成他們所負的任務。但是這一次，第二帝國底戰略已使全部法蘭西軍隊從戰場上消失了。其中一個軍團曾經顯然絕望地被圍於麥次。

另外一個軍團剛剛在色當投降。當普軍來到巴黎前面的時候，爲了巴黎底防禦所準備的一切兵力便是一些半額的留守部隊，一部分剛從各省召來的流動警備隊和一半都尚未編成的國民軍。

甚至在這個情形之下，這一要塞所固有的力量在進攻者看來是如此可怕，同時，那想要照規矩去進攻這個大城市和它底外堡的工程又如此浩大，所以他們立刻放棄了這個，而寧願以饑困來征服這個城市。同時，亨利·羅希法爾（Henry Rochefort）等人又組織了一個『城防委員會』（Barrikaden—Kommission），該會被委以建設第三道內部防禦綫的責任，以準備巴黎所特有的戰鬥方法：防寨底防禦和房屋底爭奪戰。當時，各報紙非常嘲笑這個委員會。但是，普軍參謀本部底半官方的報紙却確信：在防寨上必然要發生苦戰，這是確實的，這個曾使參謀本部決定以饑困來征服巴黎。普軍很清楚地知道：堡壘和在其後的圍廓，如果僅由砲兵來防守時，在一個相當的期間內一定會陷落的。但是，在那時，戰爭底這樣一個階段也許就來了：在這個階段中，新的軍隊以及甚至公民却可以與有經驗的戰士相抗衡，在這個階段中，房屋和街道不得不逐一來克服。而且如果注意到防禦者人數衆多時，也許就會確信：這個戰鬥是會引起巨大的人員底損失的。誰要想着從報紙上得到關於這個問題底報告，他便可以在普魯士底公報（Staatsanzeiger）中發現：正是這個因素使普軍放棄了正規圍攻。

巴黎底包圍始於九月十九日，恰恰是四個月前的今天。翌日，指揮巴黎正規軍的杜克魯將軍以三個師在克拉馬爾（Clamart）方面進行了一個出擊，結果損失大砲七尊，被俘三千人。接着在九月二十三和三十日以及在十月十三和二十一日，進行了同樣的出擊，結果法軍都遭受了相當大的損失；也許除了使年青的軍隊習慣於敵人底砲火以外，沒有得到任何其他的利益。二十八日，法軍對於里·布爾治（Le Bourget）村以相當的成功進行了一個新的出擊，這個村莊被佔領並扼守了兩天。但是，三十日，普魯士禁衛軍底第二師——十三個營，當時不到一萬人——又奪回了該村，法軍顯然沒有很好地利用了這兩天的工夫，因爲在這兩天中，他們是可以使這個建築堅固的村莊變成要塞的。他們也沒有注意去建立預備隊以便適時援助防禦者，不然這樣一個小的部隊不會從他們手中奪回這個地方的。

在這個努力以後接着便是一個月的平靜。特魯錫顯然企圖在他再冒險進行大的出擊以前，改善他底軍隊底訓練和紀律。這個確實是正確的。但是他對於前哨底設置、偵察隊和斥候底動作、伏擊和奇襲却沒有予以應有的注意，總之一句話，凡是屬於巴黎周圍法軍前綫士兵底正式任務的一切，他都沒有去作；也就是說，他忽視了那種戰爭，就是最適合於使年青的軍隊相信他們底軍官和自己，並使他們習慣於堅決和敵人作戰。如果一個軍隊業已發現他們能够以小的部隊、以單獨的班、以半個或者一個連襲擊、擊敗或者俘擄敵人同樣小的部隊時，他們不久也將學會以營對營地來與敵人周旋。此外，他們更由此學會眞正的前哨勤務，而他們當中很多人一直到十二月底還似乎未曾明瞭這種勤務。

最後，在十一月二十八日，開始了接連不斷的出擊，這個在十一月三十日通過瑪倫河的大出擊中和在巴黎整個東部戰綫底前進中達到了它們底最高點。十二月二日，德軍再佔領了布里和香檳省底一部分。翌日，法軍退過了瑪倫河。作爲一個想着突破圍攻者所構築的築城綫的企圖，攻擊完全失敗了，因爲他沒有奮力來進行。但是，這個攻擊使法軍得到了他們戰綫前面迄今所爭奪的地區底一個重要部分。從德蘭錫一直到奴里附近的瑪倫河寬約二英里的這一個狹長地帶——一個爲堡壘砲火所完全控制的、爲建築得很密接而因此易於防禦的村莊所掩護的並且在亞佛隆高原上有一個新的居高臨下的陣地的地區——爲他們所佔領。因此，這裏便是一個使防禦圈不斷擴張的機會。如果這個地區一旦能够確保時，再進一步的前進便可以從這裏來試行；或者，圍攻者底戰綫將如此『突出』以致法軍能够成功地攻擊這一綫。或者，由於强大的兵力在這裏的集中，德軍也許不得不減弱他們在其他據點的戰綫而因此便利於法軍底攻擊。現在，這個地區留在法軍手中整整一個月。德軍曾不得不建立圍攻砲位以對付亞佛隆。而兩天的砲擊便把法軍從這裏驅逐出去，亞佛隆一經失守後，其他的陣地也被放棄了。二十一日，在全部東北及西部底戰綫進行了新的攻擊。里·布爾治一半被克服。麥松·布拉錫（Maison—Blanche）和維爾·埃福拉爾（Ville-Evrard）被佔領了。但是在當夜，所有這些戰果又完全失掉了。軍隊被遺留在堡壘外面的空地上，他們在零下九度到二十一度❶的氣温下面在那裏露營。他們最後被撤退到兵營裏，因爲他們

❶ 此處係指華氏表。（郝思）

當然不能支持這個沒有掩蔽的陣地。整個這段插話比較其他關於防禦巴黎時所具有的那種無決心和無精力——那種軟弱無力，我們幾乎可以說是昏睡狀態——的任何東西還要特徵些。

亞佛隆事件結果使普軍把包圍變成一個眞正的圍攻，同時並使用了攻城砲兵以備萬一。十二月三十日，開始了對於東北和東部堡壘的正規砲轟，一月五日，又開始了對於南部堡壘的正規砲轟，兩者沒有間斷地繼續着，以後更開始了對於城市本身的砲轟——一種前所未聞的暴行。沒有人比凡爾賽底參謀本部更淸楚地知道這個，並且除它以外沒有人如此屢次在報章上斷言：對於像巴黎這樣一個廣大的城市的砲轟是不能早一刻加速它底投降的。隨着對於堡壘的砲轟，現在正規平行壕（至少對於伊錫〔Issy〕）底掘鑿開始了。我們聽到：大砲底砲位更向堡壘移近了，並且如果防禦者不更較以前堅決地行動，那末我們不久便會聽到關於一個或者更多的堡壘底喪失了。

在這個期間，特魯錫仍然繼續莫明其妙地無所作爲。在最近幾天所進行的幾次出擊，如同特魯錫底非難者在世紀雜誌上所說，好像有些太『靈性化』(Platonic)了。據說，士兵們拒絕服屬他們底長官。如果是這樣的話，這祇是證明：他們對於最高指揮業已失掉了一切的信任。我們的確不能不得到以下的結論：就是巴黎總司令底更換業已成爲必要的了。防禦軍所採取的一切手段證明是猶豫不決的，是神昏顚倒的，是缺乏精力的，這些完全不能歸罪於兵士底素質。爲法軍扼守一月之久的陣地——在這中間，大約祇有十天是酷寒的天氣——沒有構築工事，這個除了特魯錫以外還能責備誰呢？留心這件事曾經是他底任務。這個月也還是圍攻底危急時期。在這個月底，那一方面：圍攻者或者被圍者，可以進展的這個問題一定會得到解決。不是軍隊底不活動和無決心而是高級指揮官底不活動和無決心使得形勢不利於被圍者。

那末為什麼這種不活動和無決心仍然繼續着呢？堡壘在敵人砲火之下。圍攻者底砲位被漸漸移近了。法軍底砲兵，如同特魯錫自己所承認，不及進攻者底砲兵。如果僅僅由砲兵來進行防禦，那在這種情形之下堡壘底壘壁、石造工事以及一切將一一被放棄的時候便可計日而待了。不活動和無決心是不能夠拯救他們的。必須有所作為；如果特魯錫不能的話，那他最好讓別人來嘗試。

肯雷克❶保有一個文件，證明特魯錫底性格和在巴黎底這個防禦中是一樣的。當拉格蘭卿(Lord Raglan)和聖·亞爾諾(St. Arnaud)決定向發那(Varna)前進❷，而英軍底輕步兵師已經出動以後，特魯錫上校——『一個謹慎非凡而富於軍事科學的人』，他底任務據說是在於矯正法軍元帥粗暴無謀的舉動——拜訪拉格蘭卿並開始談判；結果聖·亞爾諾宣稱：他已決定『祇向發那派遣一個師，並將他其餘的軍隊不配備在巴爾幹山前面而配備在背後』，同時他又勸拉格蘭卿仿效聖·亞爾諾。而這個正是在多瑙河上的土軍沒有外援便幾乎不能夠得到勝利的千鈞一髮之

❶ 肯雷克(Alexander-William Kinglake)——一八〇九—一八九一年。英國著名戰史家。曾作為觀察員參加克里米亞戰爭。恩格斯在此處係指肯雷克關於克里米亞戰爭的五本著作。(郝思)

❷ 在一八五三到一八五六年克里米亞戰爭中。(郝思)

際❶。

人們也許會說：巴黎城內的軍隊業已喪失了勇氣而不能再進行大的出擊，向普軍底圍攻工事挺進似乎也太遲了，特魯錫也許節約他底軍隊以在最後的瞬間進行一個大的努力等等。但是如果巴黎底五十萬武裝的兵士不得不向那人數不及他們一半而且處於對防禦非常不利的地位的敵人投降的話，那末他們將不必在他們底屈辱深深印在全世界人士以及他們自己腦海以前來這樣作的。他們將不必坐在那裏，吃盡他們最後的食糧，然後投降！並且如果他們業已喪失了勇氣，那末這是因爲他們感覺到自己已絕望地被擊敗了呢，還是因爲他們不再信任特魯錫呢？如果現在進行出擊是太遲了的話，那末在下一個月，他們便更不可能了。至於特魯錫最後大的企圖，那他是進行得愈早愈好。現在他底兵士底給養還很好而且體力也還堅强，但是二月將如何，那便很難說了。

❶ 請參閱恩格斯軍事論文選集第四分册東方戰爭（人民出版社版），特別是其中『無聊的戰爭』一文。（譯者）

論戰爭——第三十七

——第一三卷——第一八五四號

一八七一年一月二十一日・星期六

這是對於法蘭西軍隊最不幸的一週。在香澤敗北之後，接着便是保爾巴克在柏爾福前面敗退，現在根據普軍報告，費德爾布剛剛在聖・昆廷前面又遭受了敗北。

關於保爾巴克底失敗，沒有什麽可以疑惑的了。自九日在維勒爾塞克色爾的散兵戰以來，在所有的運動中，他都表現一種迂緩性，這個不是說將軍方面無決心，便是說兵士方面缺乏充分的抵抗力。對於那些維爾德在里澤諾（Lisaine）河（或者根據其他地圖爲伊塞爾〔Isel〕河）彼岸爲了掩護柏爾福底圍攻所準備的塹壕陣地的攻擊在十五日才開始。十七日黄昏，保爾巴克認爲絕望而放棄了這個攻擊。無疑問，這個戰役是以不充分的兵力來進行的。第十五軍被留在內維爾附近，而關於第十九軍，一月來我們便沒有聽到任何消息。從里昂調來的軍隊祇限於一個軍——第二十四軍。我們現在聽到：有相當數量的援軍正趕赴第戎；但是由於敵人方面也迅速到有大批的援軍，所以這個也不能立刻使保爾巴克再採取攻勢。

保爾巴克是否必須要率領他那年青的軍隊對於為後膛槍所防禦的塹壕陣地進行攻擊，固屬疑問；但是我們迄今關於那發生三日戰鬥的戰術條件知道得却很少：這也許是因為他已經不能够再作別的了。

普軍大本營不以倫敦此地大多數人所抱的那樣輕蔑的態度來觀察保爾巴克底攻擊，這可以由大本營籌劃對策時所表現的那種過分的匆忙來證明。這些措置使我們確信：保爾巴克底運動在他開始向東方進軍時（即使不在這個時候以前）便為凡爾賽所知。一月二日，第二軍接到了從巴黎取東南方向向塞納河上游底盆地進軍的命令。幾乎同時，查斯特魯率領第十三師也離開了麥次近郊向沙提昂進軍。在九日佔領羅克魯阿以後，第十四師（查斯特魯第七軍底餘部）立刻奉命由查爾維爾（Charleville）向巴黎出發。從那裏，它跟隨第二軍行動。還在十五日，我們便發現前衛部隊（第七十七團底一個營）在隆格勒附近捲入戰鬥。同時，後備軍很迅速地由德意志被派至南部亞爾薩斯，並且曼脫非爾顯然是因為法軍向德軍全綫最弱點所進行的這個第一次嚴重的運動而接受新的任命的。如果保爾巴克曾經握有充分的兵力以迅速攻擊維爾德時，他也許會把維爾德驅逐到萊茵河流域，使佛日山脈介於維爾德和他自己軍隊之間而以他兵力底大部分向那從各方面到着的德意志援軍前進以便一一攻擊它們。他一定會一直突進到巴黎——斯托拉斯堡鐵路；巴黎底圍攻在這種情形之下是否還可以繼續，便大成為問題了。自戰略觀點來看，他底敗北並不能證明他底運動是不正確的；它祇證明，這個運動並沒有以充分的兵力來進行。本文底筆者依然認爲：解救巴黎的最簡捷的而且最安全的方法便是對於巴黎——斯托拉斯堡鐵路（德軍所具有的唯一貫通的鐵路綫）的攻擊。因爲我們現在知道：經過第登霍芬和麥澤爾的另外一條鐵路綫由於亞爾登隧道底炸毁尚未通行，並且在最近期間也將是這樣。在這個戰爭中，一個隧道底破壞停止鐵路交通數月之久，這可以說是第二次，而另一方面被毁的橋樑和水道又常常在一個難以相信的短時期內被恢復。

至於香澤，他顯然犯了使他自己終於參加了正規戰的一個很大的錯誤。他一月來一定曾經知道了保爾巴克底運動。他一定曾經知道：這是解放巴黎的最重要的運動，同時在這個期間他自己必須担負菲力·查理士軍團底全部重壓。他沒有被逼去進行會戰；反之，如果能够像他在十二月第一次獲得榮譽那樣，緩慢退却，同時不斷進行殿軍戰，他也許能够把他底敵人遠遠地吸引到不安全的地方去。他曾經有充裕的時間把他底給養搬運到安全地點，同時他也曾經有權去選擇：或者向設有要塞軍港的布勒塔尼退却，或者向羅亞爾河以南的南特（Nantes）退却。况且，菲力·查理士也不能以他全部兵力很遠地追擊他。這樣一種戰略的退却，也許更符合於我們根據過去戰鬥經驗對於香澤所抱有的看法。因爲他一定知道：他所接受的新的援軍，無論根據裝備或者根據武器或紀律而言，都不宜於進行總的會戰，所以我們不得不達到這樣的結論：即里曼前面的會戰不是由於軍事的原因，而是由於政治的原因失敗了，這裏應該負責任的不是香澤而是甘伯他。固然，香澤底退却爲上述的這個敗北使之非常困難。但是香澤善於退却，並且勝利者們一直到現在好像在基本上並沒有沮喪了他底軍隊底士氣。不然，他們一定會對於他們關於這個軍隊『顯示出瓦解底徵兆』的說法舉出確實的證據。至於香澤底退却是否是一種離心的退却，這是不十分清楚的。但是無論如何，說他底軍隊一部分向亞朗松（Alenc,on）而另一部向拉瓦爾（Laval）退却的這個事實不必然要得到下列的結論：即第一部分在哥唐坦（Cotentin）半島上已被驅逐到瑟堡而其他一部分在布勒塔尼省內已被驅逐到布勒斯特。因爲法蘭西艦隊可以在數小時內從這一個海港駛至那一個海港，所以這個甚至也許不是一種嚴重的不幸。布勒塔尼底土地由於其種植很密的無數籬笆——像懷特（Wight）島上的籬笆那樣密，但還要比它們多——非常適合於防禦，特別適合於無經驗的軍隊，因爲他們那種劣弱的質量在那裏幾乎可以被抵消了。菲力·查理士也許不會冒險使他自己墜入這樣一種迷途，在這個迷途裏，第一共和國底軍隊曾爲了反抗一個簡單的農民暴動作戰多年❶。

在全部一月份戰役底觀察中，我們達到這樣的結論：即法軍在各處都業已失敗了，因爲他們曾企圖在同時去作過於多的事情。祇有把他們底大量軍隊集中於一點，他們才能夠有希望得到勝

---

❶ 恩格斯此處係指芳底(Vendee)——法蘭西中西部底一個縣——農民暴動。該地農民在法蘭西大革命時，也就是在第一共和國時，在政治上是最落後的，他們擁護反革命的保皇黨，與共和軍作戰多年（一七九三—一七九五年）。（譯者）

利。雖然那時他們必須干冒在其他點（在這點上他們自然一定得避免正規戰）上暫時被擊退的危險。如果他們不這樣作並且不趕快這樣作，那末巴黎祇能够被認爲已經失掉了。但是如果他們根據這個早已確定的原則來行動時，不管情況今天對於他們是怎樣黑暗，他們仍然是可以勝利的。德軍現在已得到他們在最近三個月內能够期待的一切援軍，而法軍在他們練兵營中一定至少還有二十萬到三十萬人，他們在這個期間將成爲可以作戰的兵士。

論戰爭——第三十八

——第一三卷——第一八五八號

一八七一年一月二十六日・星期四

戰爭現在又進入一個危急時期，這可能是爲最後的一次。自從我們知道，在巴黎，麵包已由政府按日分配以後，戰爭業已開始結束的這個事實是再沒有可以置疑的了。至於隨着這個，法軍將怎樣迅速地宣告投降，那是次要的問題。因此，我們認爲：一個約有五十萬武裝兵士的被圍軍將不得不在圍攻軍所規定的一切條件之下向約有二十二萬人的圍攻軍投降。固然，是否可能不經更多的戰鬥來實行這個，還須留待證明；但是無論如何，這樣一種戰鬥在基本上是不會改變局勢的。是否巴黎還能够支持兩個星期，或者是否這五十萬武裝兵士底一部分可以成功地强行通過圍攻綫，——這一切對於戰爭以後的過程都不會有很大的影響。

我們認爲特魯錫將軍應首先對於圍攻底這個結果負責。看來他絕對沒有能力由他現有的、確實是優秀的成份來編成一個軍隊。他幾乎有五個月的時間，把這些人材變成兵士，但是他們在圍攻末期的作戰似乎並不較在圍攻初期的作戰爲佳。從凡勒里安（Valerien）最後的出擊比較以前越過瑪倫河的出擊更缺少敏捷性；其中雖有許多可歌可泣的表演，但拚命的眞正憤慨之氣却很少。人們不反駁：兵士不能向那爲有作戰經驗的德意志軍隊所佔領的胸牆衝鋒。但是爲什麼不能呢？五個月的時間是足以把特魯錫所指揮的人員變成眞正的兵士。同時除了對於一個巨大的塹壕陣地的圍攻以外，再沒有更好的條件適合於這個目的。無疑的，兵士在十一月和十二月底出擊以後，業已喪失了勇氣，但這是因爲他們在敵人前面承認了屈服呢，還是因爲他們對於特魯錫進行戰鬥的決心業已失掉了任何信任呢？從巴黎來的一切報告都一致把沒有成功的原因歸之於兵士對於高級指揮的缺乏信任。這是對的。我們不應當忘記：特魯錫是奧爾良派❶，因此他常常在恐懼着拉·維埃特（La Villette）、伯爾維爾（Belleuille）以及巴黎其他『革命的』市區。他害怕這些市區甚於害怕普軍。這不是我們底一種簡單的想像或者推斷。我們從一個可靠的資料——一個政府人員由巴黎寄出的一封信——知道這個；在這封信上這樣寫着：各方面都要求特魯錫採取猛烈的攻勢，但他却斷然加以拒絕，因爲據說，這樣一種方法會把巴黎讓與『政治煽動者』。

因此，巴黎底陷落，現在差不多是確實的了。這個將是接着聖·昆廷、里曼和黑里庫爾（Hericourt）之後，對於法蘭西民族的一個嚴重的打擊；在這種情形之下，其精神的影響將是

❶ 奧爾良派是法蘭西保皇黨三派之一（其他兩派爲合法派和拿破侖派），擁護那撲滅法蘭西二月革命的奧爾良王朝。（譯者）

非常之大的。此外，在東南方面，能够使這個打擊變成一種精神上毁滅的打擊的事變已逼在眼前了。保爾巴克好像在柏爾福近郊這樣踟躕着，以致使人想像他絕對不明瞭他自己所處的地位。在布勒蘇爾（Bressolles）指揮下的第二十四軍，在二十四日，還在距緊接瑞士國境的蒙伯利亞爾（Montbeliard）南約十二英里的布拉蒙（Blamont）。縱然我們假定這是保爾巴克底殿軍，但我們也不能够希望他所率領的其餘兩個軍曾相去很遠。在這個期間，我們聽到：普軍分遣隊已經於二十一日在竇爾（Dole）截斷了柏桑爽和第戎間的鐵路綫，自此以後便佔領了聖維特（St. Vith）——在該綫上接近於柏桑爽的另外一個車站，而因此把保爾巴克向里昂的退却限制在杜河（Doubs）與瑞士國境之間的這個狹長地帶。這是一個有平行的山脈和谿谷的地區，在這裏一個比較小的部隊可以發見許多地點以阻止像保爾巴克這樣一個軍隊底退却。在杜河上的這個分遣隊好像是查斯特魯第七軍底第十八師❶，或者也許是曾在二十三日派遣到第戎的福蘭塞克（Fransecky）底第二軍之一部。和第二十一團一齊編成第八旅（或者第二軍底第四旅）的第六十團在這個城市前面被加里

❶ 在英文原本中，恩格斯把第十八師删改如下："18th"。在旁邊，恩格斯親筆寫着："3—2 4—1"。這是說，第七軍底十四師。在德意志參謀本部著作中，這樣說：在第七軍第十四師中，一月二十四日，更有一個加强的旅（在物伊納〔Woyna〕將軍指揮下的步兵第二十八旅）被率領至杜河南岸，該旅在唐皮葉(Dompierre)與維阿爾(Villars)間的河灣處佔領了聖·喬治區(st. Georges Quartier)，因此在唐皮葉前面的聖·維特附近祇有該師底餘部（步兵第十七旅）在前衞部隊掩護之下（德意志參謀本部報告書第五卷第一二三五頁）。（郝思）

波的擊退，並遺失了它底軍旗。然而因爲加里波的至多有一萬五千人，所以他將不能够扼守該城以對抗那確實在這個期間業已來到那裏的優勢的普軍。他將要被擊退，而普軍將要一直前進到杜河以及杜河以外。如果保爾巴克在這個期間不很好地利用他底兵士底脚力，那末他和他底全部軍隊將被驅逐到柏桑爽要塞裏，在那裏他將重演麥次底悲劇，或者他將被驅入瑞士國境上的汝拉山之一隅而不得不在國境底這一方面或者那一方面投降。縱然他能率領他底大部分軍隊逃走，但那幾乎是確實的：很多落伍者，很多行李以至於大砲一定得被犧牲。

在黑里庫爾底三日戰鬥後，保爾巴克沒有再在這個國境附近的暴露的陣地上甚至逗留一日的任何理由，況且普魯士增援部隊又正向他底聯絡綫前進。他那想要解救柏爾福的企圖業已失敗。在這個方向再作攻勢運動的每一個有利的機會都已消失了。他底地位日益危險，這時除了迅速的退却沒有任何方法可以拯救他。但是根據一切徵兆來看，他甚至業已忽視了這個，並且如果他底疏忽促成第二個色當，那末這個對於法蘭西人民的打擊在精神上將是不可收拾的。

我們說精神上是因爲物質上這個打擊必然不是這樣。固然德意志不像甘伯他所斷言的那樣精疲力竭，但是德意志在目下以這樣多的軍隊活動，以使它在今後的數月內無法繼續。不久以後，德軍底兵力一定要減少，然而甚至在巴黎守軍和保爾巴克底軍隊投降（設使這個會發生）以後也沒有任何東西可以阻止法軍兵力不再增加。普軍本身似乎業已放棄了可能征服並佔領全部法蘭西的一切希望。祇要南方的稠密的地區仍然自由，並且祇要在北方，消極的而有時還是積極的抵抗

（如在托爾附近摩塞爾橋底炸毁）不被放棄，那末我們便沒有任何理由認爲：法蘭西會被逼而投降，——如果它未會厭倦了戰爭的話。

論戰爭——第三十九

——第一三卷——第一八六〇號

一八七一年一月二十八日・星期六

自色當以來，祗有兩次法蘭西軍隊底動作使毛奇將軍感到嚴重的不安。

第一次是在十一月中旬，當羅亞爾軍團在豐・德爾・譚在庫爾米葉敗北後轉向了左翼以便從西面到達巴黎，而一直前進到多留。當時，毛奇曾以對於這個危機所必要的一種決心準備立刻撤消巴黎底圍攻，設使梅格稜堡大公爵連同那暫時派來救援他的一切援軍還不足以阻止敵人底前進時。這個前進被阻止了，圍攻仍能繼續進行。

第二次是保爾巴克向東方的進軍，這個擾亂了凡爾賽大本營底安寧。那些立刻對於這個所採取的步驟，指示給我們：這個運動曾被怎樣重視過。維爾德底軍隊——第十四軍和特勒斯寇及史麥林底預備師——立刻為兩個軍所增援，其中一個軍即第二軍，已經於一月二日由巴黎出發。半官方通信底措詞變得謹慎了。在十一日，地方通訊（"Provinzial Correspondenz"）引起各方對下列事實注意：即『在東部法蘭西，重要的和決定的戰鬥已逼在眼前』，並且保爾巴克曾企圖在解救柏爾福以後在南錫突破普軍底聯絡綫。非官方通信記者底措詞雖然謹愼，但比較明顯些。我們在這裏祇想引用其中之一：即科侖新聞報記者維克德（Wickede）底通信。剛剛在維勒爾塞克色爾戰鬥（在這個戰鬥中維爾德曾經確保了他和柏爾福前面特勒斯寇軍隊的聯絡以及他向那裏的退却）後，他便說：『人們曾經設法使法軍不能解救柏爾福。但是在最近這次勝利的戰鬥以後，我們大概能够希望：他們不會成功地經過說蒙向南錫或者向我們鐵路綫底其他地點挺進，這個在不久以前還是相當堪慮的。』一月十六日，當曼脫非爾以三個師到達了沙提昂底那一方面以後，他又從南錫寫來通信道：『敵人一個軍可能佔領南錫的這個顧慮——我們確實在幾天前曾經保持的那種顧慮——現在已完全消釋了。』（在這個通信以後不久，又由巴敎來了一個通信，在開頭便說：『無疑問，柏爾福前面的形勢是非常嚴重的。』）但是維克德先生業已遭遇到另外一些顧慮，因爲在第二天他不得不報導說：他們已接到法軍佔領福拉維尼（Flavigny）（距南錫十一英里）的消息。立刻，警戒部隊加强了，有力的巡邏隊也派出了。在車站上有二十輛機車已升火待發。軍官、政府官吏和其他的德意志人捆好了他們底行囊，準備即時出發。據說向福拉維尼進攻的法軍是加里波的底前衛部隊。但是結果證明這個祇是由佛日山來的約二十個游擊兵。他們不久又不見了。但是，南錫底普魯士守軍一直到十九日——到保爾巴克在里澤諾河上的敗北底消息接到時爲止——還沒有完全平靜下去。於是，維克德終於又可以舊調重彈了。

法軍在所有這些敗北之後會不會達到這樣的結論，認爲再抵抗是沒有希望了呢？那些和太晤士報抱有同樣論調認爲這一戰役在其失敗後即成爲純粹不合理的人們是曾經如此想的。固然，關於這一戰役是否曾爲充分的兵力來進行，或者當這一戰役成功時是否能够充分運用其結果以至在飢餓未逼使巴黎投降以前來拯救巴黎，或者這個方向是否是向德軍聯絡綫前進的最好的方向等問題，容許有意見上的分歧；但是想着把這樣一個運動——戰略上著名的最有效的運動之一——純粹視爲『不合理』，那祇有留給太晤士報底毛奇崇拜者們來作了。

在這個期間，毛奇伯爵曾以他生平的才幹來作戰。在保爾巴克到着之前向維爾德派遣援軍，是太遲了。因此，毛奇選擇了次善的作戰方法而在沙提昂集中了他底援軍。在十五日或者不久以前，曼脫非爾曾有三個師（第三、第四及第十三師）在那裏。這些師和第六十團（第三軍）會合，後者曾爲菲力·查理士親王留在近郊。我們可以假定：第十四師也在這個時候加入了它們。總之，曼脫非爾在他向南方的進軍中如果沒有五十三個營也至少有四十一個營歸他指揮。率領着這些軍隊，他便向杜河前進而留第戎城在他底南面，在這裏，他由二十三日所進行的一個攻擊牽制了加里波的。但是他顯然沒有由於和加里波的的眞正接戰來遲延他底前進或者佔領該城的意圖。反之，他堅決地執行了他底主要目的，去截斷保爾巴克底退路。根據最近的電報，這個目的差不多達到了。他底軍隊業已在昆治（Quingey）和穆夏爾（Mouchard）渡過了杜河。在穆夏爾，第戎——彭塔利葉——瑞士鐵路與柏桑爽——里昂綫相交。現在，保爾巴克可以逃走的道路祇有一條。但是這條道路——在香巴諾爾（Champagnole）——距穆夏爾僅二十五英里並且可能已經被佔領。在這種情形之下，留給保爾巴克的也許祇有通到杜河發源地的村間道路，在這裏他很難同他底砲隊通過。並且甚至這條道路在他未脫險以前也可能被截斷。如果他不能在對於防禦非常有利的一個地點突破敵軍，那末他祇有這個選擇：或者撤退到柏桑爽堡壘底掩護之下，或者在平地上投降——也就是麥次和色當之間的這個選擇——，設使他不向瑞士軍隊投誠的話。

爲什麽他在柏爾福附近踟躕那樣久，這是莫明其妙的，因爲最近的普軍電報稱：他仍然在柏桑爽底東北。如果他不能够在曼脫非爾到着以前擊敗維爾德，那末他能够希望在此後作的事會少到什麽程度呢？保爾巴克底責任顯然是在他在柏爾福前面的最後敗北之後立刻向一個安全的地區退却。爲什麽他不這樣作，那是完全不可解的。但是如果最壞的命運降落在他身上，那末在他那由麥次到齊澤爾霍斯特（Chiselhurst——位於倫敦附近。——譯者）的神祕的旅行❶之後以及在他拒絕在里爾向共和國致敬以後，人們一定會深深懷疑到法皇禁衛軍以前的指揮官們底忠誠的。

❶ 保爾巴克曾經經德軍底特別允許離開了被圍困的麥次，以拜謁逃亡至英國的法皇后。一個復辟的陰謀據說曾被計劃。從那裏，保爾巴克不久又經過盧森堡回到法蘭西。（郝思）

論戰爭——第四十

——第一三卷——第一八六四號

一八七一年二月二日・星期四

如果我們能够相信由伯爾尼(Bern)來的最後的電報——並且我們沒有理由不這樣作——，那末我們對於保爾巴克軍隊底命運的推測便不幸而言中了。據說，瑞士聯邦政府已正式接到報告：這個約有八萬多人的軍隊業已進入瑞士領土，在這裏他們自然不得不投降。越境事件曾經發生的確切地點雖尙未獲知，但是這個一定曾經是在布拉蒙以南和彭塔利葉以北發生的。各別的分遣隊也許曾經在不同的地點越過國境，而軍隊底大部大約在里・布勒乃（Les Brenels）（柏桑爽——紐沙泰爾〔Neuchatel〕大道在這裏進入瑞士領土）越過國境。

因此，又是一個法蘭西軍隊爲他們指揮官底猶豫不決——用最柔和的言詞來說——所斷送了。保爾巴克在一個師底指揮上來說也許是一位精明强幹的軍官。但是，在決定的瞬間下一個勇敢的決心的這種勇氣和在砲火之下漂亮地指揮一個師的那種勇氣是大不相同的。和許多有堅定無疑的、光輝的匹夫之勇的人們一樣，保爾巴克也好像缺乏對於果斷的決心所必要的那種魄力。至遲在一月十七日黃昏，當突破維爾德底戰綫的不可能性對於他已成爲完全明顯的事實時，他便應該下決心採取其他的動作。他一定知道：普軍增援部隊由西北接近了他底退却綫　他所處的這個前有乘勝的敵軍而後有緊接中立國境的一條迂長的退却綫的地位是非常危險的；此外，他一定更知道：他底事業已是不可收拾地失敗了，並且在這種情形之下，他最緊要的，不，甚至他唯一的責任就在於挽救軍隊。換句話說：他必須盡他軍隊底條件所允許的那樣迅速地撤退。但是自行撤退的這個決心——如果爲他底遠征業已失敗的這種行爲所代替時——對於他似乎是太不堪了。他在他那既不能前進而又不顧後退的最後的會戰底地區遷延時日而因此給與了曼脫非爾時間以截斷他底退路。如果他立刻出發並且如果他每天僅退走十五英里的話，那末在二十日他也許到達柏桑爽而在二十一日，即恰恰在最初的普軍在那裏出現的那個時候，到達竇爾區。這個普軍不會是很强的，並且，甚至保爾巴克底前衛部隊，即使不足以全部把他們擊退，也一定足以把他們阻止在杜河底右（西）岸。這個也許可以保障保爾巴克退却綫底安全，特別是在像曼脫非爾這樣性格的一個敵人底面前。雖然這位普魯士將軍在毛奇命令底履行沒有遭遇到抵抗的範圍內可以正確地行動，但是一當這個抵抗需要他自己底魄力來解決時，他便立刻降至庸人以下了。

在一般的休戰條約中不包括保爾巴克和加里波的行動的四個縣，這是俾斯麥和佳爾·法佛爾之間所製作的文書內最值得注意的一點。因此，普軍事實上保留着祗要他們願意便可以在這四縣中繼續戰鬥的權利。這是前所未聞的一種條約，它無非證明：征服者以一種眞正普魯士的方法爭取到他們現刻的優勢所允許給他們的每一個讓步。休戰條約對於菲力·查理士在那裏發現他最好不再前進到里曼以外的西部有效。它也同樣對於哥本在那裏爲要塞所阻止的北部有效。但是它對於曼脫非爾底前進將要看到第二個色當的東南部却無效。佳爾·法佛爾同意了這個條件事實上就等於他同意把保爾巴克交與普軍或者瑞士軍；其間不同的祇是：他把對於這個行爲應負的責任從他底肩上轉嫁到保爾巴克底肩上而已。

總而言之，巴黎底投降條約是一個空前的文書。當拿破侖在色當附近投降時，他拒絕了參加任何超過他自己和他軍隊投降範圍以外的談判。這也許是因爲他——以俘虜之身——不能束縛政府和法蘭西。但是當佳爾·法佛爾先生出賣巴黎和巴黎軍隊時，他雖然處於和拿破侖在色當恰恰相同的地位，但却簽訂了束縛其餘法蘭西的條約。不，比這還要壞些：拿破侖幾乎一直到他投降之日爲止，還和其餘的法蘭西有直接的聯繫，而佳爾·法佛爾先生曾經——在五個或者六個星期之久——僅僅有很少而且不完全的機會去聽取巴黎以外所發生的情形。他關於堡壘對方的軍事形勢的情報祇能由俾斯麥來供給他。但是，他居然敢於根據敵人所供給於他的這些片面的報告來行動。

佳爾·法佛爾先生曾有在兩個不幸之間的選擇。他可以像他所作的那樣來行動，根據敵人底指令締結一個三星期的休戰條約並把法蘭西眞正的政府，波爾多政府束縛於其上。或者他可以拒絕討論其餘的法蘭西而向俾斯麥提議僅僅討論巴黎。如果圍攻者提出了難題，他也同樣可以像法爾茲堡底指揮官那樣作：打開城門，恭請征服者入城，最後的這個方法也許更有利於他底名望和他底政治前途。

至於波爾多政府，它一定要同意休戰並宣佈國民會議底選舉。它沒有任何手段逼使將軍們拒絕休戰；它將沒有決心喚起人民底異議。保爾巴克向瑞士的越境在法蘭西人於最近期間所曾遭受的許多打擊上更加了一個致命的打擊。如同我們在這個事件底推測中所已經指出的，我們相信：直接繼續着巴黎底投降而來的這個打擊將使人民意志如此沮喪，以致和約將被簽訂。然而，法蘭西底物質資源尚遠未竭盡，所以從這個觀點來看戰鬥可能仍然繼續數月之久。一個顯明的事實指出：完全征服法蘭西的困難是怎樣巨大的。菲力·查理士親王在一週的戰鬥之後曾經全部擊潰了香澤底軍隊。除開幾個旅以外，沒有任何軍隊被遺留下來抵抗他。在他前面展開了一片富庶的並且搜括得比較少的土地。然而，他在里曼停止了他底前進，而祇派出他底前衛部隊並且是在短的距離內。我們底讀者也許會想起：我們預料到了這個結果。在征服一個大的國土時，佔領地區底面積雖依算術級數而增加，但佔領底困難將依幾何級數而增加，這個的確非常接近於眞理。

此外，我們更相信：一月份戰役之連續的失敗曾如此强烈地震撼了民族底精神，以致所提出的國民會議不僅要召開，而且甚至和約也許要簽訂；因此，這個論文，和戰爭本身一樣，也要結束了。

由軍事觀點來看法蘭西底事變

——第一三卷——第一八六九號

一八七一年二月八日・星期三

如果法軍在一月份戰役中的一連的失敗——費德爾布和香澤底敗北、巴黎底陷落、保爾巴克底敗北及其向瑞士軍隊的投降——，如果在三星期這個短短的期間所發生的這一切毀滅的事變，使我們想到：法蘭西底抵抗底精神也許已經崩潰了，那末德軍由於他們過分的要求現在可能再喚起這個精神，這並不是不可能的。如果國土完全爲和平所蹂躪❶，就和爲戰爭所蹂躪一樣，那末到底爲什麼要締結和約呢？有產階級、城市資產階級和大地主連同一部分小農一直到現在都是議和派。他們所能期望的是：他們會被選爲國民會議底議和代表。但是如果這樣一種聞所未聞的要求被堅持時，在他們中間，和在大城市底工人中間一樣，也會發出要求血戰到底的呼聲。無論如

❶ 指法佛爾與俾斯麥所訂的不合理的三週停戰條約而言。（譯者）

何，我們不可以忽視那能够在二月十九日以後引起戰爭底重開的一切可能性。特別因爲德軍本身（祇要我們可以相信今天的每日新聞報）並不如此滿意於事態底發展以致忽視對於敵對行爲之再行開始的認眞的準備。因此，我們想着對於事態底軍事方面再加以概述。

現在爲普軍所佔領的法蘭西底這二十七縣包括一千五百八十萬公頃的面積，其人口（包括尚未被佔領的各要塞在內）約較一千二百五十萬人爲弱。法蘭西有五千四百二十四萬公頃的一個土地面積，其人口約爲三千七百三十八萬二千。因此，大概尚有三千八百五十萬公頃的土地和二千五百萬人口——即人口底整整三分之二和土地底三分之二以上——未被征服。雖然其抵抗曾經阻止敵人前進如此之久的巴黎和麥次已告陷落，並且尚未被征服的土地不包含有任何可以像這兩個要塞起同樣作用的塹壕陣地——除里昂以外，同時約有七十萬以下的法軍（不包含巴黎底國民軍）業已成爲俘虜或者拘留於瑞士；但是既使這三星期的休戰沒有被利用於建設新的塹壕陣地，法蘭西也還存在着重新補救這個缺點的其他的條件，因爲對於這個尚有充分的時間。

未被征服的法蘭西底大部分土地位於南特——柏桑爽綫以南。這個形成一塊完整的土地，三面爲海或者中立國境所掩護而祇有它底北部境界綫上暴露於敵人底攻擊。民族抵抗底力量便在這個區域。這裏有物質和人員可以繼續戰爭，設使戰爭再行開始時。想着反對一種拚命的、正規的和非正規的人民抵抗而征服並佔領這個長四百五十英里寬二百五十英里的大長方形，普軍現有的兵力恐怕是不够的。巴黎底投降——這個需要四個軍作爲這個首都底守備軍——將解放九個師。保爾巴克底投降使曼脫非爾底六個現役師得以自由調動；因此全部有十五個師，或者十五萬到十七萬兵士以進行野戰。此外，還有哥本底五個師和菲力·查理士底八個師。但是，哥本在北方有很多事要作而菲力·查理士又由他在都爾和里曼的停止前進業已證明：他底攻擊力已完全使用盡了，所以結果對於南方底攻略祇剩下上述的十五個師。同時在今後數月間，其他任何援軍都是期望不到的。

法軍在起初祇能以新編的軍隊和這十五個師來對抗。第十五及第二十五軍在內維爾和布爾即附近。我們自十二月初以來便沒有再聽到它底下落的第十九軍一定也在這個同一區域。其次，還有那曾經倖免了保爾巴克底覆滅的第二十四軍和不久以前被補充至五萬人的加里波的底軍隊，但是爲那一個部隊以及從那一個兵營所補充，那我們便不知道了。這個全部約有十三或者十四個師，也許甚至十六個師，不過在數量及質量上都是完全不足以阻止新的軍團底前進的，而這個軍團，如果和議不成而休戰期滿時，確實要向它們（指上述法軍十六個師。——譯者）派遣的。但是這三星期的休戰不僅給與法蘭西這些師以時間去鞏固自己，並且它也將使那現在尚在練兵營中而被甘伯他估計爲二十五萬人的多多少少是新的募兵或者至少使他們各營中最好的募兵，變成能够和敵軍較量的一支軍隊。如果戰爭重新開始，那末法軍也許可以防止敵人向南方嚴重的侵入。即使不能直接在羅亞爾河境界綫上或者在里昂以北很遠的地方上防止這個侵入，但也仍然可以在那些敵人底兵力基本上不超過他們底抵抗力的地點上防止這個侵入。

固然，休戰給與充分的時間以恢復貴德爾布和香澤軍隊以及在瑟堡和哈佛爾等地的其他軍隊底裝備、紀律和精神。然而問題祇是在於這個時間是否曾如此利用。因此，當法軍底兵力在數量上以及在質量上都要相當增加的時候，而德軍則將幾乎得不到任何的增援。從這點來看，休戰對於法軍也許是一種利益。

但是除了這塊完整的土地以外，在南部法蘭西，擁有布勒斯特的布勒塔尼和擁有瑟堡的哥唐坦兩半島以及北方兩個縣連同它們底要塞都尚未被征服。哈佛爾也是一個未被征服的、築有堅固工事的沿海據點。這四個地區中每一個對於退却的軍隊都備有至少一個築有堅固工事的、安全的沿海據點。在此刻無所事事並且甚至根本無所事事的艦隊可以維持南部與其他各地點之間的聯絡並且首先在軍事形勢需要的時候把軍隊從這個地點運到那個地點。如此，它能够使一個戰敗的軍隊突然以優勢的兵力來再行採取攻勢。雖然這四個重要的、北部的地區在某種程度上是不可以攻取的，但它們同樣在普軍底側翼形成很多的弱點。法軍目下的危險綫是由昂熱（Angers）到柏桑爽，但德軍底危險綫却更是由翁熱經過里曼、盧昂、亞眠一直到比利時國境。祇要法軍有一點常識的話，那末德軍在這一綫上便不會得到決定的戰果；而相反的，德軍在那裏所得的利益却在某種條件之下可以成爲眞正有決定意義的因素。

戰略形勢便是這樣。由於很好地利用艦隊，法蘭西便可以把它底軍隊運到西部和北部，而使德軍不得不在這個區域內駐屯更佔優勢的兵力，削弱爲了征服南方而派遣的軍隊，而阻止這個也許就是法軍主要的任務。一方面集中更較以前爲多的軍隊，另一方面派出無數小的游擊隊，法軍就可以以現有的軍隊獲得很好的結果。在瑟堡和哈佛爾好像有比較其防禦所必要的數量還要多的軍隊。在托爾附近，也就是說在敵人佔領區中心對於豐特內(Fontenoy)鐵橋很好的破壞證明：勇敢的游擊隊可以作些什麼。如果戰爭在二月十九日以後終於要再行開始的話，那末這個戰爭一定會眞正成爲一場血戰——一種和西班牙人民反抗拿破侖的戰爭相似的戰爭，是這樣一種戰爭：在這個戰爭中任何生命底屠殺、任何村莊底焚燒都不能摧毁人民抵抗底精神。

保爾巴克底厄運

——第一三卷——第一八七八號

一八七一年二月十八日·星期六

由於標準報底通信記者，我們終於得到對於保爾巴克軍隊在他那不幸的一月份戰役中所發生的事變的目擊者底報告。這個通信記者曾在克勒麥爾將軍底那一師，該師在前進時是極左翼，在退却時是殿軍。他底報告，雖然不免對於未曾直接看到的事件有片面的以及全部的不正確性，但仍是非常有價值的，因爲他供給我們前此所不知的事實和日期，而因此幫助我們說明戰爭底這個局勢。

有兵士十三萬三千人以及大砲三百三十門的保爾巴克軍團似乎算不上一個軍團。雖然勉强有些軍官的現役軍底兵士在體格上不如流動警備隊，但是流動警備隊却幾乎沒有甚至僅僅明瞭他們初步職責的軍官。由瑞士得來的報告證實了這個。如果這些報告關於兵士底體格說得更不堪時，我們不可以忘記在飢寒交迫之中一個月的戰役底影響。根據一切報告，服裝——無論是衣服或皮鞋似乎都是很可憐的。一個兵站部或者僅僅一個以相當的秩序和規則來徵發以及分配由此得來的糧食的簡單組織也似乎完全付之缺如。

在這佔用的四個半軍中，三個軍（第十五、第十八及第二十軍）已在十二月五日歸保爾巴克指揮。在十二月五日以後不久，向東進軍的計劃一定曾經被決定了。所有他底一切運動一直到一月五日都是爲了集中軍隊而進行的簡單的行軍，並沒有受到敵人底驚擾。因此，它們對於改善這一軍隊底組織方面沒有任何障礙——而是恰恰相反。一八一三年，拿破侖❶在向德意志的進軍中把他那未經訓練的新兵鍛鍊成爲兵士。保爾巴克曾有一個月的時間來做這個工作。如果在這個時間以後他底軍隊仍在上述的情形中與敵人相周旋，那末他便不能辭其咎。他似乎不是一個優秀的組織者。

根據原來的計劃，據說四個縱隊曾向柏爾福進軍。一個縱隊在杜河東側穿過汝拉山以攻擊或迂迴蒙伯利亞爾和普軍左翼。第二個縱隊沿杜河谿谷以攻擊敵人正面。第三個縱隊據說曾在經過盧治蒙(Rongemont)和維勒爾塞克色爾的一條更西的道路上向敵人右翼前進而克勒麥爾師（這便是恩格斯所說的第四個縱隊。——譯者）據說曾從第戎經過魯爾挺進到普軍右翼以外。但是這個計劃被更改了。前三個縱隊在穿過杜河谿谷的一條道路上前進，通過這個谿谷——據說——損失

❶ 指拿破侖第一。（譯者）

了五天工夫，而在這個期間維爾德得到了援軍，於是保爾巴克全軍被擊退到一條退却綫上，同時又損失了時間，因此由里昂被截斷而被驅逐到瑞士國境。現在完全明瞭了：把如此渙散的十二萬人編成一個縱隊沿唯一的道路前進，那當然要引起混亂和遲延。但是這個錯誤是否會這樣嚴重，那却不必盡然。根據上述的一切報告，保爾巴克底軍隊以一條由維勒爾塞克色爾展至瑞士國境的寬廣的正面到達了柏爾福。這個說明：他們曾採取原來計劃中所提出的各道路。但是無論如何，遲延曾發生並且曾是在黑里庫爾附近敗北底主要原因。維勒爾塞克色爾底戰鬥在九日發生。維勒爾塞克色爾距普軍在黑里庫爾的陣地約二十英里。這個使保爾巴克化費了五天工夫——一直到二十四日❶黃昏——才把他底軍隊拖到這個陣地附近而能够在第二天早晨攻擊它！我們在以前的一篇論文中已經指出：這是在這個戰役中第一個大的錯誤。現在我們從這個通信記者底報告中看出：甚至在黑里庫爾會戰未開始以前，克勒麥爾底軍官們已經知道了這個。

在這三天中，十三萬法軍對三萬五千到四萬的德軍作戰，但並沒有能够奪取了他們底塹壕陣地。以這樣一個數量上的優勢，極大胆的側翼運動曾是可能的。如果毅然決然置四萬到五萬人於德軍後方而以其餘的兵力在正面牽制他們，法軍幾乎無疑地可以把他們從陣地中驅逐出去。但是他們不這樣作，而祇攻擊正面，築有堅固工事的正面，因此遭受了一種巨大而無謂的損失。側翼

❶ 或係印刷錯誤，這應是十四日。（郝恩）

攻擊進行得非常之無力，以致德軍僅僅一個旅（凱勒〔Keller〕旅）不僅足以在右翼擊退他們，同時更能夠控制了福拉葉（Frahier）和新諾比葉（Chenebier）並反而能從側翼迂迴了法軍。於是，保爾巴克底年青的軍隊，雖然他們自己在數量上的優勢曾可能使他們比較容易以機動戰術來奪取這個陣地，但却反而担負了在會戰中所能遇到的最困難的任務。不過最後的這五天也許使保爾巴克確信：從他底軍隊期待運動性是沒有用的。

在一月十七日最後的敗北之後，接着便是向柏桑爽的退却。這個退却雖然很可能主要地發生在通過杜河谿谷的這一條道路上，但是我們更知道：大部分軍隊曾經在接近瑞士國境的另外一條道路上撤退。在二十二日下午，在克勒麥爾指揮之下的殿軍到達了柏桑爽。因此，前衛部隊曾應當在二十日到達並準備在二十一日向同日到達了竇爾的普軍出動。但是不然，直至克勒麥爾到達時爲止，沒有人對於這一前衛加以注意；在克勒麥爾由殿軍變爲前衛部隊後，他立刻被派遣出去以便於二十三日在聖·維特附近與普軍周旋。翌日，克勒麥爾奉命退到柏桑爽。迄至保爾巴克在二十六日檢閱了第十八軍以後，企圖自殺時爲止，兩天的工夫由於無決心和不活動虛度過去了。接着，在彭塔利葉方向的一個無秩序的退却開始了。但是在這一天，德軍在穆夏爾和沙蘭（Salins）比較逃軍更接近於瑞士國境，而他們底退却實際上已被截斷了。這便不再是競走了。德軍能夠悠閒地把所有可能由此逃走的縱谷底一切出口都佔領了，而同時其他的軍隊在背後脅迫了法軍。於是彭塔利葉附近的戰鬥開始了，這個予敗軍以最後的打擊。這個結果便是里·維里埃爾（Les Verrieres）底協商和全軍之越入瑞士領土。

保爾巴克由一月十五日至二十六日的全部行動似乎證明了：他對於他底軍隊已失掉了一切信任而因此對於他自己也失掉了一切信任。爲什麼他延遲了他那在柏桑爽附近的縱隊底進軍一直等到克勒麥爾底到着而由此拋棄了逃走底每一個機會；爲什麼他把軍隊底最好一部分，克勒麥爾師，在它由柏桑爽被派出以對抗那阻止到里昂的直接通路的德軍以後不久便又召回；爲什麼他此後再躭擱兩天而使在柏桑爽消磨的時間延長爲六日——這一切祇有從保爾巴克缺乏一個獨立指揮官之第一個素質——決心——的這個假定來說明。這個又是八月份戰役底舊的故事❶，並且這是值得注意的：就是這個奇怪的踟躕又在一位由帝國所承繼來的將軍身上得到了它底證明，而共和國底將軍們——雖然也有他們底錯誤——沒有一個人顯示過這樣一種無決心並遭受過這樣一種刑罰。

❶ 指八月中馬克馬洪由於猶豫不决使自己陷於接近比利時國境的一個狹長地帶而在色當被逼投降的故事。（譯者）

俄羅斯底形勢

——給『帕爾·馬爾新聞』報主筆的信

第一三卷——第一九〇〇號
一八七一年三月十六日·星期四

親愛的先生！

英國政府宣稱：它對於俄羅斯和普魯士之間的同盟是一無所知的。在德意志，已經沒有人爭論這樣一種同盟底存在了，反之，同情普魯士的報紙對於這件事都額手相慶；而反對普魯士的報紙對此則大爲憤慨。後者中之一，人民國家（Volksstaat）報稱：格蘭德斯通（Gladstone）先生祇是想着由於這個否認來委曲婉轉說明這不是一種同盟條約而毋寧說是一種隸屬關係的協定；同時又稱：他在這個場合是正確的。在凡爾賽和聖·彼得堡之間，也就是說在『至死効忠於你的威廉』和他那用意更深的外甥亞歷山大之間往來的電報，眞正使我們不再懷疑：在歐洲大陸底這兩大軍事帝國之間所存在的這種聯繫。因此，這些電報首先在聖·彼得堡新聞（Journal de St. Petersbourg）

報上發表。這個事實也是同樣顯然的：就是這些電報在德意志報紙上未被全文轉載。威廉皇帝至死効忠於沙皇的確言首先被删去了。但是無論如何，這個通信底全文使我們確信：威廉皇帝想着表示他對於俄羅斯所抱的那種感激底深情和他那準備隨時供俄羅斯驅使的願望。因爲威廉皇帝已七十多歲，他無疑地有物色他想像的承繼者底意思，所以俄羅斯自然有一種趁熱打鐵的强烈的動機。

兼之，俄羅斯底內部形勢也是令人不滿的。財政業已幾乎絕望地破產了；農奴解放以及與之相關的其他社會的和政治的改革所進行的那種特殊的形式，把農業生產破壞到幾乎令人難以相信的程度。那些曾經被許與而又取消、取消而又許與的、帶有自由主義性質的折衷手段恰恰給與知識分子以充分的餘地去發展公開的輿論。這個輿論在各點上都是反對現政府迄今所採取的那種外交政策的。俄羅斯底輿論在本質上是急進的大斯拉夫主義，也就是對於斯拉夫民族三大『壓迫者』——德意志人，匈牙利人和土耳其人——的仇視。一種與普魯士的同盟和一種與奥地利或者與土耳其的同盟一樣，一定都是這個輿論所厭惡的。此外，在大斯拉夫主義底意義上，這個輿論還要求採取一種直接戰爭的行爲。俄羅斯傳統外交底那種平靜的、迂緩的、但却格外安全的秘密行動是它所不能忍受的。不管在會議上所達到的那樣的成功，它們是怎樣重要的，但對於俄羅斯底大斯拉夫主義者是一文不值的，他們除了他們被壓迫的同胞底那種『痛苦底呼聲』以外，別的什麼都沒有聽到。他們覺得沒有任何東西比較由一種大的打擊，一種侵略戰爭來恢復神聖的俄羅斯已失的霸權的這個必要性更迫切的。此外，他們也知道：想像的承繼者是他們中間的一個人。如果我們考慮到所有這一切並且特別考慮到向南方及西南的那條大的戰略的鐵路綫——這個現在已完成如此之多，所以能够有效地援助對於奧地利或者土耳其或者對於兩者的進攻——時，這對於俄羅斯政府和亞歷山大皇帝本身不正是一種去利用舊的拿破侖的手段並在與普魯士的同盟仍然可靠的期間，由對外戰爭去轉變內部困難的强烈的動機嗎？

在這樣情形之下，一千二百萬金鎊底新俄羅斯公債眞有非常特殊的意義。雖然，對於股票交易所的一個愛國的抗議書到處流傳——據說，這個抗議書沒有署名並且現在顯然還是那樣，——但是我們聽到：公債底數額超過了所能募集的限度。由斯德丁底波羅的海新聞（Ostsee Zeitung）報——一個不僅在數年內曾經供給關於俄羅斯情形最好的情報而且也是能獨立發表這些情報的報紙——我們知道了：這一千二百萬金鎊將被用於何種目的。該報（新曆三月四日）駐彼得堡的新聞通信員說：普法戰爭業已使俄羅斯底軍事權威者相信：在建築俄羅斯要塞時迄今所採用的那種築城體系是完全沒有效用的。陸軍部已經決定對這個計劃作必要的修改。『據稱：這個以採用分遣堡壘爲基礎的新體系將首先適用於比較重要的國境要塞而以立刻改造這些要塞開始。將備有分遣堡壘的最初的要塞爲布勒斯特·里多夫斯克（Brest Litowsk）、得布林（Demblin）及摩得林（Modlin）。』但是布勒斯特·里多夫斯克、得布林（或伊凡哥羅〔Iwangorod〕）和摩得林（或根據正式的俄國名稱，諾伏·喬治斯克〔Nowo-Georgewsk〕）便正是以華沙爲中心點而控制大部波蘭王國的三個要塞。華沙由於它多年來已具有這些要塞的這個簡單的理由現在仍未設備任何分遣堡壘。俄羅斯不遺餘力地鞏固它在波蘭的勢力以及加强它對奧地利的作戰根據地；它用以進行這個的迅速性，對於歐洲底和平並不是好的徵兆。

所有這一些還祗能視爲防禦手段；但是該通信記者又稱：『俄羅斯在普法戰爭爆發時所開始的戰爭準備以不減的熱忱繼續着。不久以前，陸軍部長下令建立第四營。這個命令底執行已經在各團（包括波蘭王國底各團）開始。用以執行鐵路及電報警戒勤務的部隊以及衞生連都已組織成功。兵士正在加緊訓練，使之習於各種職責；衞生連甚至被授以如何給傷兵纏綳帶、如何止血以及如何使昏者復甦等方法。』

在歐洲大陸幾乎每一個大的軍隊中，步兵團在其平時編制中都由三營組成，而由平時編制到戰時編制的第一個明確的步驟便是第四營底建立。在路易拿破侖宣戰的那一天，他也下令建立第四營。在普魯士，這個曾是動員令發出後首先要作的。在奧地利和俄羅斯也是如此。不管人們對於波蘭要塞建築分遣堡壘的這種突然發現的必要性以及對於普魯士救護隊和鐵路電報勤務部隊之採用於俄羅斯（一個鐵路和電報非常缺乏的國家）的軍隊勤務中的這種同樣突然的熱心作何解釋，現在我們在第四營底建立中業已看到一種顯然的徵兆：即俄羅斯業已越過了平時編制和戰時編制間的分界綫。沒有人會想像：俄羅斯採取這個步驟是沒有任何目的的。如果這個步驟有某種意義時，那末它便是意味着對於某國的進攻❶。也許這個說明了：這一千二百萬金鎊將用於何處。

恩格斯

❶由於列强底干涉，這個爲恩格斯所預言的戰爭又被延長了，列强會議由一八七〇年拖延到一八七七年——到最後俄土戰爭（一八七七—一八七八年）爆發時爲止。（郝思）

附
錄

節錄自波爾克海姆所著『對於一八〇六——一八〇七年德意志鐵血愛國者的回憶』一書底恩格斯序文❶

在法蘭西戰爭（即一八七〇——一八七一年普法戰爭。——譯者）以後不久，鐵血愛國者（Mordspatrioten）一文便出現於人民國家報，其後又立即以單獨小册子發行。這個是對於超愛國主義的勝利底那種狂歡的一個最有效的消毒劑，而德意志底當局和資產階級便一直沉緬在這個狂歡中。但事實上，最好的清醒劑莫過於對過去屈辱時代的回憶：即目下正在趾高氣揚的普魯士

---

❶ 波爾克海姆(Sigismund Borkheim)底著作出現於社會民主主義叢書第二十四卷。它在今天仍有一讀的價值。這本書曾取材於參謀本部軍官何甫諾爾（Edward V. Hoepfner）底著作，標題爲：『一八〇六與一八〇七年戰爭。根據皇家普通軍事學校校長何甫諾爾少將所製之軍事檔案資料，對普魯士軍隊歷史之一貢獻。第二版，柏林一八五五年。』我們從恩格斯底這個序文中删去關於波爾克海姆私人的一段話，因爲這些在這裏無關重要，而僅僅節錄恩格斯關於一八七一年後數年中軍事和政治的考察。（郝思）

曾可恥地、屈辱地匍匐在此刻被人視爲失敗者的法蘭西人進攻底前面。並且因爲不幸事件底敍述能够取材於這樣一本書：在這本書中，一個普魯士將軍並且是普通軍事學校校長，曾根據普魯士官方文件描寫普魯士屈辱的時代（並且我們必須承認這個描寫是公正的、坦白的），所以這個藥劑便更有效力了。一個大的軍隊，和其他任何大的社會組織一樣，如果它不在大的失敗之後自己反省並補償它過去的罪過，那是不會改善的。在耶納之役以後，普魯士人便這樣作了，而在一八五〇年以後，他們又再一次地這樣作了，當時他們雖然沒有遭受到任何大的敗北，但在一連小的戰役——在丹麥以及在南德意志——中和在一八五〇年第一次大動員之際向他們自己以及全世界昭示了他們全部軍事的腐敗，並且當時他們自身祇是由於華沙和歐爾繆茲底政治屈辱❶逃避了眞正的敗北。爲了求得進步，他們不得不使他們自己底過去受到無情的批判。他們底軍事著作——在克勞塞維茨時曾登峯造極，但自此以後便不斷地衰落——由於絕對必要的自我批評而又振興了。並且這個自我批評底成果之一便是何甫諾爾底著作，從這個著作中，波爾克海姆取得了他這個小

❶『華沙與歐爾繆茲底政治屈辱』乃指下列事實而言。普魯士在一八四八年革命時以武力援助許多德意志反動的王侯而企圖利用這個形勢以爭取在德意志統一中的霸權並採取了適當的步驟。奧地利當時爲德意志諸國家中的首强，企圖削弱普魯士底勢力。尼古拉第一在華沙召見奧地利和普魯士底代表，叱責他們並命令他們恢復以前不利於普魯士的狀態。普魯士政府在輿論底壓迫之下，宣佈了總動員，但是却沒有打算眞正向奧地利出動軍隊，而在歐爾繆茲簽訂了屈辱的條約。這個，恩格斯有充分理由稱之爲『政治屈辱』。（俄文譯本附註）

册子底材料。

就是在現在也還有必要去再三回憶普魯士過去的那些時代：即自鳴得意與失敗底時代，皇朝無能底時代，因反覆無常而被迫認罪的時代，普魯士所特有的愚而詐的外交底時代，貴族軍官甚至在極端怯懦的叛變中也還保留着的那種自尊自大底時代，與人民疏遠而以謊言和欺詐爲基礎的國體之總崩潰底時代。德意志小市民（連貴族和王侯也在內）現在比較當時還更加驕横些，更加沙文主義化些；外交的行動更顯著地大胆了，但仍然保留着以前的詭詐；貴族軍官曾經以自然和人爲的方法充分地增加了，以便在軍隊中重新大規模地施行舊的統治，並且國家也更與廣大的民衆利益疏遠了，而使自己變爲大地主、大資本家和大工業家底一個集團來壓迫人民。固然，如果再發生戰爭，普魯士—德意志軍隊已由於他們曾是其他一切軍隊之組織的模範而比較他們底敵人和他們底盟友具有相當大的優勢；但是永不會再像前兩次戰爭（普奧與普法戰爭。——譯者）那樣了。例如他們當時由於特別僥倖的情勢所形成的那種高級指揮底統一和與此相應的下級將領之絕對服從將很難再成爲這樣了。現在在農業貴族及軍事貴族——一直到皇室侍衞爲止——與投機商人之間所存在的那種事業上的休戚關係很容易使前綫軍隊底給養發生危險。德意志將要有它底盟友，但一有機會，德意志將遺棄它底盟友而它底盟友也將要遺棄它。並且最後除了一種世界戰爭，一種具有前所未聞的規模和殘酷的世界戰爭以外，對於普魯士—德意志再不會有其他任何的戰爭了。八百萬到一千萬的兵士將要互相屠殺，而在這個屠殺中，他們將要比一羣蝗蟲還要厲害地吞噬整個歐洲。三十年戰爭底蹂躪將集聚於三四年中，蔓延到全部歐洲大陸；饑饉、瘟疫以及軍隊和民衆由極端的貧窮所產生的普遍的墮落；我們在商業、工業和信用事業中巧妙的機構之不可救藥的混亂，最後總的破產；舊的國家及其傳統的國家智慧底崩潰是如此之甚，以致成打的王冠在街道上亂滾而沒有一個人去拾起它們；絕對不可能預料這一切將如何終結並且誰將從這個鬥爭中出現爲勝利者；但是祇有一個結果是千眞萬確的：就是普遍的筋疲力竭和工人階級最後勝利底條件之形成。

如果在軍備中相互競爭的那個達到頂點的制度最後要得到它不可避免的結果時，那末前途便是這樣。我們底王侯老爺和政客先生們，那正是你們底聰明曾經使舊的歐洲走向這個方向。並且如果除了開始那最後的大的戰爭舞蹈以外，對於你們再沒有其他事情可作的話，那我們也沒有什麼可以悲切的。雖然戰爭也許暫時會使我們不得勢，可以奪去我們一些已得的陣地，但是如果你們已經解放了那些你們以後將不能再駕馭的力量，那末不管事態將怎樣發展，在悲劇底結局，你們將要毀滅，而無產階級底勝利或者已經爭取到了，或者終究是不可避免的。

一八八七年十二月五日於倫敦

恩格斯

二　節錄自恩格斯給韋德梅葉爾的一封信❶

來到曼徹斯特以後，我便開始研究軍事；在這裏有很多關於這方面的材料，至少對於初學來說是如此的。在最近運動中軍事具有非常大的意義的這一事實，我過去的興趣，我在新萊茵報上所發表的匈牙利戰爭論文以及最後我在巴敦光榮的冒險——所有這一切使我傾向於軍事研究，並且我想着使我能在理論上多少有所發揮而不致受到很大的責難。

我現在在這裏所找到的關於拿破侖戰役特別是革命戰役的一些材料，是以了解許多詳細的史實爲前提的。這些詳細的史實不是我一無所知，便是知道得很皮毛，並且關於這些詳細的史實，不是完全沒有予以說明，便是僅僅有非常皮毛的說明，並且要費很大力氣才能找到這些說明。但是獨學總是愚事，並且如果一個人不系統地研究東西，那是不會得到任何重大成就的。爲了使

❶ 這封信是恩格斯一八五一年六月十九日由曼徹斯特給韋德梅葉爾（Weydemeyer）寫的，爲麥林第一次發表於新時代第二十五年集第二卷第五五頁。（郝恩）

你更清楚地知道：我眞正需要什麼，我願意提醒你，我——當然不談我在巴敦軍隊中的任職——祇作過普魯士皇家後備砲手，因此對於戰役詳情的了解缺乏必要的知識——這個在普魯士軍官考試時就應具有——，並且對於各兵種也是如此。

當然，問題不在於那些對我毫無用處的兵士教練等底細節……；而是在於一般地了解軍事各部門中所必要的一些初步的知識。另外，凡是對於了解並正確判斷軍事歷史事實所必要的一切細節材料，對於我都是有用的。例如，戰術入門，築城原理（多少帶歷史性的，包括從伏班以至於近代分遣堡壘的各種築城體系），此外關於野戰築城以及其他有關工兵的一些問題——如各種橋樑等——的研究，以及軍事科學底一般歷史和軍事科學由於兵器及其使用法底發展和改良所產生的各種變化。其次，我還得澈底研究一下砲兵，因爲我已忘了許多並且有許多完全不知道；我也還需要其他一些材料，我現在想不起來而你確實可以想到的一些材料。

請你告訴我所有這些初步材料底來源，使我能够立即得到它們。同時我最需要的是這樣一些書籍，從它們我一方面可以了解各別軍事部門現在的一般情況，另一方面可以了解現代各國軍隊底差別；例如，我願意知道野砲砲架等底各種構造，師、軍等底各種區分和編制。關於軍團編制、軍隊給養、野戰醫院以及任何軍隊所必要的裝備等方面的材料，尤其是我想要儘量知道的。

你從這裏大約可以看出：我需要些什麼以及你應該供給我些什麼材料。我認爲，在這些參考書中，德意志的軍事著作也許比較法蘭西或英吉利的軍事著作包括着更適用的材料。當然，我要了解的是實際的、眞正存在的東西，而不是那些以天才自命的人物底制度或妄想。至於砲兵，那最好請你給我找伯穆㊀底著作。

我在這裏對於近代戰史所找到的東西——古代的對於我很少興趣而且在這方面我已經有了蒙特庫寇里㊁底舊著——，當然是法文的和英文的。其中威廉·拿皮爾㊂中將底西班牙戰爭史最爲特出；這是我迄今在戰史著作中所讀到的最好的。如果你沒有看過這本書並且能夠在你那裏找到的話，那是值得一讀的（該書原名爲伊伯利安半島及南法戰爭史——History of War in the Peninsula and the South France——共六卷）。雖然關於德文的東西，我沒有一點，但是我必須物色一些；我想首先讀威利森㊃和克勞塞維茨底著作。關於他們兩者有些什麼著作呢？在理論或歷史方面，這些著作中有那些可讀呢？當我在這方面稍有進步時，我將立即有系統地研究一八四八——四九年底戰役，特別是西班牙和匈牙利戰役。你也許知道從普魯士方面發出的關於巴敦事件的一

㊀ 伯穆（Joseph Bem）——一七九四—一八五〇年。波蘭革命將軍。曾參加一八三〇年波蘭起義及一八四八年匈牙利戰爭。（譯者）

㊁ 蒙特庫寇里（Raimund Montecuccoli）——一六〇九—一六八一年。奧地利將軍及優秀將領。曾參加三十年戰爭，著有戰爭回憶錄（Memoire de la guerra）一書。（同上）

㊂ 威廉·拿皮爾（William Napier）——一七八五—一八六〇年。英吉利將軍及戰史家。（同上）

㊃ 威利森（Wilhem Willisen）——一七九〇—一八七九年。普魯士將軍及軍事著作家，曾參加反對拿破侖和反對薩丁尼亞的戰爭，著有一八四八年意大利戰爭、一八五九及一八六〇年戰爭等。（同上）

些或多或少正式的、即使不然也是相當客觀的報告吧？

……………………

你知道法蘭西人所如此誇獎的久米尼❶先生底著作吧？我祇是從梯亥爾先生底話句中才知道了它，因爲衆所週知梯亥爾曾經無恥地抄襲了它。這個小梯亥爾是現在所有的最卑鄙的欺騙者之一；沒有一個會戰中他所舉的數字是眞實的。因爲久米尼以後逃到了俄羅斯，所以他一定有這樣的動機，就是想把法蘭西底武功削減幾分，不像梯亥爾那樣誇張地描寫它，因爲在梯亥爾看來，一個法蘭西人常常要戰勝兩個敵人。

你看，和你談了這樣許許多多問題。……

❶ 久米尼（Antoine Henri Jomini）——一七七九—一八六九年。先爲法蘭西將軍，後轉服役於俄軍。戰史著作家。一八〇一—〇五年，埋首於戰術研究，由於著述，被拿破侖第一擢升爲參謀長；一八〇六年，耶納之役有功，進升男爵；一八〇八年隨拿破侖出征西班牙；一八一三年由法逃至俄；一八一四年後即仕於俄皇。著有革命戰役之批判的及軍事的歷史（Histoire critique et militaire des Campagne de la Revolution）十五卷等。（譯者）

后记

“马克思主义经典文献传播通考”丛书经过三年多的立项、写作、编辑，终于呈现在广大读者面前。

“十月革命一声炮响，给我们送来了马克思列宁主义。”从此，以李大钊为代表的中国先进分子选择了这一思想并积极推动马克思主义政党的建立。中国共产党成立后，坚定地把马克思主义作为指导思想和理论基础，推动着中国革命、建设和改革事业不断胜利，推动着中华民族复兴伟业不断前行。2018年是马克思诞辰200周年，2020年是《共产党宣言》第一个完整中译本出版100周年，2021年是中国共产党成立100周年。在这样的背景下，我们推出了“马克思主义经典文献传播通考”，就是要探寻马克思主义经典文献是如何传入中国的；在传播过程中，无数前辈付出了怎样的努力和牺牲；这些经典思想又怎样与中国实际相结合、与中国文化相融合，从而成为指导中国革命和建设的强大思想力量。

辽宁出版集团和辽宁人民出版社秉承出版理想，担当出版使命，以强烈的主题出版意识，承担了这一重大出版工程的编辑出版工作；积极组建工作团队，配备优秀编辑力量，为此项出版工程的顺利推进提供了多维度保障。

在出版项目实施过程中，杨金海、李惠斌、艾四林三位主编以高度的责任意识、严谨的治学态度、扎实的学术功底和深厚的专业素养，为丛书的研究方向、学术内容、逻辑结构、作者选择、书稿质量把关等贡献了大量的智慧，是这套丛书得以顺利出版的根本保证。王宪明、李成旺、姜海波三位副主编全力配合丛书主编工作，为丛书的编写付出了大量心血。特别是常务副主编姜海波全身心投入丛书的编写工作，从丛书所附影印底本资料的搜集，到书稿编写的整体协调和联络，都精心负责，其认真的工作精神和勤奋的工作态度，令我们感动。原中央编译局的领导和研究人员为本丛书的出版作出了积极贡献。原副局长张卫峰在选题立项、主编人选的推荐和丛书的设计上给予热心指导；中央编译出版社原社长和龑先生和我们一起全力推动丛书的出版，贡献了智慧和力量。清华大学马克思主义学院作为项目的主持方，为项目的平台建设和未来学术发展提供了强有力的支持。每本书的作者都殚精竭虑、勤奋写作，奉献了自己的学术和研究成果，成就了如此大规模丛书的出版。我国理论界和翻译界的著名专家陈先达教授、赵家祥教授、宋书声译审等对丛书的出版给予鼎力支持，为丛书的出版立项积极推荐，给我们以巨大鼓舞。我们出版行业的老领导柳斌杰对丛书的出版给予大力支持，提出许多宝贵建议，提升了其出版价值。辽宁出版集团专家委员会的许多成员对该丛书的出版给予了智力和业务上的支持帮助。作为丛书的出版方，我们向他们表示深深的谢意！

一项浩大出版工程的背后，必定有一批人的智慧付出和竭诚奉献。今天，当出版成果摆在读者面前之时，我们由衷地向每一位对本丛书问世作出贡献的人致以崇高的敬意和诚挚的谢意。由于我们水平有限，在编辑出版过程中难免出现疏漏，还望广大读者批评指正。

编　者

2019年7月